Juridicum – Schriftenreihe zum Strafrecht

Reihe herausgegeben von
Ingeborg Zerbes, Bremen, Deutschland
Mohamad El-Ghazi, Bremen, Deutschland

Die Buchreihe bietet Abhandlungen aus der gesamten Strafrechtswissenschaft eine Veröffentlichungsplattform. Die Reihe ist bewusst breit zugeschnitten, so dass sowohl aktuelle, traditionelle aber auch theoretische Fragestellungen erfasst sind. Das Angebot richtet sich an materiell-rechtliche, strafprozessrechtliche und kriminologische Forschungsarbeiten, namentlich auch aus den Bereichen des Europäischen und des Internationalen Strafrechts, des Medizinstrafrechts und Medienstrafrechts.

Weitere Bände in der Reihe http://www.springer.com/series/15454

Clara Ifsits

Strafrechtliche Risiken des Sponsoring

Zur Strafbarkeit von Sponsor und Gesponsertem wegen Untreue und Korruption

Springer

Clara Ifsits
Wien, Österreich

Gedruckt mit Unterstützung des Vereins der Freunde der Rechtswissenschaftlichen Fakultät der Universität Wien sowie der Vienna Doctoral Academy.

ISSN 2522-5901 ISSN 2522-591X (electronic)
Juridicum – Schriftenreihe zum Strafrecht
ISBN 978-3-658-25664-7 ISBN 978-3-658-25665-4 (eBook)
https://doi.org/10.1007/978-3-658-25665-4

Die Deutsche Nationalbibliothek verzeichnet diese Publikation in der Deutschen Nationalbibliografie; detaillierte bibliografische Daten sind im Internet über http://dnb.d-nb.de abrufbar.

Springer ist ein Imprint der eingetragenen Gesellschaft Springer Fachmedien Wiesbaden GmbH und ist ein Teil von Springer Nature
Die Anschrift der Gesellschaft ist: Abraham-Lincoln-Str. 46, 65189 Wiesbaden, Germany

Vorwort

Das vorliegende Buch entstand im Zuge meiner Tätigkeit als Universitätsassistentin am Institut für Strafrecht und Kriminologie an der Universität Wien. Es wurde im September 2017 als Dissertation angenommen und unter Berücksichtigung neuer Literatur sowie seither ergangener Judikate überarbeitet (Stand November 2018).

Mein Dank gebührt zunächst dem Verlag Springer für die sofortige Annahme des Manuskripts sowie meinen Förderern, dem Verein der Freunde der Rechtswissenschaftlichen Fakultät der Universität Wien und der Vienna Doctoral Academy.

Darüber hinaus möchte ich in erster Linie dem Betreuer meiner Dissertation *Herrn em.Univ.-Prof. Dr. Helmut Fuchs* danken, der mich in meiner Zeit am Institut immerfort zum kritischen Denken anregte. Er trug nicht nur durch seine genaue Durchsicht und wertvollen Anmerkungen zur Entstehung dieser Arbeit bei, sondern ließ mir auch den nötigen Freiraum zu ihrer Fertigstellung. Großer Dank gilt überdies meinen Begutachtern – *Herr ao.Univ.-Prof. Dr. Alexander Tipold*, der mir über meine Dissertation hinaus bis heute fachlich zur Seite steht, sowie *Frau Prof. Dr.^in^ Ingeborg Zerbes*, die durch ihre Lehrtätigkeit an der Universität Wien meine Begeisterung für Strafrecht weckte und mich seither – nicht zuletzt zu dieser Publikation – fortwährend ermutigt und inspiriert.

Danken möchte ich auch all meinen ehemaligen Kolleginnen und Kollegen am Institut, speziell *Frau Dr.^in^ Katharina Dangl* für drei Jahre produktive und fröhliche Zimmerkolleginnenschaft sowie *Herrn Univ.-Ass. Dr. Martin Stricker* für seine unermüdliche Diskussionsbereitschaft, seine Ratschläge und aufbauenden Worte.

Neben meinen vielen Freundinnen und Freunden, die mich stets unterstützten und mir zusprachen, richte ich meinen Dank nicht zuletzt an meine Familie und insbesondere an meine Eltern, die nicht nur mein Studium erst ermöglichten, sondern mich auch darüber hinaus in jeder Lebenslage mit einer Selbstverständlichkeit bedingungslos unterstützen. Ihnen widme ich dieses Buch.

Clara Ifsits, Wien im Dezember 2018

Inhaltsverzeichnis

Abkürzungsverzeichnis

aA	anderer Ansicht
abl	ablehnend
Abs	Absatz
ABGB	Allgemeines Bürgerliches Gesetzbuch
AG	Die Aktiengesellschaft
AKH	Allgemeines Krankenhaus
AktG	Bundesgesetz über Aktiengesellschaften (Aktiengesetz)
AnwBl	Anwaltsblatt
AT	Allgemeiner Teil
BB	Betriebs-Berater
BGBl	Bundesgesetzblatt
BGH	Bundesgerichtshof
BlgNR	Beilage(n) zu den stenographischen Protokollen des Nationalrates
BMF	Bundesministerium für Finanzen
BMJ	Bundesministerium für Justiz
BT	Besonderer Teil
BVerfG	Bundesverfassungsgericht
bzgl	bezüglich
bzw	beziehungsweise
CB	Compliance Berater
dAktG	deutsches Aktiengesetz
dBGBl	deutsches Bundesgesetzblatt
dStGB	deutsches Strafgesetzbuch
ErläutRV	Erläuterungen zur Regierungsvorlage
FS	Festschrift
GES	Zeitschrift für Gesellschaftsrecht und angrenzendes Steuerrecht

GP	Gesetzgebungsperiode
GesRz	Zeitschrift für Gesellschafts- und Unternehmensrecht
GmbHG	Gesetz vom 6. März 1906, über Gesellschaften mit beschränkter Haftung (GmbH-Gesetz)
GRECO	Groupe d'Ètats contra la Corruption
hA	Herrschende Ansicht
hins	hinsichtlich
hM	herrschende Meinung
Hrsg	Herausgeber
HRRS	Höchstrichterliche Rechtsprechung im Strafrecht
IA	Initiativantrag
idR	in der Regel
idS	in diesem Sinne
idZ	in diesem Zusammenhang
insb	insbesondere
JAB	Justizausschussbericht
JB	Jahrbuch
JBl	Juristische Blätter
JGS	Justizgesetzsammlung
JSt	Journal für Strafrecht
KorrStrÄG	Korruptionsstrafrechtsänderungsgesetz
krit	kritisch
LK	Leipziger Kommentar
MedUni	Medizinische Universität
mwN	mit weiteren Nachweisen
MüKoAktG	Münchener Kommentar zum Aktiengesetz
NJW	Neue Juristische Wochenzeitschrift

NStZ	Neue Zeitschrift für Strafrecht
NZG	Neue Zeitschrift für Gesellschaftsrecht
ÖGB	Österreichischer Gewerkschaftsbund
OGH	Oberster Gerichtshof
ÖJZ	Österreichische Juristen-Zeitschrift
ÖZW	Österreichische Zeitschrift für Wirtschaftsrecht
PartG	Parteiengesetz 2012
RdW	Österreichisches Recht der Wirtschaft
RZ	Österreichische Richterzeitung
SbgK	Salzburger Kommentar
sog	sogenannt
StGB	österreichisches Strafgesetzbuch
StPO	österreichische Strafprozessordnung
StRÄG	Strafrechtsänderungsgesetz
Vgl	vergleiche
VR	Verwaltungsrundschau
VwGH	Verwaltungsgerichtshof
wbl	wirtschaftsrechtliche Blätter
wistra	Zeitschrift für Wirtschafts- und Steuerstrafrecht
WK	Wiener Kommentar
WKStA	Zentrale Staatsanwaltschaft zur Verfolgung von Wirtschaftsstrafsachen und Korruption
WM	Wirtschafts- und Bankrecht
ZfRV	Zeitschrift für Europarecht, Internationales Privatrecht und Rechtsvergleichung
ZFS	Zeitschrift für Stiftungswesen
ZIK	Zeitschrift für Insolvenzrecht und Kreditschutz
ZIP	Zeitschrift für Wirtschaftsrecht

ZStW	Zeitschrift für die gesamte Strafrechtswissenschaft
zust	zustimmend
ZWF	Zeitschrift für Wirtschafts- und Finanzstrafrecht

I. Grundlagen

A. Einleitung

Sponsoring ist kein neuartiges Phänomen: Vorläufer der heutigen Sponsoringaktivitäten gehen bis in die römische Kaiserzeit zurück, in der wohlhabende Finanziers junge Dichter förderten und sich dabei selbst zu Ruhm verhalfen – nicht zuletzt Gaius Cilnius Maecenas, politischer Berater des Kaisers Augustus, ging mit seinem Namen als Begründer des Mäzenatentums in die Geschichte ein.

Heute sind Sponsoringtätigkeiten als unternehmerische Marketing- und Kommunikationsstrategie anerkannt und weit verbreitet. Die gesetzten Maßnahmen gehen längst über den Bereich von Kunst und Kultur hinaus und erfassen neben Sport, Umwelt und dem sozialen Sektor unter anderem Wissenschaft und Politik. Die Förderungen sind für beide Seiten lohnend: Für den Gesponserten eröffnet sich eine weitere Finanzierungsquelle; der Sponsor hingegen profitiert durch Werbe- und Imageeffekte, eine Bekanntheitssteigerung oder die Möglichkeit, seine gesellschaftliche Verantwortung öffentlich zu demonstrieren (Corporate Social Responsibility) – er verfolgt somit im Grunde ökonomische Zielsetzungen. Sponsoring wird folglich mit wirtschaftlichem Kalkül eingesetzt, macht sich aber zugleich den Fördergedanken zunutze und steht damit an der Schnittstelle zwischen Werbung und Förderung.

Aus *strafrechtlicher Perspektive* zeigen sich Problembereiche des Sponsoring: Zum einen wirtschaften Vertreter von Kapitalgesellschaften nicht mit eigenem, sondern fremdem Geld, das sie entsprechend auch – möglicherweise missbräuchlich – für Sponsoringtätigkeiten einsetzen. Zwar besteht freilich ein weiter Bereich an klar zulässigen Sponsoringaktivitäten. Gleichermaßen ist unbestritten, dass der Geschäftsführer eines Unternehmens Sponsoring nicht dazu nutzen darf, seine Angehörigen und Freunde mit Gesellschaftsmitteln zu „sponsern" oder ohne Rücksicht auf die Gesellschaftsinteressen nur seine eigenen Wertevorstellungen durchzusetzen. Vor diesem Hintergrund stellt sich die Frage, wo die Grenze zwischen zulässigem und missbräuchlichem Sponsoring verläuft, kurz: Unter welchen Voraussetzungen hat ein Entscheidungsträger für durch Sponsoringmaßnahmen entstandene Vermögenseinbußen der Gesellschaft strafrechtlich einzustehen?

Zum anderen ergeben sich weitere strafrechtliche Fragestellungen, wenn der Empfänger der Sponsoringleistung dem öffentlichen Sektor zuzurechnen ist. Gerade in Zeiten schwacher Staatskassen gewinnen Kooperationen mit der Wirtschaft im Rahmen von *Verwaltungssponsoring* an Attraktivität. Die private Förderung öffentlicher Zwecke ist prinzipiell nichts Neues: Sponsoring in Form von Dritt-

C. Ifsits, *Strafrechtliche Risiken des Sponsoring*, Juridicum – Schriftenreihe zum Strafrecht, https://doi.org/10.1007/978-3-658-25665-4_1

mitteln ist im medizinischen Sektor seit langem üblich, sei es als finanzielle Unterstützung von Forschungsvorhaben oder der Einladung der Ärzteschaft zu Fortbildungsveranstaltungen. Auch im politischen Bereich wird Sponsoring als Möglichkeit der privaten Parteienfinanzierung genutzt. Zugleich eröffnen sich durch entsprechende Sponsoringaktivitäten strafrechtliche Spannungsfelder. Nicht erst im Fall von gesponserten Polizeiuniformen, der Kostenübernahme für ein Stadtfest durch den ortsansässigen Bewerber um ein Bauprojekt oder der Bereitstellung eines Fuhrparks für eine Verwaltungsbehörde kommt der Eindruck eines kollusiven Zusammenwirkens privater und staatlicher Akteure und damit die Frage der korruptionsstrafrechtlichen Zulässigkeit von Verwaltungssponsoring auf.

Die vorliegende Arbeit befasst sich mit der strafrechtlichen Aufarbeitung der genannten Problembereiche. Dazu ist zunächst auf den Sponsoringbegriff, seine Abgrenzung zu verwandten Phänomenen, die Ziele des Sponsoring sowie bestehende rechtliche Grundlagen einzugehen (B.). Die zwei darauffolgenden Abschnitte beschäftigen sich sodann mit den konkreten strafrechtlichen Risiken von Sponsoringtätigkeiten (II., III.). Den Abschluss bilden ein kurzer Überblick zu Fragen der Verbandsverantwortlichkeit bei strafrechtlich relevantem Sponsoring (IV.) sowie eine thesenartige Zusammenfassung der Ergebnisse (V.).

B. Sponsoring

1. Sponsoringbegriff und Abgrenzungen

Der Begriff des Sponsoring weist im allgemeinen Sprachgebrauch keine klaren Konturen auf, sondern umschreibt ein weites Feld an Zuwendungen und Förderungen jeder Art. Schon vor dem Hintergrund der unterschiedlichen Entwicklungsphasen des Sponsoring seit den 1960er Jahren ist es kaum möglich, einen allgemeingültigen Sponsoringbegriff zu finden, der alle Ausgestaltungsmöglichkeiten und Spielarten mitumfasst.[1] Als Basis der strafrechtlichen Analyse ist dennoch eine Begriffseingrenzung vorzunehmen, die allerdings nicht apodiktisch, sondern lediglich als Grundlage für die nachfolgende rechtliche Beurteilung zu verstehen ist. IdS bezeichnet Sponsoring im Folgenden – anknüpfend an das betriebswirtschaftliche und rechtliche Schrifttum – die Hingabe von Geld, Sachmitteln oder Dienstleistungen durch ein Unternehmen (Sponsor) an eine Person oder Personengruppe, ein Projekt, eine Organisation oder Institution (Gesponserter)

1 Vgl zur Entwicklung *Bruhn*, Sponsoring. Systematische Planung und integrativer Einsatz[6] (2018) 11 ff.

gegen die Gewährung einer wirtschaftlich relevanten Gegenleistung, mit welcher bestimmte, zumeist kommunikative, Ziele erreicht werden sollen.[2]

Im Schrifttum finden sich bisweilen Versuche, den Sponsoringbegriff in verschiedener Hinsicht weiter einzugrenzen. Neben der Beschränkung der Sponsoringadressaten auf bestimmte Tätigkeitsfelder (beispielsweise Sport, Kultur, Soziales, Umwelt, Medien)[3], wird etwa verlangt, dass der Empfänger aus dem gesellschaftlichen Umfeld des Sponsors stammt und demnach ein Zusammenhang zwischen den Aufgabenbereichen von Förderer und Gefördertem besteht.[4] Während über diese Eingrenzungsversuche bislang keine Einigung erzielt werden konnte, wird nach überwiegender Ansicht als zentrales Charakteristikum und „essentialia negotii"[5] einer Sponsoringbeziehung das zwischen Sponsor und Gesponsertem vereinbarte Austauschverhältnis anerkannt.[6] Der Sponsor vergibt folglich nicht einseitig finanzielle Mittel zu einem bestimmten Zweck, sondern

---

2 *Thiele*, Sponsoring (2000) 3; *Thiele*, Sponsoring im österreichischen Recht, ecolex-Script 1999/6 (15); *Bruhn*, Sponsoring[6] 6; *Bruhn*, Rechtliche Gestaltung des Sponsoring I[2] (1995) 4; *Satzger*, Bestechungsdelikte und Sponsoring, ZStW 2003, 469 (471); *Stuefer*, Sponsoring – eine Analyse aus strafrechtlicher Sicht, JSt 2012, 35; *Witt*, Kunstsponsoring. Gestaltungsdimensionen, Wirkungsweise und Wirkungsmessungen (2000) 49; *Drees*, Sportsponsoring (1989) 15; *Drees*, Bedeutung und Erscheinungsformen des Sportsponsoring, in *Hermanns/Riedmüller* (Hrsg), Sponsoring und Events im Sport (2003) 47 (47); *Castan*, Erfolgskontrolle von Events und Sponsoring: Instrumente für die Evaluation ihrer Werbewirkung (2011) 25; *Betzinger*, Sponsoring im öffentlichen Raum (2011) 15 ff; *Burgi/Hampe/Friedrichsmeier*, Der Rechtsrahmen des Verwaltungssponsoring: Regelungsbedarf, Verfassungsvorgaben, empirische und rechtsvergleichende Erkenntnisse, in *Burgi* (Hrsg), Sponsoring der öffentlichen Hand (2010) 71 (76); *Höltkemeier*, Sponsoring als Straftat (2005) 23 f; *Nuß*, Untreue durch Marketingkommunikation (2006) 84 ff; *Kolarz-Lakenbacher/Reichlin-Meldegg*, Sponsoring (1995) 15; *Hermanns/Suckrow*, Wissenschafts-Sponsoring (1995) 11; *Cordes*, Sponsoring, in *Geyer/Manschwetus* (Hrsg), Kulturmarketing (2008) 404 (404 ff); *Marwitz*, Kontrolle des Sponsorings (2006) 27 f; *Renner*, Wann das Sponsoring zur Betriebsausgabe wird, Causa Sport 2016, 80 (80).

3 Vgl *Bruhn*, Sponsoring[6] 5.

4 *Thiele*, Sponsoring 3; *Aigner/Aigner/Bitter/Fath-Gottinger/Straka,* Sponsoring. Wirtschaftliche, rechtliche, steuerliche und kommunikative Aspekte (2012) 43; krit *Witt*, Kunstsponsoring 50 mit Verweis auf *Simkins*, Sponsorship, in Economist Intelligence Unit (Hrsg), Special Report No. 41 (1977) 4.

5 Vgl *Raupach*, Zivilrechtliche und steuerliche Fragen des Sponsoring, Non Profit Yearbook 2001, 169 (171).

6 *Witt*, Kunstsponsoring 49; *Burgi/Hampe/Friedrichsmeie*r in *Burgi* 77; *Höltkemeier*, Sponsoring 24; *Nuß*, Untreue 100; *Cordes* in *Geyer/Manschwetus* 405; *Mansdörfer*, Zur Theorie des Wirtschaftsstrafrechts (2011) Teil 2 Rz 387.

erhält dafür vom Empfänger eine – idR im kommunikativen Bereich angesiedelte – Gegenleistung.

Die Gegenseitigkeit ist auch wesentliches Abgrenzungskriterium des klassischen Sponsoring zu verwandten Phänomenen,[7] so etwa zum *Mäzenatentum*. Letzteres bezeichnet die finanzielle Unterstützung und Förderung im Bereich von Kunst und Kultur, die aus altruistischen Motiven erfolgt, ohne also ökonomischen Interessen zu dienen; der Mäzen erhält dabei keine Gegenleistung, die Förderung wird grundsätzlich auch nicht öffentlich bekannt gemacht.[8] Das für klassisches Sponsoring charakteristische Austauschverhältnis bietet ebenso eine taugliche Abgrenzung zur *Spende*, die einseitig, freiwillig und aus mildtätigen Gründen zur Förderung eines bestimmten Zwecks gewährt wird; Spenden betreffen außerdem vorwiegend den sozialen Sektor.[9]

In der Praxis lässt sich Sponsoring oftmals nicht scharf abgrenzen. Vielmehr bestehen verschiedene Mischformen, die abhängig vom Einsatzbereich und der konkreten Ausgestaltung Elemente des Mäzenatentums und des Spendenwesens enthalten können, somit nicht zentral von einer Austauschbeziehung geprägt sind.[10] So unterscheidet man je nach Ausprägung des Fördergedankens bzw der Kommunikation des Engagements in der Öffentlichkeit bisweilen die drei Typen des uneigennützigen, förderungsorientierten und klassischen Sponsoring.[11] Ausgehend von klassischen und synallagmatisch geprägten Sponsoringbeziehungen beinhaltet „uneigennütziges" Sponsoring schon einen sprachlichen Widerspruch; derartige Sponsoringformen erfordern nicht notwendigerweise eine (aktive) Gegenleistung des Gesponserten, sondern erfolgen mit einer stärker ausgeprägten altruistischen Motivation, die kommunikative Zielsetzung tritt dabei in den Hintergrund.[12] Auch bei förderungsorientiertem Sponsoring überwiegt der Fördergedanke; das Publikmachen der Sponsoringtätigkeit ist erwünscht, wenngleich nicht zwingend erforderlich. Klassisches Sponsoring zeichnet sich dagegen

7 *Thiele*, ecolex-Script 1999, 1; *Höltkemeier*, Sponsoring 24; *Drees* in *Hermanns/Riedmüller* 47; *Berndt*, Einführung in das Sponsoring, Werbeforschung & Praxis 1991, 13 (13); *Marwitz*, Kontrolle 28; *Meininger*, Möglichkeiten, Grenzen und Praxis des Sponsoring der öffentlichen Verwaltung (2000) 70; vgl auch *Hermanns/Suckrow*, Wissenschafts-Sponsoring 14; aA *Raupach*, Non Profit Yearbook 2001, 171 f.

8 *Becker,* Unternehmen zwischen Sponsoring und Mäzenatentum (1994) 15; *Drees* in *Hermanns/Riedmüller* 47; *Burgi/Hampe/Friedrichsmeier* in *Burgi* 82 f.

9 *Burgi/Hampe/Friedrichsmeier* in *Burgi* 84; *Nuß*, Untreue 166; vgl aber *Raupach*, Non Profit Yearbook 2001, 173, der Spenden von einem weiteren Sponsoringbegriff mitumfasst sieht.

10 *Raupach*, Non Profit Yearbook 2001, 171 f.

11 *Bruhn*, Sponsoring[6] 7; vgl auch *Höltkemeier*, Sponsoring 24.

12 *Bruhn*, Sponsoring[6] 7; *Raupach*, Non Profit Yearbook 2001, 171 f.

durch eine eingehende vertragliche Regelung des Austauschverhältnisses, eine systematische Planung sowie das zentrale Ziel einer kommunikativen Wirkung aus.[13]

Sponsoringmaßnahmen, die zwar als Sponsoring intendiert sind, aber dennoch nicht in der breiten Öffentlichkeit kommuniziert werden, finden sich vor allem im sozialen Sektor. Der Sponsor strebt hierbei speziell die Demonstration der Übernahme gesellschaftlicher und sozialer Verantwortung an – diesem Zweck könnte nicht gedient werden, würde die Gegenleistung des Gesponserten in den Vordergrund treten.[14] Dies bedingt allerdings nicht eine einseitige Vertragsgestaltung. Vielmehr kann die Sponsoringgegenleistung in zurückhaltender Weise kommuniziert werden, etwa durch diskrete Hinweise auf den Sponsor auf Plakaten oder Katalogen. Darüber hinaus kann der Gesponserte auch die Erlaubnis an den Sponsor erteilen, selbst auf sein Engagement hinzuweisen und dabei entsprechende Logos, Projektbezeichnungen und dergleichen zu verwenden.[15]

Neben dieser an die Gewichtung des Fördergedankens anknüpfenden Unterscheidung werden Sponsoringarten vor allem nach ihrem *Einsatzgebiet* klassifiziert. Der traditionell wichtigste Bereich betrifft den Sportsektor, aus dem sich Sponsoring ursprünglich entwickelte und in den bis heute die höchsten Sponsoringbeträge abfließen.[16] Sportsponsoring richtet sich an einzelne Sportler, ganze Sportmannschaften, Vereine und Sportveranstaltungen.[17] Als Maßnahmen sind die Kennzeichnung von Sportbekleidung und Ausrüstung („Trikotwerbung") sowie Ankündigungen im Vorfeld einer Sportveranstaltung mittels Plakaten, Hörfunk oder Fernsehen ebenso typisch, wie die Zurverfügungstellung unternehmenseigener Serviceleistungen, die kostenlose Versorgung mit Getränken oder Transportleistungen.[18] Auch das Recht auf die Nutzung von Prädikaten ist beim Sportsponsoring weit verbreitet. Der Sponsor wird dabei im Gegenzug für die Bereitstellung von Sach- und Geldleistungen beispielsweise als „Offizieller Ausrüster" eines Sportvereins genannt. Kommunikative Wirkungen sollen außerdem durch das Integrieren der Unternehmensbezeichnung in den Titel von

---

13 *Bruhn*, Sponsoring[6] 7.
14 *Höltkemeier*, Sponsoring 24; *Raupach*, Non Profit Yearbook 2001, 172.
15 *Raupach*, Non Profit Yearbook 2001, 172.
16 *Bruhn*, Sponsoring[6] 103 f; *Drees* in *Hermanns/Riedmüller* 50.
17 *Nuß*, Untreue 113; *Bruhn*, Sponsoring[6] 103 ff.
18 *Bruhn*, Sponsoring[6] 110 ff; *Nuß*, Untreue 113 f; *Drees* in *Hermanns/Riedmüller* 58 ff.

Sportveranstaltungen oder ganzer Sportstätten entstehen („Titelsponsoring“[19]; *Allianz-Arena in München*).[20]

Eine weitere bereits etablierte Einsatzform von Sponsoring betrifft den Kulturbereich; hier wird weniger die breite Masse, als zielgerichtet bestimmte Bevölkerungsgruppen angesprochen.[21] Kultursponsoring kann auf unterschiedliche Weise ausgestaltet sein, die Möglichkeiten variieren schon nach dem konkreten Förderungsbereich – neben bildender und darstellender Kunst sind etwa auch Musik, Literatur oder Film zu nennen.

Je nach Bereich sind weiters verschiedenste Sponsoringleistungen denkbar; von der Bereitstellung von Arbeitsmaterialien und Räumen, über unternehmenstypische Dienstleistungen bis hin zu einfachen Finanzmitteln in Form von Stipendien, Beiträgen, Preisen und sonstigen Zuschüssen.[22] Zudem bestehen hinsichtlich der Art des Adressaten – auch mit Blick auf die konkrete Ausgestaltung der Gegenleistung – vielgestaltige Möglichkeiten. So werden in der Praxis einzelne Künstler, ebenso wie Veranstaltungen, Festivals, Projekte (*Die Wiener Festwochen durch die Ottakringer Brauerei oder Casinos Austria*) sowie ganze Einrichtungen und Institutionen (*„Red Bull Music Academy“*) gesponsert.[23]

Zunehmende Bedeutung erlangt daneben auch Sozio- und Umweltsponsoring: Unternehmen unterstützen soziale und ökologische Zwecke, indem sie Geld- und Sachmittel bereitstellen. Durch ihr Engagement tragen sie zu einer positiven Unternehmensidentität bei und können sich öffentlich als wohltätige Sponsoren positionieren.[24] Dazu zählt etwa die Förderung karitativer Einrichtungen sowie eigen- oder fremdinitiierter sozialer Projekte (*McDonalds Kinderhilfe*), die Unterstützung von Umweltorganisationen, Einrichtungen, Nationalparks und sonstigen ökologischen Initiativen (*Krombacher Regenwald Projekt*).[25]

Wenngleich es sich um zentrale Einsatzgebiete handelt, beschränkt sich Sponsoring nicht auf den Sport-, Kunst- und Kultursektor bzw den sozialen und ökologischen Bereich. Daneben bestehen zahlreiche weitere Sponsoringformen, die letztlich auch aufgrund der dynamischen Weiterentwicklung dieses Kommunika-

---

19 „Arenasponsoring“, „Sport Facility Naming-Rights“, „Sportstättensponsoring“, vgl *Thiele*, Update Sponsoring – Naming-Rights bei Kultur- und Sportstätten, ecolex 2005, 773 (773 f).

20 *Drees* in *Hermanns/Riedmüller* 61; *Nuß*, Untreue 114.

21 *Nuß*, Untreue 119.

22 *Bruhn*, Sponsoring[6] 223.

23 *Bruhn*, Sponsoring[6] 223.

24 *Bruhn*, Sponsoring[6] 318; *Nuß*, Untreue 112 ff.

25 *Bruhn*, Sponsoring[6] 321 ff; vgl auch *Kolarz-Lakenbacher/Reichlin-Meldegg*, Sponsoring 68 f.

tionsinstruments nicht abschließend aufgezählt werden können. Hervorzuheben ist aufgrund seiner Bedeutung das Mediensponsoring, durch welches neben Fernsehen, Radio, Printmedien und Kino auch neue Medien (Internet) erreicht werden können.[26] Auch Wissenschafts- und Hochschulsponsoring birgt viele Möglichkeiten für Sponsoren, von der Ausstattung von Universitäten, Fachhochschulen und Forschungseinrichtungen mit finanziellen Mitteln (*Raumsponsoring der Wirtschaftsuniversität Wien: „OMV Bibliothekszentrum“*) bis hin zur Unterstützung durch fachspezifisches Know-How (*Förderung eines Moot Courts durch namhafte Anwaltssozietäten*).[27] Pharmasponsoring bildet dabei als Förderung der Forschung eine eigene Unterkategorie.[28]

Innerhalb der jeweiligen Einsatzbereiche lassen sich weitere Unterkategorien von Sponsoringformen bilden. So wird beim Sportsponsoring darauf abgestellt, in wie weit der Umfang des Engagements reicht („Full-Sponsoring“, „Haupt-Sponsoring“, „Co-Sponsoring“), welches Sponsoringobjekt gefördert wird (Sportart, Leistungsebene, organisatorische Einheit), sowie welche Art von Sponsoringmaßnahmen gesetzt werden.[29] Beim Kultur- sowie Sozio- und Umweltsponsoring differenziert man zudem besonders je nach Gewichtung altruistischer und kommunikativer Ziele zwischen altruistischen Mäzenen, mäzenatischen und klassischen Sponsoren.[30] Die konkrete Ausgestaltung von Sponsoringbeziehungen kann aber trotz dieser mannigfaltigen Einteilungsmöglichkeiten nicht allgemein festgelegt werden, sondern variiert fallbezogen je nach der individuellen Zielsetzung.

Die folgende strafrechtliche Untersuchung geht vom eingangs umschriebenen Sponsoringbegriff aus. Der Fokus soll insbesondere auf klassisches Sponsoring gelegt werden, das ein synallagmatisches Austauschverhältnis begründet und das vordergründig kommunikative und wirtschaftliche Zielsetzungen aufweist. Mischformen und Formen mäzenatischen Sponsorings sollen allerdings nicht gänzlich aus der rechtlichen Beurteilung ausgenommen werden. IdS werden auch Konstellationen einbezogen, in denen die Gegenleistung nicht vordergründig ist respektive aktiv erbracht werden muss. Im Übrigen werden ohne Einschränkungen auf einen bestimmten Einsatzbereich auch Fallkonstellationen

---

26 *Bruhn*, Sponsoring^6 423 f.

27 *Hermanns/Suckrow*, Wissenschafts-Sponsoring 18 f; *Bruhn*, Sponsoring^6 338 f, der Sponsoring in Wissenschaft und Bildung als Unterfall des Sozio- und Umweltsponsoring erfasst; *Nuß*, Untreue 129.

28 *Höltkemeier*, Sponsoring 34.

29 *Bruhn*, Sponsoring^6 105 ff; *Drees* in *Hermanns/Riedmüller* 55 ff.

30 *Bruhn*, Sponsoring^6 221, 320 f; *Nuß*, Untreue 160 f; *Kolarz-Lakenbacher/Reichlin-Meldegg*, Sponsoring 66.

behandelt, in denen der Gesponserte nicht dem Tätigkeitsbereich des sponsernden Unternehmens zuzurechnen ist.

2. Motive und Ziele von Sponsoring

Die Parteien einer Sponsoringvereinbarung verfolgen je nach Einsatzbereich und konkreter Vertragsgestaltung unterschiedliche Zielsetzungen.

2.1. Ziele des Sponsors

Die traditionellen Kommunikationsinstrumente Werbung, Verkaufsförderung und Öffentlichkeitsarbeit werden idR kombiniert eingesetzt, wobei jeweils unterschiedliche Maßnahmen in Frage kommen. Während Werbung und Verkaufsförderung auf eine kurz- oder langfristige Absatzsteigerung gerichtet sind und als finalen Zweck die Handlungsauslösung verfolgen, zielt Öffentlichkeitsarbeit vorwiegend auf den Aufbau von Vertrauen und Goodwill ab, dies wird etwa über Kontaktpflege und Information erreicht.[31] Demgegenüber kann Sponsoring als Teil der Kommunikationsstrategie eines Unternehmens die verschiedenen Aufgaben von Werbung, Verkaufsförderung und Öffentlichkeitsarbeit übergreifend bewältigen.[32] Die Sponsoringziele können dabei als Erfolgskette begriffen werden: Während übergeordnet ökonomische Zielsetzungen (Absatz- und Gewinnsteigerung) bestehen, werden diese vorgelagert durch außerökonomische respektive kommunikative Ziele erreicht, wie eine starke Kundenbindung, die wiederum auf ein verbessertes Markenimage zurückgeht.[33] Neben den psychologischen Zielen der Bekanntheitssteigerung und der Steigerung der Kundenzufriedenheit ist besonders der sog *Imagetransfer* als Sponsoringziel hervorzuheben.[34]

Das Image einer Person, Institution oder Organisation umfasst die mit ihr verbundenen – im Idealfall positiven – Einstellungen und Meinungen, die im Bewusstsein der Zielgruppen verankert sind. Der Imagetransfer zielt darauf ab, die mit dem Gesponserten bestehenden Assoziationen auf das sponsernde Unternehmen zu übertragen; zumeist betrifft dies auch nur einzelne Imagedimensionen.[35] Welche Maßnahmen dazu in Frage kommen kann nicht allgemein festgelegt werden, sondern hängt vom jeweiligen Unternehmen, dem Gesponserten und der Ausgestaltung des konkreten Sponsoringengagements ab. Im Gegensatz zu Werbung ist jedoch wesentlich, dass die Art des Mediums, das Sponsoring-

---

31 *Drees*, Sportsponsoring 22.

32 *Drees*, Sportsponsoring 24.

33 *Bruhn*, Sponsoring[6] 48 f; *Marwitz*, Kontrolle 34, 50.

34 *Drees* in *Hermanns/Riedmüller* 53; *Bruhn*, Sponsoring[6] 50; *Berndt*, Werbeforschung & Praxis 1991, 13; *Cordes* in *Geyer/Manschwetus* 408.

35 *Bruhn*, Sponsoring[6] 50; *Meininger*, Möglichkeiten 26.

objekt, untrennbar mit der zu übermittelnden Botschaft verknüpft ist.[36] Sponsoring soll dazu führen, dass die Zielgruppen sich mit der Unternehmenspolitik identifizieren können und ihr die positiven Merkmale des Gesponserten zuschreiben. Dabei kann Ziel sein, das Image durch den Imagetransfer erst zu bilden, sowie das bestehende zu stabilisieren oder zu korrigieren (Imagebildung, Imagestabilisierung, Imageforcierung, Imagekorrektur).[37] Auf Imageziele gerichtete Sponsoringmaßnahmen führen zwar nicht zu einer unmittelbaren und kurzfristigen Gewinnsteigerung, sie tragen aber zu einer positiven Beeinflussung des Unternehmens bei, wodurch langfristig wirtschaftliche Ziele erreicht werden können. Das Unternehmensimage kann daher letztlich als eine ökonomische Größe begriffen werden.[38]

Insbesondere mit Blick auf den besonderen Stellenwert, der dem Imagetransfer als Sponsoringziel zukommt, zeigt sich die Unzweckmäßigkeit der Beschränkung des Sponsoringbegriffs auf Vereinbarungen mit sachlicher Verbindung zwischen dem Tätigkeitsfeld der Sponsoringadressaten und dem Unternehmensgegenstand des Sponsors. Der Imagetransfer ist seiner Grundkonzeption nach schließlich darauf ausgerichtet, dass sich das sponsernde Unternehmen durch die Sponsoringtätigkeiten gerade solche Prädikate zuschreibt, die nicht zwangsläufig schon mit dem Unternehmensgegenstand assoziiert werden: Fördert ein Unternehmen der Tabakbranche etwa eine – nach dem Tätigkeitsfeld offenkundig in keiner Weise verbundene – Kunstmesse, so wird ein Bezug zu kulturellen Ereignissen geschaffen und das Engagement im Kunst- und Kulturbereich verdeutlicht.[39] Folglich ist die Qualifikation einer Maßnahme als Sponsoring nicht an einen sachlichen Bezug zwischen der geschäftlichen Tätigkeit des Sponsors und des Gesponserten gebunden. Gewiss kann eine Verbindung zwischen den Tätigkeitsgebieten in vielen Fällen erfolgsversprechend sein; sie kann die Glaubwürdigkeit des Engagements innerhalb der Zielgruppen erhöhen und so zu einer besseren Wirkung beitragen.[40] Vor diesem Hintergrund setzen Unternehmen Sponsoringmaßnahmen häufig verstärkt in Bereichen, die einen Zusammenhang zum Unternehmensgegenstand aufweisen – dies gilt insbesondere für Hersteller von Sportbekleidung, die Ausrüstungen und finanzielle Mittel für professionelle Sportler zur Verfügung stellen. Gleichsam sollte eine solche Verknüpfung aber nicht als Bedingung dafür gefordert werden, ein als Sponsoring intendiertes Austauschverhältnis auch begrifflich als solches zu erfassen.

---

36 *Bruhn*, Sponsoring[6] 8; *Aigner/Aigner/Bitter/Fath-Gottinger/Straka*, Sponsoring 48.
37 *Witt*, Kunstsponsoring 91.
38 *Witt*, Kunstsponsoring 92 f.
39 *Witt*, Kunstsponsoring 93.
40 *Castan*, Erfolgskontrolle 59.

Während Imageziele allen Formen von Sponsoring inhärent sind, variieren die darüber hinaus angestrebten Ziele vor allem je nach Art des Einsatzbereichs. Durch Sportsponsoring streben sponsernde Unternehmen speziell eine positive Beeinflussung ihres Bekanntheitsgrads an. Dies soll vor allem durch die starke Medienpräsenz sportlicher Veranstaltungen erreicht werden, die einen Multiplikatoreffekt mit sich bringt. Der Sponsor kann auf diese Weise, differenziert nach Sportart und Bedeutung der sportlichen Veranstaltung, Kontakt zur anvisierten Zielgruppe aufnehmen.[41] Beim Sozio- und Kultursponsoring wird hingegen eine kleinere Zielgruppe angesprochen, die Steigerung der Bekanntheit des Sponsors ist nicht oberste Priorität.[42] Es geht in diesen Bereichen vielmehr darum, die Übernahme von gesellschaftlicher Verantwortung durch das sponsernde Unternehmen zu demonstrieren.[43] Dieses Motiv ist naturgemäß eng mit dem Image verknüpft und wird daher teilweise nicht als abgetrenntes, ökonomisch geprägtes Ziel verstanden.[44] Die mit der sozialen und gesellschaftlichen Verantwortung verbundene Imageverbesserung ist speziell auch beim Umweltsponsoring bedeutsam. Unternehmen haben so die Möglichkeit, sich positive Eigenschaften, etwa Umweltbewusstsein, Zuverlässigkeit, Naturverbundenheit oder Verantwortlichkeit zuzuschreiben.[45] Während also im sozialen und Kulturbereich eher Gemeinsamkeiten mit dem Kommunikationsinstrument der Öffentlichkeitsarbeit bestehen, weist Sportsponsoring vordergründig Elemente der klassischen Werbung auf.[46]

Sponsoren können mit Sponsoring aber auch andere, weniger offensichtliche Ziele verfolgen, wie beispielsweise Kundenpflege.[47] Vor allem geförderte kulturelle Veranstaltungen bieten Unternehmen die Möglichkeit, in gehobenem Rahmen in einen persönlichen Dialog zu wichtigen Zielgruppen zu treten, sie über die Interessen des Unternehmens zu informieren und dabei die Vorteile dieser nicht-kommerziellen Situation zu nützen.[48] Ähnliches gilt auch beim Sportspon-

---

41 *Drees*, Sportsponsoring 84; *Drees* in *Hermanns/Riedmüller* 52; *Bruhn*, Sponsoring[6] 140 f; *Meininger*, Möglichkeiten 28; vgl allgemein *Marwitz*, Kontrolle 31.

42 *Witt*, Kunstsponsoring 96.

43 *Ahlert/Woisetschläger/Vogel*, Ist Sponsoring der Zaubertrank einer starken Marke? in *Ahlert/Woisetschläger/Vogel* (Hrsg), Exzellentes Sponsoring[2] (2007) 17; *Kolarz-Lakenbacher/Reichlin-Meldegg*, Sponsoring 64; *Meininger*, Möglichkeiten 27.

44 *Witt*, Kunstsponsoring 94.

45 *Bruhn*, Sponsoring[6] 357 f; *Kolarz-Lakenbacher/Reichlin-Meldegg*, Sponsoring 50.

46 *Drees*, Sportsponsoring 24.

47 *Kolarz-Lakenbacher/Reichlin-Meldegg*, Sponsoring 13.

48 *Witt*, Kunstsponsoring 94; *Bruhn*, Sponsoring[6] 240 f; *Ahlert/Woisetschläger/Vogel* in *Ahlert/Woisetschläger/Vogel* 19; *Cordes* in *Geyer/Manschwetus* 408; *Marwitz*, Kontrolle 31.

soring; während Adressaten gegenüber klassischer Werbung eine eher ablehnende Haltung einnehmen, steht beim Sponsoring aufgrund des besonderen Umfelds im Bewusstsein der Rezipienten der positive Fördergedanke und somit der Nutzen für den Gesponserten im Vordergrund.[49] Sponsoring kann für Unternehmen überdies den Zusatznutzen der Mitarbeitermotivation generieren: Wenngleich dies idR nicht primäres Ziel des Sponsors ist, können die positiven Effekte auch intern auf die Unternehmensstruktur durchschlagen.[50] Insgesamt werden durch Sponsoring aus der Sicht des Sponsors zahlreiche kommunikative Aufgaben bewältigt, es fungiert idS als übergreifendes Kommunikationsinstrument.[51]

2.2. Ziele des Gesponserten

Offenkundig zentrales Ziel des Gesponserten ist die Mitfinanzierung seiner Belange über Geld- und Sachleistungen des Sponsors.[52] Dies gilt insbesondere in Bereichen, die auf begrenzte staatliche Ressourcen angewiesen sind, wie etwa in der Wissenschaft und Forschung.[53] Neben der finanziellen Förderung ist auch eine Steigerung des Bekanntheitsgrades des Gesponserten durch die Vermarktung des Sponsorships sowie ein Profitieren vom Know-How des Sponsors denkbar.[54]

3. Rechtliche Grundlagen des Sponsoring

Bislang wurde Sponsoring in Österreich nicht gesetzlich übergreifend, sondern nur im Bereich der Verwaltung in bestimmten Materiengesetzen punktuell geregelt. Die Bestimmungen betreffen idR Sponsoring als Finanzierungsmöglichkeit öffentlicher Einrichtungen und Institutionen; sie sehen Sponsoringdefinitionen sowie Bedingungen vor, die bei Abschluss einer entsprechenden Vereinbarung einzuhalten sind.[55] In ähnlicher Weise finden sich auch im Parteiengesetz 2012[56] (fortan: PartG) Regelungen zur Parteienfinanzierung über Sponsoringmittel. Daneben bestehen vor allem im Steuerrecht begriffliche Umschreibungen von Sponsoring. Hintergrund ist das Erfordernis einer Abgrenzung freiwilliger Zu-

---

49 *Drees* in *Hermanns/Riedmüller* 52.

50 *Witt*, Kunstsponsoring 95; *Drees* in *Hermanns/Riedmüller* 54; *Bruhn*, Sponsoring[6] 242; *Cordes* in *Geyer/Manschwetus* 408; *Meininger*, Möglichkeiten 28.

51 *Drees*, Sportsponsoring 24.

52 *Drees*, Sportsponsoring 88; *Drees* in *Hermanns/Riedmüller* 54.

53 *Ahlert/Woisetschläger/Vogel* in *Ahlert/Woisetschläger/Vogel* 17; *Beier*, Hochschul-Sponsoring (2003) 11.

54 *Höltkemeier*, Sponsoring 30.

55 Vgl dazu eingehend III. C. 1.

56 Bundesgesetz über die Finanzierung politischer Parteien, BGBl I Nr 56/2012.

wendungen, die – außer im Fall abweichender gesetzlicher Bestimmungen – steuerrechtlich grundsätzlich nicht abzugsfähig sind, von abzugsfähigen Betriebsausgaben. Letztere sind mit Sponsoringausgaben nach Ansicht des österreichischen Finanzministeriums dann gegeben, wenn es sich um Ausgaben auf betrieblicher Grundlage handelt, die in angemessenem Verhältnis zur Gegenleistung des Gesponserten stehen, deren Erbringung erforderlichenfalls durch den Sponsor rechtlich erzwungen werden kann.[57] Diesen Anknüpfungspunkten folgt auch der VwGH,[58] der im Übrigen aufgrund der im österreichischen Recht bestehenden Formfreiheit zivilrechtlicher Verträge auch einen mündlichen Sponsoringvertrag als ausreichend anerkennt.[59]

Im Bereich des Privatrechts steht es Parteien grundsätzlich offen, ihre Sponsoringbeziehung privatautonom zu regeln. Die konkrete zivilrechtliche Einordnung des Sponsoringvertrags im System der allgemeinen Vertragstypen ist aufgrund der Vielfalt an Ausgestaltungsmöglichkeiten und der Verbindung verschiedener vertraglicher Strukturmerkmale nicht möglich; es handelt sich vielmehr um *atypische Schuldverträge sui generis*.[60]

Die meisten Sponsoringverträge haben dennoch gewisse zivilrechtliche Merkmale gemein. Dazu gehört in erster Linie – in Übereinstimmung mit der Definition von klassischem Sponsoring – das Bestehen eines synallagmatischen Austauschverhältnisses, wobei jeweils verschiedene Ausprägungen denkbar sind.[61] Während der Sponsor zumeist Sach- und Geldleistungen erbringt, sind die möglichen Leistungsverpflichtungen des Gesponserten vielfältiger Natur.[62] Da Sponsoringtätigkeiten idR zentral das Ziel eines Imagetransfers verfolgen, ist die Gegenleistung stark mit dem Sponsoringobjekt verknüpft und oftmals sehr projekt- bzw personenbezogen. Diese immaterialgüterrechtliche Komponente bildet ein wesentliches Strukturmerkmal des Sponsoringvertrags und ist auch hinsichtlich der Vertragsauflösung von Bedeutung.[63] So kann die angestrebte Verbindung des Unternehmens mit dem Sponsoringobjekt im Fall von negativem Auf-

---

57 Einkommenssteuerrechtlinien (EStR) 2000, Erlass des österreichischen Bundesministerium für Finanzen (BMF), Rz 1643; Erlass des BMF vom 18. Mai 1987, Z 06 04101/I-IV/6/87, über den Abzug von Sponsorleistungen für kulturelle Veranstalten als Betriebsausgaben; Erlass des BMF vom 29. Juli 1982, Z 13 5202/15-IV/13/82, zur Besteuerung der Vereine, Abschnitt 11 Abs 2.

58 VwGH 25.1.1989, 88/13/0073; VwGH 1.9.2015, 2012/15/0096.

59 VwGH 1.9.2015, 2012/15/0096; vgl dazu *Renner*, Causa Sport 2016, 82 f.

60 *Thiele*, Sponsoring 8; *Thiele*, ecolex-Script 1999, 2; *Thiele*, ecolex 2005, 774.

61 *Thiele*, Sponsoring 6; *Thiele*, ecolex-Script 1999, 1 f.

62 *Bruhn*, Rechtliche Gestaltung[2] 56.

63 *Thiele*, Sponsoring 6-7; *Thiele*, ecolex-Script 1999, 2.

treten des Gesponserten in der Öffentlichkeit zu einer vorzeitigen Vertragsauflösung legitimieren. Denkbar wäre etwa, dass ein vertragliches Verhältnis zu einem gesponserten Sportler bei einem öffentlichen Dopingskandal aus wichtigem Grund beendet werden kann.[64] Ob die Vertragsbeziehung tatsächlich so schwer erschüttert ist, dass eine Aufrechterhaltung unzumutbar ist, muss jeweils einzelfallbezogen beurteilt werden.[65]

Sponsoringbeziehungen weisen je nach Ausgestaltung des Vertragsverhältnisses verschiedene Ausprägungen auf, so können beispielsweise kauf-, tausch-, miet-, pacht-, dienst-, werk- oder auch lizenzvertragliche Elemente vordergründig sein.[66] Der Maßstab für die Zulässigkeit der Vereinbarung bestimmt sich letztlich nach § 879 ABGB.[67]

Bisweilen wird auch die Einordnung des Sponsoringvertrags als Gesellschaftsvertrag diskutiert. Dies ist aber schon im Hinblick auf die jeweils unterschiedlichen Ziele von Sponsor und Gesponsertem abzulehnen. Statt einem gemeinsamen Zweck beinhaltet ihre Vereinbarung vielmehr die Umschreibung einer synallagmatischen Leistungsbeziehung.[68]

Der zwischen zwei Parteien abgeschlossene Sponsoringvertrag begründet idR ein Dauerschuldverhältnis.[69] Das Vertragsverhältnis wird also nicht durch spezifische Erfüllungshandlungen beendet, sondern ist auf Dauer angelegt. Teilweise, besonders im Bereich des Veranstaltungssponsoring, kann auch eine abweichende Ausgestaltung zweckmäßig sein.[70] Grundsätzlich ist der Imagetransfer, der als dominantes Sponsoringziel gilt, aber nicht durch einzelne Handlungen, sondern erst über einen längeren Zeitraum hinweg zu erreichen.[71]

---

64 *Thiele*, Sponsoring 8.

65 *Thiele*, Sponsoring 8.

66 *Bruhn*, Rechtliche Gestaltung^2 63 ff; *Thiele*, Sponsoring 6.

67 *Thiele*, Sponsoring 9.

68 *Bruhn*, Rechtliche Gestaltung^2 71.

69 *Thiele*, Sponsoring 7; *Thiele*, ecolex-Script 1999, 2; vgl zur Qualifizierung eines auf fünf Jahre beabsichtigten Sponsoringvertrags mit jährlichem Sponsorbetrag von 25.000 Euro als Dauerschuldverhältnis, OGH 6.4.2016, 7 Ob 201/15g.

70 *Thiele*, Sponsoring 7.

71 *Bruhn*, Rechtliche Gestaltung^2 79.

II. Zur Strafbarkeit des Sponsors gemäß § 153 StGB

Setzt ein Unternehmen Sponsoring als Marketing- und Kommunikationsinstrument ein, interessiert dies primär aus betriebswirtschaftlicher Perspektive und ist auf den ersten Blick kein Fall für das gerichtliche Strafrecht: Auch etwa die „Red Bull Stratos Mission" fand – trotz Projektkosten in Höhe von 50 Millionen Euro[72] – jedenfalls nicht aufgrund von Bedenken der Anteilseigner oder gar strafrechtlicher Konsequenzen mediale Beachtung.

Erst wenn hohe Geldsummen systemlos und womöglich aufgrund privater Vorlieben des Entscheidungsträgers für fragwürdige Zwecke aufgewendet werden, sich die Sponsoringaktivitäten nicht als gewinnbringend erweisen und es zu einer Beeinträchtigung des Gesellschaftsvermögens kommt, stellt sich – auch außerhalb der „Global Player" – die Frage, ob dabei nicht schlicht fremdes Vermögen verschleudert wurde. Damit verlagert sich der Blickwinkel hin zu gesellschafts- und strafrechtlichen Haftungsfragen: Neben der allgemeinen rechtlichen Legitimation dafür, Gesellschaftsmittel zu Sponsoringzwecken aufzuwenden, interessieren vor allem die sachlichen Grenzen einer solchen Entscheidung.

Geht ein Entscheidungsträger eines Unternehmens etwa eine Sponsoringvereinbarung mit einer Fußballmannschaft einer unteren Liga ein, weil er der Fangemeinde angehört, oder fördert ein Geschäftsführer ein Regenwaldprojekt mit Gesellschaftsvermögen finanziell, weil er es privat für unterstützenswert hält, kann durchaus an der Zulässigkeit eines solchen Vertretungsakts gezweifelt werden. Letztlich könnte aufgrund drohender Imageschäden auch die Pflicht des Vertretungsorgangs bestehen, eine aufrechte Sponsoringbeziehung zu beenden – etwa mit einem Sportverein, dessen Präsident in einen Steuerskandal[73] verwickelt wird.

Vor dem Hintergrund derartiger Fallkonstellationen ist zu klären, ob und unter welchen Voraussetzungen die Sponsoringtätigkeit als eine pflichtwidrige und vermögensschädigende Vertretungshandlung gewertet werden muss, für die das Vertretungsorgan rechtlich einzustehen hat.

---

72 So laut Medienberichten, vgl Red Bull & Co.: Die Profiteure des Stratos-Sprungs https://diepresse.com/home/wirtschaft/economist/1301778/Red-Bull-Co_Die-Profiteure-des-StratosSprungs (abgefragt am 4.12.2018).

73 Vgl beispielsweise zum Steuerskandal von Uli Hoeneß aus den Medienberichten *Mortsiefer*, Konzerne stützen Hoeneß https://www.tagesspiegel.de/wirtschaft/fc-bayern-konzerne-stuetzen-hoeness/8500824.html (abgefragt am 4.12.2018).

C. Ifsits, *Strafrechtliche Risiken des Sponsoring*, Juridicum – Schriftenreihe zum Strafrecht, https://doi.org/10.1007/978-3-658-25665-4_2

Aus strafrechtlicher Perspektive kommt auf Seite des Sponsors vor allem *Untreuestrafbarkeit* von Vertretungsorganen nach § 153 StGB in Betracht.[74] Der Tatbestand erfasst denjenigen, der seine Befugnis, über fremdes Vermögen zu verfügen oder einen anderen zu verpflichten, wissentlich missbraucht und dadurch den anderen am Vermögen schädigt. Er dient – seiner Verortung im 6. Abschnitt des StGB ebenso wie seiner Ausgestaltung zufolge – dem Schutz fremden Vermögens, wobei nicht sämtliche, auf irgendeine Weise betroffenen Personen in ihren Vermögensinteressen geschützt werden, sondern nur der die Befugnis einräumende Machtgeber.[75] Die tatbildliche Vermögensschädigung folgt überdies nicht aus unspezifischen Handlungen jeder Art, sie ergibt sich vielmehr gerade durch den Befugnismissbrauch des Machthabers. Die Norm ist damit ihrer Struktur nach ein verhaltensgebundenes Erfolgsdelikt: Der Vermögensschaden als Erfolg reicht für sich nicht aus, er muss aus dem Befugnismissbrauch des Machthabers folgen.[76] Das Tatbild des § 153 StGB besteht somit aus einem *Befugnismissbrauch* sowie einem daraus resultierenden *Vermögensschaden* des Machtgebers.

Sponsoringtätigkeiten können demnach dann eine Strafbarkeit nach § 153 StGB begründen, wenn die entsprechende Vertretungshandlung des Machthabers als Befugnismissbrauch zu qualifizieren ist, aus dem sich ein Vermögensschaden des sponsernden Unternehmens ergibt und überdies die subjektive Tatseite erfüllt ist. Die strafrechtliche Analyse von Sponsoringaktivitäten behandelt im Folgenden – der Normstruktur entsprechend – zunächst die Ebene des Befugnismissbrauchs (A.) und daran anschließend die Begründung eines Vermögensschadens durch Sponsoringausgaben (B.). Der konkreten Subsumtion ist eine kurze allgemeine Auseinandersetzung mit dem jeweiligen Tatbildelement vorgelagert.

---

74 Selbstverständlich ist auch eine Beteiligung des Gesponserten an der Untreue des Sponsors denkbar.

75 *Kirchbacher/Presslauer* in WK[2] StGB § 153 Rz 1; *Pfeifer* in SbgK § 153 Rz 4; *Flora* in *Leukauf/Steininger*[4] § 153 Rz 2; *Birklbauer/Hilf/Tipold*, Strafrecht Besonderer Teil I[4] (2017) § 153 Rz 2; *Eder-Rieder*, Einführung in das Wirtschaftsstrafrecht[4] (2016) 106.

76 *Kienapfel/Schmoller*, Studienbuch Strafrecht Besonderer Teil II[2] (2017) § 153 Rz 15; *Birklbauer/Hilf/Tipold*, BT I[4] § 153 Rz 1.

A. Befugnismissbrauch

Der Befugnismissbrauch ist die Tathandlung der Untreue; er wird allgemein als Überschreitung des rechtlichen Dürfens im Rahmen des rechtlichen Könnens charakterisiert:[77] Der Machthaber übt die ihm eingeräumte Rechtsmacht missbräuchlich aus, indem er eine Rechtshandlung setzt, die er im Außenverhältnis zwar vornehmen kann, aufgrund des Innenverhältnisses zum Machtgeber jedoch nicht darf.[78] Hinsichtlich dieses Missbrauchs muss der Täter auf subjektiver Tatseite wissentlich handeln (§ 5 Abs 3 StGB).[79] Die Untreuebestimmung folgt damit rein der Missbrauchstheorie und sieht – anders als § 266 dStGB – keinen Treubruchstatbestand vor.[80]

Notwendige Voraussetzung eines Missbrauchs ist das Vorliegen einer entsprechenden *Befugnis* zur Vornahme von Rechtshandlungen im Namen des Machtgebers. Damit werden zum einen Anforderungen an die Subjektsqualität gestellt und die Untreue als Sonderdelikt definiert;[81] zum anderen wird das Außenverhältnis festgelegt.[82] Vor dem Strafrechtsänderungsgesetz 2015[83] (fortan: StRÄG 2015) waren in § 153 StGB als Entstehungsgründe der Befugnis expressis verbis das Gesetz, ein behördlicher Auftrag oder ein Rechtsgeschäft genannt. Im Rahmen der Novellierung der Untreuebestimmung wurde diese Determinierung als

77 *Kirchbacher/Presslauer* in WK² StGB § 153 Rz 1; *Pfeifer* in SbgK § 153 Rz 20; *Birklbauer/Hilf/Tipold*, BT I⁴ § 153 Rz 13; *Birklbauer* in PK-StGB § 153 Rz 15; *Lewisch*, Untreue als Vermögensgefährdungsdelikt? AnwBl 2012, 141 (142).

78 *Kirchbacher/Presslauer* in WK² StGB § 153 Rz 28; *Kienapfel/Schmoller*, BT II² § 153 Rz 57; *Fuchs/Reindl-Krauskopf*, Strafrecht Besonderer Teil I⁶ (2018) 224; *Flora* in *Leukauf/Steininger*⁴ § 153 Rz 17.

79 *Kirchbacher/Presslauer* in WK² StGB § 153 Rz 42; *Pfeifer* in SbgK § 153 Rz 40; *Fuchs/Reindl-Krauskopf*, BT I⁶ 232; *Birklbauer/Hilf/Tipold*, BT I⁴ § 153 Rz 25; *Bertel/Schwaighofer/Venier*, Österreichisches Strafrecht Besonderer Teil I¹⁴ (2018) § 153 Rz 14.

80 *Fuchs/Reindl-Krauskopf*, BT I⁶ 224; *Flora* in *Leukauf/Steininger*⁴ § 153 Rz 2-3; *Kienapfel/Schmoller*, BT II² § 153 Rz 2, 6 f.

81 *Kirchbacher/Presslauer* in WK² StGB § 153 Rz 2; *Pfeifer* in SbgK § 153 Rz 3; *Bertel/Schwaighofer/Venier*, BT I¹⁴ § 153 Rz 1; *Birklbauer/Hilf/Tipold*, BT I⁴ § 153 Rz 1; *Birklbauer* in PK-StGB § 153 Rz 1, 8; *Huber*, Ausgewählte Fragen der Untreuebestimmung, in *Kert/Kodek* (Hrsg), Das große Handbuch Wirtschaftsstrafrecht (2016) 4. Kapitel (Rz 4.9); *Eder-Rieder*, Wirtschaftsstrafrecht⁴ 106; *McAllister* in *Preuschl/Wess*, Wirtschaftsstrafrecht § 153 Rz 4, 11.

82 Vgl dazu ausführlich *Huber*, Die Organuntreue zu Lasten von Kapitalgesellschaften (2012) 9 ff.

83 BGBl I 2015/112.

sachlich verzichtbar angesehen und mit dem Ziel einer besseren Lesbarkeit des Gesetzestextes beseitigt.[84] Die Befugnis des Machthabers ergibt sich idR praktisch dennoch unmittelbar aus dem Gesetz, einem behördlichen Auftrag oder aus einer rechtsgeschäftlichen Vereinbarung.[85]

Der Machtgeber muss dem Machthaber kein Mindestmaß an Ermessen einräumen, die Befugnis muss auch sonst keinen bestimmten Inhalt umfassen.[86] Sehr wohl erforderlich ist allerdings das Vorliegen von Rechtsmacht. Darf eine Person lediglich faktische Tätigkeiten ausüben, ist sie kein Machthaber iSd § 153 StGB und kann nach Konzeption der Bestimmung nicht missbräuchlich handeln.[87]

Ob eine Rechtshandlung einen Befugnismissbrauch begründet, kann rein aufgrund des Außenverhältnisses nicht festgestellt werden. Die Missbräuchlichkeit hängt vielmehr von der Ausgestaltung des Innenverhältnisses zwischen Machthaber und Machtgeber ab, das den Missbrauchsmaßstab bildet.[88] Das Innenverhältnis – der Inhalt und der Umfang der Befugnis – ergibt sich grundsätzlich aus gesetzlichen Regelungen, der Vereinbarung zwischen den Parteien und den daraus resultierenden Vorgaben.[89] Dementsprechend sind Handlungsanweisungen

---

84 JAB 728 BlgNR XXV. GP 5 = 10; kritisch dazu die Stellungnahme der Wirtschaftsuniversität Wien vom 24.4.2015 141/SN-98/ME.

85 *Flora* in *Leukauf/Steininger*[4] § 153 Rz 5-8; *Huber* in *Kert/Kodek* Rz 4.11; *Eder-Rieder*, Wirtschaftsstrafrecht[4] 106; *Kienapfel/Schmoller*, BT II[2] § 153 Rz 27; *McAllister* in *Preuschl/Wess*, Wirtschaftsstrafrecht § 153 Rz 13; *Kert/Komenda*, Strafrechtliche Risiken für den Aufsichtsrat, in *Kalss/Kunz* (Hrsg), Handbuch für den Aufsichtsrat[2] (2016) 46. Kapitel (Rz 56).

86 *Kirchbacher/Presslauer* in WK[2] StGB § 153 Rz 19; *Kienapfel/Schmoller*, BT II[2] § 153 Rz 41; *Pfeifer* in SbgK § 153 Rz 29; *Flora* in *Leukauf/Steininger*[4] § 153 Rz 11; aA noch *Leukauf/Steininger*, StGB[3] § 153 Rz 11; anders auch OGH 15.6.1988, 15 Os 9/88.

87 *Kirchbacher/Presslauer* in WK[2] StGB § 153 Rz 20; *Pfeifer* in SbgK § 153 Rz 25; *Birklbauer/Hilf/Tipold*, BT I[4] § 153 Rz 16; *Huber* in *Kert/Kodek* Rz 4.62; *Fuchs*, Spezielle Probleme von Untreue und Korruption, in *Lewisch* (Hrsg), Jahrbuch Wirtschaftsstrafrecht und Organverantwortlichkeit 2013, 35 (35); *Steininger*, Typische Erscheinungsformen der Wirtschaftskriminalität und ihre Bekämpfung, ÖJZ 1982, 589 (593).

88 *Fuchs/Reindl-Krauskopf*, BT I[6] 224; *Kienapfel/Schmoller*, BT II[2] § 153 Rz 57; *Huber*, Organuntreue 67; *Huber* in *Kert/Kodek* Rz 4.22; *Artmann*, Wirtschaftskriminalität und Gesellschaftsrecht, in *Studiengesellschaft für Wirtschaft und Recht* (Hrsg), Wirtschaftsstrafrecht (2008) 233 (236); OGH 22.5.2013, 15 Os 1/13f.

89 *Fuchs/Reindl-Krauskopf*, BT I[6] 224 f; *Fuchs* in JB Wirtschaftsstrafrecht und Organverantwortlichkeit 2013, 36.

des Machtgebers, interne Richtlinien und Compliance-Regelungen ebenso beachtlich, wie die Satzung einer Aktiengesellschaft oder die Geschäftsordnung des Vorstands.[90] Dabei sind nicht nur inhaltliche Vorgaben denkbar. Auch die Anordnung besonderer Verfahrensschritte, die bei einer bestimmten Entscheidung Mitwirkungs- und Kontrollbefugnisse anderer gesellschaftlicher Organe vorsehen, ist als Handlungsanweisung zu werten.[91] Wo der Machtgeber konkrete Anweisungen erteilt, ist jedes Zuwiderhandeln des Entscheidungsträgers untreuerelevant. Das gilt in gleicher Weise für die Abweichung von internen prozeduralen Vorschriften, die der Entscheidungsträger zu beachten hat, so im Fall von Mitwirkungspflichten eines anderen Organs, die eine allein gesetzte Vertretungshandlung verbieten.[92] Vorauszusetzen ist, dass kein Fall der Gesamtvertretung vorliegt und der Machthaber die Vertretungshandlung demnach im Außenverhältnis wirksam setzen kann, ihm also die entsprechende Befugnis zukommt.[93]

Konkrete Instruktionen und interne Verfahrensvorgaben ermöglichen eine vereinfachte Beurteilung des strafrechtlichen Befugnismissbrauchs, für Entscheidungsträger besteht darüber hinaus kein Graubereich der rechtlicher (Un-)Zulässigkeit ihrer Handlungen. Zugleich bergen derartige Regelungen aber gewisse Gefahren in sich: Das gilt etwa im Fall von internen Anordnungen, die einst vorgegeben wurden und immer noch existieren, aber bereits seit langer Zeit praktisch nicht mehr eingehalten werden. Zwar wäre eine von solchen Regeln abweichende Entscheidung unternehmensintern idR unproblematisch; kommt es aber infolge der Handlung zu einer Vermögensschädigung der Gesellschaft und wird ein Strafverfahren wegen Untreue eingeleitet, könnte das erkennende Gericht den Befugnismissbrauch womöglich dennoch auf die formal vorliegende

---

90 *Fuchs/Reindl-Krauskopf*, BT I[6] 226; *Lewisch*, Korruption und Compliance, in *Lewisch* (Hrsg), Jahrbuch Wirtschaftsstrafrecht und Organverantwortlichkeit 2013, 43 (49); *Flora* in *Leukauf/Steininger*[4] § 153 Rz 17; *Huber* in *Kert/Kodek* Rz 4.25; *McAllister* in *Preuschl/Wess*, Wirtschaftsstrafrecht § 153 Rz 29.

91 *Fuchs* in JB Wirtschaftsstrafrecht und Organverantwortlichkeit 2013, 37; *Fuchs/Reindl-Krauskopf*, BT I[6] 227.

92 *Fuchs*, Untreue, die unendliche Geschichte; Selbstbindung der Unternehmen als gefährlicher Fallstrick, in *Jarolim* (Hrsg), Herausforderung Compliance. Von der Regelungsflut zur Untreue? (2015) 18 (22); *Fuchs* in JB Wirtschaftsstrafrecht und Organverantwortlichkeit 2013, 37.

93 Vgl zu dieser Frage *Huber*, Organuntreue 46 ff; *Kienapfel/Schmoller*, BT II[2] § 153 Rz 60; aA *Kirchbacher/Presslauer* in WK[2] StGB § 153 Rz 18; *Birklbauer/Hilf/Tipold*, BT I[4] § 153 Rz 11; OGH 15.10.2009, 13 Os 25/09i; OGH 20.10.2015, 11 Os 52/15d; OGH 4.4.2006, 14 Os 96/05g; OGH 28.5.1998, 12 Os 34/98; RIS-Justiz RS0094845; RIS-Justiz RS0059509.

Regelwidrigkeit gründen.[94] Darüber hinaus schränkt die Festschreibung genauer inhaltlicher Vorgaben und strikter prozeduraler Vorgangsweisen die Handlungsfähigkeit der wirtschaftlich tätigen Vertreter erheblich ein. Der Abschluss auch unsicherer Geschäfte gehört – bei Einhaltung der gebotenen Sorgfalt – zum wirtschaftlichen Geschäftsbetrieb eines Unternehmens, dessen Bestand und Gedeihen auch riskante und innovative Entscheidungen erfordert. Bestehen strikte Verhaltensregeln, so sind diese aus strafrechtlicher Perspektive aber auch dann einzuhalten, wenn sie für den konkreten Fall unzweckmäßig sind; sie können daher das zukunftsgerichtete flexible Wirtschaften und damit die Entwicklung eines Unternehmens hemmen.[95]

Liegen keine konkreten Regelungen vor, so ergeben sich das Innenverhältnis und damit der Missbrauchsmaßstab aus dem Gesetz.[96] Dabei kann nicht unmittelbar an strafrechtliche Normen angeknüpft werden. Die Pflichtwidrigkeit einer Verhaltensweise folgt vielmehr vorgelagert aus dem Zivil- bzw Gesellschaftsrecht. Das Tatbestandsmerkmal des Befugnismissbrauchs nach § 153 StGB ist damit als ein normatives zu qualifizieren, dessen Inhalt sich erst unter Heranziehung anderer Teile der Rechtsordnung ermitteln lässt.[97] Zur Bestimmung des missbräuchlichen und somit strafrechtlich relevanten Verhaltens muss an zivil- und gesellschaftsrechtliche Regelungen angeknüpft werden, zu denen das Strafrecht akzessorisch ist und dessen Auseinandersetzung zum Verständnis der Untreueregelung folglich unverzichtbar ist.[98]

Die gesetzlichen Bestimmungen des Zivil- und Gesellschaftsrechts sehen nicht für jede Fallkonstellation konkrete Anweisungen im Sinne eines taxativen Pflichtenkatalogs für Entscheidungsträger vor. Neben einer Einschränkung der wirtschaftlich notwendigen Flexibilität, könnte schon die gewaltige Fülle an zu regelnden Sachverhalten normtechnisch nicht bewältigt werden.[99] Die Pflichtgemäßheit einer Vertretungshandlung bemisst sich daher häufig an Generalklauseln. Eine solche findet sich schon in den §§ 1009, 1013 ABGB, welche die allgemeine Verpflichtung des Gewalthabers beinhalten, das Geschäft nach der

94 *Fuchs* in *Jarolim* 22.

95 *Fuchs* in *Jarolim* 21; vgl auch *Fuchs* in JB Wirtschaftsstrafrecht und Organverantwortlichkeit 2013, 36.

96 *Fuchs/Reindl-Krauskopf*, BT I^{6} 228.

97 *Huber*, Organuntreue 67.

98 *Huber*, Organuntreue 68; *Huber* in *Kert/Kodek* Rz 4.24; *Lewisch*, Aktuelle wirtschaftsstrafrechtliche Praxisfragen, in *Lewisch* (Hrsg), Jahrbuch Wirtschaftsstrafrecht und Organverantwortlichkeit 2011, 15 (16).

99 *Huber*, Organuntreue 69; *Harreiter*, Probleme des „Befugnismissbrauchs" bei Ermessensentscheidungen, in *Hinterhofer* (Hrsg), Praxishandbuch Untreue (2015) 3 (6).

erhaltenen Vollmacht „emsig und redlich zu besorgen, und allen aus dem Geschäfte entspringenden Nutzen dem Machtgeber zu überlassen"; der Machthaber hat dem Machtgeber idS den größtmöglichen Nutzen zu verschaffen.[100] Im Gesellschaftsrecht sind insbesondere § 25 GmbHG, § 70 AktG sowie §§ 84, 99 AktG zu beachten, welche die Innenhaftung der geschäftsführenden Organe bzw der Aufsichtsratsmitglieder betreffen. Diese Normen begründen einen haftungsfreien Ermessensspielraum, innerhalb dessen die Entscheidungsträger für unternehmerische (Fehl-)Entscheidungen nicht einstehen müssen. Wenden sie bei ihrer Handlung die Sorgfalt eines „ordentlichen und gewissenhaften Geschäftsmannes" an, so ist ihre gesellschafts- und folglich auch strafrechtliche Haftung ausgeschlossen.[101] Solange die jeweiligen Sorgfaltsanforderungen eingehalten werden, ist das unternehmerische Risiko einer sich ex post als nachteilig herausstellenden Entscheidung unter einhelliger Ablehnung einer Erfolgshaftung nicht vom Vertretungsorgan, sondern von der Gesellschaft selbst zu tragen.[102]

Der als Generalklausel formulierte Sorgfaltsmaßstab ist im Einzelfall anhand objektiv-individueller Kriterien zu konkretisieren, so etwa durch den Vergleich mit einem nach Größe, Branche etc entsprechenden Unternehmen. Ausgangspunkt ist folglich die Sorgfalt, die von einem Geschäftsführer bzw -leiter des betreffenden Geschäftszweigs, nach der Unternehmensgröße, der Marktposition und der wirtschaftlichen Lage in der jeweiligen Situation üblicherweise erwartet werden kann.[103] Neben den Fähigkeiten und Kenntnissen, über die das Vertre-

---

100 *Fuchs/Reindl-Krauskopf*, BT I^6 228; *Kirchbacher/Presslauer* in WK^2 StGB § 153 Rz 28; *Huber* in *Kert/Kodek* Rz 4.27; OGH 2.7.1985, 10 Os 211/84.

101 Vgl zur GmbH *Reich-Rohrwig* in *Straube/Ratka/Rauter*, WK GmbHG § 25 Rz 24; *Kodek/Csoklich* in WK^2 Wirtschaftsstrafrecht Rz 106; RIS-Justiz RS0059449.

102 OGH 31.10.1973, 1 Ob 179/73; 3 Ob 34/97i ecolex 1998, 774; *Reich-Rohrwig* in *Straube/Ratka/Rauter*, WK GmbHG § 25 Rz 32; *Torggler*, Business Judgment Rule und unternehmerische Ermessensentscheidungen. Zugleich eine Besprechung von Grass, Business Judgment Rule, ZfRV 2002, 133; *Kraus/Torggler* in *Torggler*, GmbHG § 25 Rz 11; *Feltl/Told* in *Gruber/Harrer*, GmbHG^2 § 25 Rz 30; *Karollus*, Unternehmerische Ermessensentscheidungen und Business Judgement Rule aus primär gesellschaftsrechtlicher Sicht, VR 2015 H 10, 23 (23); *Kodek/Csoklich* in WK^2 Wirtschaftsstrafrecht Rz 109; *Ginthör/Brodey*, Der AG-/SE-Vorstand (2008) 84; *Nowotny* in *Doralt/Nowotny/Kalss*, AktG^2 § 84 Rz 6; *Duursma/Duursma-Kepplinger/Roth*, Handbuch zum Gesellschaftsrecht (2007) Rz 3942, zwischen den Sorgfaltsanforderungen von AG und GmbH besteht „kein substanzieller Unterschied".

103 *Reich-Rohrwig* in *Straube/Ratka/Rauter*, WK GmbHG § 25 Rz 24; *Nowotny/Fida*, Kapitalgesellschaftsrecht, Umgründungsrecht, Übernahmerecht (2013) 27; *Kraus/Torggler* in *Torggler*, GmbHG § 25 Rz 10; *Kodek/Csoklich* in WK^2 Wirtschaftsstrafrecht Rz 108; *Ginthör/Brodey*, AG-/SE-Vorstand 84; *Arnold*, Geschäftsführer-

tungsorgan allgemein verfügen muss, ist außerdem auf die konkrete Tätigkeit und die Umstände abzustellen.[104]

Der Ermessensspielraum organschaftlicher Vertretungsorgane wird jedenfalls durch zwingendes Recht, Weisungen, den Gesellschaftsvertrag und dergleichen beschränkt.[105] Wo die Grenzen außerhalb dieser Regelungen zu ziehen sind und wann ihre Überschreitung im Einzelnen zu einer Haftung führt, ist hingegen Gegenstand eingehender zivil-, gesellschafts- sowie strafrechtlicher Diskussion in Österreich wie in Deutschland.

Richtungsweisend war in diesem Zusammenhang vor allem die intensiv diskutierte *ARAG/Garmenbeck*-Entscheidung[106] des BGH in Zivilsachen aus dem Jahr 1997. Der BGH hatte das Bestehen einer möglichen Verpflichtung zur Geltendmachung von Schadenersatzansprüchen durch den Aufsichtsrat gegen ein Vorstandsmitglied rechtlich zu beurteilen. Er beschäftigte sich im Rahmen dieses Urteils darüber hinaus mit dem generellen Handlungsspielraum des Vorstands bei der Geschäftsleitung und zog dabei weite Ermessensgrenzen. Der BGH stellte fest, dass dem Vorstand in seiner Tätigkeit ein „weiter Handlungsspielraum zugebilligt werden muß, ohne den eine unternehmerische Tätigkeit schlechterdings nicht denkbar ist". Dieser zivil- und gesellschaftsrechtlichen Grundwertung folgten weitere Entscheidungen, die sich auch aus untreuestrafrechtlicher Perspektive mit dem organschaftlichen Ermessenspielraum beschäftigten und in denen im Wesentlichen festgestellt wurde, dass es für eine missbräuchliche Vertretungshandlung auf das Vorliegen einer *gravierenden Pflichtverletzung* des Entscheidungsträgers ankäme. Zu nennen sind exemplarisch die Entscheidung *SSV Reutlingen*[107] sowie das bekannte *Mannesmann/Vodafone*-Verfahren[108].

Auch in Österreich entwickelten sich in Rechtsprechung und Schrifttum vergleichbare Leitlinien zur Pflichtwidrigkeit und der strafrechtlichen Relevanz organschaftlicher Ermessensentscheidungen. So wird im Zivil- und Gesellschaftsrecht vertreten, dass erst eine eklatante Überschreitung des Ermessensspiel-

haftung – gesellschaftsrechtliche Grundlagen, GesRZ 2014, 122 (122); OGH 22.5.2003, 8 Ob 262/02s.

104 *Nowotny* in *Doralt/Nowotny/Kalss*, AktG^2 § 84 Rz 4.

105 *Reich-Rohrwig* in *Straube/Ratka/Rauter*, WK GmbHG § 25 Rz 40; *Kodek/Csoklich* in WK^2 Wirtschaftsstrafrecht Rz 111.

106 BGH II ZR 174/95 NJW 1997, 1926.

107 BGHSt 1 StR 215/01 NStZ 2002, 322; vgl II. A. 2.2.1.

108 BGH 3 StR 470/04 NStZ 2006, 214; vgl ausführlich *Huber*, Organuntreue 81 ff.

raums durch einen Entscheidungsträger zu ahnden ist;[109] diese Wertungen gelten nicht nur für die Leitungsorgane einer AG bzw GmbH, sondern sind rechtsformübergreifend anerkannt.[110] Offen bleibt dabei, ob erst die eklatante Ermessensüberschreitung überhaupt einen haftungsbegründenden Pflichtenverstoß markiert;[111] präzise müsste dann auf einen unvertretbaren Vollmachts*gebrauch* abgestellt werden, weil sonst der Eindruck entstehen könnte, dass eine „einfache" Überschreitung des Handlungsspielraums als pflichtgemäß zu werten wäre.

Demgegenüber könnte angenommen werden, dass die „einfache" Ermessensüberschreitung zwar einen Pflichtenverstoß darstellt, der allerdings nicht zu ahnden ist und somit zu keiner Haftung führt; dies ist mit den Ausführungen des OGH durchaus vereinbar („Verletzungen dieser [...] Interessenwahrungspflicht sind nur bei eklatanter Überschreitung des Ermessensspielraums zu ahnden")[112]. Ohne tiefergehende gesellschaftsrechtliche Analyse ist der letztere Ansatz aber nicht zuletzt im Hinblick auf die Frage des Zwecks und der rechtlichen Konsequenzen der Existenz eines „einfachen Pflichtenverstoßes" wohl abzulehnen.

Für die strafrechtliche Beurteilung nach § 153 StGB macht es im Ergebnis keinen Unterschied, welchem der beiden Ansätze der Vorzug gegeben wird. Wesentlich ist, dass eine Strafbarkeit erst an einen unvertretbaren Vollmachtsgebrauch anknüpfen kann. Die dem Zivil- und Gesellschaftsrecht vergleichbare Wertung spiegelt sich auch in der strafrechtlichen Rechtsprechung wider. Vor allem im Bereich unsicherer Kreditvergaben stellte der OGH hinsichtlich des missbräuchlichen Gebrauchs von Rechtsmacht an das Erfordernis einer wirtschaftlichen Unvertretbarkeit der in Frage stehenden Handlung ab.[113] Des Weite-

---

109 RIS-Justiz RS0116166; OGH 1 Ob 144/01k RdW 2002, 342 = ecolex 2003, 34 = ZIK 2002, 92 = GesRZ 2002, 86; OGH 11.6.2008, 7 Ob 58/08t; OGH 22.5.2003, 8 Ob 262/02s; *Heidinger*, Aufgaben und Verantwortlichkeit von Aufsichtsrat und Beirat der GmbH (1988) 347; *Kodek/Csoklich* in WK[2] Wirtschaftsstrafrecht Rz 114; *Kalss*, Organhaftung in Österreich – einige rechtspolitische Anmerkungen, GesRZ 2014, 159 (161); *Kraus/Torggler* in *Torggler*, GmbHG § 25 Rz 11; vgl auch *Artmann* in Wirtschaftsstrafrecht 2008, 238 f; *Feltl/Told* in *Gruber/Harrer*, GmbHG[2] § 25 Rz 33.

110 MwN *Kalss*, GesRZ 2014, 161, 164.

111 IdS *Reich-Rohrwig* in *Straube/Ratka/Rauter*, WK GmbHG § 25 Rz 36 „eine Verletzung des Sorgfaltsmaßstabs [...] nur dann bejaht [...]".

112 OGH 1 Ob 144/01k RdW 2002, 342 = ecolex 2003, 34 = ZIK 2002, 92 = GesRZ 2002, 86; OGH 11.6.2008, 7 Ob 58/08t.

113 Causa *Styrian Spirit* OGH 21.8.2012, 11 Os 19/12x; OGH 5.3.2013, 14 Os 79/12t; Causa *BAWAG* OGH 23.12.2010, 14 Os 143/09z; vgl auch *Lewisch*, Strafrecht Besonderer Teil I[2] (1999) 249; *Harreiter* in *Hinterhofer* 11; *Gogl-Hassanin*, Untreue im Zusammenhang mit Risikogeschäften, in *Hinterhofer* (Hrsg), Praxishandbuch

ren wurden branchen-, größen- und situationsbedingte Abstufungen getroffen, die – speziell im Hinblick auf Repräsentationsaufwendungen – unter dem Begriff der Verkehrsadäquanz zusammengefasst wurden.[114]

Der untreuestrafrechtlichen Frage des Vorliegens eines Befugnismissbrauchs sind somit oftmals vielschichtige gesellschaftsrechtliche Überlegungen zum organschaftlichen Ermessensspielraum vorgelagert; dabei bestehende Unsicherheiten übertragen sich mit der Akzessorietät in das Strafrecht.[115] Anerkannt ist jedenfalls, dass zivil- und gesellschaftsrechtlich zulässiges Verhalten keinesfalls Anknüpfungspunkt eines untreuerelevanten Missbrauchs sein kann („negative Akzessorietät").[116] Welche Handlungen aber aus Perspektive des Zivil- und Gesellschaftsrechts als pflichtwidrig zu qualifizieren sind und wie dies konkret im Verhältnis zum strafrechtlichen Befugnismissbrauch steht, bedarf einer extensiveren Auseinandersetzung.

Schaffen die Generalklauseln der §§ 70, 84, 99 AktG sowie § 25 GmbHG zwar die Basis für die Annahme eines weiten Handlungsspielraums und somit eine – grundsätzlich positiv zu wertende – wirtschaftliche Flexibilität, bringen sie als Kehrseite ein nicht zu unterschätzendes Maß an Unbestimmtheit und Rechtsunsicherheit mit sich.[117] Wo keine genauen Regeln bestehen, muss das Vertretungsorgan in Abwägung der Chancen und Risiken selbst abschätzen, ob die jeweilige Entscheidung noch vertretbar ist oder es womöglich für einen Fehlschlag einstehen muss. Verwirklicht sich das Risiko und wird die Gesellschaft in ihrem Vermögen geschädigt, verdichtet sich die Problematik der Beurteilung des haftungsfreien Ermessensspielraums durch die gerichtliche ex-post-Betrachtung der unternehmerischen Entscheidung. Zwar werden von geschäftsführenden Organen im Wirtschaftsleben keine hellseherischen Fähigkeiten erwartet; das erkennende Gericht muss die Prüfung der Pflichtgemäßheit des Vertreterverhal-

---

Untreue (2015) 173 (179); *Tipold*, Strafrechtliche Dimensionen des Sportsponsorings, in *Grundei/Karollus* (Hrsg), Berufssportrecht VII (2015) 55 (62); *Isola/Seidl/Sprajc*, Strafbarkeit wirtschaftlich unvertretbarer Kreditvergabe, GesRZ 2014, 172 (172).

114 *Harreiter* in *Hinterhofer* 12 mit Verweis auf *Kienapfel/Schmoller*, BT II[2] § 153 Rz 79; *Kirchbacher/Presslauer* in WK[2] StGB § 153 Rz 35; *Tipold* in Berufssportrecht VII 61; *Plöckinger*, Die Business Judgement Rule – Eine Möglichkeit zu einer schärferen Konturierung des Befugnismissbrauchs im Rahmen des § 153 StGB? GES 2013, 343 (344).

115 So auch *Tipold* in Berufssportrecht VII 62.

116 Vgl statt vieler *Kalss*, GesRZ 2014, 163.

117 *Harreiter* in *Hinterhofer* 6.

tens aus einem ex ante Standpunkt vornehmen.[118] Ist der Schadenseintritt dabei aber bekannt, so kann dies bei der gerichtlichen Einschätzung des unternehmerischen Risikos in der Praxis kaum ausgeblendet werden.[119] Zu diesem sog *hindsight bias* (Rückschaufehler) – der außerhalb des Wirtschaftsstrafrechts vor allem im Zusammenhang mit Fahrlässigkeitsvorwürfen im Bereich der Arzthaftung diskutiert wird – kommen erschwerend mangelndes Fachwissen und fehlende Erfahrungswerte des Gerichts bei der Beurteilung riskanter Managerentscheidungen hinzu.[120]

Die (behaupteten) Unsicherheiten der Untreuebestimmung standen insbesondere infolge einiger medienwirksam aufbereiteter Wirtschaftsstrafverfahren öffentlich zur Debatte. So schien der Tatbestand des § 153 StGB unabhängig von der jeweiligen Fallkonstellation nahezu immer einschlägig zu sein, wenn eine vermögensschädigende Vertretungshandlung in Rede stand. Speziell Vertreter der Wirtschaft befürchteten, dass jeder unternehmerische Fehlschlag zugleich strafrechtliche Ermittlungen nach sich ziehen könnte, § 153 StGB wurde unter anderem als „Breitbandantibiotikum der Rechtsprechung“[121] und „Damoklesschwert“[122] der Manager bezeichnet.[123] Ähnliche Einschätzungen finden sich im deutschen Schrifttum zum Untreuetatbestand, in dem die Bestimmung gar als das „dunkelste und verworrenste Kapitel des Besonderen Teils“ erklärt wurde.[124]

118 *Reich-Rohrwig* in *Straube/Ratka/Rauter*, WK GmbHG § 25 Rz 46; *Nowotny* in *Doralt/Nowotny/Kalss*, AktG² § 84 Rz 4; *Kodek/Csoklich* in WK² Wirtschaftsstrafrecht Rz 113.

119 *Altenburg*, Unternehmerische (Fehl-)Entscheidung als Untreue?: Eine gefährliche (Fehl-) Entwicklung! BB 2015, 323 (325); vgl auch *Feltl/Told* in *Gruber/Harrer*, GmbHG² § 25 Rz 32; *Fuchs/Reindl-Krauskopf*, BT I⁶ 228.

120 *Told*, Business Judgement Rule und ihre Anwendbarkeit in Österreich, GES 2015, 60 (61); *Torggler*, Von Schnellschüssen, nützlichen Gesetzesverletzungen und spendablen Aktiengesellschaften. Zum Ermessensspielraum bei der gesellschaftsrechtlichen Organhaftung, wbl 2009, 168 (171); *Merkt*, US-amerikanisches Gesellschaftsrecht: Handbuch³ (2013) Rz 926; *Jolls/Sunstein/Thaler*, A Behavioural Approach to Law and Economics, Stanford Law Review 1998, 1471 (1552 ff); *Kamin/Rachlinski*, Ex Post ≠ Ex Ante: Determining Liability in Hindsight, Law and Human Behaviour 1995, 89 (90 ff).

121 *Plöckinger*, GES 2013, 343.

122 *Reich-Rohrwig*, Damoklesschwert über jedem Manager, Der Standard 2013/10/09.

123 Vgl auch *Huber* in *Kert/Kodek* Rz 4.1-4.3.

124 *Schünemann*, Die „gravierende Pflichtverletzung“ bei der Untreue: dogmatischer Zauberhut oder taube Nuss? NStZ 2005, 473 (473).

Der wiederkehrend vorgebrachten Forderung nach mehr Rechtssicherheit[125] wurde schließlich mit dem StRÄG 2015 Rechnung getragen, mit dem sowohl die Untreuebestimmung als auch die für Ermessensentscheidungen bedeutsamen Tatbestände des § 25 GmbHG sowie des § 84 AktG novelliert wurden. Das Erfordernis der gesellschafts- und nachgelagert strafrechtlichen Pflichtwidrigkeit einer Vertretungshandlung wurde auf dreifache Weise präzisiert: Im Gesellschaftsrecht wurde die *Business Judgement Rule* implementiert, in Anwendung derer die Grenzen des haftungsfreien Ermessensspielraums deutlicher gezogen werden sollen. Darüber hinaus wurde auf strafrechtlicher Ebene der untreuerelevante Missbrauch als *unvertretbarer* Gebrauch von Rechtsmacht definiert, der sich nur aus dem Verstoß solcher Regeln ergeben kann, die dem *Vermögensschutz* des wirtschaftlich Berechtigten dienen.

1. Gesetzliche Konkretisierungen des Befugnismissbrauchs

Mit dem StRÄG 2015 erfolgten sowohl im Bereich des Gesellschafts- als auch des Strafrechts Gesetzesänderungen. Die gesetzlich neu implementierten Haftungsfilter sind im Rahmen der Missbrauchsprüfung allerdings nicht auf gleicher Ebene zu behandeln. Vielmehr ist die Feststellung einer aus gesellschaftsrechtlicher Perspektive haftungsbegründenden Pflichtverletzung *Vorbedingung* für die Anwendung der Untreueregelung; Basis dafür ist der allgemeine im Gesellschaftsrecht geltende Sorgfaltsmaßstab leitender Organe (§ 25 GmbHG, § 70, 84, 99 AktG), konkretisiert durch die Erfordernisse der Business Judgement Rule (1.1.). An den gesellschaftsrechtlichen Pflichtenverstoß setzt auf zweiter Ebene der strafrechtliche Missbrauch an (1.2.) und zieht zugleich einen engeren Kreis der Strafbarkeit (1.3.).

Die genuin strafrechtlichen Konkretisierungen der Untreuetathandlung gelten für jeden Fall der Missbrauchsprüfung unabhängig davon, wie das Innenverhältnis zwischen Machthaber und Machtgeber konkret ausgestaltet ist und ob die Business Judgement Rule Anwendung findet. Demgegenüber beziehen sich die Prüfschritte einer gesellschaftsrechtlichen Pflichtverletzung nur auf *Ermessensentscheidungen* organschaftlicher Vertreter. Wird das Ermessen von zwingendem Recht, Weisungen und dergleichen beschränkt und handelt ein Entscheidungsträger diesen zuwider, so kommt die Business Judgement Rule nicht zur Anwendung, ein Sorgfaltsverstoß liegt idR vor.

Im Folgenden sollen sowohl die gesellschafts- als auch strafrechtlichen gesetzlichen Präzisierungen der Pflichtwidrigkeit von Vertretungsorganen im Überblick

125 *Plöckinger*, GES 2013, 343; *Harreiter* in *Hinterhofer* 13; vgl *Fuchs*, Die Reform der Untreue durch das StRÄG 2015, in *Lewisch* (Hrsg), Jahrbuch Wirtschaftsstrafrecht und Organverantwortlichkeit 2015, 345 (346).

dargestellt werden. Die Grenzen des haftungsfreien Ermessensspielraums organschaftlicher Vertreter sind aber nicht abstrakt, sondern erst im Anschluss konkret bezogen auf Sponsoringtätigkeiten zu untersuchen.

1.1. Business Judgement Rule

Die Business Judgement Rule ist ein rechtliches Instrument, mit Hilfe dessen der haftungsfreie Handlungsspielraum organschaftlicher Vertretungsorgane bei zukunftsbezogenen unternehmerischen Entscheidungen präziser abgesteckt werden soll. Hält der Entscheidungsträger die jeweiligen Vorgaben ein, so handelt er jedenfalls im Einklang mit den ihn treffenden Sorgfaltsanforderungen. Seine Entscheidung ist – trotz eines etwaigen daraus resultierenden Vermögensschadens – nicht als haftungsbegründende Pflichtverletzung zu werten, die Gesellschaft selbst trägt das Risiko einer Fehlentscheidung.

1.1.1. US-amerikanisches Grundkonzept

Die Business Judgement Rule entstammt dem US-amerikanischen Richterrecht und wurde in den USA bislang nicht kodifiziert.[126] Sie basiert auf dem Grundgedanken, dass auch ordentliche und informierte Manager Fehlentscheidungen treffen können und diese „zulässigen Fehler" von einer mit rechtlichen Konsequenzen behafteten Pflichtwidrigkeit klar abzugrenzen sind.[127] Dazu stellt die Business Judgement Rule Mindeststandards auf, bei deren Einhaltung keine nachträgliche inhaltliche Überprüfung der Entscheidung durch ein Gericht stattfinden darf. Auf diese Weise sollen Haftungsrisiken bei unternehmerischen Entscheidungen reduziert und innovatives, auch risikobehaftetes, Wirtschaften gefördert werden. Darüber hinaus wird eine schnellere, einfachere und transparentere Handhabe zur gerichtlichen Überprüfung von Vertretungshandlungen ermöglicht.[128]

Nach der US-amerikanischen Konzeption ist die Business Judgement Rule kein Instrument, um die inhaltliche Pflichtgemäßheit einer unternehmerischen Ent-

---

126 *Told*, GES 2015, 60; *Harreiter* in *Hinterhofer* 14; *Kodek/Csoklich* in WK^2 Wirtschaftsstrafrecht Rz 117.

127 Vgl *Grass*, Business Judgment Rule. Schranken der richterlichen Überprüfbarkeit von Management-Entscheidungen in aktienrechtlichen Verantwortlichkeitsprozessen (1998) 35.

128 *Merkt*, Gesellschaftsrecht Rz 926; *Told*, GES 2015, 60-62; *Kapsch/Grama*, Business Judgement Rule: Pflichtwidrige oder bloß unglückliche Geschäftsentscheidung? ecolex 2003, 524; *Harreiter* in *Hinterhofer* 15; *Griehser*, Business Judgement Rule und Entscheidungen des Aufsichtsrats? RdW 2009, 10 (10); *Plöckinger*, GES 2013, 344.

scheidung umfassend zu kontrollieren. Vielmehr wird mit ihr ein Überprüfungsmaßstab („*standard of review*") aufgestellt: Das Gericht prüft lediglich das Vorliegen der Voraussetzungen der Business Judgement Rule. Dabei müssen die Kläger die Vermutung widerlegen, dass die Erfordernisse vom jeweiligen Entscheidungsträger im konkreten Fall eingehalten wurden. Gelingt dieser Beweis nicht, wird die Klage – ohne weitere Beurteilung der inhaltlichen Pflichtgemäßheit – abgewiesen.[129] Wurden die Kriterien der Business Judgement Rule nicht eingehalten und ist der Kläger somit erfolgreich, muss der Beklagte beweisen, dass er sorgfaltsgemäß („*duty of care*") gehandelt hat.[130]

Um die nachträgliche Überprüfung durch das Gericht hintanzuhalten, muss es sich um eine unternehmerische Entscheidung handeln, die im besten Wissen zum Wohle und im Interesse der Gesellschaft, aufgrund angemessener Information, unbefangen und gutgläubig getroffen wurde.[131] Sind diese sich auf den Entscheidungsfindungsprozess beziehenden Kriterien erfüllt („*procedural due care*"), setzt sich das Gericht nicht darüber hinaus mit inhaltlichen Aspekten der unternehmerischen Entscheidung auseinander.[132] Die Business Judgement Rule schafft damit einen sog *safe harbour* des haftungsfreien Handlungsspielraums, in dem sich das Vertretungsorgan bei seinen Entscheidungen frei bewegen kann. Erst bei Missachtung der Mindeststandards ist eine inhaltliche Überprüfung möglich.[133]

1.1.2. Die Business Judgement Rule im deutschsprachigen Rechtsraum

Die Business Judgement Rule erlangte im deutschsprachigen Rechtsraum vor allem durch die *ARAG/Garmenbeck*-Entscheidung[134] des BGH Bedeutung. Der BGH orientierte sich in seinen Ausführungen zum haftungsfreien Ermessensspielraum von Vorstandsmitgliedern an den US-amerikanischen Kriterien, ohne sich expressis verbis auf diese zu berufen. Er sprach konkret aus, dass eine Pflichtverletzung erst in Betracht kommt, wenn „die Grenzen, in denen sich ein von Verantwortungsbewußtsein getragenes, ausschließlich am Unternehmenswohl orientiertes, auf sorgfältiger Ermittlung der Entscheidungsgrundlagen beruhendes unternehmerisches Handeln bewegen muß, deutlich überschritten sind,

129 *Torggler*, ZfRV 2002, 233; *Told*, GES 2015, 60 f; *Griehser*, RdW 2009, 10; *Harreiter* in *Hinterhofer* 19; anders bei Gerichten, die dem American Law Institute (ALI) folgen, dazu: *Kapsch/Grama*, ecolex 2003, 524.

130 *Told*, GES 2015, 61.

131 *Torggler*, wbl 2009, 169; *Told*, GES 2015, 61.

132 *Told*, GES 2015, 62.

133 *Merkt*, Gesellschaftsrecht Rz 922; *Huber* in *Kert/Kodek* Rz 4.33.

134 BGH II ZR 175/95 NJW 1997, 1926; vgl dazu auch *Huber*, Organuntreue 71 f.

die Bereitschaft, unternehmerische Risiken einzugehen, in unverantwortlicher Weise überspannt worden ist oder das Verhalten des Vorstands aus anderen Gründen als pflichtwidrig gelten muß.“.[135] Im Jahr 2005 wurde der Kern dieser wegweisenden Entscheidung als Business Judgement Rule in § 93 Abs 1 Satz 2 dAktG[136] gesetzlich verankert, der besagt, dass eine Pflichtverletzung nicht vorliegt, wenn das Vorstandsmitglied bei einer unternehmerischen Entscheidung vernünftigerweise annehmen durfte, auf der Grundlage angemessener Information zum Wohle der Gesellschaft zu handeln.[137] Liegen diese Voraussetzungen vor, schließt dies eine haftungsbegründende Pflichtverletzung aus. Wenngleich über die konkrete Konzeption der Regelung als unwiderlegliche Rechtsvermutung, Tatbestandsausschlussgrund oder Pflichtenkonkretisierung bisweilen Uneinigkeit besteht, folgt sie jedenfalls dem US-amerikanischen Vorbild der Business Judgement Rule und konstituiert einen *safe harbour*.[138]

Lange Zeit wurde auch in Österreich über die Notwendigkeit und die Vor- und Nachteile der Verankerung einer vergleichbaren Bestimmung im Gesellschaftsrecht diskutiert.[139] Mit dem StRÄG 2015 fand die Business Judgement Rule schließlich Eingang in das GmbHG und das AktG. Nach § 84 Abs 1a AktG sowie § 25 Abs 1a GmbHG handelt ein Vorstandsmitglied bzw Geschäftsführer dann jedenfalls mit der gebotenen Sorgfalt, „wenn er sich bei einer unternehmerischen Entscheidung nicht von sachfremden Interessen leiten lässt und auf der

135 BGH II ZR 175/95 NJW 1997, 1926.

136 dBGBl I 2005, 2802.

137 Trotz ihrer Verankerung im dAktG gilt die Business Judgement Rule auch entsprechend für das GmbH-Recht, *Paefgen* in *Ulmer/Habersack/Löbbe*, GmbHG² § 43 Rz 110.

138 *Koch* in *Hüffer/Koch*, AktG¹³ § 93 Rz 9; *Fleischer* in *Spindler/Stilz*, AktG³ § 93 Rz 65; *Fleischer,* Sorgfaltspflicht der Vorstandsmitglieder, in *Fleischer* (Hrsg), Handbuch des Vorstandsrechts (2006) 3. Teil § 7 (Rz 51); *Hölters* in *Hölters,* AktG³ § 93 Rz 29; *Spindler* in MüKoAktG⁵ § 93 Rz 43 ff; *Wiesner*, Organpflichten des Vorstands, in *Hoffmann-Becking* (Hrsg), Münchener Handbuch des Gesellschaftsrechts IV: Aktiengesellschaft⁴ (2015) 5. Kapitel § 25 (Rz 57-58); *Huber*, Organuntreue 73; *Torggler*, wbl 2009, 169.

139 *Lutter*, Die Business Judgment Rule in Deutschland und Österreich, GesRZ 2007, 79 (81); *Kunz*, Würde die Übernahme des § 93 Abs 1 dAktG in das österreichische Aktienrecht zu mehr Rechtssicherheit in Bezug auf nützliche Gesetzesverletzungen führen? GesRZ 2007, 91; *Told*, GES 2015, 65 ff; mwN *Harreiter* in *Hinterhofer* 22 ff; *Torggler*, ZfRV 2002, 133; *Kapsch/Grama*, ecolex 2003, 524; *Griehser*, RdW 2009, 12; *Plöckinger*, GES 2013, 346; vgl auch *Riss*, Doppelorganschaft, Kollision von Treuepflichten und Business Judgment Rule, ecolex 2010, 156 (159) sowie krit zur Neuregelung *Harrer*, Kritisches über die gesetzliche Verankerung einer Business Judgement Rule, wbl 2016, 709 (710 ff).

Grundlage angemessener Information annehmen darf, zum Wohle der Gesellschaft zu handeln". Die Business Judgement Rule gilt nach dem Ausschussbericht explizit auch für den Aufsichtsrat (§ 99 AktG, § 33 GmbHG) sowie für andere Organe und Entscheidungsträger, die unternehmerische Entscheidungen treffen.[140] Auch der OGH sprach in einer jüngst ergangenen Entscheidung im Bereich des Privatstiftungsrechts aus, dass die Business Judgement Rule rechtsformübergreifend anwendbar ist.[141]

Die österreichische Konzeption der Business Judgement Rule ist an die deutsche Rechtslage angelehnt und um das in § 93 dAktG nicht enthaltene Erfordernis der Freiheit von Interessenskollisionen ergänzt.[142] Der deutsche Gesetzgeber verzichtete darauf, dieses Kriterium in den gesetzlichen Wortlaut der Business Judgement Rule aufzunehmen. Dies wurde aber nicht weiter problematisiert; so dürfe den Erläuterungen zufolge ein Geschäftsleiter bei Vorhandensein sachfremder Interessen ohnehin nicht annehmen, zum Wohle der Gesellschaft zu handeln. Die Freiheit von Interessenskonflikten sei damit als ungeschriebenes Tatbestandsmerkmal schon implizit in der Regelung enthalten und müsse nicht ausdrücklich als eigene Voraussetzung normiert werden.[143]

Mitunter wird vertreten, dass sich die deutsche Konzeption der Business Judgement Rule in zentraler Weise vom US-amerikanischen Vorbild unterscheide. So sei gerade die besondere Regelungstechnik einer formellen Beweisregel, welche die gerichtliche Überprüfungsintensität einer unternehmerischen Entscheidung betrifft, im deutschsprachigen Raum nicht übernommen worden. Da nach dem Wortlaut des § 93 dAktG bei Einhaltung der Erfordernisse keine Pflichtverletzung vorliegt, würden *inhaltliche* Wertungen vorgenommen werden.[144] Folgt man dieser Ansicht, müsste dies gleichermaßen für die österreichische Implementierung der Business Judgement Rule gelten, die sich an der deutschen Regelung orientiert und die eine inhaltliche Wertung hinsichtlich der organschaftlichen Sorgfaltsanforderungen enthält. Aus dem Blickwinkel einer Untreue-

---

140 JAB 728 BlgNR XXV. GP 12; *Kert/Komenda* in *Kalss/Kunz* Rz 63; vgl schon *Griehser*, RdW 2009, 10; *Kalss*, GesRZ 2014, 164; *Briem*, Zustimmungspflichtige Geschäfte, in *Kalss/Kunz* (Hrsg), Handbuch für den Aufsichtsrat² (2016) Rz 59.

141 OGH 23.2.2016, 6 Ob 160/15w; zust *Karollus*, Zur Anwendung der Business Judgement Rule auf Vorstandsmitglieder einer Privatstiftung, ZFS 2016, 58 (65).

142 JAB 728 BlgNR XXV. GP 7.

143 Erläuterungen RegE zum UMAG, BT-Drucksache 15/5092 11; *Lutter*, GesRZ 2007, 83; *Fleischer* in *Spindler/Stilz*, AktG³ § 93 Rz 72.

144 *Told*, GES 2015, 64; *Spindler* in MüKoAktG⁵ § 93 Rz 46; in eine andere Richtung gehend dagegen *Fleischer* in *Spindler/Stilz*, AktG³ § 93 Rz 64; *Fleischer* in *Fleischer* Rz 50; vgl auch *Koch* in *Hüffer/Koch*, AktG¹³ § 93 Rz 14.

strafbarkeit knüpfen sich aber an die dogmatische Einordnung im Gesellschaftsrecht wohl keine rechtlichen Konsequenzen.[145]

Liegen die Erfordernisse der Business Judgement Rule nicht vor, entfällt der *safe-harbour*-Effekt und das Gericht muss – wie schon vor der Neuregelung – anhand der jeweils anwendbaren Generalklausel die Einhaltung der Sorgfaltsanforderungen prüfen. Demnach ist nach österreichischer wie deutscher Rechtslage ein Pflichtenverstoß nicht schon dann gegeben, wenn die Anforderungen der Business Judgement Rule nicht eingehalten werden – ein solcherart automatischer Rückschluss auf eine zivilrechtliche Sorgfaltswidrigkeit ist unzulässig.[146] Auch die Materialien bringen klar zum Ausdruck, dass ein Umkehrschluss auf die Pflichtwidrigkeit nicht statthaft ist. Dies soll vor allem dadurch deutlich werden, dass das Vertretungsorgan nach dem Gesetzestext *jedenfalls* dann im Einklang mit der erforderlichen Sorgfalt handelt, wenn es sich an die Erfordernisse der Business Judgement Rule hält.[147] In Konsequenz kann eine außerhalb der Business Judgement Rule stehende Entscheidung grundsätzlich nicht schon per se als untreuerelevanter Befugnismissbrauch erfasst werden.[148] Allerdings kann sich auch aus der Nichterfüllung eines der Kriterien der Business Judgement Rule im Einzelfall zugleich ein Sorgfaltsverstoß ergeben, so etwa, wenn ein Geschäftsleiter bewusst nicht zum Wohle der Gesellschaft handelt.[149]

Der OGH verwies bereits vor ihrer gesetzlichen Verankerung in einer Entscheidung[150] explizit – wenngleich in einem obiter dictum – auf die Business Judgement Rule und folgte in seiner zivil- und gesellschaftsrechtlichen Rechtspre-

145 So aus gesellschaftsrechtlicher Perspektive auch für Deutschland *Spindler* in MüKoAktG[5] § 93 Rz 46; *Fleischer* in *Spindler/Stilz*, AktG[3] § 93 Rz 65.

146 OGH 23.2.2016, 6 Ob 160/15w; *Reich-Rohrwig*, Gesellschaftsrechtliche Pflichtverletzung und Untreuevorwurf (Entscheidungsanmerkung zu BGH 12.10.2016, 5 StR 134/15), ecolex 2017, 539 (540); *Schrank/Kollar*, Business Judgment Rule – der (neue) Sorgfaltsmaßstab auch für Aufsichtsratsmitglieder, Aufsichtsrataktuell 2016 H 6, 5 (6); *Feltl/Told* in *Gruber/Harrer*, GmbHG[2] § 25 Rz 35; *Told*, GES 2015, 65; *Lutter*, GesRZ 2007, 84; *Briem* in *Kalss/Kunz* Rz 62; *Spindler* in MüKoAktG[5] § 93 Rz 47; *Koch* in *Hüffer/Koch*, AktG[13] § 93 Rz 12.

147 JAB 728 BlgNR XXV. GP 7.

148 *Schima*, Reform des Untreuetatbestands und Business Judgment Rule im Aktien- und GmbH-Recht. Die Bedeutung der neuen Regelung, GesRZ 2015, 286 (290); aA für Deutschland *Scholz*, Die Haftung bei Verstößen gegen die Business Judgement Rule, 222 (227).

149 Vgl für Deutschland *Bachmann*, Zehn Thesen zur deutschen Business Judgement Rule, WM 2015, 105 (111) auch hins des Merkmals der „angemessenen Information".

150 OGH 8.5.2008, 6 Ob 28/08y.

chung[151] durch die Bezugnahme auf eklatante Ermessensüberschreitungen ihrer Linie.[152] Diese Wertungen wurden auch im damaligen Schrifttum anerkannt,[153] mit der Gesetzesnovelle ergaben sich daher aus gesellschaftsrechtlicher Sicht grundsätzlich keine grundlegenden Änderungen.[154] Auch nach Implementierung der Business Judgement Rule sprach der OGH aus, dass es sich hierbei um die gesetzliche Regelung eines „rechtsformübergreifend anerkannten Rechtsgrundsatzes" handelt, der bereits schon früher herrschend anerkannt war; ob zur Bezeichnung des haftungsfreien unternehmerischen Ermessensspielraums der „Anglizismus der Business Judgement Rule" verwendet werde, sei unerheblich.[155] Dass der OGH die Kriterien der Business Judgement Rule als mit seiner bisherigen Rechtsprechung kongruent ansieht, zeigt sich im Übrigen schon an der Anwendung auf einen Sachverhalt, in dem die zu beurteilenden Handlungen durch den Stiftungsvorstand noch vor Inkrafttreten der Neuregelung vorgenommen wurden.[156]

Die neuen Bestimmungen werden in ihren einzelnen Elementen bisweilen als konkretisierungsbedürftig erachtet.[157] Zu ihrer Auslegung kann auf die reichhaltigen Lehrmeinungen einschließlich des deutschen Schrifttums zurückgegriffen werden. Um den Anforderungen der Business Judgement Rule zu genügen, muss eine unternehmerische Entscheidung vorliegen, bei welcher der Entscheidungs-

---

151 Vgl dazu die korrespondierende strafrechtliche Rsp Causa *BAWAG* OGH 23.12.2010, 14 Os 143/09z; Causa *Styrian Spirit* OGH 21.8.2012, 11 Os 19/12x.

152 RIS-Justiz RS0116166; OGH 1 Ob 144/01k RdW 2002, 342 = ecolex 2003, 34 = ZIK 2002, 92 = GesRZ 2002, 86; OGH 11.6.2008, 7 Ob 58/08t; OGH 22.5.2003, 8 Ob 262/02s; mwN *Karollus,* VR 2015 H 10, 24.

153 *Lutter*, GesRZ 2007, 85; *Torggler*, ZfRV 2002, 133; *Harreiter* in *Hinterhofer* 30; *Rüffler*, Business Judgement Rule und Untreue, GES 2015, 261; *Arnold*, GesRZ 2014, 123; *Schrank/Kollar*, Aufsichtsrataktuell 2016 H 6, 5; *Kodek/Csoklich* in WK[2] Wirtschaftsstrafrecht Rz 118.

154 So *Karollus*, VR 2015 H 10, 25; zur „deklarativen Wirkung" auch *Reich-Rohrwig/ Zimmermann*, Strafrechtsänderungsgesetz 2015 setzt die Business Judgment Rule um, ecolex 2015, 677 (677); *Wess*, Entwicklung des Untreuestraftatbestands in Österreich, CFO aktuell 2015, 224 (227); *Huber* in *Kert/Kodek* Rz 4.36.

155 OGH 23.2.2016, 6 Ob 160/15w; vgl auch *Schrank/Kollar*, Aufsichtsrataktuell 2016 H 6, 6.

156 So auch *Karollus*, ZFS 2016, 66.

157 *Karollus*, VR 2015 H 10, 26; vgl auch *Huber* in *Kert/Kodek* Rz 4.38, welche die Begrifflichkeiten als „nicht abschließend determiniert" bezeichnet sowie *Schauer*, Zivilrechtliche Verantwortlichkeit des Aufsichtsrats, in *Kalss/Kunz* (Hrsg), Handbuch für den Aufsichtsrat[2] (2016) 45. Kapitel (Rz 32), der die Tatbestandsmerkmale als „zu unbestimmt" ansieht.

träger ohne sich von sachfremden Interessen leiten zu lassen aufgrund angemessener Information handelt und dabei annehmen darf, zum Wohle der Gesellschaft zu handeln.

Das Kriterium des Vorliegens einer unternehmerischen Entscheidung (*business judgement*) zielt auf die Erfassung zukunftsbezogener Entscheidungen ab, denen charakteristisch ein gewisses Risiko sowie „nicht justiziable" Einschätzungen zukommen.[158] Davon ausgeschlossen sind Konstellationen, in denen der Vertreter eine verbindliche Anweisung in Form eines Gesetzes, der Satzung bzw Geschäftsordnung, einer Einzelanweisung, Richtlinie oder dergleichen zu beachten hatte. Es muss sich beim zu beurteilenden Verhalten um eine Ermessensausübung handeln, die folglich nicht rechtlich gebunden ist, sondern bei welcher auch Handlungsalternativen bestehen.[159] Dies deckt sich im Übrigen auch mit der Missbrauchskonzeption des § 153 StGB, nach der eine unvertretbare Vertretungshandlung jedenfalls bei einer Abweichung von konkreten Einzelanweisungen und Verfahrensregeln gegeben ist.[160] Eine unternehmerische Entscheidung erfordert zudem bewusstes Handeln. Unterlassungen werden von der Business Judgement Rule nur erfasst, wenn es sich dabei um eine bewusste Entscheidung zur Untätigkeit handelt.[161]

Bisweilen umstritten ist die Frage, ob auch *nützliche Gesetzesverletzungen* unternehmerische Entscheidungen sind und demnach – bei Einhaltung der weiteren Kriterien – unter dem Schutz der Business Judgement Rule stehen können.[162] Nach derzeit überwiegender Ansicht besteht in solchen Konstellationen kein

---

158 Für eine nicht zu enge Auslegung plädierend OGH 23.2.2016, 6 Ob 160/15w; zust *Karollus*, ZFS 2016, 67; vgl auch Erläuterungen RegE zum UMAG, BT-Drucksache 15/5092 11; *Spindler* in MüKoAktG^5 § 93 Rz 48; *Fleischer* in *Spindler/Stilz*, AktG^3 § 93 Rz 68; *Fleischer* in *Fleischer* Rz 54.

159 *Schrank/Kollar*, Aufsichtsrataktuell 2016 H 6, 7; *Lutter*, GesRZ 2007, 81; *Arnold*, GesRZ 2014, 123; *Karollus*, VR 2015 H 10, 26; *Feltl/Told* in *Gruber/Harrer*, GmbHG^2 § 25 Rz 31; vgl auch *Fleischer* in *Spindler/Stilz*, AktG^3 § 93 Rz 67; *Fleischer* in *Fleischer* Rz 53.

160 *Fuchs/Reindl-Krauskopf*, BT I^6 224; *Birklbauer/Hilf/Tipold*, BT I^4 § 153 Rz 13; *Kienapfel/Schmoller*, BT II^2 § 153 Rz 57.

161 OGH 23.2.2016, 6 Ob 160/15w; zust *Karollus*, ZFS 2016, 67; *Kapsch/Grama*, ecolex 2003, 524; *Harreiter* in *Hinterhofer* 16; *Feltl/Told* in *Gruber/Harrer*, GmbHG^2 § 25 Rz 31; vgl auch *Spindler* in MüKoAktG^5 § 93 Rz 50 f; vgl dazu auch II. A. 3.

162 Als Beispiel wird zumeist auf einen Fall aus den USA verwiesen, in dem der Vorstand eines Paket-Zustelldienstes seine Mitarbeiter dazu anwies, Park- und Halteverbote zu missachten und das angesammelte Bußgeld aus dem Gesellschaftsvermögen bezahlte.

Handlungsspielraum des Entscheidungsträgers; die Entscheidung zur Missachtung von Verwaltungsvorschriften und dergleichen ist somit keine unternehmerische Entscheidung.[163] Davon abweichend nehmen andere, speziell jüngere, Ansätze eine differenzierte Beurteilung je nach der betreffenden Norm vor; idS ist abzuwägen, ob die Gesetzesverletzung aufgrund der Nachteile, die der Gesellschaft daraus drohen, auch für diese pflichtwidrig ist.[164] Dies ist vor allem mit Blick auf die Natur der Gesellschaft überzeugend, die letztlich vor allem eine „Veranstaltung der Gesellschafter"[165] und nicht eine der öffentlichen Interessen ist.

Als weitere Voraussetzung der Business Judgement Rule muss das jeweilige Vertretungsorgan annehmen dürfen, zum Wohle der Gesellschaft (*rational belief and good faith*) zu handeln. Wann dieses Erfordernis gegeben ist, wird anhand eines objektiven Maßstabs iSd Vernünftigkeit und Nachvollziehbarkeit der Entscheidung ex ante zu beurteilen sein.[166] Selbstverständlich ist die Voraussetzung nicht erfüllt, wenn das Vorstandsmitglied bzw der Geschäftsführer der Gesellschaft schaden wollte;[167] im Übrigen ist für das Wohl der Gesellschaft an ihre langfristige Ertragsstärkung und Wettbewerbsfähigkeit anzuknüpfen.[168] Letztlich führt dieses konkretisierungsbedürftige Kriterium zu einer normativen Nachprüfung der Plausibilität der Entscheidung,[169] die Zweifel am Nutzen der Neuregelung aufkommen lässt. Legt man einen weiten Entscheidungsspielraum zugrunde und sieht nur „schlechthin unvertretbare Entscheidungen" als Ausschluss-

163 *Lutter*, GesRZ 2007, 82; *Feyl*, Gedanken zur Business Judgment Rule, GesRZ 2007, 89 (89); *Nowotny* in *Doralt/Nowotny/Kalss*, AktG² § 84 Rz 10; *Leupold/Ramharter*, Nützliche Gesetzesverletzungen – Innenhaftung der Geschäftsleiter wegen Verletzung der Legalitätspflicht? GesRZ 2009, 253 (256 ff); *Feltl/Told* in *Gruber/Harrer*, GmbHG² § 25 Rz 37 ff; *Schauer*, Zivilrechtliche Verantwortlichkeit des Aufsichtsrats, in *Kalss/Kunz* (Hrsg), Handbuch für den Aufsichtsrat (2010) 34. Kapitel (Rz 36), allerdings nur in der Vorauflage; differenzierend *Schima*, Business Judgement Rule und Verankerung im österreichischen Recht, GesRZ 2007, 93 (96).

164 *Torggler*, wbl 2009, 170 f; *Kunz*, GesRZ 2007, 91 f; *Rauter*, Geschäftsführerhaftung bei gewünschten Gesetzesverletzungen Oder: Ist die Gesellschaft zwingend „gut"? ecolex 2012, 944 (947).

165 MwN *Torggler*, wbl 2009, 171.

166 *Karollus*, VR 2015 H 10, 26; vgl *Lutter*, GesRZ 2007, 84.

167 *Lutter*, GesRZ 2007, 82; *Harreiter* in *Hinterhofer* 19.

168 *Schrank/Kollar*, Aufsichtsrataktuell 2016 H 6, 8; *Feltl/Told* in *Gruber/Harrer*, GmbHG² § 25 Rz 36; Erläuterungen RegE zum UMAG, BT-Drucksache 15/5092 11; *Fleischer* in *Spindler/Stilz*, AktG³ § 93 Rz 74; *Fleischer* in *Fleischer* Rz 56; *Spindler* in MüKoAktG⁵ § 93 Rz 54.

169 *Karollus*, VR 2015 H 10, 26.

grund,[170] so werden lediglich die zum Sorgfaltsmaßstab bestehenden gesellschaftsrechtlichen Wertungen in die Business Jugement Rule verlagert.

Das Erfordernis der angemessenen Information (*informed judgement*) soll die sorgfältige Vorbereitung der Entscheidung sichern und somit das Risiko einer Fehlentscheidung vermindern.[171] Mit Verweis auf dieses Kriterium darf allerdings nicht verlangt werden, dass der Entscheidungsträger jede erdenkliche Information einholt.[172] Vielmehr ist situationsbezogen nach der wirtschaftlichen Bedeutung der Entscheidung zu differenzieren, daneben sind auch die tatsächlichen und rechtlichen Möglichkeiten des Informationszugangs, die Komplexität des Sachverhalts, die Relation zwischen den Informationskosten und -nutzen sowie die Dringlichkeit der Entscheidung und sonstige zeitliche Komponenten einzubeziehen.[173] Aus diesen – nicht abschließend aufgezählten – Elementen ist für den Einzelfall abzuleiten, ob der Entscheidungsträger auf Basis angemessener Information gehandelt hat.[174]

Schließlich besteht für die Anwendung der Business Judgement Rule die Anforderung der Freiheit von Interessenskonflikten (*disinterested judgement*). Im Schrifttum wird dazu insbesondere auf Situationen verwiesen, in denen das handelnde Organ in geschäftliche Beziehungen zu Angehörigen oder Freunden tritt oder bei einer Entscheidung primär eigene finanzielle Interessen sowie seine persönliche unternehmensinterne Position im Blick hat.[175] Das Kriterium der Freiheit von sachfremden Interessen ist speziell auch im Hinblick auf Spenden und Sponsoringtätigkeiten von Bedeutung. Wenngleich Sponsoring übergeordnet ökonomische Zielsetzungen verfolgt, kann die Entscheidung, welche karitative, sportliche, kulturelle oder auch politische Zwecke gefördert werden sollen, zum Teil von persönlichen Präferenzen geleitet sein; einer unternehmerischen Entscheidung in diesem Bereich sind sachfremde Interessen oftmals sogar imma-

---

170 *Karollus*, VR 2015 H 10, 26; vgl auch *Fleischer* in *Spindler/Stilz*, AktG[3] § 93 Rz 75; *Koch* in *Hüffer/Koch*, AktG[13] § 93 Rz 23.

171 *Harreiter* in *Hinterhofer* 18.

172 Vgl *Bachmann*, WM 2015, 110.

173 *Karollus*, VR 2015 H 10, 26; *Reich-Rohrwig*, ecolex 2017, 541; *Schrank/Kollar*, Aufsichtsrataktuell 2016 H 6, 8; *Lutter*, GesRZ 2007, 83; *Schima*, GesRZ 2015, 292; *Kapsch/Grama*, ecolex 2003, 524; *Toggler*, ZfRV 2002, 133; vgl auch *Feyl*, GesRZ 2007, 89; *Fleischer* in *Fleischer* Rz 58; *Spindler* in MüKoAktG[5] § 93 Rz 55; *Bachmann*, WM 2015, 110.

174 *Schrank/Kollar*, Aufsichtsrataktuell 2016 H 6, 8.

175 *Schrank/Kollar*, Aufsichtsrataktuell 2016 H 6, 7; *Lutter*, GesRZ 2007, 83; *Toggler*, ZfRV 2002, 133; *Schima*, GesRZ 2015, 291; *Harreiter* in *Hinterhofer* 17; *Kapsch/Grama*, ecolex 2003, 524; *Griehser*, RdW 2009, 10.

nent. Würden derartige Interessen immer als schädlich anzusehen sein, würde dies den *safe-harbour*-Effekt der Business Judgement Rule bei Sponsoringtätigkeiten weitgehend ausschließen.[176] Von dieser Ansicht abweichend ist die bloß abstrakte Existenz sachfremder Interessen kein Ausschlusskriterium. Erst bei einer Auswirkung auf die unternehmerische Entscheidung ist ein Rückgriff auf die Business Judgement Rule unzulässig und eine Beurteilung anhand des allgemeinen Sorgfaltsmaßstabs vorzunehmen.[177]

Liegen die Voraussetzungen der Business Judgement Rule vor, so ist die unternehmerische Entscheidung des Vertretungsorgans nicht pflichtwidrig, infolge der Akzessorietät des Strafrechts ist überdies zweifelsfrei kein Befugnismissbrauch iSd § 153 StGB gegeben. Scheidet die Berufung auf die Business Judgement Rule hingegen aus, so ist die Sorgfaltswidrigkeit der Entscheidung nach den allgemeinen zivil- und gesellschaftsrechtlichen Sorgfaltsanforderungen zu prüfen.[178]

1.2. Unvertretbarkeit des Vollmachtsgebrauchs

Ein Befugnismissbrauch liegt nach dem Gesetzeswortlaut des § 153 Abs 2 StGB dann vor, wenn der Machthaber seine Rechtsmacht in unvertretbarer Weise gebraucht. Zum Begriffsinhalt der Unvertretbarkeit des Vollmachtsgebrauchs geben die Materialien zum StRÄG 2015 Auskunft: Ausgangspunkt sind die Regeln des internen Dürfens, also das Innenverhältnis zwischen Machtgeber und Machthaber. Unvertretbar ist nicht jedes Zuwiderhandeln gegen Pflichten aus dem Innenverhältnis, vielmehr kommt es auf einen Gebrauch der Rechtsmacht an, der „außerhalb des Bereichs des vernünftigerweise Argumentierbaren liegt".[179] Dies ist jedenfalls dann gegeben, wenn entgegen konkreter Instruktionen des Machtgebers gehandelt wird, die keinerlei Handlungsspielraum zulassen – in einem solchen Fall ist jede Abweichung unvertretbar.[180]

176 So *Harreiter* in *Hinterhofer* 29.

177 *Karollus*, VR 2015 H 10, 27; *Feltl/Told* in *Gruber/Harrer*, GmbHG^2 § 25 Rz 36; so auch *Toggler*, ZfRV 2002, 133; vgl *Spindler* in MüKoAktG^5 § 93 Rz 70, nach dem es auf das Potential zur Beeinflussung der unternehmerischen Entscheidung ankommen soll.

178 JAB 728 BlgNR XXV. GP 7; *Karollus*, VR 2015 H 10, 28; vgl dazu schon *Harreiter* in *Hinterhofer* 26 f.

179 JAB 728 BlgNR XXV. GP 6 = 10.

180 JAB 728 BlgNR XXV. GP 6 = 10; OGH 11.10.2017, 13 Os 55/17p; RIS-Justiz RS0131817; *Fuchs/Reindl-Krauskopf*, BT I^6 225; *Eckert/Spani/Wess*, Neuregelung des § 153 StGB und Auswirkungen auf die Praxis – Teil I, ZWF 2015, 258 (259); *McAllister* in *Preuschl/Wess*, Wirtschaftsstrafrecht § 153 Rz 31.

Demgegenüber bedeutsamer ist das Unvertretbarkeitskriterium bei Ermessensentscheidungen:[181] Kommt dem Machthaber ein Ermessensspielraum zu, ist die Entscheidung also vorgelagert nach den Kriterien der Business Judgement Rule zu prüfen, so ist nicht jeder zweifelhafte Vollmachtsgebrauch unvertretbar iSd § 153 StGB. Erst wenn die Grenzen des Handlungsspielraums zweifelsfrei überschritten wurden, liegt ein gesellschaftsrechtlicher Pflichtenverstoß vor, der aus strafrechtlicher Sicht einen unvertretbaren Gebrauch von Rechtsmacht begründet. IdS bezeichnen die Gesetzesmaterialien die Unvertretbarkeit als eine Machthaberentscheidung, die „außerhalb jeder vernünftigen Ermessensübung liegt"[182]. Gemeint ist selbstverständlich der Bereich der Ermessens*überschreitungen*[183] – eine Vertretungshandlung, die noch im Ermessen des Machthabers liegt, führt weder zu einer gesellschaftsrechtlichen Haftung, noch zu einer Strafbarkeit nach § 153 StGB.[184]

Im Gesetzgebungsverfahren zum StRÄG 2015 sowie nach Inkrafttreten der Änderung wurde bisweilen die Unbestimmtheit der neuen Begrifflichkeit bemängelt.[185] Mit der neuen Formulierung ergäbe sich zudem keine Einschränkung oder Konkretisierung der bisherigen Rechtslage. So sei offenkundig, dass eine Handlung, die im Ermessenspielraum des Machthabers liegt nicht missbräuchlich sein könne; ein „vertretbarer" Befugnismissbrauch sei schlicht nicht denkbar.[186] In anderen Teilen des Schrifttums wurde die Neuregelung begrüßt, sie schränke die Strafbarkeit nach § 153 StGB in *sachgerechter Weise* ein und führe zu *größerer Klarheit.*[187] Hervorgehoben wurde im Übrigen auch die Verbesserung gegenüber der alten Rechtslage, die keine gesetzliche Präzisierung aufwies

181 So auch *Fuchs* in JB Wirtschaftsstrafrecht und Organverantwortlichkeit 2015, 350; *Eckert/Spani/Wess*, ZWF 2015, 259.

182 JAB 728 BlgNR XXV. GP 6 = 10;

183 Vgl *Fuchs* in JB Wirtschaftsstrafrecht und Organverantwortlichkeit 2015, 350.

184 So auch *Reich-Rohrwig*, ecolex 2017, 540; *McAllister* in *Preuschl/Wess*, Wirtschaftsstrafrecht § 153 Rz 33.

185 *Plöckinger*, Untreue: Neue Begriffe sind zu unklar, Die Presse 2015/17/04; vgl Nachweise in *Fuchs* in JB Wirtschaftsstrafrecht und Organverantwortlichkeit 2015, 352.

186 *Kert/Komenda*, Untreue neu nach dem Strafrechtsänderungsgesetz 2015, ÖZW 2015, 141 (144); *Kahl/Stücklberger*, Zur Zulässigkeit von Parteispenden aus wirtschaftsstrafrechtlicher Sicht, ZWF 2017, 108 (112).

187 *Schima*, GesRZ 2015, 287; *Schima*, Reform des Untreue-Tatbestandes und gesetzliche Verankerung der Business Judgment Rule im Gesellschaftsrecht, RdW 2015, 288 (289); *Huber* in *Kert/Kodek* Rz 4.37.

und somit jedenfalls als unbestimmter zu qualifizieren sei; die Unvertretbarkeit als Rechtsbegriff sei zudem nicht neu.[188]

Letztlich hält schon der Ausschussbericht fest, dass mit der Verankerung der Unvertretbarkeit kein neues Erfordernis der Untreuestrafbarkeit geschaffen werden sollte, der strafrechtlich relevante Befugnismissbrauch nach hM folglich bereits vor der gesetzlichen Regelung auf unvertretbare Verhaltensweisen reduziert worden war;[189] dies ergibt sich sowohl aus dem Schrifttum[190] als auch aus der Rechtsprechung[191]. Demzufolge sollte mit der Novellierung der Untreuebestimmung das bestehende Grundverständnis im Gesetz als Klarstellung aufgenommen werden.[192]

Der kritischen Anmerkung, ein „vertretbarer" Befugnismissbrauch sei ohnehin nicht denkbar, der Formulierung des § 153 Abs 2 StGB käme demgemäß kein Aussagegehalt zu, ist zu entgegenen, dass der Gesetzestext nicht auf einen „unvertretbaren Befugnismissbrauch" abstellt, sondern den Missbrauch als unvertretbaren Gebrauch von Rechtsmacht definiert. Diese Wertung ist der gesellschaftsrechtlichen Rechtsprechung zu entnehmen, der zufolge nämlich nur die eklatante Überschreitung des Ermessensspielraums zu ahnden ist;[193] sie wurde durch das Element der Unvertretbarkeit im Untreuetatbestand gesetzlich verankert.

Die Hintergründe des Wortlauts des § 153 Abs 2 StGB, demzufolge es genau genommen auch einen „vertretbaren Regelverstoß" geben müsste, erschließen

188 *Fuchs* in JB Wirtschaftsstrafrecht und Organverantwortlichkeit 2015, 353; so auch *Schima,* GesRZ 2015, 287.

189 JAB 728 BlgNR XXV. GP 6 = 10.

190 *Harreiter* in *Hinterhofer* 11; *Gogl-Hassanin* in *Hinterhofer* 179; *Kienapfel/Schmoller*, Studienbuch Strafrecht Besonderer Teil II (2003) § 153 Rz 61; *Lewisch*, BT I^2 249; *Lewisch*, AnwBl 2012, 142; *Kert/Komenda*, ÖZW 2015, 144; *Rüffler*, GES 2015, 261; *Fuchs* in JB Wirtschaftsstrafrecht und Organverantwortlichkeit 2013, 36; *Fuchs* in JB Wirtschaftsstrafrecht und Organverantwortlichkeit 2015, 349, „keine grundsätzliche Neuorientierung"; *Eckert/Tipold*, Strafbare Dividenden, GES 2013, 59 (67); *Isola/ Seidl/Sprajc*, GesRZ 2014, 172; *Huber* in *Kert/Kodek* Rz 4.30; *Kodek/Csoklich* in WK^2 Wirtschaftsstrafrecht Rz 114; *Fuchs/Reindl-Krauskopf*, BT I^6 225.

191 OGH 21.8.2012, 11 Os 19/12x (11 Os 91/12k); OGH 5.3.2013, 14 Os 79/12t; OGH 23.12.2010, 13 Os 143/09z.

192 JAB 728 BlgNR XXV. GP 5 = 9.

193 RIS-Justiz RS0116166; OGH 1 Ob 144/01k RdW 2002, 342 = ecolex 2003, 34 = ZIK 2002, 92 = GesRZ 2002, 86; OGH 11.6.2008, 7 Ob 58/08t; OGH 22.5.2003, 8 Ob 262/02s; *Heidinger*, Aufgaben 347.

sich aus den Materialien. So erfasst die Formulierung letztlich verschiedene Fälle des Vollmachtsmissbrauchs: Zum einen handelt ein Machthaber, dem konkrete Handlungsanweisungen vorgegeben wurden, bei einer Abweichung (Regelverstoß) jedenfalls unvertretbar;[194] so beispielsweise bei Zuwiderhandeln gegen eine interne Sponsoringrichtlinie, die ein Konzept und bestimmte Sponsoringbereiche vorschreibt. Zum anderen bezieht § 153 Abs 2 StGB Fälle des Ermessensspielraums ein. Dabei schließt der strafgesetzliche Wortlaut an das Gesellschaftsrecht an: Erst der unvertretbare Vollmachtsgebrauch – in der gesellschaftsrechtlichen Diktion die „eklatante Ermessensüberschreitung" – ist Anknüpfungspunkt eines untreuerelevanten Missbrauchs.[195]

Im Ergebnis legte das StRÄG 2015 durch die Implementierung der Business Judgement Rule im Gesellschaftsrecht in Verbindung mit dem Unvertretbarkeitskriterium des § 153 Abs 2 StGB einen doppelten Haftungsfilter organschaftlicher Ermessensentscheidungen gesetzlich fest:[196] Die Bestimmungen des § 25 Abs 1a GmbHG und § 84 Abs 1a AktG schaffen einen gesellschaftsrechtlich vorgelagerten *safe harbour* des unternehmerischen Ermessensspielraums; werden die Kriterien erfüllt, so ist Entscheidung ex lege pflichtgemäß. Genügt die Vertretungshandlung nicht den Erfordernissen der Business Judgement Rule, muss anhand der gesellschaftsrechtlichen Generalklauseln geprüft werden, ob sie dennoch den allgemeinen Sorgfaltsanforderungen entspricht. Ergibt sich im Rahmen dieser Prüfung, dass vom organschaftlichen Ermessen in unvertretbarer Weise Gebrauch gemacht wurde, sodass eine (zu ahndende) gesellschaftsrechtliche Pflichtverletzung vorliegt, ist die Vertretungshandlung Anküpfungspunkt für die Untreue. Die gesellschafts- und strafrechtliche Pflichtwidrigkeitsprüfung konstituiert nicht eine dreimalig originäre Beurteilung der Ermessensentscheidung: Genügt die Vertretungshandlung nicht den Anforderungen der Business Judgement Rule und werden folglich allgemeine Sorgfaltsmaßstäbe angewandt, so schließt daran nicht wiederum nachgelagert eine genuin strafrechtliche Unvertretbarkeitswertung an. Vielmehr ist der gesellschaftsrechtliche (haftungsbegründende) Pflichtenverstoß zugleich unvertretbar iSd § 153 Abs 2 StGB.[197]

Ein unvertretbarer Vollmachtsgebrauch begründet allerdings nicht gleichsam automatisch und in jedem Fall die Tathandlung des § 153 StGB und somit einen

194 JAB 728 BlgNR XXV. GP 6 = 10; *McAllister* in *Preuschl/Wess*, Wirtschaftsstrafrecht § 153 Rz 34.

195 Vgl zum Verhältnis zwischen Gesellschafts- und Strafrecht bei der Pflichtwidrigkeit insb II. A. 2.4.

196 *Karollus*, VR 2015 H 10, 28.

197 Vgl *Kalss*, GesRZ 2014, 164; *Huber*, Organuntreue 100 f; *Artmann* in Wirtschaftsstrafrecht 2008, 240; vgl II. A. 2.4.

Missbrauch iSd strafrechtlichen Bestimmung, die vielmehr einen engeren Kreis der Strafbarkeit zieht. Der strafrechtliche Filter ist im Verhältnis zum Zivil- und Gesellschaftsrecht als „nachhinkend" anzusehen.[198] So kann sich eine Strafbarkeit nach § 153 StGB nur aus einem Verstoß gegen bestimmte sachlich eingegrenzte Regelungen ergeben, nämlich diejenigen, die dem *Vermögensschutz des wirtschaftlich Berechtigten* dienen; dies gilt gleichermaßen für Ermessensentscheidungen. Darüber hinaus ist für das normative Tatbildmerkmal des Befugnismissbrauchs das besondere Vorsatzerfordernis der *Wissentlichkeit* (§ 5 Abs 3 StGB) vorgesehen.[199] Liegt nach diesen Prüfungsschritten ein Befugnismissbrauch vor, so erfordert die Strafbarkeit nach dem vollendeten Delikt des § 153 StGB schließlich den Eintritt eines Vermögensschadens.

1.3. Schutzzweckbezogene Eingrenzung der Pflichtenverletzung

Zweck des § 153 StGB ist der Schutz des Vermögens des vollmachteinräumenden Machtgebers, die Untreue ist ein reines Vermögensdelikt.[200] Die vermögensschützende Ausrichtung ergibt sich nicht nur aus dem Konzept des Delikts und seiner Verortung im 6. Abschnitt des StGB, sondern zeigt sich bereits an seiner Entstehungsgeschichte. Basierend auf einer Reichsratsvorlage für den Entwurf eines Allgemeinen Deutschen Strafgesetzbuches aus 1927 wurde die Untreue in Österreich mit der Strafgesetznovelle 1931[201] in § 205c StG gesetzlich verankert.[202] Schon aus den Materialien aus 1927 geht klar der Zweck des Vermögensschutzes hervor, die Bestimmung sollte rechtsgeschäftliche Einwirkungen auf fremdes Vermögen erfassen. Als Täter stellte man sich etwa einen Vormund vor, der zum Nachteil des Mündelvermögens handelte, aber auch bereits die satzungsmäßig zur Vertretung einer juristischen Person berufene Person.[203]

Ist der Schutzzweck des § 153 StGB der Schutz des Machtgebervermögens, so kann in Konsequenz nicht jeder Regelverstoß des Machthabers – selbst bei un-

---

198 *Lewisch* in JB Wirtschaftsstrafrecht und Organverantwortlichkeit 2011, 17; *Reich-Rohrwig*, ecolex 2017, 540.

199 *Fuchs* in JB Wirtschaftsstrafrecht und Organverantwortlichkeit 2015, 352.

200 *Kirchbacher/Presslauer* in WK^2 StGB § 153 Rz 1; *Pfeifer* in SbgK § 153 Rz 4; *Birklbauer/Hilf/Tipold*, BT I^4 § 153 Rz 2; *Kienapfel/Schmoller*, BT II^2 § 153 Rz 12; *Fuchs* in JB Wirtschaftsstrafrecht und Organverantwortlichkeit 2015, 353; *Flora* in *Leukauf/Steininger*^{4} § 153 Rz 2; *Birklbauer* in PK-StGB § 153 Rz 2; *Huber* in *Kert/Kodek* Rz 4.55; *McAllister* in *Preuschl/Wess*, Wirtschaftsstrafrecht § 153 Rz 5.

201 BGBl 365/1931.

202 Vgl *Huber*, Organuntreue 104 ff.

203 Reichstagsvorlage vom 14. 5. 1927 in *Schubert/Regge* (Hrsg), Quellen zur Reform des Straf- und Strafprozeßrechts (1995) 659 f.

vertretbarem Vollmachtsgebrauch – einen Missbrauch iSd Bestimmung begründen. Vielmehr ist eine sachliche Einschränkung auf solche Regeln vorzunehmen, die dem Vermögensschutz des wirtschaftlich Berechtigten dienen. Diese Einschränkung wurde mit dem StRÄG 2015 neben dem Unvertretbarkeitskriterium ausdrücklich in § 153 Abs 2 StGB verankert.

Die rechtsgutsbezogene Auslegung des § 153 StGB, somit die Einschränkung des tatbildlichen Missbrauchs auf Regeln, die auf den Vermögensschutz des Machtgebers ausgerichtet sind, wurde zwar bereits vor der Änderung des Wortlauts durch das StRÄG 2015 vertreten;[204] in den Stellungnahmen zum Gesetzesentwurf kamen aber zugleich unterschiedliche Auffassungen zum Schutzzweck der Untreue hervor: Während die Präzisierung zum Teil als entbehrlich angesehen wurde, weil sie sich ohnehin schon aus dem bestehenden Wortlaut ergäbe und somit unstrittig sei,[205] wurde von anderer Seite Kritik an der geplanten Änderung geäußert. Erwähnenswert sind dabei insbesondere die Stellungnahmen der Arbeiterkammer und des Österreichischen Gewerkschaftsbundes, die mit der geplanten Bezugnahme auf die Vermögensinteressen des Machtgebers andere Interessen als gefährdet ansahen. Befürchtet wurde eine Schwächung der Stellung der Arbeitnehmer, die nach § 70 AktG vom Vorstand bei Leitung der Gesellschaft zu berücksichtigen seien.[206]

Die – gesetzlich in § 70 AktG verankerten – Interessen der Arbeitnehmer und der Öffentlichkeit hatten zwar im Zusammenhang mit der Untreue in der vielfach kritisierten[207] *Libro*-Entscheidung[208] des OGH Erwähnung gefunden, mit

---

204 Vgl etwa *Lewisch*, AnwBl 2012, 142; *Fuchs* in JB Wirtschaftsstrafrecht und Organverantwortlichkeit 2014, 14; *Huber*, Organuntreue 138 f.

205 Stellungnahme des Obersten Gerichtshofs 1 Präs. 1613-1748/15t; Stellungnahme des Österreichischen Rechtsanwaltskammertags (ÖRAK) ZI 13/1 15/46.

206 Vgl Stellungnahme des Österreichischen Gewerkschaftsbundes (ÖGB) vom 24.4.2015 136/SN-98/ME; Stellungnahme der Bundeskammer für Arbeiter und Angestellte vom 27.4.2015 167/SN-98/ME.

207 Vgl zur Kritik *Lewisch*, Gesellschaftsrecht und Strafrecht nach „Libro", in *Lewisch* (Hrsg), Jahrbuch Wirtschaftsstrafrecht und Organverantwortlichkeit 2014, 19; *Lewisch/Huber*, Untreue zulasten einer Kapitalgesellschaft trotz Gesellschafterzustimmung? Anmerkungen zu OGH 30.1.2014, 12 Os 117/12s (12 Os 118/12p), „Libro", RdW 2014, 467; *Fuchs*, Das Libro-Urteil des OGH: Analyse und Implikationen, in *Lewisch* (Hrsg), Jahrbuch Wirtschaftsstrafrecht und Organverantwortlichkeit 2014, 9; *Kapsch/Kier*, Untreuestrafbarkeit zu Lasten einer Aktiengesellschaft, JBl 2014, 599; *Kalss*, Gesellschaftsrechtliche Anmerkungen zur Libro-Entscheidung, ecolex 2014, 496; *Bollenberger/Wess*, Libro-Straferkenntnis: Untreue und Gesellschaftsrecht, RdW 2014, 247; *Schima*, Einlagenrückgewähr und Untreue bei Aktionärszustimmung, RdW 2015, 344.

der Novellierung wurden die entsprechenden Anregungen aus den Stellungnahmen aber nicht übernommen. Der Gesetzgeber betonte in § 153 Abs 2 zweiter Halbsatz StGB stattdessen den Schutzzweck der Bestimmung; geschützt sind demnach die Vermögensinteressen des wirtschaftlich Berechtigten. Die Erläuterungen im Ausschussbericht streichen diesen Schutzzweck heraus und verdeutlichen, dass andere Interessen – beispielsweise die Interessen der Öffentlichkeit sowie Dritter – bei der Strafbarkeitsprüfung nach § 153 StGB außer Acht zu bleiben haben.[209] In Konsequenz kann sich der Befugnismissbrauch nur aus einem Verstoß gegen solche Regeln ergeben, die sich auf den Vermögensschutz des wirtschaftlich Berechtigten richten.

Die schutzzweckbezogene Eingrenzung der Pflichtenverletzung ist insbesondere in Fällen *aktiver Bestechungszahlungen* durch Vertretungsorgane bedeutsam: Wendet ein Vorstandsmitglied einer Aktiengesellschaft einem Amtsträger eine Geldleistung im Gegenzug für die Vornahme eines für die Gesellschaft günstigen (pflichtwidrigen oder pflichtgemäßen) Amtsgeschäfts zu, so ist zwar in erster Linie eine Strafbarkeit nach den Korruptionsbestimmungen der §§ 304 ff StGB zu prüfen; darüber hinaus kommt aber aufgrund des Vermögensabflusses aus der Gesellschaft auch eine Untreuestrafbarkeit in Betracht.[210] Derartige Fallkonstellationen sind auch im weiteren Zusammenhang mit Sponsoringtätigkeiten denkbar. Wird etwa eine Sponsoringbeziehung als korruptionsstrafrechtlich relevant qualifiziert,[211] so stellt sich mit dem Vermögensabfluss durch die Gewährung der Sponsoringleistung zugleich die Frage nach der Erfüllung des § 153 StGB.

Unabhängig davon, dass die aus der Bestechungszahlung entstandene Vermögensverringerung in vielen Fällen wohl durch Vermögensvorteile aus dem auf diese Weise zustande gekommenen Geschäftsabschluss ausgeglichen und der untreuerelevante Vermögensschaden idS saldiert wird,[212] stellt sich die Frage, ob

208 OGH 30.1.2014, 12 Os 117/12s.

209 JAB 728 BlgNR XXV. GP 5; *Fuchs* in JB Wirtschaftsstrafrecht und Organverantwortlichkeit 2015, 354.

210 Vgl zu diesem Beispiel *Stricker*, Aktive Untreue als Korruption, in *Lewisch* (Hrsg), Jahrbuch Wirtschaftsstrafrecht und Organverantwortlichkeit 2016, 51 (52).

211 Vgl dazu eingehend III.

212 Vgl Lewisch, Aktuelle Fragen des Wirtschaftsstrafrechts im Spannungsfeld von Untreue und Korruption, in *Ennöckl/Raschauer/Schulev-Steindl/Wessely* (Hrsg), Festschrift für Bernhard Raschauer zum 65. Geburtstag (2013) 335 (340 ff); *Lewisch* in JB Wirtschaftsstrafrecht und Organverantwortlichkeit 2011, 24; *Soyer*, Private Korruption im Wirtschaftsleben. Zentrale Fragen zu §§ 168c und 168d StGB anhand typischer Fallgestaltungen, JBl 2012, 332 (334); *Stricker* in JB Wirtschaftsstrafrecht

der Verstoß gegen Korruptionsbestimmungen überhaupt einen Befugnismissbrauch begründen kann.[213] Dazu ist nach dem nunmehr eindeutigen Gesetzeswortlaut erforderlich, dass den Regelungen, gegen die verstoßen wird, vermögensschützender Charakter zukommt. Da die Korruptionsdelikte im öffentlichen Sektor einhellig nicht auf den Schutz des Vermögens des Einzelnen oder der Staates ausgerichtet sind,[214] sondern auf den Schutz der Reinheit, Sauberkeit und Unverkäuflichkeit der Verwaltung[215] respektive der Aufrechterhaltung staatlicher Strukturen[216], kann auch der Befugnismissbrauch nach § 153 StGB nicht unmittelbar aus der Erfüllung eines Korruptionsdelikts folgen.

Wird das Bestechungsverbot demgegenüber nicht unmittelbar aus dem Strafrecht, sondern aus dem Gesellschaftsrecht abgeleitet und als Ausfluss der gesellschaftsrechtlichen Sorgfaltsanforderungen angesehen,[217] so kommt es ebenso auf ihre vermögensschützende Ausrichtung an. Dies gilt in gleicher Weise bei anderen gesellschaftsrechtlichen Regelungen, einer Anknüpfung an den Corporate Governance Kodex oder Compliance-Regelungen sowie bei sonstigen unter-

---

und Organverantwortlichkeit 2016, 67 f; *McAllister* in *Preuschl/Wess*, Wirtschaftsstrafrecht § 153 Rz 76.

213 Eingehend zum Meinungsstand in Österreich und Deutschland, *Stricker* in JB Wirtschaftsstrafrecht und Organverantwortlichkeit 2016, 51.

214 Vgl insb OGH 29.4.1982, 13 Os 46/82; OGH 4.9.1980, 12 Os 46/80; OGH 8 Os 174/60 EvBl 1961/257; OGH 6.6.2016, 17 Os 8/16d; RIS-Justiz RS0095948; *Medigovic*, Was vom Korruptionsstrafrecht übrig bleibt. Zum Korruptionsstrafrechtsänderungsgesetz 2009, ÖJZ 2010, 252 (252); *Hauss/Komenda* in SbgK § 304 Rz 43.

215 *Hauss/Komenda* in SbgK § 304 Rz 38; *Aichinger* in *Leukauf/Steininger*[4] § 304 Rz 1; *Marek/Jerabek*, Korruption und Amtsmissbrauch. Grundlagen Definitionen und Beispiele zu den §§ 302, 304 bis 311 StGB sowie weitere praxisrelevante Tatbestände im Korruptionsbereich[11] (2018) 73; *Eder-Rieder*, Wirtschaftsstrafrecht[4] 167; *Zierl*, Korruptionsstrafrechtsänderungsgesetz 2012: Änderungen bei der strafrechtlichen Sanktionierung von Korruption in der Privatwirtschaft, JSt 2012, 144 (147); *Beck/Dohr*, Korruptionsstrafrechtsänderungsgesetz oder "Nichts geht mehr!", ecolex 2013, 328 (328); OGH 29.4.1982, 13 Os 46/82; OGH 4.9.1980, 12 Os 44/80; OGH 4.9.1980, 12 Os 46/80; OGH 8 Os 174/60 EvBl 1961/257; OGH 6.6.2016, 17 Os 8/16d; RIS-Justiz RS0095948.

216 *Nordmeyer/Stricker* in WK[2] StGB Vor §§ 304-309 Rz 60.

217 So *Reich-Rohrwig* in *Straube/Ratka/Rauter*, WK GmbHG § 25 Rz 65; *Leupold/Ramharter*, GesRZ 2009, 256 ff; *Lutter*, GesRZ 2007, 82; vgl hingegen *Rauter*, ecolex 2012, 947; *Toggler*, wbl 2009, 172; *Torggler*, ZfRV 2002, 135; *Schauer* in *Kalss/Kunz* Rz 36, allerdings in der Vorauflage.

nehmensinternen Anordnungen.[218] Im Übrigen reicht nicht aus, dass die Regelung auf irgendeine Weise vermögensbezogen ist, sie muss vielmehr dem Vermögens*schutz* des wirtschaftlich Berechtigten dienen. Verfolgt eine Bestimmung neben der Vermögenswahrung auch andere Zwecke, so ist zu prüfen, ob sie konkret in der vermögensschützenden Zielrichtung verletzt wurde.[219]

Die Problematik der Untreuestrafbarkeit durch Bestechungszahlungen wurde in ähnlicher Form auch in Deutschland thematisiert. Der BGH stellte dazu klar, dass nicht jeder Verstoß gegen die Rechtsordnung eine untreuerelevante Pflichtverletzung sei, sondern die verletzte Norm zumindest mittelbar vermögensschützenden Charakter haben müsse. Dies gelte ebenso bei der Verletzung gesellschaftsrechtlicher Vorschriften wie etwa der Generalklauseln der §§ 93, 116 dAktG, die auf ihren Schutzzweck untersucht werden müssten.[220] Dieser Ansatz wird auch im deutschen Schrifttum überwiegend vertreten.[221]

Vor dem Hintergrund dieser allgemeinen Ausführungen ist im Folgenden der konkreten Frage nachzugehen, inwieweit eine Sponsoringentscheidung einen untreuerelevanten Befugnismissbrauch begründen kann.

2. Befugnismissbrauch durch Sponsoringaktivitäten

Sieht ein Unternehmen inhaltliche Vorgaben für den Abschluss von Sponsoringverträgen vor, etwa eigene Sponsoringrichtlinien oder auch etwaige Verfahrensanordnungen, so sind diese selbstverständlich zu beachten. Da Sponsoring ökonomische Zielsetzungen verfolgt, werden derartige Anweisungen idR auch in Bezug zu den Vermögensinteressen des Unternehmens stehen und somit vermögenswahrenden Charakter haben. In vereinzelten Fällen ist auch denkbar, dass

218 *Huber*, Organuntreue 141; *Stricker* in JB Wirtschaftsstrafrecht und Organverantwortlichkeit 2016, 66 f; *Kienapfel/Schmoller*, BT II^2 § 153 Rz 62; für Deutschland *Pelz*, Korruption als strafbare Untreue, in *Lewisch* (Hrsg), Jahrbuch Wirtschaftsstrafrecht und Organverantwortlichkeit 2011, 101 (108); vgl aber *Lewisch* in JB Wirtschaftsstrafrecht und Organverantwortlichkeit 2014, 37, *Lewisch* in JB Wirtschaftsstrafrecht und Organverantwortlichkeit 2011, 24 sowie *McAllister* in *Preuschl/Wess*, Wirtschaftsstrafrecht § 153 Rz 76, die einen Verstoß gegen eine Einzelanweisung jedenfalls als Befugnismissbrauch anerkennen; offen dagegen *Lewisch* in FS Raschauer 340.

219 *Eckert/Spani/Wess*, ZWF 2015, 260.

220 BGH 13.9.2010, 1 StR 220/09.

221 Vgl *Corsten*, Erfüllt die Zahlung von Bestechungsgeldern den Tatbestand der Untreue? HRRS 2011, 247; *Schünemann*, Der Bundesgerichtshof im Gestrüpp des Untreuetatbestandes, NStZ 2006, 196 (198); *Pelz* in JB Wirtschaftsstrafrecht und Organverantwortlichkeit 2011, 106; mwN *Stricker* in JB Wirtschaftsstrafrecht und Organverantwortlichkeit 2016, 60.

sie anderen Zwecken dienen, infolgedessen die Anordnungen keinen Anhaltspunkt für einen Befugnismissbrauch bieten. Liegen vermögenswahrende Sponsoring-Vorgaben vor und setzt ein Vertretungsorgan wissentlich einen diesen zuwiderlaufenden Rechtsakt, so handelt es missbräuchlich iSd § 153 StGB.

Bestehen keine konkreten Anordnungen, so ist eine Sponsoringentscheidung eines Vertretungsorgans eine unternehmerische Entscheidung, deren Zulässigkeit in erster Linie auf zivil- und gesellschaftsrechtlicher Ebene zu beurteilen ist. Schließt etwa der Vertreter eines Schokoladeherstellers einen Sponsoringvertrag mit einer Skispringerin und bestehen dafür keine konkreten Vorgaben, so handelt es sich um eine unternehmerische Entscheidung, die – im Fall nachträglich aufkommender gesellschafts- und strafrechtlicher Haftungsfragen – zunächst auf die Einhaltung der Anforderungen der Business Judgement Rule zu prüfen ist (§ 25 Abs 1a GmbHG, § 84 Abs 1a AktG). Hat der Entscheidungsträger zwar ausreichend Informationen eingeholt, etwa betreffend der Werbewirksamkeit und der zweckmäßigen Vertragsausgestaltung, trifft er die Entscheidung aber aufgrund eines familiären Naheverhältnisses zur Sportlerin, so ist aufgrund der Beeinflussung durch sachfremde Interessen bei der Wahl des Sponsoringobjekts auf den allgemeinen zivil- und gesellschaftsrechtlichen Sorgfaltsmaßstab zurückzugreifen.

Grundvoraussetzung für die Anwendbarkeit der Business Judgement Rule ebenso wie für ein nach allgemeinen zivil- und gesellschaftsrechtlichen Maßstäben sorgfaltsgemäßes Handeln ist, dass Sponsoringtätigkeiten prinzipiell im *Unternehmenswohl* liegen. Ist dies schon deshalb nicht der Fall, weil derartige Ausgaben ihrer Natur nach niemals dem Wohl des Unternehmens dienen, so kann ein Entscheidungsträger bei Treffen einer Sponsoringentscheidung von vornherein auch nicht annehmen, im Unternehmenswohl zu handeln. Zwar ist Sponsoring als Kommunikationsinstrument von Unternehmen heute allgemein wirtschaftlich und rechtlich anerkannt.[222] Der Einsatz von Gesellschaftsvermögen zur Förderung von Kunst und Kultur, Sport, Umwelt oder sozialen Zwecken ist dennoch prima facie lediglich als Vermögensabfluss zu werten. Sponsoringtätigkeiten lukrieren keine unmittelbaren Einnahmen, ihr Nutzen für das Unternehmen könnte daher durchaus angezweifelt werden. Auch in der Rechtsprechung wurde die Förderung mildtätiger, kultureller und sportlicher Zwecke durch eine Gesellschaft bisweilen differenziert betrachtet. So sah der OGH die Vergabe von

222 *Thiele*, Sponsoring 29; *Lendl*, Die Reform der „fahrlässigen Krida" – eine erste Analyse, RZ 2001, 30; *Medigovic*, Das neue Delikt der grob fahrlässigen Beeinträchtigung von Gläubigerinteressen gemäß § 159 StGB, ÖJZ 2003, 161; *Reich-Rohrwig* in *Straube/Ratka/Rauter*, WK GmbHG § 25 Rz 65/1; *Feltl/Told* in *Gruber/Harrer*, GmbHG^2 § 25 Rz 56.

Parteispenden durch eine Wohnbaugenossenschaft in einer älteren Entscheidung als unzulässig an; sie sei nicht mit den Grundsätzen der Sparsamkeit, Wirtschaftlichkeit und Zweckmäßigkeit vereinbar. Weder die Hoffnung auf künftige Leistungen durch den Empfänger, noch der Aspekt der „Vernünftigkeit und sozialen Richtigkeit" könnten die Ausgaben rechtfertigen, lediglich Bagatell-Geschenke seien erlaubt.[223] In der Folge ging der OGH unter Bezugnahme auf § 70 AktG speziell im Hinblick auf Sponsoring von dieser Linie ab.[224]

Als Basis für die weitere Missbrauchsprüfung ist zunächst auf die zentrale Problematik der gesellschaftsrechtlichen Zulässigkeit von Sponsoringtätigkeiten einzugehen und idS zu untersuchen, ob Sponsoring allgemein im Unternehmensinteresse liegt. Im Anschluss daran sind die sachlichen Grenzen der Vergabe von Sponsoringmitteln durch Vertretungsorgane abzustecken.

2.1. *Das Unternehmenswohl*[225]

Das Unternehmenswohl ist wichtigster Anhaltspunkt zur Eingrenzung des organschaftlichen Ermessensspielraums.[226] Was genau vom Begriffsinhalt des Unternehmenswohls umfasst ist, interessiert daher auch mit Blick auf eine durch Sponsoringtätigkeiten begründete Strafbarkeit nach § 153 StGB.

Das Aktiengesetz nimmt auf das Unternehmenswohl ausdrücklich Bezug: Gemäß § 70 AktG hat der Vorstand die Gesellschaft so zu leiten, wie es das Wohl des Unternehmens erfordert und dabei gemäß § 84 AktG die Sorgfalt eines ordentlichen und gewissenhaften Geschäftsleiters anzuwenden. Zwar findet sich das Unternehmenswohl bei anderen Gesellschaftsformen nicht als gesetzlicher Begriff, mangels einer sachlichen Differenzierung ist aber davon auszugehen, dass es eine allgemeine Maxime des Vertreterhandelns bei Kapitalgesellschaften ist.[227] Die folgenden Ausführungen gelten demnach trotz Bezugnahme auf das AktG jeweils angepasst rechtsformübergreifend.

---

223 OGH 2.7.1985, 10 Os 211/84.

224 OGH 12 Os 50/90 JBl 1991, 532; *Flora* in *Leukauf/Steininger*[4] § 153 Rz 27.

225 Die Begriffe „Unternehmenswohl" und „Unternehmensinteresse" werden im Folgenden synonym verwendet; idS auch *Heidinger*, Aufgaben 346.

226 *Heidinger*, Aufgaben 345.

227 *Krejci*, Die Kapitalgesellschaft als Spender und Förderer (II), GesRZ 1984, 199 (202); *Nowotny*, Zur Spendenverantwortung des Vorstandes, RdW 2002, 258; vgl für Deutschland *Otto*, Untreue der Vertretungsorgane von Kapitalgesellschaften durch Vergabe von Spenden, in *Hirsch/Wolter/Brauns* (Hrsg), Festschrift für Günter Kohlmann zum 70. Geburtstag (2003) 187 (191); *Gehrlein*, Strafbarkeit von Vorständen wegen leichtfertiger Vergabe von Unternehmensspenden, NZG 2002, 436;

Der Vorstand ist als oberstes Leitungsorgan der Aktiengesellschaft für die Leitung, Vertretung und Geschäftsführung ausschließlich zuständig, er handelt weisungsfrei unter eigener Verantwortung.[228] Er hat in seiner Tätigkeit die Zielsetzungen zu beachten, die ihm vom Gesetz im Allgemeinen und von der Satzung im Besonderen vorgegeben werden;[229] relevant ist dabei speziell der in der Satzung festgeschriebene *Gesellschaftszweck*.[230] Dieser umfasst die Ziele der Gesellschaft sowie ihren konkreten Tätigkeitsbereich.[231] Der Vorstand hat den Gesellschaftszweck durch die Verfolgung des Unternehmensgegenstandes zu erfüllen.[232] Der *Unternehmensgegenstand* definiert die operative Tätigkeit des Unternehmens und ist somit der im Verhältnis zum Gesellschaftszweck engere Begriff.[233] Gesellschaftszweck und Unternehmensgegenstand müssen nicht zwingend übereinstimmen; so kann eine Aktiengesellschaft mit ideeller Zielsetzung durchaus ein Unternehmen betreiben, das auf Gewinn gerichtet ist.[234] Der Vorstand hat sich bei der Leitung der Gesellschaft nicht rein am Unternehmensgegenstand zu orientieren, vielmehr obliegt ihm die Erfüllung der übergeordneten Gesamtinteressen. Dies zeigt sich etwa beim Bestehen mehrerer Betriebe mit verschiedenartigen Gegenständen: Der Vorstand leitet nicht (nur) die einzelnen Unternehmungen, sondern die gesamte Gesellschaft; ihre Zielsetzungen sind – auch bei zwischenbetrieblichen Interessenskonflikten – letztlich maßgeblich.[235]

Neben den Vorgaben aus der Satzung legt § 70 AktG gesetzlich die Interessen fest, die der Vorstand bei Leitung der Gesellschaft zu beachten hat. Zentral ist dabei das Unternehmenswohl; dazu kommen die Interessen der Aktionäre, der Arbeitnehmer sowie das öffentliche Interesse. Aus dieser allgemein gehaltenen Bestimmung sind keine konkreten Pflichten ableitbar; sie ist als Leitlinie zu

---

vgl auch *Schima*, Vorzeitiges Ausscheiden von Vorstandsmitgliedern und Aufsichtsratssorgfalt, RdW 1990, 448 (449).

228 *Nowotny* in *Doralt/Nowotny/Kalss*, AktG^2 § 70 Rz 2; *Kalss*, Aktiengesellschaft, in *Kalss/Nowotny/Schauer*, Österreichisches Gesellschaftsrecht^2 (2017) 3. Kapitel (Rz 3/421); *Rieder/Huemer*, Gesellschaftsrecht^4 (2016) 371.

229 *Herzer*/Strobl, Der Vorstand, in *Hausmaninger/Graztl/Justich*, Handbuch zur Aktiengesellschaft^2 (2017) 6. Kapitel (Rz 88); *Strasser*, Die Leitung der Aktiengesellschaft durch den Vorstand (1. Teil), JBl 1990, 477 (480); *Strasser* in *Jabornegg/Strasser*, AktG^5 II § 70 Rz 1.

230 *Kalss* in *Kalss/Nowotny/Schauer* Rz 3/428; *Strasser*, JBl 1990, 480.

231 *Torggler*, Gesellschaftsrecht. AT und Personengesellschaften (2013) Rz 120.

232 *Herzer/Strobl* in *Hausmaninger/Graztl/Justich*^{2} 6/171.

233 *Torggler*, Gesellschaftsrecht Rz 120.

234 *Torggler*, Gesellschaftsrecht Rz 120.

235 *Krejci*, Die Kapitalgesellschaft als Spender und Förderer (I), GesRZ 1984, 146 (152).

verstehen, die berücksichtigungswürdige Interessen vorgibt und die Entscheidungsgewalt des Vorstandes generalklauselartig beschränkt.[236] Innerhalb der Zielvorgaben des § 70 AktG ist das Unternehmenswohl nach hA von oberster Priorität. Die Interessen der Aktionäre, der Arbeitnehmer sowie öffentliche Interessen sind diesem – untereinander gleichrangig – nachgeordnet.[237]

Das Unternehmenswohl umfasst die dauerhafte Gewinnerzielung und Rentabilität der Gesellschaft;[238] an dieser Zielsetzung hat der Vorstand seine Handlungen auszurichten. Er ist nicht dazu verpflichtet, den Gewinn der Aktiengesellschaft kurzfristig zu maximieren, sondern hat seine Entscheidungen im Hinblick auf ihren langfristigen Bestand zu treffen.[239] Das Ziel des Erhalts der Gesellschaft findet seine Grenze in der Unrentabilität – mitunter kann es also im Unternehmenswohl liegen, das Unternehmen aufzulösen oder zu verkaufen.[240]

Das in § 70 AktG neben den Interessen der Aktionäre und Arbeitnehmer genannte Interesse der Öffentlichkeit bezieht sich auf die Gesamtgesellschaft („*Gemeinwohl*"). Es wurde im Hinblick auf die Bedeutung von Aktiengesellschaften für die Volkswirtschaft und den gesellschaftlichen Wohlstand explizit gesetzlich aufgenommen.[241] Die Interessen der Öffentlichkeit sind je nach Bedeutung des Unternehmens und den sich daraus ergebenden Wechselbeziehungen zur Gesamtwirtschaft unterschiedlich stark akzentuiert.[242] Sie können sich – besonders mit Blick auf das Ziel des Unternehmensbestands – mit dem Unternehmenswohl decken.[243] Das Gemeinwohl ist aber jedenfalls der Zielvorgabe des Unterneh-

---

236 *Nowotny* in *Doralt/Nowotny/Kalss,* AktG² § 70 Rz 4, 10; *Feltl,* Die Zielvorgaben des § 70 Abs 1 AktG, ecolex 2011, 533 (533); *Herzer/Strobl* in *Hausmaninger/Graztl/Justich*² 6/88; *Strasser*, JBl 1990, 485.

237 *Feltl*, ecolex 2011, 533 f; *Strasser*, JBl 1990, 489; *Herzer/Strobl* in *Hausmaninger/Graztl/Justich*² 6/93; *Schima*, RdW 1990, 449; OGH 11. 6. 2008, 7 Ob 58/08t.

238 *Heidinger*, Aufgaben 345; *Kahl/Stücklberger*, ZWF 2017, 109; vgl für Deutschland *Otto* in FS Kohlmann 192.

239 *Kalss* in *Kalss/Nowotny/Schauer* Rz 3/433; *Feltl,* ecolex 2011, 534; *Nowotny* in *Doralt/Nowotny/Kalss*, AktG² § 70 Rz 11; *Strasser*, JBl 1990, 487; *Heidinger*, Aufgaben 345; *Kahl/Stücklberger*, ZWF 2017, 109.

240 *Feltl*, ecolex 2011, 534; *Herzer/Strobl* in *Hausmaninger/Graztl/Justich*² 6/93.

241 *Nowotny* in *Doralt/Nowotny/Kalss*, AktG2 § 70 Rz 14; *Kalss* in *Kalss/Nowotny/Schauer* Rz 3/431.

242 *Nowotny* in *Doralt/Nowotny/Kalss*, AktG² § 70 Rz 15; *Strasser*, JBl 1990, 488.

243 *Herzer/Strobl* in *Hausmaninger/Graztl/Justich*² 6/98; *Strasser*, JBl 1990, 488; *Felber*, Verfassungen und Gemeinwohl. Werte, Ziele, Mittel und Erfolgsmessung in der Gemeinwohl-Ökonomie und was demokratische Verfassungen dazu sagen, in *Pfeil/*

menswohls nachgeordnet und kann für sich keine für das Unternehmen nachteilige Maßnahme rechtfertigen.[244] Öffentliche Interessen werden idR direkt im Gesetz berücksichtigt; die praktische Bedeutung ihrer Aufnahme in den Wortlaut des § 70 AktG wird daher als gering angesehen.[245]

Schreibt die Satzung einer Aktiengesellschaft die Förderung mildtätiger, sportlicher, kultureller oder anderer Zwecke vor, so liegen entsprechende Entscheidungen und Ausgaben eines Vorstandsmitglieds zweifellos im Unternehmensinteresse. Ist dies hingegen nicht der Fall, so bleibt zu klären, ob aus § 70 AktG Leitlinien bezüglich derartiger Zuwendungen hervorgehen und etwaige Unterschiede bei der Vergabe von Spenden und Sponsoringleistungen bestehen.

2.1.1. Spendenvergabe

Bei der Vergabe von Spenden sind zwei Fallkonstellationen zu unterscheiden: In der ersten Konstellation – dieser entspricht wohl die überwiegende Zahl der Fälle – ist die Zuwendung aus Perspektive der Gesellschaft mehrdeutig. Neben dem ideellen Zweck demonstriert das Unternehmen durch seine Förderung die Übernahme sozialer Verantwortung und zeigt sich als *good corporate citizen*. Damit wird nicht nur den Interessen des öffentlichen Gemeinwohls entsprochen, die damit einhergehende soziale Akzeptanz sichert auch den Bestand des Unternehmens und ist entsprechend eigennützig.[246] Bezieht ein Unternehmen seine gesamtwirtschaftliche Verantwortung in die Unternehmensstrategie ein, haben Spenden folglich als Teil der *corporate social responsibility* erwerbswirtschaftlichen Charakter und dienen ökonomischen Interessen. Dabei schadet nicht, dass aus ihnen kein sofortiger Gewinn resultiert. Das iSd Unternehmenswohls vorrangige Ziel des Bestands[247] eines Unternehmens basiert letztlich auf dauerhafter

---

Urnik (Hrsg), Gesellschaftliche Verantwortung und Gemeinwohl als Unternehmensziele (2015) 15 (23).

244 *Strasser*, JBl 1990, 489; *Nowotny* in *Doralt/Nowotny/Kalss*, AktG^2 § 70 Rz 14; *Herzer/Strobl* in *Hausmaninger/Graztl/Justich*^{2} 6/98.

245 *Nowotny* in *Doralt/Nowotny/Kalss*, AktG^2 § 70 Rz 14; *Feltl*, ecolex 2011, 536.

246 *Torggler*, wbl 2009, 175 „Wolf-im-Schafspelz-Sachverhalte“; *Eisenberg*, Corporate Conduct that does not maximise shareholder gain: legal conduct, ethical conduct, the penumbra effect, reciprocity, the prisoner's dilemma, sheep's clothing, social conduct and disclosure, Stetson Law Review 1998, 1 (15 ff); *Feltl/Told* in *Gruber/Harrer*, GmbHG^2 § 25 Rz 56; vgl auch *Otto* in FS Kohlmann 203 („Spenden im weiteren Sinne“).

247 Selbstverständlich lässt sich daraus keine eigenständige Bestandssicherung der Gesellschaft ableiten, *Nowotny* in *Doralt/Nowotny/Kalss*, AktG^2 § 70 Rz 11; *Feltl*, ecolex 2011, 534.

Rentabilität, nicht kurzfristiger Nutzenmaximierung.[248] Die Vergabe von Spenden und Förderungen dieser Art ist folglich auf den Fortbestand der Gesellschaft gerichtet und liegt prinzipiell im Unternehmenswohl.[249] Eine Prüfung, inwieweit sie im Hinblick auf öffentliche Interessen iSd § 70 AktG gerechtfertigt sind, ist nicht erforderlich.

Der zweite Fall erfasst rein altruistische Zuwendungen, die nur von Freigebigkeit geprägt sind und nicht den ökonomischen Interessen der Gesellschaft dienen. Da § 70 AktG öffentliche Interessen explizit als Teil der vom Vorstand zu berücksichtigenden Leitlinien aufgreift, wäre denkbar, dass auch die Vergabe echter Spenden durch das Leitungsorgan zulässig ist. Ein solcher Ansatz lässt sich allerdings auch aus § 70 AktG nicht ableiten: Die Gesellschaft ist schließlich – mag sie auch Teil des gesamtwirtschaftlichen Gefüges sein – primär auf ihre wirtschaftliche Selbsterhaltungsfähigkeit und ihren langfristigen Bestand gerichtet,[250] öffentliche Interessen sind nur nach der vorrangigen Zielvorgabe des Unternehmenswohls beachtlich.[251] Anonyme und rein altruistische Spenden sind aus Sicht der Gesellschaft daher in aller Regel als ökonomisch nachteilige Maßnahme zu werten, die nicht in Berufung auf § 70 AktG gerechtfertigt werden kann.[252] Ihre Vergabe liegt prinzipiell nicht im Unternehmenswohl und fällt nicht in den Anwendungsbereich der Business Judgement Rule.[253] Will ein Vorstandsmitglied bzw ein Geschäftsführer der Gesellschaft zuzurechnendes Vermögen uneigennützig spenden, so kommt ihm dabei kein unternehmerischer Ermessensspielraum zu; denkbar wäre allenfalls eine Zustimmung mittels Gesellschafterbeschluss.[254]

Dieses Ergebnis ist auch mit Blick auf allgemeine Überlegungen zur Natur der Kapitalgesellschaft und den Befugnissen ihrer Vertretungsorgane sachgerecht. Geschäftsleiter wirtschaften im Rahmen ihrer Tätigkeit nicht mit eigenem, sondern *fremdem* Vermögen, das den Gesellschaftsgläubigern und Gesellschaftern zugeordnet ist. In Konsequenz kann es auch den Vertretungsorganen nicht zur

---

248 *Nowotny* in *Doralt/Nowotny/Kalss*, AktG² § 70 Rz 11; *Feltl*, ecolex 2011, 535.

249 Vgl zum Unternehmenswohl *Strasser* in *Jabornegg/Strasser*, AktG⁵ II § 70 Rz 24; *Herzer/Strobl* in *Hausmaninger/Graztl/Justich*² 6/93; *Nowotny* in *Doralt/Nowotny/Kalss*, AktG² § 70 Rz 11; *Kalss* in *Kalss/Nowotny/Schauer* Rz 3/428 ff.

250 *Krejci*, GesRZ 1984, 200 f.

251 *Feltl*, ecolex 2011, 533 f; *Strasser*, JBl 1990, 489; *Herzer/Strobl* in *Hausmaninger/Graztl/Justich*² 6/93.

252 *Nowotny* in *Doralt/Nowotny/Kalss*, AktG² § 70 Rz 14; *Torggler*, wbl 2009, 175; *Kahl/Stücklberger*, ZWF 2017, 109.

253 *Karollus*, VR 2015 H 10, 29; *Harreiter* in *Hinterhofer* 29; *Torggler*, wbl 2009, 176.

254 *Feltl/Told* in *Gruber/Harrer*, GmbHG² § 25 Rz 57.

freien Verfügung stehen, um wohltätigen Zwecken nachzugehen, sie haben vielmehr nach wirtschaftlichem Kalkül vorzugehen.[255] Anders ist dies selbstverständlich dann, wenn die Gesellschaftssatzung einen ideellen Zweck vorschreibt.

2.1.2. Sponsoringtätigkeiten

Sponsoring ist von der Spendenvergabe und anderen rein altruistischen Zuwendungen klar abzugrenzen. Es handelt sich um ein Kommunikationsinstrument, das – ebenso wie Werbung oder Öffentlichkeitsarbeit – ökonomische Interessen verfolgt. Diese Zielrichtung manifestiert sich im für Sponsoring charakteristischen synallagmatischen Austauschverhältnis:[256] Während Spenden einseitig gewährt werden, erbringt der Gesponserte im Rahmen einer vertraglich ausgehandelten Leistungsbeziehung eine wirtschaftlich relevante Gegenleistung. Sponsoringtätigkeiten sind langfristig auf das Ziel einer Gewinnmaximierung gerichtet, die durch einen Imagetransfer, eine Steigerung des Bekanntheitsgrades, die Kundenpflege und dergleichen erreicht werden soll.[257] Selbst im Bereich des Kultur-, Umwelt- und Soziosponsorings – das prima facie den Eindruck reiner Freigebigkeit erweckt – bestehen erwerbswirtschaftliche Zielsetzungen. Diese sollen vor allem durch die Demonstration der Übernahme sozialer Verantwortung durch das Unternehmen erreicht werden.[258] IdS sind derartige Zuwendungen mit dem Typus eigennütziger Spenden vergleichbar.

Vor diesem Hintergrund liegen Sponsoringtätigkeiten zweifelsfrei im Unternehmenswohl: Die Werbe- und Imagepflege eines Unternehmens dient seinen langfristigen ökonomischen Interessen und ist auf die dauerhafte Rentabilität gerichtet. Dies gilt ungeachtet dessen, dass Sponsoring idR zu keinem unmittelbaren und sofort messbaren Gewinn führt. Ohne noch darauf einzugehen, inwieweit der durch Sponsoringausgaben verursachte Vermögensabfluss durch den aus ihnen erwachsenden Vermögenszuwachs ausgeglichen wird,[259] sind Maßnahmen eines Vertreters, aus denen kurzfristige Nachteile und Vermögenseinbußen resultieren, ganz grundsätzlich zulässig, solange sie dem nachhaltigen wirtschaftlichen Interesse der Gesellschaft respektive der Gesellschafter dienen.[260] Dieser

---

255 *Torggler*, wbl 2009, 176.

256 *Witt*, Kunstsponsoring 49; *Burgi/Hampe/Friedrichsmeier* in *Burgi* 77; *Höltkemeier*, Sponsoring 24; *Nuß*, Untreue 100; *Cordes* in *Geyer/Manschwetus* 405.

257 Vgl dazu eingehend I. B. 2.1.

258 *Ahlert/Woisetschläger/Vogel* in *Ahlert/Woisetschläger/Vogel* 17; *Kolarz-Lakenbacher/Reichlin-Meldegg*, Sponsoring 64.

259 Vgl dazu II. B.

260 *Krejci*, GesRZ 1984, 203; *Feltl/Told* in *Gruber/Harrer*, GmbHG[2] § 25 Rz 43 f; *Feltl*, ecolex 2011, 535.

Grundgedanke findet sich im Übrigen auch in der älteren Rechtsprechung zur Untreue;[261] demnach können auch Rechtshandlungen ohne unmittelbarem Gegenwert im Interesse des Machtgebers liegen und begründen nicht zwingend einen strafrechtlich relevanten Befugnismissbrauch. Der OGH stellte dazu insbesondere auf die „Grundsätze einer redlichen und verständigen Wirtschaftsführung“ ab und sah auch einseitige Ausgaben als vertretbar an, wenn sie „den wohlverstandenen Interessen des Vermögensinhabers dienen“.[262] Auch in den Materialien zum StRÄG 2015 wird ausdrücklich festgestellt, dass eine Vertretungshandlung nicht zwingend zu einer kurzfristigen Nutzenmaximierung führen muss, um im Interesse des Machtgebers zu liegen; vielmehr sind auch langfristige Ziele und Vorteile zu berücksichtigen.[263]

Im Ergebnis sind Sponsoringausgaben nach ihrer Grundcharakteristik mit dem Unternehmenswohl vereinbar und idS prinzipiell zulässig.[264] Dies gilt ebenso für Mischformen von Sponsoringtätigkeiten, die etwa mäzenatische Komponenten aufweisen, aber dennoch mit wirtschaftlichem Kalkül gesetzt werden.[265] Das Leitungsorgan eines Unternehmens, das für dieses Sponsoringvereinbarungen eingeht und die Sponsoringleistungen aus dem Gesellschaftsvermögen bestreitet, kann daher im Unternehmenswohl handeln und sein Ermessen ausüben; die Entscheidung ist auf die Einhaltung der Anforderungen der Business Judgement Rule zu prüfen. Erst wenn diese Voraussetzungen – etwa im praktisch bedeutsamen Fall der Beeinflussung durch sachfremde Interessen – nicht gegeben sind, ist die mögliche Sorgfaltswidrigkeit im Einzelnen zu beurteilen.

Vor Analyse der konkreten sachlichen Grenzen von Sponsoringentscheidungen ist kurz auf die Begründung der (Un-)Zulässigkeit von Spenden und Sponsoring durch Kapitalgesellschaften im deutschen Schrifttum einzugehen.

---

261 OGH 10 Os 33/69 SSt 40/30.

262 OGH 10 Os 33/69 SSt 40/30.

263 JAB 728 BlgNR XXV. GP 5 = 10; *Marsch*, Neue Besen kehren besser – Untreue idF Strafrechtsänderungsgesetz 2015, JSt 2015, 459; vgl auch *Paulitsch*, Reformversuch 2015 zur Präzisierung der Untreue, ecolex 2015, 562; *McAllister* in *Preuschl/Wess*, Wirtschaftsstrafrecht § 153 Rz 30.

264 *Thiele*, Sponsoring 29; *Medigovic*, ÖJZ 2003, 161; *Lendl*, RZ 2001, 30; *Reich-Rohrwig* in *Straube/Ratka/Rauter*, WK GmbHG § 25 Rz 65/1; *Feltl/Told* in *Gruber/Harrer*, GmbHG^2 § 25 Rz 56.

265 Vgl *Sauer*, wistra 2002, 465, der mit Verweis auf *Huber*, Zivilrechtliche Fahrlässigkeit, in *Forsthoff/Weber/Wieacker* (Hrsg), Festschrift für Ernst Rudolf Huber (1973) 253 (267) zu Abgrenzungsschwierigkeiten feststellt: „der klarste Unterschied zwischen Tag und Nacht könne nicht gut durch den Hinweis auf die Dämmerung geleugnet werden“.

2.1.3. Deutschland: Spenden und Sponsoring im Unternehmensinteresse

In Deutschland wurde die Thematik der Förderung mildtätiger, sportlicher und kultureller Zwecke durch Kapitalgesellschaften mit Gesellschaftsvermögen vor allem infolge der wegweisenden Entscheidung *SSV Reutlingen*[266] diskutiert, in welcher der BGH die grundsätzliche Zulässigkeit solcher Ausgaben feststellte und sich darüber hinaus ausführlich mit der diesbezüglichen Reichweite des Vorstandsermessens beschäftigte. Im Folgenden werden die bereits vor dem Urteil entwickelten Ansätze aus dem deutschen Schrifttum rechtsvergleichend dargelegt, die sich der Begründung der Zulässigkeit entsprechender Förderungen durch Kapitalgesellschaften widmen und auf die sich der BGH in seiner Entscheidung unter anderem stützte. Die Ansätze unterscheiden sich in ihrem Kern zwar nicht von der soeben dargestellten österreichischen Rechtslage; sie werden zur besseren Übersicht dennoch in diesem eigenen Punkt zusammengefasst.

Ausgangspunkt der Beurteilung ist – wie auch in Österreich – die Satzung der Aktiengesellschaft. Gibt die Satzung einen ideellen Zweck vor, so ist die Vergabe von Spenden und Förderungen durch das Leitungsorgan zulässig und sogar geboten. Besteht eine solche Zielsetzung demgegenüber nicht, sind Zuwendungen für ideelle Zwecke prima facie als Abfluss von Gesellschaftsvermögen und somit als Schmälerung des ausschüttbaren Gewinns zu werten.[267] Es stellt sich in letzterem Fall daher die Frage, ob das Unternehmensinteresse am Bestand und der dauerhaften Rentabilität der Gesellschaft mit einer derartigen „Freigebigkeit" in Einklang zu bringen ist[268] und – falls ein solches Interesse anzunehmen ist – inwieweit die eigenständige Leitungsbefugnis des Vorstands in diesem Zusammenhang reicht; zentrale Bestimmung ist dabei § 76 dAktG.

Zur Zulässigkeit von Spenden, Sponsoring und dergleichen durch eine Kapitalgesellschaft bestehen unterschiedliche Ansätze. Zum Teil wird die Zulässigkeit der Vergabe von Zuwendungen – speziell Spenden – mit Gesellschaftsvermögen *gewinnabhängig* begründet. Die Förderungen werden dabei als Marketingstrategie erfasst, die auf Werbewirkungen, Mitarbeitermotivation, Kundenbindung und daher auf eine Gewinnsteigerung abzielt. Damit wird jeder Art von Zuwendung ein erwerbswirtschaftlicher Grundgedanke unterstellt und Freigebigkeit und Gewinnstreben als sich ergänzende Ziele begriffen.[269] Diese Auffassung ist unter

---

266 BGHSt 1 StR 215/01 NStZ 2002, 322.

267 *Fleischer*, Unternehmensspenden und Leitungsermessen des Vorstands im Aktienrecht, AG 2001, 171 (173).

268 *Fleischer*, AG 2001, 173; *Kind*, Darf der Vorstand einer AG Spenden an politische Parteien vergeben? NZG 2000, 567 (568).

269 *Fleischer*, AG 2001, 173.

anderem deshalb problematisch, weil sich eine aus den Zuwendungen resultierende Gewinnsteigerung grundsätzlich kaum bilanziell erfassen lässt; darüber hinaus würde die Offenlegung dem Zweck der Förderung als „verdeckte" Marketingstrategie zuwiderlaufen. Stellen sich Leistungen, die vermeintlich ideellen Zielsetzungen dienen, als rein ökonomisch heraus, so wirkt dies den angestrebten Werbe- und Imageeffekten entgegen.[270]

Alternativ dazu wird bisweilen ein *gewinnunabhängiger* Ansatz zugrunde gelegt. Als Anknüpfungspunkt dient etwa das Gemeinwohl,[271] dessen Basis die Gemeinwohlklausel des § 70 dAktG 1937 ist, der die Einbeziehung der Allgemeininteressen in das Unternehmensinteresse ausdrücklich regelte. Die Bestimmung geht aus der gemeinsamen Wurzel des österreichischen und deutschen Aktiengesetzes hervor.[272] Wenngleich der deutsche Gesetzgeber sie 1965 ersatzlos gestrichen hat, wird ihre inhaltliche Bedeutung von Teilen des deutschen Schrifttums weiter anerkannt.[273] Einem ähnlichen Leitgedanken folgt die Begründung der Zulässigkeit von korporativer Freigebigkeit in Berufung auf die Sozialpflichtigkeit des Eigentums nach Art 14 Abs 2 GG, die somit auf einer verfassungsrechtlichen Legitimation beruht.[274] Daraus wird eine allgemeine Richtlinie abgeleitet, die für alle Unternehmen gelten soll.[275]

Letztlich werden aus Gesellschaftsvermögen stammende Zuwendungen zumeist mit Verweis auf die Förderung der sozialen Akzeptanz von Unternehmen (corporate social responsibility) anerkannt. Dieser Ansatz vereint Elemente verschiedener Begründungsversuche. Demnach muss die zuwendende Gesellschaft als *good corporate citizen* begriffen werden, der sich in das soziale Gefüge eingliedert. Um den dauerhaften Bestand des Unternehmens – somit das Unternehmensinteresse – gewährleisten zu können, müssen die Interessen der Kapitalgeber, der Arbeitnehmer und der Öffentlichkeit ausgeglichen werden. Das Gemeinwohl ist dabei ein berücksichtigungswürdiger Aspekt, stützt sich die

---

270 *Fleischer*, AG 2001, 174. mit Verweis auf *Vorderwülbecke*, Die Spendenkompetenz der Geschäftsführung, BB 1989, 505 (509).

271 *Fleischer*, AG 2001, 175 mit Verweis auf OLG Hbg., Urt. v. 19.9.1963 – 3 U 128/62, AG 1964m 45 (48).

272 Vgl *Nowotny* in *Doralt/Nowotny/Kalss*, AktG^2 § 70 Rz 10.

273 *Fleischer*, AG 2001, 175; *Kind*, NZG 2000, 568; vgl aber *Otto* in FS Kohlmann 194 f; krit auch *Rittner*, Zur Verantwortung des Vorstands nach § 76 Abs. 1 AktG 1965, AG 1973, 113 (115); *Spindler* in MüKoAktG^5 § 76 Rz 65.

274 Abl *Fleischer*, AG 2001, 175 mWN; krit auch *Westermann*, Gesellschaftliche Verantwortung des Unternehmens als Gesellschaftsrechtsproblem, ZIP 1990, 771 (773) sowie *Otto* in FS Kohlmann 195.

275 *Rittner*, AG 1973, 116; *Würdinger*, Aktien- und Konzerrecht (1966) 119.

dauerhafte Rentabilität der Gesellschaft doch auf den Rückhalt aller Bezugsgruppen. Die soziale Akzeptanz sichert folglich den Bestand des Unternehmens.[276] IdS ist der Geschäftsleiter der Gesellschaft berechtigt, bei seinen Entscheidungen auch öffentliche Interessen zu berücksichtigen.[277] Die Förderung mildtätiger Zwecke ist trotz fehlender kurzfristiger Gewinnmaximierung zulässig. Voraussetzung dafür ist, dass der Bestand des Unternehmens nicht gefährdet wird. Nimmt ein Geschäftsleiter bei seinen Entscheidungen auch auf Allgemeininteressen Bedacht, läuft das nicht einer auf Gewinn gerichteten Struktur zuwider, sondern dient letztlich der Steigerung des unternehmerischen Ansehens und damit PR-Zwecken.[278] Die gesetzten Maßnahmen müssen allerdings zumindest indirekt eine erwerbswirtschaftliche Zielsetzung aufweisen.[279] Vor diesem Hintergrund ist Sponsoring jedenfalls erlaubt, das Werbe- und Imagezwecken dient und damit im Unternehmenswohl liegt.[280] Die Zulässigkeit anonymer Spenden erscheint dagegen auch nach deutscher Perspektive zweifelhaft und ist wohl an weitere gesellschaftsrechtliche Zustimmungserfordernisse gebunden.[281]

Die Zulässigkeit der Förderung mildtätiger, kultureller und sportlicher Zwecke durch Kapitalgesellschaften wurde schließlich vom BGH in seiner zentralen Entscheidung *SSV Reutlingen*[282] ausdrücklich festgestellt; er verwies in seinem Urteil auf die schon zitierten Ansätze des Schrifttums und strich die eigennützige Motivation der Zuwendungen heraus.[283]

---

276 *Fleischer*, AG 2001, 175 ff; *Kind*, NZG 2000, 569, die sich aber auch auf § 70 dAktG 1937 und die Sozialpflichtigkeit des Eigentums bezieht; *Rittner*, AG 1973, 119; vgl allerdings nach der BGH Entscheidung *SSV Reutlingen* auch *Laub*, Grenzen der Spendenkompetenz des Vorstands, AG 2002, 308 (309).

277 *Spindler* in MüKoAktG[5] § 76 Rz 83; mwN *Pelz*, Sponsoring – zwischen Marketing und Korruption, LMuR 2009, 50 (51).

278 *Spindler* in MüKoAktG[5] § 76 Rz 83; 105.

279 *Weber* in *Hölters*, AktG[3] § 76 Rz 31; vgl nach der BGH Entscheidung *SSV Reutlingen* auch *Fleischer* in *Fleischer*, Vorstandsrecht § 1 Rz 36.

280 *Spindler* in MüKoAktG[5] § 76 Rz 106; *Hölters* in *Hölters* AktG[3] § 93 Rz 162.

281 Vgl *Vorderwülbecke*, BB 1989, 509; *Wellhöfer* in *Wellhöfer/Peltzer/Müller* § 11 Rz 11; *Ziemons*, Haftung der Geschäftsführer, in *Oppenländer/Trölitzsch* (Hrsg), Praxishandbuch der GmbH-Geschäftsführung[2] (2011) 8. Kapitel § 22 (Rz 12); aA *Beckemper*, Untreue durch Zuwendungen aus dem Vermögen einer Aktiengesellschaft zur Förderung von Kunst, Wissenschaft, Sozialwesen und Sport, NStZ 2002, 322 (326); vgl außerdem *Otto* in FS Kohlmann 204.

282 BGHSt 1 StR 215/01 NStZ 2002, 322.

283 Vgl ua den Verweis auf *Fleischer*, AG 2001, 171 in *Spindler* in MüKoAktG[5] § 76 Rz 106, § 93 Rz 71.

Aus der bloßen Feststellung der Vereinbarkeit von Sponsoringtätigkeiten mit dem Unternehmenswohl lassen sich noch keine konkreten Leitlinien zur Eingrenzung des dabei bestehenden organschaftlichen Ermessensspielraums ableiten, speziell in vielschichtigeren Sachverhalten folgt daraus kein eindeutiges Ergebnis.[284] Dementsprechend wird das Unternehmenswohl bisweilen als untaugliches Abgrenzungskriterium angesehen, um die Pflichten der Leitungsorgane zu konturieren; darüber hinaus wird befürchtet, es könnte als *carte blanche* gewissermaßen jedwede organschaftliche Maßnahme rechtfertigen.[285] Bereits vor der Entscheidung *SSV Reutlingen* wurden daher Kriterien entwickelt, um den Ermessensspielraum bei unternehmerischen Förderungsleistungen zu konkretisieren.[286] IdS ist es jedenfalls erforderlich, auch bei der Vergabe von Sponsoringleistungen durch Unternehmen die sachlichen Grenzen unter Berücksichtigung des nach allgemeinen Sorgfaltspflichten bestehenden Ermessensspielraums (§ 25 GmbHG, § 84 AktG, § 93 dAktG) näher zu untersuchen.

2.2 Sachliche Grenzen des Ermessensspielraums bei Sponsoring

Hält ein Entscheidungsträger bei einer Sponsoringentscheidung die Anforderungen der Business Judgement Rule nicht ein, so muss seine Entscheidung anhand des allgemeinen gesellschaftsrechtlichen Sorgfaltsmaßstabs geprüft werden. Vor der gesetzlichen Verankerung der Business Judgement Rule erging sowohl in Deutschland als auch in Österreich je eine Entscheidung zur Zulässigkeit von Sponsoringausgaben durch eine Kapitalgesellschaft. Diese Entscheidungen bilden den Grundstein für die Auseinandersetzung mit den sachlichen Grenzen des Ermessensspielraums bei Sponsoring.

Der BGH befasste sich im Jahr 2001 mit einer möglichen zivil- bzw strafrechtlichen Pflichtverletzung des Vorstandes einer Aktiengesellschaft (Südwestdeutsche Verkehrs AG, „SWEG-AG") bei der Vergabe von Förderungen an einen Sportverein (*Fall SSV Reutlingen*[287]): Der Angeklagte war Umwelt- und Verkehrsminister sowie Präsident des Sportvereins SSV Reutlingen. Als bereits bekannt war, dass er bald auch Aufsichtsratsvorsitzender der SWEG-AG sein würde, forderte er den Vorstandsvorsitzenden der Gesellschaft zur Förderung des

284 *Spindler* in MüKoAktG[5] § 76 Rz 68-70.

285 *Spindler* in MüKoAktG[5] § 76 Rz 68; sowie *Spindler*, Corporate Social Responsibility in der AG – Mythos oder Realität? in Festschrift für Peter Hommelhoff zum 70. Geburtstag (2012), 1133 (1139); *Schünemann* in LK[12] § 266 Rz 112.

286 *Philipp*, Darf der Vorstand zahlen? Die Zwangsarbeiter und das Aktienrecht, AG 2000, 62 (64); *Mertens*, Der Vorstand darf zahlen, AG 2000, 157 (158); *Westermann*, ZIP 1990, 775; *Fleischer*, AG 2001, 177 ff.

287 BGHSt 1 StR 215/01 NStZ 2002, 322.

in prekärer finanzieller Lage befindlichen Sportvereins auf. Die auf diese Weise lukrierten Geldleistungen wurden durch den Verein teils zur Abzahlung von Darlehen verwendet. Das Landgericht Offenburg verurteilte den Angeklagten wegen Untreue (§ 266 dStGB), den Vorstandsvorsitzenden wegen Untreue und Anstiftung zur Untreue. Der BGH bestätigte in der Folge dieses Urteil.

Die Entscheidung des OGH beschäftigte sich ebenso mit Untreue durch Sponsoringtätigkeiten[288]: Der Angeklagte war Obmann des Sportvereins „U.-Basketball", der durch eine Versicherungsgesellschaft gesponsert wurde. Ein Teil der jährlich zugewendeten Sponsoringsumme war für die Männersektion des Vereins vorgesehen. Um auch die aufstrebende Damenmannschaft intensiver fördern zu können, legte der Generaldirektor der Versicherungsgesellschaft in Absprache mit dem Obmann des Sportvereins fiktive Schadensakten an und wendete die so gewonnenen finanziellen Mittel dem Sportverein zu. Die Geldleistungen kamen tatsächlich der Damenmannschaft zugute, die weiterhin sportliche Erfolge erzielte und ihre internationalen Kontakte ausweiten konnte. Der Obmann des Sportvereins wurde wegen Beteiligung an der qualifizierten Untreue des Generaldirektors (§§ 12 dritter Fall, 153 aF Abs 1 und 2 zweiter Fall StGB) verurteilt.

Der OGH gab der Nichtigkeitsbeschwerde – trotz Vorliegen des Befugnismissbrauchs[289], den Beitragshandlungen und der Erfüllung der jeweiligen subjektiven Erfordernisse – Folge, hob das Urteil zur Gänze auf und verwies die Sache zur neuerlichen Entscheidung an das Erstgericht zurück. Grund dafür war die fehlende gerichtliche Auseinandersetzung mit dem Tatbildmerkmal des Vermögensnachteils der Versicherungsgesellschaft. Das Erstgericht hatte den Schaden sowie den darauf bezogenen Schädigungsvorsatz des Angeklagten rein aus der objektiven Pflichtverletzung und dem darauf bezogenen Wissen des Obmannes des Sportvereins abgleitet ohne einen für den Sponsor lukrierten Vermögenszufluss durch die Ausweitung der mit den sportlichen Erfolgen der Damenmannschaft einhergehenden Werbewirkung zu berücksichtigen.[290]

Beide Höchstgerichte stellten zunächst die grundsätzliche Zulässigkeit der Förderung von sportlichen, kulturellen, karitativen, politischen oder anderen gemeinnützigen Zwecken durch Kapitalgesellschaften ungeachtet ihres satzungs-

---

288 OGH 12 Os 50/90 JBl 1991, 532.

289 Einen solchen sah der OGH in der eigenmächtigen Auszahlung der Geldbeträge hinter dem Rücken der anderen Gesellschaftsorgane, dazu aus der Entscheidung: „Daß Dr. R*** seiner besonderen Pflichtenstellung […] vorsätzlich zuwidergehandelt hat, indem er eigenmächtig und hinter dem Rücken der Organe der V*** dem Sportverein […] Geldbeträge zukommen ließ, welche er als Versicherungsleistungen aus Schadensfällen tarnte […]".

290 Vgl dazu eingehend II. B.

mäßigen Unternehmenszwecks fest;[291] der OGH berief sich dazu auf die in § 70 AktG festgelegten Leitlinien. Der BGH sah diese Form der Förderung durch Unternehmen zu Werbezwecken als allgemein üblich sowie gesellschaftsrechtlich anerkannt an und berief sich exemplarisch auf Sponsoringaktivitäten verschiedener Großunternehmen (Daimler-Benz, BMW, Deutsche Post, Deutsche Telekom, Adidas, Beyer). Die soziale Akzeptanz einer Aktiengesellschaft sei für ihr erfolgreiches Wirtschaften von Bedeutung. So seien Unternehmen für ein „dauerhaft erfolgreiches Wirtschaften auf den Rückhalt aller Bezugsgruppen angewiesen". Zeigen sie sich als *good corporate citizen*, könnten Aktiengesellschaften „indirekt ihr wirtschaftliches Fortkommen" verbessern, unabhängig davon, dass der wirtschaftliche Nutzen von Zuwendungen im Einzelnen mitunter nicht genau bestimmt werden kann. Gewinnstreben und Freigebigkeit seien durchaus als komplementäre – sich also ergänzende – Ziele einer Gesellschaft anzusehen und Zuwendungen nicht nur bei Vorliegen einer direkt gewinnsteigernden Zielsetzung zuzulassen.

Darüber hinaus entwickelten die Gerichte objektiv-individuelle Kriterien, die der Beurteilung der sachlichen Grenzen von Sponsoring zugrunde gelegt wurden; so etwa persönliche Präferenzen des Entscheidungsträgers, die Relation zwischen dem angestrebten Zweck und der eingesetzten Mittel oder die Verbindung zwischen Förderungszweck und Unternehmensgegenstand. Der BGH sprach zudem aus, dass es zwar auf eine Gesamtschau dieser Kriterien ankäme, konstatierte aber zugleich, dass nicht jede „gesellschaftsrechtliche Pflichtverletzung", sondern erst eine *gravierende* den Untreuetatbestand erfüllen könne.[292]

Die objektiv-individuellen Kriterien wurden im gesellschafts- und (untreue-)-strafrechtlichen Schrifttum bei der Beurteilung der Pflichtwidrigkeit von Sponsoringentscheidungen und ähnlichen Zuwendungen von Leitungsorganen vielfach aufgegriffen, diskutiert[293] und darüber hinaus auch weitere Indizien erarbeitet.

---

291 Zust *Mansdörfer*, Theorie Rz 385; vgl auch *Fleischer* in *Fleischer*, Vorstandsrecht § 1 Rz 37, der diesen Ansatz schon vor der Entscheidung vertrat; krit hingegen *Deiters*, Organuntreue durch Spenden und prospektiv kompensationslose Anerkennung, ZIS 2006, 152 (154); aA *Lange*, Gesellschaftsrecht: Zu den gesellschaftsrechtlichen Grenzen des Handlungsspielraums eines Vorstandsmitglieds, DStR 2002, 1102.

292 Vgl dazu II. A. 2.3.

293 Vgl aus Deutschland *Dierlamm* in MüKoStGB[3] § 266 Rz 268; *Kindhäuser* in NK-StGB[5] § 266 Rz 80; *Perron* in *Schönke/Schröder*, StGB[29] § 266 Rz 19b; *Mansdörfer*, Theorie Rz 375 ff; *Otto* in FS Kohlmann 189 ff; *Gehrlein*, NZG 2002, 463; *Sauer*, Untreue durch Sponsoring, wistra 2002, 465 (465); *Wessing*, Entscheidungsanmerkung zu BGH 1 StR 216/01, EWiR 2002, 305 (306); *Beckemper*, NStZ 2002, 325 f; *Laub*, AG 2002, 310 ff; *Seier*, Untreue, in *Achenbach/Ransiek/Rönnau* (Hrsg), Handbuch Wirtschaftsstrafrecht[4] (2015) 5. Teil, 2. Kapitel (Rz 237); *Schramm*, Un-

Dabei wurde Sponsoring mitunter ohne Berücksichtigung der ökonomischen Zielrichtung auf gleicher Ebene mit Repräsentationsausgaben, mäzenatischen Förderungen, verschwenderischem Aufwand, Geschenken oder Spenden behandelt.[294] Ein solcherart einheitlicher Maßstab ist schon im Hinblick auf die unterschiedliche Grundcharakteristik der jeweiligen Zuwendungen abzulehnen. Die folgende kritische Wertung der objektiv-individuellen Kriterien ist daher als eine sponsoringspezifische zu verstehen.

2.2.1. Verkehrsadäquanz

Die Sorgfaltspflichten von Leitungsorganen werden allgemein im Hinblick auf branchen-, größen- und situationsspezifische Unterschiede eingegrenzt.[295] Dieser Leitlinie der Verkehrsadäquanz folgt auch das Schrifttum bei der Prüfung von Sponsoringtätigkeiten. Die Verkehrsadäquanz einer Zuwendung bilde demnach die wesentliche Grenze für die Beurteilung ihrer Missbräuchlichkeit. Ob eine Leistung konkret als verkehrsadäquat zu werten ist, ergebe sich aber erst unter Einbeziehung weiterer Aspekte. Anhaltspunkte seien etwa nationale und internationale Branchen- und Geschäftsgepflogenheiten sowie Art und Größe des Unternehmens.[296]

Ist die Konkretisierung gesellschaftsrechtlicher Generalklauseln mit Blick auf die Verkehrsadäquanz zwar grundsätzlich auch für Sponsoring relevant, darf das Abstellen auf die Üblichkeit in diesem Zusammenhang nicht überspannt werden.

Ausgangspunkt der Missbrauchsprüfung ist das konkrete Unternehmen, die individuelle Situation und Zielsetzungen sowie gegebenenfalls eine intern festgelegte Sponsoringstrategie.[297] Letztere ist vom Entscheidungsträger auch dann zu berücksichtigen, wenn die geplanten Maßnahmen objektiv – beispielsweise im

---

treue, § 266 StGB, in *Momsen/Grützner* (Hrsg), Wirtschaftsstrafrecht (2013) 504 (Rz 57). vgl auch die Darstellung in *Nuß*, Untreue 470 ff.

294 *Kienapfel/Schmoller*, BT II[2] § 153 Rz 78-79; *Kirchbacher/Presslauer* in WK[2] StGB § 153 Rz 35; bzgl des organschaftlichen Ermessensspielraums anders *Torggler*, wbl 2009, 175, der zwischen rein altruistischen Zuwendungen und solchen, die eine ökonomische Zielsetzung haben, unterscheidet.

295 *Reich-Rohrwig* in *Straube/Ratka/Rauter*, WK GmbHG § 25 Rz 24; *Nowotny/Fida*, Kapitalgesellschaftsrecht 27; *Ginthör/Brodey*, AG-/SE-Vorstand 84 f; *Arnold*, GesRZ 2014, 122; OGH 22.5.2003, 8 Ob 262/02s.

296 *Kienapfel/Schmoller*, BT II[2] § 153 Rz 79; *McAllister* in *Preuschl/Wess*, Wirtschaftsstrafrecht § 153 Rz 79; *Kirchbacher/Presslauer* in WK[2] StGB § 153 Rz 35; *Flora* in *Leukauf/Steininger*[4] § 153 Rz 27.

297 Vgl *Kubiciel*, Gesellschaftsrechtliche Pflichtwidrigkeit und Untreuestrafbarkeit, NStZ 2005, 353 (360).

Vergleich mit anderen Unternehmen dieser Größe und Branche – als nicht verkehrsadäquat zu qualifizieren sind. Beinhaltet die Sponsoringstrategie konkrete Richtlinien, so steht dies einer Ermessensentscheidung des Machthabers entgegen; er hat sich an die vorliegenden Anweisungen zu halten, jede Abweichung begründet einen Befugnismissbrauch. Doch selbst wenn keine spezifischen Weisungen bestehen, aufgrund der Unternehmensstrategie aber eine bestimmte Zielrichtung der (Sponsoring-)Handlungen vorgegeben ist, etwa hinsichtlich eines bestimmten Sponsoringbereichs (Sport, Kultur, Umwelt) oder zu beeinflussenden Imagedimensionen, hat der Entscheidungsträger diese – unabhängig von ihrer Verkehrsüblichkeit – zu beachten.

Die Verkehrsadäquanz ist aber auch außerhalb bekannter individueller Zielsetzungen des Unternehmens im Rahmen der Missbrauchsprüfung nur beschränkt zweckmäßig. Gerade innovatives Wirtschaften erfordert auch ein gewisses Maß an Risikobereitschaft. Haben sich unternehmerische Entscheidungen immer an entsprechenden Vergleichswerten anderer Unternehmen zu orientieren, so schränkt dies die im Wirtschaftsleben mitunter erforderliche Flexibilität ein. Das gilt schon generell, insbesondere aber im Bereich von Sponsoring, das sich in seinen Formen dynamisch weiterentwickelt und immer neue Bereiche erfasst. Die Verkehrsadäquanz ist daher bei Sponsoringtätigkeiten zwar durchaus ein berücksichtigungswürdiges Kriterium. Bewegt sich eine organschaftliche Entscheidung aber außerhalb des allgemein Üblichen, so kann nicht zwingend auf eine Überschreitung des Ermessensspielraums geschlossen werden, sondern ist dies als Aspekt innerhalb einer Gesamtbetrachtung der Umstände zu werten. Die dazu in Deutschland und Österreich ausgearbeiteten Kriterien sind nicht als starrer Katalog, sondern als *bewegliches System* zu begreifen, das angepasst an das individuelle Unternehmen und Sponsoringengagement auch in vielschichtigen Sachverhalten zu sachgerechten Ergebnissen führen soll.

2.2.2. Nähe zum Unternehmensgegenstand

Vor allem der BGH sah den Unternehmensgegenstand als einen wesentlichen Anhaltspunkt: Je loser die Verbindung zwischen Unternehmensgegenstand und angestrebtem Förderzweck sei, desto enger sei auch der Handlungsspielraum des organschaftlichen Vertreters und desto strikter seien die Anforderungen an die interne Publizität. Bei nicht erkennbar mit dem Unternehmensgegenstand zusammenhängenden Zahlungen habe sich der Entscheidungsträger am unternehmerischen Nutzen der Zuwendung, speziell der Verbesserung der sozialen Akzeptanz zu orientieren.[298]

298 BGHSt 1 StR 215/01 NStZ 2002, 322.

Das Kriterium wurde mitunter im österreichischen Schrifttum aufgegriffen und der Ermessensspielraum des Entscheidungsträgers als umso enger angesehen, je zweifelhafter der Zusammenhang zwischen dem Unternehmensgegenstand und dem Tätigkeitsfeld des Geförderten ist.[299]

Unter Berücksichtigung der Grundkonzeption und den Zielen von Sponsoring, zeigt sich das Kriterium der Nähe des Tätigkeitsfeldes des Gesponserten zum Unternehmensgegenstand des Sponsors – abweichend von der Ansicht des BGH – nur begrenzt als geeignet:[300] Sponsoringtätigkeiten sind per definitionem nicht auf diejenigen Sponsoringobjekte beschränkt, die dem Umfeld des fördernden Unternehmens zurechenbar sind. Die Unzweckmäßigkeit eines solchen restriktiven Verständnisses wird vor allem in Hinblick auf das zentrale Ziel des Imagetransfers deutlich: Durch die kommunikativen Effekte des Sponsoring sollen dem fördernden Unternehmen oftmals gerade solche Prädikate zugeschrieben werden, die es aufgrund seiner geschäftlichen Tätigkeit nicht aufweist; so im Beispiel der finanziellen Förderung einer Kunstmesse oder des Sportbereichs durch ein in der Tabakbranche tätiges Unternehmen.[301] Knüpft man bei der Zulässigkeit einer Sponsoringentscheidung durch einen Entscheidungsträger an die tätigkeitsbezogene Verbindung zwischen Gesponsertem und dem Unternehmen an, so kann dies in manchen Fällen der grundlegenden Zielsetzung des Sponsoring zuwiderlaufen.[302]

Freilich ist der Nähe zum Unternehmensgegenstand je nach Fallkonstellation unterschiedliches Gewicht zuzumessen. Oftmals erhöht die Verbindung zwischen der Tätigkeit von Sponsor und Gesponsertem die Glaubwürdigkeit des Engagements und ist der erfolgreichen Sponsoringbeziehung somit förderlich. Wenn ein Sportartikelanbieter im Rahmen eines Sponsoringvertrags die Fußballnationalmannschaft ausstattet, ist der Zusammenhang der beiden Tätigkeitsfelder klar. Aber auch in weniger offensichtlichen Fällen besteht ein sachlicher Bezug zwischen dem Sponsor und dem Sponsoringobjekt. Sponsert beispielsweise Red Bull einen Extremsportler, eine Fußballmannschaft oder nimmt als „Infiniti Red Bull Racing“ an der Formel 1 teil, so besteht zwischen dem produzierten Getränk und dem Sportbereich keine augenscheinliche Verbindung. Der Zusammenhang zeigt sich aber mit Blick auf das Unternehmensleitbild und die Attribute von Red Bull: Die gesponserten Athleten und Projekte verkörpern gerade das

299 *Kirchbacher/Presslauer* in WK^2 StGB § 153 Rz 35; *Kahl/Stücklberger*, ZWF 2017, 109; vgl auch *Tipold* in Berufssportrecht VII 64.

300 So auch *Mansdörfer*, Theorie Rz 386.

301 Vgl dazu schon I. B. 2.1.; *Witt*, Kunstsponsoring 93.

302 *Nuß*, Untreue 382; in Bezug auf den Überraschungseffekt bei der Werbung *Mansdörfer*, Theorie 205.

Extreme und sich von der Norm Abhebende, dies wird nicht zuletzt im bekannten Werbeslogan deutlich („Red Bull verleiht Flügel"). Auch beim Ski-Sponsoring durch den Schokoladehersteller Milka besteht kein unmittelbarer Bezug zum Sport, sondern vielmehr zur Umgebung der Alpen und dem Heimatgefühl; entsprechendes wäre – wie bereits dargelegt – auch im Fall *SSV Reutlingen* im Hinblick auf die Attribute der Bewegung und Dynamik eines Verkehrsbetriebes nach Ansicht mancher Autoren begründbar gewesen.[303]

In Konsequenz kann das Kriterium der Nähe zum Unternehmensgegenstand in der gesellschafts- und strafrechtlichen Beurteilung des Ermessensspielraums eines Vertretungsorgans durchaus zweckmäßig sein, es sollte aber extensiv verstanden und überdies nur unter der Prämisse herangezogen werden, dass der fehlende Bezug durch Imageziele aufgewogen werden kann. IdS ist der Sponsoring-Entscheidung des OGH und dem Schrifttum beizupflichten, wenn dort vorrangig auf die individuellen Zielsetzungen und Bedürfnisse, speziell die angestrebten langfristigen Werbe- und Imageziele für das Unternehmen abgestellt werden.[304] Wählt der Entscheidungsträger hingegen scheinbar wahllos ein vollkommen vom Unternehmensgegenstand losgelöstes Sponsoringobjekt aus und bestehen weder zu den Zielsetzungen der Sponsoringtätigkeit systematische Überlegungen, noch zur Frage, welche Imagedimensionen durch die kommunikativen Effekte beeinflusst werden sollen, so ist dies als Anhaltspunkt für das Vorliegen einer Pflichtverletzung zu erwägen.

2.2.3. Transparenz

Nach Ansicht des BGH dürfe ein Entscheidungsträger bei Zweifeln darüber, ob die Zuwendung konkret im Unternehmensinteresse liegt, sowie in Fällen, in denen auch persönliche Präferenzen[305] bestehen, nicht allein vorgehen, sondern habe andere Gesellschaftsorgane bei der Entscheidung einzubinden und ihnen Kontroll- und Rügemöglichkeiten zu eröffnen. Die Einhaltung der unternehmensinternen Transparenz bilde die Kehrseite des weiten Ermessensspielraums des Entscheidungsträgers.[306]

---

303 *Mansdörfer*, Theorie Rz 391.

304 *Kienapfel/Schmoller*, BT II² § 153 Rz 79; *Kirchbacher/Presslauer* in WK² StGB § 153 Rz 35; unter Bezugnahme auf den Nutzen der Zuwendungen für den Machtgeber außerdem *Pfeifer* in SbgK § 153 Rz 24; *Lewisch* in JB Wirtschaftsstrafrecht und Organverantwortlichkeit 2011, 21; *Reich-Rohrwig* in *Straube/Ratka/Rauter*, WK GmbHG § 25 Rz 65/2; *Kahl/Stücklberger*, ZWF 2017, 109; vgl auch *Tipold* in Berufssportrecht VII 63.

305 Vgl II. A. 2.2.5.

306 BGHSt 1 StR 215/01 NStZ 2002, 322.

Das Abstellen des BGH auf die Transparenz als Kriterium für die Pflichtgemäßheit wurde im deutschen Schrifttum im Grunde positiv aufgenommen.[307] Zwar wurde auf die Notwendigkeit einer einzelfallbezogenen Betrachtung hingewiesen;[308] die Offenlegung der Förderung durch das Vorstandsmitglied wurde aber im Sinne einer deutlichen Handlungsanweisung als wichtige Konkretisierung des Ermessensspielraums gewertet.[309]

Auf der anderen Seite wurde insbesondere eingewendet, dass die Transparenz für sich keinen Aufschluss darüber geben kann, ob die Vertretungshandlung für das Unternehmen vorteilhaft war – schließlich könnte auch eine innerbetrieblich nicht publik gemachte Entscheidung zu einer Gewinnsteigerung führen. Zudem ergibt sich aus der Einhaltung der internen Publizität kein unmittelbarer Vermögensschutz des Machtgebers: Legt das Vertretungsorgan etwa die Vermögensverschwendung offen, ändert dies nichts an der Missbräuchlichkeit der Vertretungshandlung und der Vermögenseinbuße für das Unternehmen.[310]

Der Kritik ist in gelockerter Form zuzustimmen. Zweifelsfrei sagt die Transparenz der Entscheidungsfindung für sich nichts über ihren Inhalt und ihre Vertretbarkeit aus – ein Entscheidungsträger etwa, der seine Entscheidung, eine mit ihm verwandte unerfolgreiche Sportlerin mit hohen Geldbeträgen zu sponsern nicht verschleiert, sondern den anderen Gesellschaftsorganen offenlegt, handelt deshalb nicht zugleich inhaltlich zweckmäßiger. Ein transparenter Entscheidungsvorgang kann auch nur sehr begrenzt zum Vermögensschutz beitragen. Wenn überhaupt kann vermutet werden, dass sich ein Vertreter bei Offenlegung seiner Entscheidung intensiver mit ihrer Rechtfertigung beschäftigt.[311] Die Transparenz kann daher nicht als materielles Kriterium herangezogen werden, wohl aber im Zusammenhang mit der sorgfältigen *Entscheidungsfindung* durch den Entscheidungsträger; sie fungiert somit gewissermaßen als formales Indiz. Legt der Vertreter seine Entscheidung anderen Gesellschaftsorganen offen, eröffnet er diesen Kontroll- und Rügemöglichkeiten. Die Information schließt an die Pflicht zur kollegialen Zusammenarbeit an und ist vor allem bei risikoträchtigen Entschei-

307 *Sauer*, wistra 2002, 466; *Laub*, AG 2002, 313; *Gehrlein*, NZG 2002, 464; vgl auch *Wessing*, EWiR 2002, 306; krit hingegen *Deiters*, ZIS 2006, 155.

308 *Mansdörfer*, Theorie Rz 386.

309 *Laub*, AG 2002, 313.

310 *Rönnau/Hohn*, Die Festsetzung (zu) hoher Vorstandsvergütungen durch den Aufsichtsrat – ein Fall für den Staatsanwalt? NStZ 2004, 113 (115).

311 Vgl *Rönnau/Hohn*, NStZ 2004, 115.

dungen sicherlich sinnvoll, deren Nutzen für das Unternehmen anzuzweifeln ist.[312]

Die indizielle Wirkung der Transparenz darf allerdings nicht überspannt und nicht – wie vom BGH ausgeführt – als „Kehrseite des weiten Ermessensspielraums“ der Vertretungsorgane angesehen werden.[313] Vor allem aber begründet die Transparenz keine Beweisregel, nach der im Fall nicht offengelegter Entscheidungen von Pflichtverletzungen auszugehen ist;[314] sie kann als verfahrensbezogenes Indiz eine inhaltliche Auseinandersetzung mit dem Pflichtverstoß nicht ersetzen.[315] Konkret sollte die Transparenz als Indiz lediglich zu einer restriktiven Auslegung verhelfen. Schließt ein Entscheidungsträger idS einen Sponsoringvertrag mit einem Sportverein einer unteren Liga, dessen Breitenwirkung zweifelhaft ist, sollen im Verhältnis zur finanziellen Lage des Unternehmens hohe Sponsoringausgaben getätigt werden oder schwingen persönliche Präferenzen des Vertreters in seiner Entscheidung mit, so kann eine transparente Vorgangsweise im Einzelfall ausgleichend wirken.

2.2.4. Angemessenheit

Sowohl in der österreichischen als auch der deutschen Sponsoring-Entscheidung wurde auf die Angemessenheit der Förderungshöhe Bezug genommen: Der BGH verwies ohne Festlegung eines allgemeingültigen Maßstabs auf die Vermögens- und Ertragslage des jeweiligen Unternehmens. Bei schwacher finanzieller Lage sei die Vergabe von Förderungen zwar nicht per se unzulässig, ob diese allerdings im Unternehmensinteresse liege, sei besonders sorgfältig zu prüfen.[316] Der OGH stellte insbesondere auf das Bestehen einer vernünftigen Relation zwischen den eingesetzten Mitteln und den mit der Förderung für das Unternehmen angestrebten Zielen (Zweck-Mittel-Relation) ab.[317]

Die Zweckmäßigkeit der Angemessenheit als Indiz hängt zentral von dessen Bezugspunkt ab. Augenscheinlich unzweckmäßig ist es, die Höhe des Vermögensschadens unter diesem Gesichtspunkt zu untersuchen. Damit würde letztlich geprüft werden, ob die Vermögensschädigung in Relation zum Machtgebervermögen angemessen war; liegt ein ertragsstarkes Unternehmen vor, so würde

312 *Reich-Rohrwig* in *Straube/Ratka/Rauter*, WK GmbHG § 25 Rz 60.

313 *Laub*, AG 2002, 312.

314 Vgl *Wessing*, EWiR 2002, 306.

315 Vgl *Ransiek*, Risiko, Pflichtwidrigkeit und Vermögensnachteil bei der Untreue, ZStW 2004, 635 (677).

316 BGHSt 1 StR 215/01 NStZ 2002, 322.

317 OGH 12 Os 50/90 JBl 1991, 532.

dies zu einer Einschränkung der Untreuestrafbarkeit führen.[318] Das Angemessenheitskriterium bezieht sich vielmehr auf die *Förderungshöhe*. In der Beurteilung, ob eine Zuwendung in ihrer Höhe für das jeweilige Unternehmen angemessen war, wird noch nicht über das Vorliegen eines Vermögensschadens abgesprochen, der ein separates Tatbestandsmerkmal bildet.

Das Angemessenheitskriterium scheint aufgrund des hohen Maßes an Unbestimmtheit nur wenig geeignet, zulässige von unzulässigen Vertretungshandlungen abzugrenzen. Jedenfalls können auch Zuwendungen, die über das Ausmaß der Bagatellität hinausgehen, zulässig sein; dies wurde durch den OGH in seiner Sponsoring-Entscheidung abweichend von einem früheren Urteil[319] betreffend Parteispenden durch eine Wohnbaugenossenschaft ausdrücklich festgestellt.[320] Darüber hinaus bleibt die Angemessenheit als Kriterium jedoch konturlos, weshalb sich vor allem im deutschen Schrifttum Ansätze zur Konkretisierung entwickelten. Dabei wurden zum Teil fixe Größen herangezogen, bei deren Überschreitung eine Zuwendung in unangemessener Höhe vorliegen soll; so etwa bei Leistungen, die über die steuerliche Abzugsfähigkeit hinausgehen.[321] Demgegenüber wird – mit Verweis auf die im gesellschafts- und strafrechtlichen Zusammenhang unpassenden Zielsetzungen des Steuerrechts – auf maximal 1 % des Bilanzgewinns abgestellt.[322] Auch andere Grenzbeträge werden zum Teil vertreten, so etwa 5 % des ausgeschütteten Gewinns nach Steuern.[323]

Die gegen diese fixen Grenzbeträge gerichtete Kritik gründet sich auf das Fehlen gesetzlicher Anhaltspunkte, die ein solches Verständnis nahelegen würden.[324] Auch aus österreichischer Perspektive ist die willkürliche Festlegung starrer Werte unzweckmäßig. Die Angemessenheit ist vielmehr, der Linie des OGH in seiner Sponsoring-Entscheidung folgend, zum einen unter Berücksichtigung der

318 Vgl *Saliger*, Gibt es eine Untreuemode? Die neuere Untreuedebatte und Möglichkeiten einer restriktiven Auslegung, HRRS 2006/1, 10 (19); *Brammsen*, Vorstandsuntreue, wistra 2009, 85 (88).

319 OGH 10 Os 211/84 SSt 56/88 = JBl 1984, 397 = EvBl 1986/123.

320 Zust *Kienapfel/Schmoller*, BT II^2 § 153 Rz 79; vgl auch *Leukauf/Steininger*, StGB^3 § 153 Rz 27.

321 *Philipp*, AG 2000, 65.

322 *Kind*, NZG 2000, 569, allerdings in Bezug auf Parteispenden.

323 *Pelz*, LMuR 2009, 51; vgl auch *Säcker*, Gesetzliche und satzungsmäßige Grenzen für Spenden und Sponsoringmaßnahmen in der Kapitalgesellschaft, BB 2009, 282 (284).

324 *Fleischer*, AG 2001, 178; *Nuß*, Untreue 394.

Relation zum angestrebten Nutzen zu beurteilen.[325] Zum anderen ist die wirtschaftliche Lage des Unternehmens einzubeziehen, wobei auch bei schwacher Finanzlage Sponsoringtätigkeiten nicht jedenfalls als unzulässig einzustufen sind, kann ein einschneidender Imagewechsel doch mitunter gerade für Unternehmen, die im Zeitpunkt der Zuwendung wirtschaftlich schlecht gestellt sind, positivere Ergebnisse bringen.[326] Ein die finanzielle Situation berücksichtigendes und auf ihre Verbesserung ausgerichtetes Sponsoringkonzept kann beispielsweise auch höhere Sponsoringausgaben rechtfertigen.

2.2.5. Persönliche Präferenzen

Persönliche Präferenzen eines Vertreters können auf unterschiedliche Weise in eine von ihm gesetzte Sponsoringmaßnahme einfließen. So wird beispielsweise das zur Entscheidung über das Sponsoringobjekt berufene Vorstandsmitglied naturgemäß geneigt sein, die Leistungen an eine Person, Organisation oder ein Projekt zu adressieren, das er auch privat für unterstützenswert hält.

Der Einfluss persönlicher Präferenzen als Anhaltspunkt für die Unzulässigkeit einer Vertretungshandlung ist bei Sponsoring entsprechend von besonderer Bedeutung. Liegt eine solcherart persönliche Motivation des Vertretungsorgans vor, so kann dies grundsätzlich die Pflichtwidrigkeit indizieren.[327] Diese Wertung ergibt sich schon aus der Business Judgement Rule, nach der sachwidrige Interessen – die auch persönliche Präferenzen beinhalten – des Entscheidungsträgers explizit als Ausschlusskriterium anzusehen sind und somit zu einem Verlassen der Grenzen des *safe harbour* führen. Persönliche Präferenzen des Vertretungsorgans können aber wiederum nur ein Indiz bilden, das keinesfalls gleichsam automatisch zur Pflichtwidrigkeit einer wirtschaftlich zweckmäßigen Entscheidung führt. Es handelt sich folglich nicht um ein generelles Ausschlusskriterium.[328]

Wenn also beispielsweise ein Entscheidungsträger einen Sponsoringvertrag mit einer Kulturinstitution auch deshalb begründet, weil er persönlich von den kontroversen Inszenierungen begeistert ist, so kann daraus nicht auf die inhaltliche Unvertretbarkeit der Entscheidung geschlossen werden.[329] Vielmehr kann es für

---

325 So auch der OGH in seiner Sponsoring-Entscheidung, OGH 12 Os 50/90 JBl 1991, 532.

326 Vgl *Mansdörfer*, Theorie Rz 386.

327 Vgl zur Beeinflussung durch sachfremde Interessen außerhalb der Business Judgement Rule OGH 30.8.2016, 6 Ob 198/15h.

328 So auch BGHSt 1 StR 215/01 NStZ 2002, 322.

329 Vgl den dazu gegenteiligen Fall aus den Medien, Komische Oper: Daimler-Chrysler stoppt Förderung, FAZ 2004/06/23.

das Unternehmen mit Blick auf die Sponsoringziele geradezu erforderlich sein, im Sinne einer umfassenden Kulturförderung auch umstrittene Institutionen oder Veranstaltungen zu fördern. Lässt sich der Entscheidungsträger von seinen persönlichen Vorstellungen leiten, kann dies seine Entscheidung zwar negativ beeinflussen; ein zwingender Schluss ist aber jedenfalls unzulässig.

2.2.6. Indizwirkung des Vermögensschadens

Dem zum Teil als Kriterium erwogenen Eintritt eines Vermögensschadens[330] kann für die Beurteilung eines untreuerelevanten Befugnismissbrauchs keine Indizwirkung zukommen. Zwar wird ein Untreuevorwurf in der Praxis freilich zumeist dann erhoben, wenn es im Unternehmen aufgrund einer zweifelhaften Vertretungshandlung zu einer Vermögenseinbuße gekommen ist. Vor diesem Hintergrund scheint es naheliegend, bei der Prüfung der Tatbestandsmerkmale des § 153 StGB beim Vorliegen eines Vermögensschadens anzusetzen. Den Fehlschlag einer Vertretungshandlung aber als eigenständiges Indiz für ihre Missbräuchlichkeit heranzuziehen, ist unzweckmäßig.[331] Auf diese Weise wird letztlich der unerwünschte *hindsight bias* bei der ex-post-Betrachtung unternehmerischer Entscheidungen zum Kriterium der Pflichtverletzung erhoben. Dies läuft der eigentlichen Intention der Anerkennung des organschaftlichen Ermessensspielraumes und im Übrigen auch der Business Judgement Rule zuwider, geht es doch gerade um die Abgrenzung bloßer Fehlentscheidungen von missbräuchlich herbeigeführten Vermögensschäden.

Darüber hinaus kann auch eine Vertretungshandlung, die mit einem momentanen Vermögensabfluss verbunden ist, im Interesse des Machtgebers liegen. Entscheidend ist vielmehr, ob damit langfristig Vorteile verbunden sind, mögen sie sich auch erst in der Zukunft manifestieren.[332] Folglich ist der Eintritt einer Vermögenseinbuße bei der Prüfung der gesellschafts- bzw strafrechtlichen Pflichtverletzung nicht nur als Indiz abzulehnen, sondern darüber hinaus bei der Missbrauchsprüfung möglichst auszublenden. Das gilt auch und insbesondere bei Sponsoringtätigkeiten, die naturgemäß mit einem Vermögensabfluss aus dem Unternehmen verbunden sind.

---

330 *Kirchbacher/Presslauer* in WK^2 StGB § 153 Rz 35.

331 Krit auch *Lewisch*, BT I^2 252; *Kienapfel/Schmoller*, BT II^2 § 153 Rz 59 sowie *Huber* in *Kert/Kodek* Rz 4.37.

332 JAB 728 BlgNR XXV. GP 5 = 10; vgl auch *Paulitsch*, ecolex 2015, 562; *McAllister* in *Preuschl/Wess*, Wirtschaftsstrafrecht § 153 Rz 79.

2.2.7. *Zwischenergebnis*

Grundprämisse der Bestimmung der Grenzen des Ermessensspielraums bei Sponsoringtätigkeiten ist die Anerkennung klassischer Sponsoringbeziehungen als synallagmatisches Austauschverhältnis. Die erwogenen Kriterien können demgemäß nicht gleichermaßen für jede Form von Förderung gelten.[333] Darüber hinaus begründen die Kriterien keinen quantitativen „Pflichtenkatalog", demzufolge ein relevanter Pflichtenverstoß vom Vorliegen einer gewissen Anzahl der Erfordernisse abhängt.[334] Sie sind vielmehr als Anhaltspunkte der Nachprüfung einer Entscheidung, somit als Indizien im Rahmen einer Gesamtbetrachtung zu verstehen.

Erster wichtiger Anhaltspunkt sind die mit dem Sponsoringengagement konkret angestrebten *Zielsetzungen*. Liegt ein systematisches Sponsoringkonzept vor, so kann eine sich daran orientierende Entscheidung nicht schon deshalb als pflichtwidrig einzustufen sein, weil sie im Vergleich zu anderen Unternehmen dieser Größe und Branche nicht verkehrsadäquat ist. Ebenso kann die Auswahl eines nicht mit dem Unternehmensgegenstand in Verbindung stehenden Sponsoringobjekts mit Blick auf die Sponsoringstrategie respektive die Zielsetzungen statthaft und mitunter auch erforderlich sein. Die fehlende tätigkeitsbezogene Nähe zwischen Sponsor und Gesponsertem kann folglich nur in bestimmten Sachverhaltskonstellationen ein Indiz für das Vorliegen einer Pflichtenverletzung sein.

Persönliche Präferenzen des Entscheidungsträgers bei seiner Sponsoringentscheidung müssen sich nicht zwingend auf die inhaltliche Entscheidung auswirken und führen daher nicht per se zu einer Überschreitung seines Ermessensspielraums. Besondere Zurückhaltung ist ebenso bei der *Transparenz* als Kriterium geboten. Die transparente Vorgangsweise bietet keinen Anhaltspunkt für die materielle Vertretbarkeit einer Entscheidung, sondern kann lediglich hin-

---

333 Vgl mit Bezug auf die vom BGH vorgenommene Einteilung von Förderungen in klassisches Sponsoring, Spendenvergabe und Mäzenatentum *Sauer*, wistra 2002, 466; vgl auch *Mansdörfer*, Theorie Rz 384.

334 Beispielsweise „3 aus 4", vgl *Kiethe*, Die Grenzen der strafrechtlichen Verantwortlichkeit von Bürgermeistern – Zugleich Besprechung von BGH, Urteil v. 9. 12. 2004 – 4 StR 294/04, NStZ 2005, 529 (531); *Matt*, Missverständnisse zur Untreue – Eine Betrachtung auch zum Verhältnis von (Straf-)Recht und Moral, NJW 2005, 390 (391); *Dierlamm* in MüKoStGB[1] § 266 Rz 160, vgl aber in der aktuellen Auflage *Dierlamm* in MüKoStGB[3] § 266 Rz 181 anders: „Wie viele der genannten Leitkriterien erfüllt sein müssen, um eine gravierende Pflichtverletzung auszulösen, kann nicht schematisch beurteilt werden […]".

sichtlich des Vorliegens eines sorgfältigen Entscheidungsprozesses indizielle Wirkung entfalten.

Die *Angemessenheit* der Leistungshöhe ist wiederum nicht streng auf ihre Verkehrsadäquanz, folglich anhand einer Gegenüberstellung zu Ausgaben von nach Art, Größe und Branche vergleichbaren Unternehmen, zu prüfen. Vielmehr ist die Relation der eingesetzten Mittel zum erwarteten Nutzen unter Berücksichtigung des Sponsoringkonzepts und den langfristigen Zielsetzungen zu beurteilen. Diese Wertung kann auch eine innovative und risikoträchtigere Sponsoringentscheidung rechtfertigen. Dies gilt selbst bei ertragsschwachen Unternehmen, solange der Vertreter die finanziellen Umstände in seiner Entscheidung berücksichtigt.

Die einzelnen Erfordernisse sind nicht von gleichem Gewicht, vielmehr kann ein stärker ausgeprägtes Kriterium durchaus ein anderes ausgleichen, das nicht oder nur begrenzt vorhanden ist. Speziell Elemente, die nicht inhaltlicher Art sind, sondern sich lediglich auf die Entscheidungsfindung beziehen – so die Transparenz – sollten nur einschränkend herangezogen werden. Je nach Lage des konkreten Falls kann es aber ausreichen, wenn der Entscheidungsträger auch nur eines der Kriterien in gewichtiger Weise nicht einhält.[335] Erst wenn also die Gesamtbetrachtung der objektiv-individuellen Kriterien zeigt, dass der Entscheidungsträger seine Rechtsmacht in unvertretbarer Weise gebraucht hat, knüpft sich daran die gesellschaftsrechtlich haftungsbegründende und strafrechtliche Pflichtwidrigkeit, die bei Vorliegen der weiteren Tatbestandsvoraussetzungen zu einer Untreuestrafbarkeit führen kann. Letztlich ist ein solcher Pflichtenverstoß erst dann anzunehmen, wenn die der Entscheidung zugrundeliegende Leitlinie dem Unternehmensinteresse zuwiderläuft.[336]

2.3 „Gravierende Pflichtverletzung" und „Unvertretbarkeit"

Die für die Untreuestrafbarkeit typische Vernetzung von Zivil- bzw Gesellschaftsrecht und Strafrecht wirft bezüglich der Relation der jeweils rechtsbereichspezifischen Konzeption der Pflichtverletzung weitere Fragestellungen auf. Zwar ist unstrittig, dass nicht jede Pflichtverletzung zu einer Haftung sowie Strafbarkeit des Entscheidungsträgers führt.[337] Zugleich muss bei Vorliegen

335 *Schünemann* in LK[12] § 266 Rz 113.

336 Vgl *Schünemann* in LK[12] § 266 Rz 113, wenn „[…] die darin verkörperte Maxime nicht zur Grundlage einer Unternehmensstrategie gemacht werden darf, ohne den Zweck der Vermögensverwaltung zu konterkarieren […]".

337 *Kraatz*, Zur „limitierten Akzessorietät" der strafbaren Untreue – Überlegungen zur Strafrechtsrelevanz gesellschaftsrechtlicher Pflichtverletzungen im Rahmen des

eines pflichtwidrigen Vollmachtsgebrauchs festgestellt werden, ob dieser ebenso einen untreuestrafrechtlichen Befugnismissbrauch darstellt oder vielmehr ein weiterer strafrechtlicher Filter anzusetzen ist.

Diese Problematik wurde in Deutschland unter dem Titel der „gravierenden Pflichtverletzung" intensiv diskutiert. Der Ausdruck findet sich in einer Reihe deutscher Entscheidungen zur Untreuestrafbarkeit wieder.[338] Ohne die Fälle allesamt im Detail darzustellen ist neben *SSV Reutlingen* ein im gleichen Zeitraum ergangenes Urteil zur pflichtwidrigen Vergabe eines Bankkredits (*Sparkasse Mannheim*)[339] zu erwähnen, sowie das bekannte *Mannesmann/Vodafone*-Verfahren[340] betreffend der Bewilligung hoher Anerkennungsprämien von Vorstandsmitgliedern durch den Aufsichtsrat und die *Kinowelt*-Entscheidung[341]. Das Erfordernis stieß im Schrifttum vielfach auf Kritik, die sich im Besonderen auf die mangelnde Präzision der Begrifflichkeit stützte.[342] Ferner ergaben sich daraus unterschiedliche Fragestellungen hinsichtlich der Wechselbeziehung zwischen dem zivil- bzw gesellschaftsrechtlichen sowie strafrechtlichen Pflichtenverstoß.[343]

Die „gravierende Pflichtverletzung" wird oftmals als Ausdruck der *asymmetrischen Akzessorietät* des Strafrechts hervorgehoben; sie soll im Wesentlichen verdeutlichen, dass nicht jede zivil- bzw gesellschaftsrechtliche Pflichtenverletzung auch strafrechtlich relevant ist.[344] Das „scharfe Schwert" des Strafrechts soll – dem ultima-ratio-Prinzip entsprechend – vielmehr erst dann zum Einsatz kommen, wenn der Pflichtenverstoß von besonderer Schwere ist;[345] er muss „für

---

§ 366 StGB anhand von Beispielen zur „GmbH-Untreue", ZStW 2011, 447 (449); *Mosiek*, Risikosteuerung im Unternehmen und Untreue, wistra 2003, 370 (373).

338 Vgl etwa OLG Hamm III-4 RVs 42/12 NStZ-RR 2012, 374.

339 BGH 1 StR 185/01 NJW 2002, 1211.

340 Vgl das erstinstanzliche Urteil des LG Düsseldorf XIV 5/03 NJW 2004, 3276.

341 BGH 1 StR 571/04 NJW 2006, 453.

342 *Sauer*, wistra 2002, 466; *Otto* in FS Kohlmann 202; *Beckemper*, NStZ 2002, 326; krit auch *Schünemann*, NStZ 2005, 476.

343 Vgl zur ganzen Problematik eingehend *Huber*, Organuntreue 85 ff.

344 *Dierlamm* in MüKoStGB^3 § 266 Rz 175; *Baur/Holle*, Untreue und unternehmerische Entscheidung, ZIP 2017, 555 (559); vgl auch *Lüderssen*, Gesellschaftsrechtliche Grenzen der strafrechtlichen Haftung des Aufsichtsrats, in *Dölling* (Hrsg), Festschrift für Ernst-Joachim Lampe zum 70. Geburtstag (2003) 727 (729).

345 Vgl *Tiedemann*, Handhabung und Kritik des neuen Wirtschaftsstrafrechts – Versuch einer Zwischenbilanz, in *Hanack/Rieß/Wendisch* (Hrsg), Festschrift für Hanns Dünnebier zum 75. Geburtstag am 12. Juni 1982 (1982) 519 (533, 540).

das Strafrecht gravierend“[346] sein, um den spezifischen Unrechtsgehalt der Untreue zu erreichen.

In diesem Zusammenhang sind zunächst zwei Fragestellungen voneinander zu trennen: Zum einen ist das Verhältnis von Gesellschafts- und Strafrecht bei der Prüfung eines unvertretbaren Vollmachtsgebrauchs eines Vertretungsorgans zu untersuchen, insbesondere, ob dabei eine gesonderte strafrechtliche Beurteilung erforderlich ist und die festgestellte gesellschaftsrechtliche Pflichtwidrigkeit tatsächlich „für das Strafrecht gravierend“ sein muss. Wenn dies nicht so ist und jeder gesellschaftsrechtlicher Pflichtenverstoß zugleich auch für das Strafrecht beachtlich ist, so bleibt zum anderen zu klären, ob diese Beachtlichkeit auch gleichsam automatisch einen Missbrauch iSd Untreue begründet.[347] Bei näherer Betrachtung zeigt sich, dass sich nur der erste Problemkreis tatsächlich auf das Verhältnis zwischen dem gesellschafts- und strafrechtlichem Pflichtenverstoß bezieht, während die zweite Fragestellung eine genuin strafrechtliche ist.

Die Ausführungen des BGH in seiner Entscheidung *SSV Reutlingen* legen eine unterschiedliche gesellschafts- und strafrechtliche Beurteilung der Pflichtwidrigkeit nahe. So stellte der BGH fest, dass „nicht jede gesellschaftsrechtliche Pflichtverletzung“ für die Erfüllung des § 266 dStGB genügt, „diese muß vielmehr gravierend sein“; dazu stellte er auf eine Gesamtschau der gesellschaftsrechtlichen Kriterien ab. Auch eine jüngere Entscheidung des Landgerichts Hamburg (*HSH Nordbank*) sah eine entsprechend zweistufige Prüfung vor. Das Erstgericht bejahte zwar einen Verstoß gegen § 93 Abs 1 AktG, lehnte eine Untreuestrafbarkeit allerdings in Ermangelung einer gravierenden Pflichtverletzung ab.[348] Folgt man diesem Ansatz, so muss zwischen einem „einfachen“ zivil- bzw gesellschaftsrechtlichen Pflichtenverstoß auf Primärebene und einer weiteren gravierenden strafrechtlichen Pflichtwidrigkeit unterschieden werden.[349] Auch das BVerfG sah in seinem Beschluss zur Vereinbarkeit des Untreuetatbestandes mit dem verfassungsrechtlich verankerten Bestimmtheitsgebot das Pflichtwidrigkeitserfordernis aufgrund der Beschränkung auf gravierende – somit evidente – Pflichtverletzungen in der bestehenden höchstrichterlichen Rechtsprechung als hinreichend konkretisiert an und verwies dabei auf die Fallgruppenbildung in den Entscheidungen des BGH.[350] Ob eine gravierende Pflichtenverletzung gege-

346 Vgl *Kubiciel*, NStZ 2005, 357.

347 *Huber*, Organuntreue 92.

348 LG Hamburg 9.7.2014, 608 KLs 12/11.

349 *Matt*, NJW 2005, 390; vgl auch *Deiters*, ZIS 2006, 156.

350 BVerfG, Beschluss vom 23.6.2010, 2 BvR 2259-08, 105, 491/09; vgl aber *Schünemann* in LK[12] § 266 Rz 99-100, nach dem diese Entscheidung keine „eigene dogmatische Konturierung“ beinhaltet.

ben ist, wird anhand einer Gesamtabwägung der in der Rechtsprechung gebildeten Leitkriterien beurteilt. Dabei besteht keine Bindung an eine bestimmte Anzahl der Kriterien, vielmehr sind sie angelegt auf den jeweiligen Einzelfall differenziert zu gewichten.[351]

Nach anderer Ansicht ist auf Basis der Zivil- und Gesellschaftsrechtsakzessorietät des Strafrechts keine getrennte Beurteilung des Pflichtenverstoßes vorzunehmen.[352] Schon auf der Ebene des Gesellschaftsrechts gilt, dass eine unternehmerische Entscheidung erst bei Unvertretbarkeit als haftungsbegründende Pflichtverletzung zu werten ist. Dies verdeutlichte der BGH bereits in seiner *ARAG/Garmenbeck* Entscheidung[353], in der er für die Haftung auf eine deutliche Überschreitung des Ermessensspielraums abstellte.[354] Das Erfordernis einer gravierenden Pflichtenverletzung ist damit kein Spezifikum des Strafrechts, sondern bereits auf Ebene des Zivil- und Gesellschaftsrechts heranzuziehen.[355] In diese Richtung zielte schließlich auch die Revisionsentscheidung des BGH im Fall *Mannesmann/Vodafone* ab. Der BGH führte zwar – in Ermangelung eines überhaupt bestehenden Handlungsspielraumes der Angeklagten – nicht eingehend zum Erfordernis der gravierenden Pflichtenverletzung aus, stellte aber in seinen amtlichen Leitsätzen fest, dass die Verletzung der Vermögensbetreuungspflicht „[…] nicht zusätzlich „gravierend“ […]“ sein muss.[356] Auch in der auf die Entscheidung des Erstgerichts im Fall *HSH Nordbank* folgenden Entscheidung des 5. Strafsenats sprach sich der BGH[357] dezidiert gegen eine zweistufige Prüfung des Ermessensspielraums von Vertretungsorganen aus. Mit dem Verstoß

351 Vgl auch *Dierlamm* in MüKoStGB[3] § 266 Rz 181.

352 *Beckemper*, NStZ 2002, 322 (325 f); *Rönnau*, Untreue als Wirtschaftsdelikt, ZStW 2007, 888 (910); *Schünemann* in LK[12] § 266 Rz 98; *Schlösser/Dörfler*, Strafrechtliche Folgen eines Verstoßes gegen den Deutschen Corporate Governance Kodex, wistra 2007, 326 (328); vgl auch *Bachmann*, WM 2015, 111 mit Verweis auf die Business Judgement Rule; so infolge der Kinowelt-Entscheidung auch *Kutzner*, Einfache gesellschaftsrechtliche Pflichtverletzung als Untreue – Die Kinowelt-Entscheidung des BGH, NJW 2006, 3541 (3542) der dies mit Blick auf das ultima-ratio-Prinzip des Strafrechts als problematisch wertet; kritisch auch *Kubiciel*, NStZ 2005, 357.

353 BGH II ZR 175/95 NJW 1997, 1926.

354 *Rönnau/Hohn*, NStZ 2004, 118; zur Ähnlichkeit der Leitkriterien der gravierenden Pflichtenverletzung und der ARAG/Garmenbeck Entscheidung siehe *Huber*, Organuntreue 94.

355 *Schünemann*, NStZ 2005, 476.

356 BGH 21.12.2005, 3 StR 470/04; vgl zum *Mannesmann/Vodafone*-Verfahren eingehend *Huber*, Organuntreue 81 ff.

357 BGH 12.10.2016, 5 StR 134/15.

gegen § 93 Abs 1 AktG lag demnach eine Verletzung gesellschaftsrechtlicher Pflichten vor, „[...] die (gleichsam „automatisch") so gravierend ist, dass sie zugleich eine Pflichtwidrigkeit im Sinne von § 266 StGB begründet [...]".[358]

Inwieweit die genannten Entscheidungen – insbesondere die des 1. Strafsenats zur Kreditvergabe[359], *SSV Reutlingen*, die des 3. Strafsenats zu *Mannesmann/Vodafone*[360] und des 5. Strafsenats zu *HSH Nordbank* sowie letztlich auch der Beschluss des BVerfG zur Bestimmtheit des § 266 dStGB – hinsichtlich des Erfordernisses einer gravierenden Pflichtverletzung miteinander vereinbar sind, wird uneinheitlich beurteilt. Während nach mancher Ansicht die Revisionsentscheidung des BGH im Fall *Mannesmann/Vodafone* einen Abgang von der Formel der gravierenden Pflichtverletzung markiert,[361] legen andere die Urteile vereinheitlichend aus.[362] Auch eine Beschränkung dieses Erfordernisses auf Fälle eines großen Ermessensspielraums im Unterschied zu „normalen" Untreue-Sachverhalten wird vertreten.[363]

Die Überlegungen zum Verhältnis der Ebenen der gesellschafts- sowie strafrechtlichen Pflichtenverletzung lassen sich auch auf die österreichische Rechtslage übertragen. Sowohl im Zivil- und Gesellschaftsrecht[364] als auch – zumeist im Zusammenhang mit riskanten Kreditvergaben – im Strafrecht[365] wird nur ein unvertretbarer Vollmachtsgebrauch als haftungsbegründend angesehen. Dabei bleibt aber offen, ob ein jeweils anderer Maßstab anzusetzen ist. Diese Frage verdichtete sich mit der Novellierung des Untreuetatbestandes durch das StRÄG 2015, mit dem das Erfordernis der „Unvertretbarkeit" des Regelverstoßes in § 153 Abs 2 StGB und somit womöglich ein strafrechtsautonomer Filter der Missbrauchsprüfung gesetzlich verankert wurde.

---

358 Kritisch *Baur/Holle*, ZIP 2017, 556 f.

359 BGH 1 StR 185/01 NJW 2002, 1211.

360 BGH 21.12.2005, 3 StR 470/04.

361 Vgl *Schünemann*, NStZ 2006, 197, der sich auch mit der (konkret nicht bestehenden) Vorlagepflicht des 3. Strafsenats beschäftigt.

362 *Gündel*, Unternehmerisches Ermessen und Untreue (§ 266 StGB) bei Vorständen und Geschäftsführern, CB 2015, 397 (399), der das Erfordernis der gravierenden Pflichtverletzung weiterhin als gegeben ansieht; vgl auch *Altenburg*, BB 2015, 325.

363 *Schramm* in *Momsen/Grützner* Rz 55.

364 OGH 1 Ob 144/01k RdW 2002, 342 = ecolex 2003, 34 = ZIK 2002, 92 = GesRZ 2002, 86; OGH 11.6.2008, 7 Ob 58/08t; *Heidinger*, Aufgaben 347.

365 OGH 21.8.2012, 11 Os 19/12x; OGH 5.3.2013, 14 Os 79/12t; OGH 23.12.2010, 13 Os 143/09z; vgl auch *Kienapfel/Schmoller*, BT II^2 § 153 Rz 71; *Lewisch*, BT I^2 249; *Harreiter* in *Hinterhofer* 11; *Gogl-Hassanin* in *Hinterhofer* 179; *Isola/Seidl/Sprajc*, GesRZ 2014, 172.

Eine genuin strafrechtliche Pflichtwidrigkeitsprüfung ist aus österreichischer Sicht abzulehnen: Muss ein Vertretungsorgan gesellschaftsrechtlich nur für die „eklatante Überschreitung" seines Ermessensspielraums einstehen, so ist diese Wertung ebenso für das Strafrecht beachtlich, im Rahmen dessen folglich keine gesonderte Beurteilung des unternehmerischen Handlungsspielraums vorzunehmen ist. Das zivil- respektive gesellschaftsrechtliche Verbot ist – iSd Akzessorietät – auch strafrechtlich relevant und notwendige Bedingung der Untreuestrafbarkeit. Liegt ein nach dem Gesellschaftsrecht unvertretbarer Vollmachtsgebrauch und somit ein Pflichtenverstoß vor, so knüpft das Strafrecht daran an.[366] Dies änderte sich auch nicht durch die ausdrückliche gesetzliche Aufnahme der Unvertretbarkeit in § 153 Abs 2 StGB. Die Novellierung der Untreuebestimmung sollte vielmehr das bereits nach hM bestehende Verständnis des Pflichtenverstoßes präzisierend festhalten.[367] Ob die unvertretbare Entscheidung zugleich einen untreuerelevanten Missbrauch begründet, ist Gegenstand einer eigenen strafrechtlichen Prüfung, die demgemäß einen „engeren konzentrischen Kreis"[368] innerhalb des unvertretbaren Vollmachtsgebrauchs bildet. Dabei ist speziell darauf abzustellen, ob gegen eine vermögensschützende Pflicht verstoßen wurde und die entsprechenden Vorsatzerfordernisse gegeben sind. Insofern besteht durchaus ein „Zwischenbereich", in dem ein gesellschaftsrechtlich zu ahndender und auch für das Strafrecht relevanter Vollmachtsgebrauch vorliegt, der aber kein Missbrauch iSd § 153 StGB ist.[369]

Im Ergebnis ist das Vorliegen eines untreuerelevanten Befugnismissbrauchs durch eine *dreistufige Prüfung* der in Frage stehenden Entscheidung zu ermitteln: In einem ersten Schritt ist die Einhaltung der Erfordernisse der Business Judgement Rule zu prüfen. Schließt beispielsweise ein – dazu grundsätzlich befugter – Entscheidungsträger einen Sponsoringvertrag mit einem sehr werbewirksamen Fußballverein einer unteren Liga und hält er sich dabei an die Business Judgement Rule, so schließt dies, trotz letztlich eingetretener Vermögenseinbuße, eine weitere rechtliche Prüfung seiner Entscheidung aus (1). Handelt der Entscheidungsträger hingegen nicht aus wirtschaftlichem Kalkül, sondern auf Bitte seines Schwagers, der Obmann des Vereins ist, so liegt eine unterneh-

366 So auch *Artmann* in Wirtschaftsstrafrecht 2008, 240.

367 JAB 728 BlgNR XXV. GP 6 = 10; *Kert/Komenda*, ÖZW 2015, 144; *Rüffler*, GES 2015, 261; *Fuchs* in JB Wirtschaftsstrafrecht und Organverantwortlichkeit 2015, 349.

368 Vgl zu dieser Formulierung *Tiedemann*, Der Untreuetatbestand – Ein Mittel zur Begrenzung von Managerbezügen? in *Heinrich/Hilgendorf/Mitsch/Sternberg-Lieben* (Hrsg), Festschrift für Ulrich Weber (2004) 319 (323); mwN *Brammsen*, wistra 2009, 87.

369 Vgl *Reich-Rohrwig*, ecolex 2017, 540; aA *Kahl/Stücklberger*, ZWF 2017, 112.

merische Entscheidung vor, welche die Kriterien der Business Judgement Rule schon aufgrund der entscheidungsbeeinflussenden sachfremden Interessen nicht erfüllt. Es ist daher aus zivil- und gesellschaftsrechtlicher Perspektive festzulegen, ob der Vertreter von seiner Rechtsmacht in unvertretbarer Weise Gebrauch gemacht hat, sodass sein Verhalten einen gesellschafts- und strafrechtlich relevanten Pflichtenverstoß begründet (2): Vereinbart der Entscheidungsträger eine im Verhältnis zum Sponsoringobjekt und der wirtschaftlichen Lage des Unternehmens viel zu hohe Sponsoringsumme, ohne dass ein entsprechendes Konzept besteht, so ist ein solcher Pflichtenverstoß denkbar. Schließlich ist in einem letzten Schritt zu prüfen, ob die spezifisch strafrechtlichen Erfordernisse ebenso erfüllt sind (3). Hat der Vertreter wissentlich (§ 5 Abs 3 StGB) gegen die vermögensschützende Pflicht verstoßen, so begründet sein Verhalten einen Befugnismissbrauch iSd § 153 StGB.

3. Missbrauch durch Unterlassen

Sponsoring zielt idR auf einen Imagetransfer ab, die Sponsoringbotschaft ist eng mit dem Medium verknüpft.[370] Kann sich ein Sponsor aufgrund bestimmter Umstände aber nicht mehr mit dem Gesponserten identifizieren oder ist ein Imagetransfer infolge sich wandelnder Imagedimensionen vom Unternehmen nicht mehr gewünscht, ist eine Beendigung des Vertragsverhältnisses zweckmäßig. So beispielsweise im Fall des Golfspielers Tiger Woods, dessen medial thematisiertes Privatleben in den Jahren 2009/2010 viele seiner Sponsoren zur Vertragsbeendigung veranlasste.[371] Die Entscheidung, ein Sponsoringengagement nicht mehr aufrechtzuerhalten, kann aber auch außerhalb privater Krisen und skandalträchtiger Handlungen des Gesponserten getroffen werden, wenn das sponsernde Unternehmen Assoziationen mit dem vom Sponsoringobjekt verkörperten neuen Image vermeiden möchte: Der US-amerikanische Energieriegelhersteller Clif Bar etwa beendete die Sponsoringbeziehung zu Kletterern mit besonders risikoreichem Kletterstil.[372]

Handelt ein Entscheidungsträger beim Eingehen eines Sponsoringvertrags respektive der Vergabe von Sponsoringgeldern nicht missbräuchlich, so kommt eine Strafbarkeit nach § 153 StGB für eine aktive Vertretungshandlung nicht in Betracht. Ergibt sich aber infolge der Sponsoringbeziehung zukünftig dennoch eine Vermögenseinbuße für das Unternehmen, bleibt zu prüfen, ob dem Vertretungsorgan womöglich die Nichtauflösung des Vertrags mit dem Gesponserten

370 *Bruhn*, Sponsoring[6] 6; *Aigner/Aigner/Bitter/Fath-Gottinger/Straka*, Sponsoring 48.

371 Weiterer Nackenschlag für Tiger Woods https://www.nzz.ch/urnnewsmlwwwsda-atsch20100101brz006-1.4412724 (abgefragt am 4.11.2018).

372 *Branch*, A Sponsor Climbs Down, The New York Times 2014/11/16.

untreuestrafrechtlich vorgeworfen werden kann. Wie die genannten Beispiele zeigen, kann eine Beendigung des Engagements aufgrund bestimmter Umstände und Handlungen seitens des Gesponserten, neuer Trends und anderen zeitlichen Entwicklungen erforderlich sein. Besteht die Verpflichtung des Entscheidungsträgers, Vertretungshandlungen betreffend der Sponsoringbeziehung vorzunehmen, ist eine diesbezügliche Unterlassung als potentieller Befugnismissbrauch nach § 153 StGB zu prüfen.

Untreue ist als Erfolgsdelikt auf der Grundlage des § 2 StGB ein unechtes Unterlassungsdelikt und kann daher unter der Voraussetzung einer bestehenden Garantenstellung des Täters und der Gleichwertigkeit mit einem aktiven Tun auch durch Unterlassen begangen werden.[373] Die tatbestandsmäßige Situation liegt vor, wenn sich aus entsprechenden Einzelanweisungen oder aber den allgemeinen Sorgfaltsanforderungen für den Machthaber eine Handlungsverpflichtung ergibt, so etwa, wenn ein sorgfältiger Geschäftsleiter aufgrund der äußeren Entwicklungen im Hinblick auf das Sponsoringengagement und die Lage des Unternehmens reagieren, den Sponsoringvertrag anpassen oder auflösen würde.

Ob eine Unterlassung pflichtwidrig ist, muss nach dem Grundsatz der Akzessorietät aus vorgelagert zivil- bzw gesellschaftsrechtlicher Perspektive beurteilt werden. Für die Anwendbarkeit der Business Judgement Rule ist zwischen Unterlassungen im Sinne bewusster Entscheidungen zur Untätigkeit und bloß passivem Verhalten zu unterscheiden. Liegt eine „positive" unternehmerische Entscheidung zur Passivität vor, so ist die Business Judgement Rule anwendbar.[374] Verhält sich ein Entscheidungsträger hingegen inaktiv, ohne eine bewusste Entscheidung darüber getroffen zu haben, so ist die Business Judgement Rule nicht anwendbar und sogleich auf den allgemeinen Sorgfaltsmaßstab abzustellen.[375]

Unbewusst passives Verhalten kann idR zu keiner Untreuestrafbarkeit führen. Die Befürchtung, Vertreter könnten aufgrund von Unterlassungen für „bloßes Nichtstun" für jegliche Schäden, die ex post betrachtet zu verhindern gewesen wären, zur strafrechtlichen Verantwortung gezogen werden, ist mit Blick auf die

---

373 OGH 13.5.2003, 14 Os 156/02; OGH 20.11.1985, 10 Os 211/94; OGH 17.5.1983, 12 Os 121/82; OGH 25.9.2001, 14 Os 148/00; OGH 1.7.1997, 14 Os 101/96; RIS-Justiz RS0089539; *Kirchbacher/Presslauer* in WK² StGB § 153 Rz 30; *Fabrizy*, StGB¹³ § 153 Rz 7; *Leukauf/Steininger*, StGB³ § 153 Rz 18; *Flora* in *Leukauf/Steininger*⁴ § 153 Rz 16; *Kienapfel/Schmoller*, BT II² § 153 Rz 67; *Birklbauer/Hilf/Tipold*, BT I⁴ § 153 Rz 18; *Lewisch*, BT I² 250; *Mayerhofer*, StGB⁶ § 153 Rz 47; *Huber* in *Kert/Kodek* Rz 4.64.

374 *Paefgen* in *Ulmer/Habersack/Löbbe*, GmbHG² § 43 Rz 117.

375 *Reich-Rohrwig* in *Straube/Ratka/Rauter*, WK GmbHG § 25 Rz 35/1; *Torggler*, wbl 2009, 170.

subjektive Tatseite des § 153 StGB nicht begründet: Fraglich ist in einem solchen Fall schon, ob der Täter den erforderlichen Unterlassungsvorsatz gebildet hat. So wird vertreten, dass innere Teilnahmslosigkeit noch nicht als bedingter Vorsatz gewertet werden kann.[376] Darüber hinaus muss ein Missbrauch durch Unterlassung – ebenso wie durch aktive Handlungen – wissentlich erfolgen (§ 5 Abs 3 StGB). Der Machthaber muss folglich für gewiss halten, dass sein passives Verhalten, etwa im Zusammenhang mit der Auflösung eines Sponsoringvertrags, wirtschaftlich unvertretbar ist, und zudem einen daraus resultierenden Vermögensschaden in seinen (Eventual-)Vorsatz aufnehmen. Liegt etwa aufgrund von Arbeitsüberlastung eine Unterlassung vor, die gewissermaßen unbewusst geschieht, so ist diese daher idR nicht strafrechtlich relevant.

Liegt mit der bewussten Entscheidung zur Untätigkeit eine Ermessensentscheidung vor, so muss diese als unvertretbar iSd § 153 StGB zu qualifizieren sein. Der Machthaber trifft mit seiner Entscheidung zur Untätigkeit eine Prognoseentscheidung, in der abzuwägen ist, ob eine Vertragsanpassung oder –auflösung in der konkreten Situation für das Unternehmen zielführend ist. Er hat prinzipiell die Grundsätze zu beachten, die schon im Hinblick auf aktive Handlungen herausgearbeitet wurden. IdS ist die Unvertretbarkeit bei Zuwiderhandeln (Unterlassen) gegen eine konkrete Handlungsverpflichtung gegeben, im Fall von Sponsoring beispielsweise gegen die interne Anweisung, einen Sponsoringvertrag anzupassen oder aufzulösen. Übt der Vertreter mit der Entscheidung zur Untätigkeit hingegen sein Ermessen aus, so ist die Strafbarkeit nur bei einer unvertretbaren Entscheidung gegeben.

Ob die Nichtvornahme eines Rechtsaktes unvertretbar ist, variiert je nach Fall und Ausgestaltung des Sponsoringengagements. So wird beispielsweise ein Dopingskandal eines gesponserten Sportlers zwar grundsätzlich den Imagetransfer negativ beeinflussen und einen Grund zur Beendigung der Sponsoringbeziehung darstellen. Anders ist dies aber womöglich in Sportbereichen, in denen Doping geradezu üblich ist, eine Untätigkeit im Hinblick auf den Sponsoringvertrag wird dann idR nicht unvertretbar sein. Straffälligkeit oder sonstige gesetzeswidrige Handlungen des Gesponserten und der seinem Umfeld zugehörigen Personen sind idR imagebeeinträchtigend; dass aber auch in solchen Konstellationen eine Aufkündigung des Sponsoringvertrags nicht zwingend ist, zeigt der Fall um den Steuerprozess von Uli Hoeneß, in dem die Sponsoren den Fußballclub FC Bayern München weiterhin unterstützten.[377] Eine wirtschaftliche Unver-

---

376 *Kienapfel/Höpfel/Kert*, Strafrecht Allgemeiner Teil I[15] (2016) Z 30 Rz 26.

377 *Mortsiefer*, Konzerne stützen Hoeneß https://www.tagesspiegel.de/wirtschaft/fc-bayern-konzerne-stuetzen-hoeness/8500824.html (abgefragt am 4.11.2018).

tretbarkeit durch Unterlassen ist gegenüber einem Befugnismissbrauch durch aktive Rechtshandlungen grundsätzlich weniger häufig denkbar.

Strafbarkeit nach §§ 2, 153 StGB kommt nur dann in Betracht, wenn der Machthaber auch entsprechende Handlungsmöglichkeiten hatte und die gebotene Handlung somit überhaupt setzen konnte.[378] Dies ist für den jeweiligen Fall konkret und objektiv zu prüfen, auf die Sicht des Unterlassenden kommt es nicht an.[379] Ist aufgrund der Umstände des Einzelfalls, die etwa das Image des Sponsoringobjekts betreffen, der Vertrag für das Unternehmen zukünftig nicht mehr rentabel und überdies schädigend, so muss diese Gefahr objektiv erkennbar sein. Darüber hinaus muss es zivilrechtlich möglich sein, den Sponsoringvertrag abzuändern oder aufzulösen. Auch diese rechtlichen Möglichkeiten müssen dem Machthaber objektiv erkennbar sein.

Besteht für den Täter keine (sinnvolle) alternative Vorgangsweise, so kann ihm seine Untätigkeit nicht angelastet werden.[380] Neben einer Vertragsauflösung kann auch eine Anpassung der Höhe der Leistung, der Art sowie des Publikmachens der Gegenleistungen des Gesponserten und dergleichen geboten sein. Liegen wichtige Gründe vor, die eine Fortsetzung des Sponsoringvertrags für den Sponsor unzumutbar machen, so ist idR eine außerordentliche vorzeitige Auflösung des Vertragsverhältnisses möglich;[381] es ist im Übrigen anzuraten, derartige Klauseln schon in die Vertragsgestaltung zu inkludieren.[382] Für die Strafbarkeit nach einem Unterlassungsdelikt muss sich der Täter auf subjektiver Tatbestandsebene neben der tatbestandsmäßigen Situation, aus der seine Handlungspflicht erwächst, auch der tatsächlichen Möglichkeit zur Erfolgsabwendung bewusst sein. Dabei reicht ein bloßes Mitbewusstsein, tätig werden zu können aus.[383] Diese subjektiven Erfordernisse sind im Rahmen der Untreue im Hinblick auf das Erfordernis der Wissentlichkeit des Missbrauchs zumeist unproblematisch. Erkennt der Täter nicht einmal, dass er eine rechtliche Handlungsmöglichkeit hat, kann er wohl auch die Missbräuchlichkeit seiner Untätigkeit nicht für gewiss halten – Strafbarkeit nach § 153 StGB scheidet folglich aus.

---

378 *Fuchs/Zerbes*, Strafrecht Allgemeiner Teil I^{10} (2018) 37/23; *Hilf* in WK^{2} StGB § 2 Rz 47; *Steininger* in SbgK § 2 Rz 26; *Kienapfel/Höpfel/Kert*, AT I^{15} Z 28 Rz 5; *Triffterer*, Österreichisches Strafrecht Allgemeiner Teil^{2} (1994) 14/78.

379 *Fuchs/Zerbes*, AT I^{10} 37/23; *Steininger* in SbgK § 2 Rz 27; *Hilf* in WK^{2} StGB § 2 Rz 49.

380 *Hilf* in WK^{2} StGB § 2 Rz 48.

381 Vgl *Thiele*, Sponsoring 8.

382 *Thiele*, Sponsoring 16.

383 *Hilf* in WK^{2} StGB § 2 Rz 136; *Steininger* in SbgK § 2 Rz 108; *Triffterer*, AT^{2} 14/87.

§ 2 StGB stellt für die Strafbarkeit unechter Unterlassungsdelikte zudem weitere Voraussetzungen auf. Dazu gehört die *Garantenstellung* des Täters, die eine ihn im Besonderen treffende Rechtspflicht beinhaltet, den Erfolg abzuwenden.[384] Die konkrete Garantenpflicht ergibt sich aus der Gesamtrechtsordnung;[385] sie lässt sich inhaltlich wie formal nach ihren Entstehungsgründen in verschiedene Gruppen einteilen. Neben der Unterscheidung nach ihrer Entstehung durch Rechtsvorschrift, freiwillige Pflichtenübernahme oder gefahrenbegründendes Vorverhalten (Ingerenz), kann die Garantenstellung auch danach eingeteilt werden, ob jemand Obhutsgarant, also zum Schutz der Rechtsgüter bestimmter Personen verpflichtet ist, oder als Überwachungsgarant bestimmte Gefahrenquellen gegenüber jedermann überwachen muss.[386] Nach hM begründet eine Organstellung die Garantenpflicht gegenüber der juristischen Person.[387] Vertreter sind verpflichtet, die Vermögensinteressen ihrer Gesellschaft zu wahren, sie sind demnach als Obhutsgaranten zu qualifizieren. IdS sind Geschäftsführer ebenso wie Vorstands- und Aufsichtsratsmitglieder ihrer Gesellschaft gegenüber Garanten.[388] Im Rahmen der Untreuestrafbarkeit durch Unterlassung deckt sich die Garantenstellung mit der Missbrauchsprüfung: Trifft den Machthaber keine rechtliche Handlungsverpflichtung, so kann seine Untätigkeit keinesfalls als Missbrauch gewertet werden.[389]

Neben dem Erfordernis der Garantenstellung ist die Strafbarkeit unechter Unterlassungsdelikte durch das in § 2 StGB enthaltene *Gleichwertigkeitskorrektiv* eingeschränkt. Eine Unterlassung kann demnach nur dann tatbestandsmäßig sein, wenn sie der Begehung des Delikts durch aktives Tun gleichzuhalten ist.[390] In Lehre und Rechtsprechung besteht bisweilen Uneinigkeit über die Bedeutung der Gleichwertigkeitsklausel im Hinblick auf verschiedene Deliktsarten. Während in der Rechtsprechung (und Teilen des Schrifttums) unabhängig von der Art des

---

384 *Fuchs/Zerbes*, AT I[10] 37/36; *Hilf* in WK[2] StGB § 2 Rz 68; *Kienapfel/Höpfel/Kert*, AT I[15] Z 30 Rz 4-5; *Steininger* in SbgK § 2 Rz 28.

385 *Hilf* in WK[2] StGB § 2 Rz 74.

386 *Fuchs/Zerbes*, AT I[10] 37/41 ff; *Hilf* in WK[2] StGB § 2 Rz 84-126; *Kienapfel/Höpfel/Kert*, AT I[15] Z 30 Rz 6 ff; *Steininger* in SbgK § 2 Rz 37-28.

387 *Fuchs/Zerbes*, AT I[10] 37/49; *Hilf* in WK[2] StGB § 2 Rz 89; *Steininger* in SbgK § 2 Rz 54.

388 *Fuchs/Zerbes*, AT I[10] 37/49; *Hilf* in WK[2] StGB § 2 Rz 89; *Steininger* in SbgK § 2 Rz 54.

389 *Kienapfel/Schmoller*, BT II[2] § 153 Rz 68; *McAllister* in *Preuschl/Wess*, Wirtschaftsstrafrecht § 153 Rz 37.

390 *Hilf* in WK[2] StGB § 2 Rz 127; *Fuchs/Zerbes*, AT I[10] 37/64; *Kienapfel/Höpfel/Kert*, AT I[15] Z 29 Rz 17; *Steininger* in SbgK § 2 Rz 117.

Delikts gefordert wird, dass die Gleichwertigkeit im Einzelnen geprüft wird, findet sich in der Lehre eine differenzierte Beurteilung.[391] Handelt es sich demnach um ein reines Erfolgsdelikt, so kommt dem Gleichwertigkeitskorrektiv praktisch keine Bedeutung zu. Kann der Erfolg auf jede Art und Weise herbeigeführt werden (Erfolgs-Verursachungsdelikt), so ergibt sich die Gleichwertigkeit der Unterlassung mit einem aktiven Tun schon aus der Garantenstellung selbst, der Garant ist ja gerade im Besonderen verpflichtet, den Erfolg abzuwenden.[392] Anders ist dies bei verhaltensgebundenen Erfolgsdelikten, die positiv gefasste Handlungsmerkmale aufweisen und im Rahmen derer entsprechend im Einzelnen geprüft werden muss, ob eine Gleichwertigkeit gegeben ist.[393]

Da § 153 StGB bestimmte Handlungsmodalitäten erfordert und somit ein verhaltensgebundenes Erfolgsdelikt ist, muss die Gleichwertigkeit einer Unterlassung des Machthabers jedenfalls geprüft werden. § 2 StGB gibt keinen Aufschluss über den genauen Inhalt des Gleichwertigkeitsprinzips. Die hM verlangt, dass die Unterlassung nach ihrem sozialen Unwert einer Begehung gleichzuhalten ist.[394] Wann dieses Erfordernis erfüllt ist, beurteilt die Rechtsprechung durch eine wertende Gesamtbetrachtung der einzelfallbezogenen Umstände.[395] Aus den höchstgerichtlichen Entscheidungen lassen sich allerdings kaum inhaltliche Konturen ableiten. So ist die Gleichwertigkeit nach der abstrakt gehaltenen Umschreibung des OGH dann gegeben, wenn die Unterlassung konkret dem gesamten Schuld- und Unrechtsgehalt des aktiven Tuns entspricht.[396] Das Gleichwertigkeitsprinzip ist jedenfalls deliktstypisch auszulegen. Dies ergibt sich schon aus den Materialien, nach denen die gesetzliche Formulierung nur einen „vagen Hinweis" darstellt, die genaue Erarbeitung der jeweiligen Voraussetzungen bleibt Rechtsprechung und Lehre vorbehalten.[397]

---

391 *Hilf* in WK^2 StGB § 2 Rz 128-129 mwN; *Steininger* in SbgK § 2 Rz 119.

392 *Hilf* in WK^2 StGB § 2 Rz 129; *Fuchs/Zerbes*, AT I^{10} 37/65; *Kienapfel/Höpfel/Kert*, AT I^{15} Z 29 Rz 20; *Steininger* in SbgK § 2 Rz 118; *Stricker* in *Leukauf/Steininger*^{4} § 2 Rz 33.

393 *Hilf* in WK^2 StGB § 2 Rz 129; *Fuchs/Zerbes*, AT I^{10} 37/66; *Kienapfel/Höpfel/Kert*, AT I^{15} Z 29 Rz 20; *Steininger* in SbgK § 2 Rz 118; *Stricker* in *Leukauf/Steininger*^{4} § 2 Rz 33.

394 *Hilf* in WK^2 StGB § 2 Rz 130; *Triffterer*, AT^2 14/58.

395 *Hilf* in WK^2 StGB § 2 Rz 130; *Stricker* in *Leukauf/Steininger*^{4} § 2 Rz 35; vgl auch OGH 15 Os 118/03 JBl 2004, 742; OGH 16 Os 19/92 JBl 1994, 487; abl *Kienapfel/Höpfel/Kert*, AT I^{15} Z 29 Rz 19.

396 IZm § 302, siehe RIS-Justiz RS0053605.

397 ErläutRV 30 BlgNR XIII. GP 61; *Triffterer*, AT^2 14/58.

Welche spezifischen Bedingungen im Rahmen des § 153 StGB für die Annahme der Gleichwertigkeit eines Missbrauchs durch Unterlassung mit einer aktiven Handlung gegeben sein müssen, wird – soweit ersichtlich – weder in Lehre noch Rechtsprechung genau dargelegt. Der OGH stellt zwar fest, dass Untreue aufgrund des Gleichwertigkeitsprinzips nur ausnahmsweise durch eine Unterlassung begangen werden kann, führt dies allerdings nicht näher aus und trifft insbesondere keine inhaltlichen Aussagen.[398] Als Beispiele für eine Strafbarkeit nach §§ 2, 153 StGB finden sich in Lehre und Rechtsprechung das Unterlassen der Einverleibung eines Pfandrechts[399], die Nichtrückforderung einer titellosen Zahlung[400], das Nichteinbringen einer Klage oder eines Rechtsmittels[401], der Nichtabschluss eines für den Machtgeber vorteilhaften Vertrages[402], das Unterlassen von Kontrollmaßnahmen[403] ebenso wie das Nichtweiterleiten zweckgebundener Spenden[404] oder der Nichtankauf eines günstigen Grundstücks[405].

Ob auch die Nichtauflösung eines nachteiligen Sponsoringvertrags als der Begründung eines solchen Verhältnisses gleichwertig anzusehen ist, erschließt sich hingegen nicht aus den Ausführungen in Rechtsprechung und Lehre. Mit Blick auf das Gleichwertigkeitskorrektiv ist die Strafbarkeit aber wohl auf Fälle einzuschränken, in denen die Vertragsbeziehung zum Sponsoringobjekt vom jeweiligen Machthaber selbst – wenn auch in diesem Zeitpunkt nicht missbräuchlich – begründet wurde. Unterlässt er es in der Folge die nun aufgrund der zeitlichen Entwicklung und jeweiligen Umständen notwendig gewordene Vertragsauflösung bzw Anpassung vorzunehmen und damit seine eigens gesetzten Rechtshandlungen rückgängig zu machen, wird dies, je nach Ausgestaltung des konkreten Falles, als ein dem aktiven Tun gleichwertiges Unterlassen zu qualifizieren sein. Bezieht sich das Unterlassen des Machthabers hingegen auf einen Sponsoringvertrag, der nicht von ihm begründet wurde, erscheint die Gleichwertigkeit seiner Untätigkeit zweifelhaft. Letztlich kann der Unwertgehalt der Unterlassung nur konkret unter Einbeziehung der jeweiligen Umstände beurteilt werden.

---

398 OGH 1.7.1997, 14 Os 101/96; OGH 12 Os 121/82 JBl 1983, 545 (m Anm *Liebscher*).

399 OGH 25.9.2001, 14 Os 148/00.

400 OGH 15.3.2003, 14 Os 156/02.

401 *Flora* in *Leukauf/Steininger*[4] § 153 Rz 16; *Kienapfel/Schmoller*, BT II[2] § 153 Rz 68; *Birklbauer/Hilf/Tipold*, BT I[4] Rz 18.

402 *Leukauf/Steininger*, StGB[3] § 153 Rz 18.

403 *Flora* in *Leukauf/Steininger*[4] § 153 Rz 16.

404 *Kienapfel/Schmoller*, BT II[2] § 153 Rz 68.

405 *Kienapfel/Schmoller*, BT II[2] § 153 Rz 68 mit Verweis auf OGH 12.11.1982, 10 Os 37/81, wobei der OGH in dem konkreten Fall aktives Tun annahm.

4. Ergebnis

Das Tatbildmerkmal des Befugnismissbrauchs ist der erste wichtige Filter bei der Subsumtion von Sponsoringtätigkeiten unter § 153 StGB. In der Missbrauchsprüfung ist die Grundcharakteristik von Sponsoring als Austauschverhältnis und die daraus resultierende ökonomische Zielsetzung besonders zu bedenken, sie ist tragender Faktor für die Vereinbarkeit derartiger Ausgaben mit dem Unternehmensinteresse von nicht ideell ausgerichteten Kapitalgesellschaften.

Der Missbrauchsmaßstab ergibt sich aus dem zwischen Machtgeber und Machthaber bestehenden Innenverhältnis. Beinhaltet dieses konkrete Weisungen, interne Sponsoring-Richtlinien, ein Sponsoringkonzept oder einzuhaltende Verfahrensschritte, so muss sich der Vertreter an diese – ebenso wie an das Gesetz, die Satzung oder Geschäftsordnung – halten. Jede Abweichung von konkreten Vorgaben ist unvertretbar iSd § 153 Abs 2 StGB (1.2.) und begründet, vorausgesetzt der Machthaber handelt wissentlich (§ 5 Abs 3 StGB) und die Regel dient dem Vermögensschutz des wirtschaftlich Berechtigten (1.3.), einen Missbrauch.

Trifft der Machthaber hingegen eine Ermessensentscheidung, so ist diese in erster Linie auf die Einhaltung der Erfordernisse der Business Judgement Rule zu prüfen (§ 25 Abs 1a GmbHG, § 84 Abs 1a AktG; 1.1.). Sind die Kriterien erfüllt, so handelt der Entscheidungsträger jedenfalls rechtmäßig (*safe harbour*). Ist dies nicht der Fall, knüpft sich daran nicht automatisch die gesellschaftsrechtliche Pflichtwidrigkeit der Handlung, sie ist vielmehr nach dem allgemeinen Sorgfaltsmaßstab zu beurteilen, wobei erst der unvertretbare Vollmachtsgebrauch gesellschafts- und strafrechtlich relevant ist.

Grundvoraussetzung der Zulässigkeit von Sponsoringtätigkeiten ist die Vereinbarkeit mit dem Unternehmenswohl des sponsernden Unternehmens. Sponsoringtätigkeiten sind ihrer Grundcharakteristik zufolge ökonomischer Natur: Sie umfassen nicht die Förderung altruistischer Zwecke mit Gesellschaftsvermögen, sondern sind auf wirtschaftliche Zielsetzungen und den langfristigen Unternehmensnutzen ausgerichtet – sie sind daher prinzipiell mit dem Unternehmenswohl vereinbar (2.1.).

Der Ermessensspielraum eines Vertreters ist aber auch bei einer Sponsoringentscheidung nicht uneingeschränkt. Zur Eingrenzung haben sich in Rechtsprechung und Schrifttum eine Vielzahl an objektiv-individuellen Kriterien entwickelt, anhand derer die sachlichen Grenzen des Handlungsspielraums abzustecken sind (2.2.). Diese Kriterien dienen als Anhaltspunkte im Rahmen einer Gesamtbetrachtung zur Überprüfung der Entscheidung.

Ausgangspunkt der Beurteilung sind die Zielsetzungen und Strategie des Sponsoring, die auch eine unübliche und nicht verkehrsadäquate Maßnahme rechtfertigen können (2.2.1.). Ein fehlender tätigkeitsbezogener Bezug zwischen Sponsor und Gesponsertem kann sich ebenso aus dem Sponsoringkonzept ergeben und ist daher lediglich im Einzelfall ein Indiz für die Pflichtwidrigkeit (2.2.2.). Auch persönliche Präferenzen des Entscheidungsträgers stehen der Zulässigkeit seiner Entscheidung nicht grundsätzlich entgegen; sie können aber eingeschränkt indizielle Wirkung entfalten (2.2.5.). Die transparente Vorgangsweise gibt nicht Aufschluss über die inhaltliche Zweckmäßigkeit einer Vertretungshandlung, kann aber als Anhaltspunkt einer sorgfältigen Entscheidungsfindung dienen (2.2.3.). Hinsichtlich der Höhe der Sponsoringausgaben ist kein fixer Höchstbetrag anzunehmen, vielmehr sind die Leistungen auf Basis der Ertragslage des Unternehmens in Beziehung zu den erwarteten Nutzeffekten zu stellen (2.2.4.). Der Eintritt eines Vermögeneinbuße dient nicht als Indiz für das Vorliegen einer die Tathandlung des § 153 StGB begründenden Pflichtwidrigkeit (2.2.6.). Der Pflichtenverstoß ergibt sich aus einer Gesamtschau dieser Anhaltspunkte, wobei erst eine wirtschaftlich unvertretbare Entscheidung gesellschafts- und strafrechtlich haftungsbegründend ist.

Der Machthaber hat als organschaftlicher Vertreter der Gesellschaft Garantenstellung und kann demnach einen Befugnismissbrauch auch durch Unterlassen begehen, indem er einen existierenden Sponsoringvertrag trotz Handlungsverpflichtung nicht auflöst oder abändert, wobei einschränkend das Gleichwertigkeitserfordernis des § 2 StGB zu beachten ist (2.3.). Im Übrigen muss der Machthaber die objektive (rechtliche) Möglichkeit zur Vornahme der gebotenen Handlung haben und die subjektiven Erfordernisse erfüllen.

B. Vermögensschaden

Die vollendete Untreuestrafbarkeit erfordert neben dem Befugnismissbrauch des Machthabers als zweites Tatbildmerkmal den Eintritt eines Vermögensschadens. Vor dem StRÄG 2015 sah der Gesetzeswortlaut des § 153 StGB im Grunddelikt als Erfolg einen Vermögens*nachteil* vor, erst die Wertqualifikation des § 153 Abs 2 StGB stellte auf das Vorliegen eines 3.000 bzw 50.000 Euro übersteigenden *Schadens* ab.[406] Der hM zufolge war der Erfolg der Untreue aber bereits vor der Gesetzesänderung nach seinem Begriffsinhalt mit dem Vermögensschaden beim Betrug gemäß § 146 StGB gleichzusetzen, den Termini „Nachteil" und „Schaden" wurde demnach kein anderer Wortsinn beigemessen.[407] Auch aus der

406 Vgl § 153 StGB BGBl I 1974/60.

407 *Kienapfel/Schmoller*, BT II § 153 Rz 81; *Leukauf/Steininger*[3] § 153 Rz 28; *Fuchs/ Reindl-Krauskopf*, Strafrecht Besonderer Teil I[5] (2015) 234; *Kirchbacher*, Untreue in der Rechtsprechung, in *Jarolim (Hrsg)*, § 153 StGB/ Untreue. Eine Herausforde-

historischen Entwicklung[408] der Untreuebestimmung lässt sich im Grunde kein unterschiedlicher Bedeutungsgehalt des Nachteilsbegriffs ableiten: Bis zur ersten Positivierung der Untreuebestimmung in § 205c StG[409] im Jahr 1931 wurden verschiedene Entwürfe für eine Regelung vorgelegt, in denen ohne Hinweis auf einen abweichenden Begriffsinhalt als Erfolg der Untreue zum Teil ein Nachteil, zum Teil ein Schaden gefordert wurde.[410] Auch in den Materialien zum Untreueentwurf aus 1927, der für die spätere Kodifikation 1931 maßgeblich war, wird abwechselnd und offenkundig synonym von einem *Nachteil* und einer Vermögens*beschädigung* gesprochen.[411] Dennoch bestehende Unsicherheiten fanden jedenfalls mit dem StRÄG 2015 ein Ende: Für die Vollendung des Delikts ist seit 1. Jänner 2016 nicht mehr die Zufügung eines Vermögensnachteils, sondern vielmehr eines Vermögensschadens erforderlich.[412] Damit wurden Grund- und Qualifikationstatbestand des § 153 StGB vereinheitlicht sowie verdeutlicht, dass die Untreue ein Vermögensschädigungsdelikt ist.[413]

1. Definition

Ausgangspunkt einer Begriffsdefinition des Untreueschadens ist der strafrechtliche Vermögensbegriff. Dieser ist von einer wirtschaftlichen Betrachtungsweise geprägt, davon abweichende Konzepte – etwa der juristische oder personale Vermögensbegriff – konnten sich in Österreich nicht oder nur in gewissen Randbereichen[414] durchsetzen. Zum Vermögen gehört idS die Gesamtheit der wirtschaftlich ins Gewicht fallenden und rechnerischen feststellbaren Werte einer natürlichen oder juristischen Person.[415] Davon sind neben dinglichen Rechten, wie Eigentums- und Pfandrechten sowie Hypotheken auch obligatorische An-

---

rung für die Unternehmensführung? (2014) 24 (29); *Lewisch*, AnwBl 2012, 143; *Birklbauer/Hilf/Tipold*, BT I^4 § 153 Rz 21.

408 Vgl zur historischen Entwicklung der Untreuebestimmung *Huber*, Organuntreue 104 ff.

409 BGBl I 365/1931.

410 Vgl die Entwürfe 1922, 1925, 1927 in: *Schubert/Regge*, Quellen.

411 Reichsratsvorlage 1927 in: *Schubert/Regge*, Quellen 660.

412 Vgl widersprüchlich *Marsch*, JSt 2015, 459, der offenbar von einer Einschränkung des Schadensbegriffs ausgeht, zugleich aber „keine inhaltliche Änderung“ durch die Novellierung sieht.

413 AB 728 BlgNR XXV GP 6 = 11.

414 So etwa im Rahmen opferbezogener Schadensfaktoren, vgl *Birklbauer/Hilf/Tipold*, BT I^4 § 146 ff Rz 43.

415 *Kienapfel/Schmoller*, BT II^2 Allg Vorbem Rz 101, § 146 Rz 117; *Kirchbacher* in WK^2 StGB § 146 Rz 61; *Kert* in SbgK § 146 Rz 176, 188; *Fuchs/Reindl-Krauskopf*, BT I^6 204; OGH 10.10.2002, 15 Os 85/02.

sprüche sowie Immaterialgüterrechte umfasst.[416] Auch vertraglich vereinbarte Arbeits- und Werkleistungen ebenso wie Anwartschaftsrechte zählen dazu.[417] Bloße Exspektanzen im Sinne von Hoffnungen auf ein günstiges Geschäft begründen hingegen keinen wirtschaftlich relevanten Wert und können bei Vereitelung keinen Vermögensschaden herbeiführen.[418] Die Bewertung dieser Vermögensbestandteile orientiert sich bei körperlichen Sachen am Marktwert, bei Forderungen ist ausgehend vom Nominalwert auch die Zahlungsfähigkeit und -willigkeit, folglich die Durchsetzbarkeit, zu berücksichtigen.[419]

Der Untreueschaden ist im Grunde gleich dem Vermögensschaden bei Betrug und Erpressung zu verstehen.[420] Er ergibt sich aus einer Minderung der zum Vermögensbegriff zählenden Vermögensbestandteile[421] und wird, ausgehend vom wirtschaftlichen Vermögensbegriff, als effektiver Verlust an Vermögenswerten definiert.[422] Der Schaden muss grundsätzlich auch bezifferbar sein, dies ergibt sich aus dem österreichischen System der Schadens- und Wertgrenzen bei Vermögensdelikten.[423] Aus der Definition des Schadens als effektiver Vermögensverlust wird – abweichend zum deutschen Verständnis des Untreueschadens[424] – abgeleitet, dass eine schadensgleiche Vermögensgefährdung zur De-

---

416 *Kienapfel/Schmoller*, BT II^2 § 146 Rz 127-136; *Kirchbacher* in WK^2 StGB § 146 Rz 61; *Flora* in *Leukauf/Steininger*^{4} § 146 Rz 39; *Kert* in SbgK § 146 Rz 176, 190; *Birklbauer/Hilf/Tipold*, BT I^4 § 146 ff Rz 25.

417 *Kienapfel/Schmoller*, BT II^2 § 146 Rz 130, 133; *Kirchbacher* in WK^2 StGB § 146 Rz 61; *Flora* in *Leukauf/Steininger*^{4} § 146 Rz 39.

418 *Kienapfel/Schmoller*, BT II^2 § 146 Rz 144; *Kirchbacher* in WK^2 StGB § 146 Rz 61; *Flora* in *Leukauf/Steininger*^{4} § 146 Rz 39; *Kert* in SbgK § 146 Rz 176, 192; OGH 10 Os 158/86 JBl 1988, 125.

419 *Kienapfel/Schmoller*, BT II^2 § 146 Rz 129.

420 *Kienapfel/Schmoller*, BT II^2 § 153 Rz 81; *Birklbauer* in PK-StGB § 153 Rz 23.

421 *Kienapfel/Schmoller*, BT II^2 § 146 Rz 148.

422 *Lewisch*, BT I^2 251; *Kienapfel/Schmoller*, BT II^2 § 153 Rz 82; *Birklbauer* in PK-StGB § 153 Rz 21; *Leukauf/Steininger*, StGB^3 § 153 Rz 28; *Flora* in *Leukauf/Steininger*^{4} § 153 Rz 28, § 146 Rz 40; *Lewisch* in FS Raschauer 340; *McAllister*, Untreue bei Kreditvergabe und Spekulationsgeschäften? ÖJZ 2014, 13 (14); *Huber* in *Kert/Kodek* Rz 4.67; OGH 15.10.1996, 11 Os 75/96; OGH 11.11.1993, 15 Os 132/93.

423 *Kienapfel/Schmoller*, BT II^2 Allg Vorbem Rz 100; *Flora* in *Leukauf/ Steininger*^{4} § 153 Rz 32 verlangt eine „in Geld messbare Vermögenseinbuße".

424 BGH 7.12.1965, 5 StR 312/65; BGH 17.2.1999, 5 StR 494/98; BGH 13.2.2001, 1 StR 448/00; *Dierlamm* in MüKoStGB^3 § 266 Rz 211 ff; *Perron* in *Schönke/Schröder*, StGB^{29} § 266 Rz 45.

liktsvollendung nicht ausreicht.[425] Dies wurde im Übrigen in den Erläuterungen zum StRÄG 2015 ausdrücklich festgestellt.[426]

Aus der Anknüpfung an den wirtschaftlichen Vermögensbegriff ergeben sich bisweilen weiterführende Fragestellungen zum Schadensbegriff, insbesondere, ob auch das Eingehen einer Verbindlichkeit als Vermögensschaden zu werten ist. Da Forderungen jedenfalls zum Vermögen einer Person zählen,[427] wäre entsprechend auch die Vermehrung von Passiva – die schließlich die Kehrseite von Forderungen bilden – zur Begründung eines Vermögensschadens geeignet. Im Schrifttum finden sich dazu indes uneinheitliche Ansätze. Während beim Betrug überwiegend vertreten wird, dass die Schaffung einer Verbindlichkeit nicht als Schaden zu werten ist,[428] ergibt sich der Untreueschaden – trotz des grundsätzlich anerkannten Gleichklangs zum Betrugsschaden – nach hM aus der Verminderung der Aktiva, der Vermehrung der Passiva oder einem Gewinnentgang,[429] wobei auch diese Ansicht im Schrifttum nicht unbestritten blieb.[430] Die unterschiedlichen Auffassungen zur Deliktsvollendung durch Schuldenbegründung bzw -vergrößerung spiegeln sich ebenso in der Rechtsprechung wider. So wurde in manchen, vor allem auch älteren Entscheidungen schon die Begründung von Verbindlichkeiten als Erfolg gewertet, so beispielsweise ein Anerkenntnis oder die Aufnahme einer Hypothek.[431] In späteren Urteilen wurde dies wiederum

425 *Kienapfel/Schmoller*, BT II^2 § 153 Rz 87; *Flora* in *Leukauf/Steininger*^{4} § 153 Rz 28; *Pfeifer* in SbgK § 153 Rz 33; *Huber* in *Kert/Kodek* Rz 4.68; *Kert/Komenda* in *Kalss/Kunz* Rz 68.

426 AB 728 BlgNR XXV GP 6 = 11: „Bloße Vermögensgefährdungen stellen […] einen effektiven Vermögensverlust noch nicht her".

427 *Kirchbacher* in WK^2 StGB § 146 Rz 61; *Kienapfel/Schmoller*, BT II^2 § 146 Rz 128.

428 *Birklbauer/Hilf/Tipold*, BT I^4 § 146 ff Rz 33; *Kienapfel/Schmoller*, BT II^2 § 146 Rz 158; *Lewisch*, BT I^2 231; aA *Kirchbacher* in WK^2 StGB § 146 Rz 76, unklar aber in Bezug zu Rz 66 („Erhöhung der Passiven"); vgl dazu eingehend *Kessel*, Belastung mit einer Verbindlichkeit als Betrugsschaden? JBl 1999, 12.

429 *Leukauf/Steininger*, StGB^3 § 153 Rz 28; *Kirchbacher/Presslauer* in WK^2 StGB § 153 Rz 36; *Birklbauer/Hilf/Tipold*, BT I^4 § 153 Rz 21; *Fabrizy*, StGB^{13} § 153 Rz 8; *Pfeifer* in SbgK § 153 Rz 32; *Birklbauer* in PK-StGB § 153 Rz 23; *Kienapfel/Schmoller*, BT II^2 § 153 Rz 85; *Flora* in *Leukauf/Steininger*^{4} § 153 Rz 28; *Eder-Rieder*, Wirtschaftsstrafrecht4 110; *McAllister* in *Preuschl/Wess*, Wirtschaftsstrafrecht § 153 Rz 53; *McAllister*, ÖJZ 2014, 16; *Tipold* in Berufssportrecht VII 66; *Artmann* in Wirtschaftsstrafrecht 2008, 236; *Kert/Komenda* in *Kalss/Kunz* Rz 68.

430 *Lewisch*, BT I^2 251.

431 OGH 9 Os 207/58 SSt 30/15; OGH 17.1.1979, 10 Os 123/78; OGH 11.3.1981, 13 Os 33/81; OGH 28.1.1988, 13 Os 136/87, OGH 24.11.1988, 12 Os 87/88; OGH

abgelehnt;[432] mitunter wurde auch dahingehend unterschieden, ob ein einseitiges Geschäft oder ein Austauschverhältnis vorliegt, wobei der Vermögensschaden in letzterem Fall erst mit Erbringung des Entgelts angenommen wurde.[433]

Die Neuformulierung des Taterfolgs als „Vermögensschaden" im Zuge des StRÄG 2015 wurde bisweilen als gesetzgeberische Klarstellung darüber angesehen, dass das Eingehen einer Verbindlichkeit sowohl einen Betrugs- als auch einen Untreueschaden begründet.[434] Nach jüngster Rechtsprechung des OGH zu § 153 StGB war die Wortangleichung dagegen rein terminologischer Natur und mit keiner inhaltlichen Wertung verbunden.[435] In seiner Entscheidung sprach der OGH zugleich aus, dass die Tat mit Entstehen der Verbindlichkeit ins Vollendungsstadium tritt, im Fall des Abschlusses von Spekulationsgeschäften mit (für den Machtgeber) negativem Vermögenswert folglich im Zeitpunkt des Vertragsabschlusses.[436]

Der Vermögensschaden muss sich nach hM unmittelbar aus dem Befugnismissbrauch des Machthabers ergeben („[...] wissentlich missbraucht und *dadurch* den anderen am Vermögen schädigt [...]"[437]). Tritt er hingegen erst durch zusätzliche Handlungen des Machtgebers oder eines Dritten ein, so ist das Unmittelbarkeitskriterium grundsätzlich nicht erfüllt.[438] Es muss sich im Übrigen nicht um einen dauernden Schaden handeln, nach hM reicht aus, wenn ein solcher vorübergehend gegeben ist.[439]

22.11.1989, 14 Os 33/89; OGH 3.4.2008, 15 Os 102/07z; RIS-Justiz RS0089375; RIS-Justiz RS0094836; vgl auch schon RGSt 16, 1, 3.

432 OGH 25.2.1992, 14 Os 2/92; OGH 15.10.1996, 11 Os 75/96; OGH 19.11.1996, 14 Os 166/96.

433 OGH 4.4.2006, 14 Os 96/05g.

434 *Kienapfel/Schmoller*, BT II[2] § 146 Rz 159, § 153 Rz 85.

435 OGH 11.10.2017, 13 Os 55/17p; RIS-Justiz RS0131815.

436 OGH 11.10.2017, 13 Os 55/17p mit Verweis auf RIS-Justiz RS0095618.

437 Hervorhebung durch die Autorin.

438 *Kienapfel/Schmoller*, BT II[2] § 153 Rz 94; *Pfeifer* in SbgK § 153 Rz 35; *Flora* in *Leukauf/Steininger*[4] § 153 Rz 28; *McAllister*, ÖJZ 2014, 18; *Marek/Jerabek*, Korruption[11] § 302 Rz 69; OGH 3.10.2016, 17 Os 15/16h; OGH 12.4.2016, 11 Os 53/15a; OGH 11.11.2015, 15 Os 98/14x; RIS-Justiz RS0130418.

439 *Kienapfel/Schmoller*, BT II[2] § 153 Rz 84; *Lewisch*, BT I[2] 252; *Birklbauer/Hilf/Tipold*, BT I[4] § 153 Rz 22; *Pfeifer* in SbgK § 153 Rz 33; *Flora* in *Leukauf/Steininger*[4] § 153 Rz 28; OGH 30.10.1997, 15 Os 18/97; *Artmann* in Wirtschaftsstrafrecht 2008, 236.

2. Schadensermittlung

Die Schadensberechnung erfolgt – wie auch bei § 146 StGB[440] – durch einen Vergleich der Vermögenslage des Geschädigten vor mit derjenigen nach der Tathandlung.[441] IdS werden nach dem Grundsatz der Gesamtsaldierung alle unmittelbaren Vor- und Nachteile aus dem Geschäft miteinander aufgerechnet. Bei einem synallagmatischen Austauschverhältnis ergibt sich der Schaden somit aus der Differenz zwischen dem Wert der hingegebenen und der erhaltenen bzw vereinbarten Leistung (Differenzschaden).[442]

In die Kompensation des Vermögensschadens werden nicht jede Folgewirkung oder gar die gesamte Tätigkeit eines Vertretungsorgans einbezogen, sondern nur *unmittelbare* Auswirkungen seiner Tathandlung.[443] Das Unmittelbarkeitskriterium ist entsprechend nicht nur für die Begründung eines Schadens, sondern auch für seine Kompensation relevant. Es reicht allerdings aus, wenn die kompensierende Gegenleistung auf die gleiche Verfügung zurückgeht, aus der sich die Leistung bzw Vertretungshandlung ergibt.[444] Neben dem Unmittelbarkeitserfordernis wird außerdem vertreten, dass nur gleichzeitig zugegangene Vermögenswerte für die Gesamtsaldierung beachtlich sind.[445]

---

440 *Kienapfel/Schmoller*, BT II^2 § 153 Rz 91; *Fuchs/Reindl-Krauskopf*, BT I^6 231; *Bertel/Schwaighofer/Venier*, BT I^{14} § 153 Rz 11.

441 *Kienapfel/Schmoller*, BT II^2 § 153 Rz 91; OGH 15 Os 72/02 EvBl 2002/218.

442 *Kirchbacher/Presslauer* in WK^2 StGB § 153 Rz 39; *Kienapfel/Schmoller*, BT II^2 § 153 Rz 91, § 146 Rz 161; *Pfeifer* in SbgK § 153 Rz 34; *Birklbauer* in PK-StGB § 153 Rz 23; *Flora* in *Leukauf/Steininger*^{4} § 153 Rz 28; *Leukauf/Steininger*^{3} § 153 Rz 28; *Birklbauer/Hilf/Tipold*, BT I^4 § 153 Rz 21; *Bertel/Schwaighofer/Venier*, BT I^{14} § 153 Rz 11; *Kert/Komenda* in *Kalss/Kunz* Rz 67; *Artmann* in Wirtschaftsstrafrecht 2008, 236; *McAllister* in *Preuschl/Wess*, Wirtschaftsstrafrecht § 153 Rz 51; OGH 15.9.1981, 9 Os 138/81; OGH 24.11.1988, 12 Os 87/88; OGH 27.8.1987, 12 Os 54/87; OGH 29.5.1985, 9 Os 69/85; OGH 2.7.2013, 13 Os 131/12g; OGH 11.11.2015, 15 Os 97/14z; OGH 25.11.2015, 13 Os 142/14b; OGH 7.11.2000, 14 Os 123/00; RIS-Justiz RS0094686.

443 *Kienapfel/Schmoller*, BT II^2 § 153 Rz 91; *Kert/Komenda* in *Kalss/Kunz* Rz 67; *McAllister* in *Preuschl/Wess*, Wirtschaftsstrafrecht § 153 Rz 57; OGH 6.9.2016, 13 Os 105/15p; OGH 2.7.2013, 13 Os 131/12g.

444 *Kienapfel/Schmoller*, BT II^2 § 146 Rz 162.

445 *Kienapfel/Schmoller*, BT II^2 § 153 Rz 91; *Flora* in *Leukauf/Steininger*^{4} § 153 Rz 28; *Leukauf/Steininger*^{3} § 153 Rz 28; OGH 6.9.2016, 13 Os 105/15p; OGH 8.3.2016, 14 Os 56/15i; OGH 25.11.2015, 13 Os 142/14b; OGH 24.4.2013, 15 Os 20/13z; OGH 7.11.2001, 13 Os 138/01; RIS-Justiz RS0094565. krit hingegen *Tipold* in Berufssportrecht VII 66.

Da die Kompensation gewissermaßen das Gegenstück zum Schaden bildet, müssen dabei diejenigen Vermögensbestandteile zu berücksichtigen sein, deren Minderung schadensbegründend sein kann. Während etwa in Deutschland in extensiver Weise verschiedenartige Vorteile in die Schadenskompensation einbezogen werden – so wurde etwa sogar die Bundesligazugehörigkeit[446] entsprechend gewertet – besteht in Österreich ein eingeschränkteres Verständnis kompensierender Werte. Mit Blick auf den wirtschaftlichen Vermögensbegriff ist ein Ausgleich des Vermögensabflusses vor allem durch Leistungen des Vertragspartners, Sicherheiten, Retentionsrechte, aber auch durch den Erwerb von Forderungen möglich.[447] Jedenfalls erforderlich ist die wirtschaftliche Werthaltigkeit der kompensierenden Position. Dabei ist grundsätzlich ihr Marktwert beachtlich.[448] Forderungen sind ausgehend vom Nominalwert nach ihrer Durchsetzbarkeit zu bewerten, in Ermangelung derer sie wirtschaftlich wertlos sind.[449] So ist bei einem Kreditvertrag mit einem insolventen Schuldner bereits die Ausgabe der Kreditvaluta schadensbegründend. Der aus dem Vertrag resultierende Rückzahlungsanspruch vermag den Vermögensabfluss nicht zu kompensieren, weil er aufgrund schon bestehender Zahlungsunfähigkeit des Kreditnehmers wirtschaftlich wertlos ist.[450] Leistet der Schuldner in der Folge dennoch Zahlungen, so wirken diese nachträglich schadensmindernd und haben keine Auswirkung auf die bereits erfolgte Tatbestandserfüllung.[451] Ebenso wenig kommt bloßen Exspektanzen, also etwa Hoffnungen auf einen späteren Geschäftsabschluss, ein aktuell bestehender und damit in der Gesamtsaldierung zu berücksichtigender Vermögenswert zu.[452] Die nachträgliche Schadensbeseitigung bzw –minderung wirkt sich nicht auf die Tatbestandserfüllung aus, auf spätere Hand-

---

446 BGH 27.2.1975, 4 StR 571/04; vgl zur Schadenskompensation in Deutschland eingehend *Lösing*, Die Kompensation des Vermögensnachteils durch nicht exakt quantifizierbare, vermögenswirksame Effekte (2010) 70 ff.

447 *Kienapfel/Schmoller*, BT II^2 § 146 Rz 163.

448 *Kienapfel/Schmoller*, BT II^2 § 146 Rz 165; *Kert* in SbgK § 146 Rz 219.

449 *Kienapfel/Schmoller*, BT II^2 § 146 Rz 165.

450 Klarstellend AB 728 BlgNR XXV GP 6 = 1; *Fuchs* in JB Wirtschaftsstrafrecht und Organverantwortlichkeit 2015, 360; RIS-Justiz RS0126620; zum Kreditbetrug OGH 9 Os 207/58 SSt 30/15; OGH 10.12.1996, 11 Os 106/96; vgl außerdem *McAllister*, ÖJZ 2014, 14 f.

451 *Fuchs* in JB Wirtschaftsstrafrecht und Organverantwortlichkeit 2015, 360; zum Kreditbetrug OGH 9 Os 207/58 SSt 30/15; OGH 10.12.1996, 11 Os 106/96; vgl außerdem *McAllister*, ÖJZ 2014, 14 f.

452 *Kienapfel/Schmoller*, BT II^2 § 146 Rz 144; *Kirchbacher* in WK^2 StGB § 146 Rz 61.

lungen und Wertveränderung kann aber in der Strafzumessung Bedacht genommen werden.[453]

Die Schadensermittlung folgt aber nicht durchgängig wirtschaftlichen Grundsätzen, sondern wird bisweilen durch weitere Ansätze ergänzt, nach welchen die individuelle Situation des Betroffenen Berücksichtigung findet.[454] Dies gilt in Betrugsfällen insbesondere bei der individuellen Unbrauchbarkeit der Gegenleistung, wenn also eine Sache täuschungsbedingt erworben wird, die zwar objektiv ihrem Marktwert entspricht, für den Getäuschten aber konkret unbrauchbar ist. Würde sich die Beurteilung rein an wirtschaftlichen Grundsätzen orientieren, läge kein Vermögensschaden vor. Davon abweichend ist nach hM ein objektiv-individueller Maßstab anzulegen, im Rahmen dessen auch opferbezogene Schadensfaktoren zu berücksichtigen sind.[455] IdS besteht der Wert einer Sache, die für den Getäuschten individuell unbrauchbar ist, nicht in ihrem marktüblichen Anschaffungspreis, sondern in ihrem Wiederverkaufswert, der idR geringer zu veranschlagen ist.[456] Der Vermögensschaden ergibt sich in diesen Fällen bei Anwendung des objektiv-individuellen Maßstabs aus der Differenz zwischen dem Kaufpreis der Sache und ihrem Wiederverkaufspreis.[457]

Ob eine Gegenleistung individuell nützlich ist, wird nach dem persönlichen Wirtschaftsplan des Einzelnen beurteilt und somit nach seinen persönlichen Vorstellungen und Präferenzen.[458] Zur Frage, inwieweit ein Motivirrtum für die Schadensermittlung bedeutsam ist, bestehen unterschiedliche Ansichten. Überwiegend wird darauf abgestellt, ob es sich bei der konkreten Unbrauchbarkeit um ein dominantes Motiv handelt, dem besondere Bedeutung zukommt.[459] Manche Autoren nehmen außerdem darauf Bezug, ob es Vertragsinhalt wurde.[460] Individuelle Schadensfaktoren sind nicht nur für die Ermittlung des Betrugsschadens

---

453 *Kienapfel/Schmoller*, BT II² § 146 Rz 166.

454 Vgl *Kienapfel/Schmoller*, BT II² § 146 Rz 126, die von einer „differenzierten Vermögensbewertung“ ausgehen, die gewissen „Randkorrekturen zugänglich ist“.

455 *Kienapfel/Schmoller*, BT II² § 146 Rz 175 ff; *Kirchbacher* in WK² StGB § 146 Rz 80; *Flora* in *Leukauf/Steininger*⁴ § 146 Rz 41; *Kert* in SbgK § 146 Rz 245; krit *Birklbauer/Hilf/Tipold*, BT I⁴ § 146 ff Rz 43.

456 *Kienapfel/Schmoller*, BT II² § 146 Rz 177; *Kert* in SbgK § 146 Rz 248; *Birklbauer/Hilf/Tipold*, BT I⁴ § 146 ff Rz 42.

457 *Kienapfel/Schmoller*, BT II² § 146 Rz 177; *Kert* in SbgK § 146 Rz 248; *Birklbauer/Hilf/Tipold*, BT I⁴ § 146 ff Rz 42; *Bertel/Schwaighofer/Venier*, BT I¹⁴ § 146 Rz 26.

458 *Kienapfel/Schmoller*, BT II² § 146 Rz 179; vgl auch *Kert* in SbgK § 146 Rz 249 ff.

459 *Kienapfel/Schmoller*, BT II² § 146 Rz 179 ff.

460 *Fuchs/Reindl-Krauskopf*, BT I⁶ 206; *Lewisch*, BT I² 234.

relevant, sondern ebenso für den Vermögensschaden bei der Untreue.[461] Dementsprechend ist in der Schadensermittlung nur eine Gegenleistung zu berücksichtigen, die im wohlverstandenen wirtschaftlichen Interesse des Machtgebers liegt.[462]

3. Vermögensschaden bei missbräuchlichem Sponsoring

Legt man die allgemeinen Grundsätze des untreuerelevanten Vermögensschadens auf missbräuchliche Sponsoringtätigkeiten um, so liegt mit dem Vertragsabschluss und der Anspruchsbegründung, spätestens aber mit der Auszahlung der Sponsoringleistung prima facie ein (bezifferbarer) effektiver Vermögensverlust des Unternehmens vor. In die Berechnung muss das für Sponsoring charakteristische Austauschverhältnis einbezogen und idS beurteilt werden, welcher Wert den aus der Sponsoringbeziehung gezogenen positiven Vermögenswerten zukommt, um sie der mit der Auszahlung der Sponsoringleistung erfolgten Vermögensverringerung im Rahmen einer Gesamtsaldierung gegenüberstellen zu können.[463]

Die für die Schadensberechnung bedeutsame Kompensation des Vermögensverlustes wirft im Fall von Sponsoringtätigkeiten eine Reihe an Fragestellungen auf. Da sich der OGH in seiner Sponsoring-Entscheidung[464] speziell mit dem Tatbildmerkmal des Vermögensschadens beschäftigte, soll dieses Urteil als Ausgangspunkt für die Auseinandersetzung mit möglichen Lösungsansätzen dienen.

3.1. Der „Vermögensschaden" in der Sponsoring-Entscheidung des OGH

3.1.1. Ausführungen des Gerichts

Der OGH beschäftigte sich in seiner Sponsoring-Entscheidung auch mit dem durch die Sponsoringleistungen entstandenen Untreueschaden und legte dabei mehrere Ansätze zur Schadensberechnung dar.

Im konkreten Fall war die durch die überhöhten Zahlungen an den Sportverein entstandene Vermögensverringerung der Gesellschaft evident. Diese Tatsache reichte aber nicht für die Begründung des Untreueschadens aus. Der OGH sah es vielmehr als erforderlich an, eine Saldierung des Vermögensabflusses mit der aus dem Sponsoring resultierenden Ausweitung des Werbeeffekts für das Unter-

---

461 *Kienapfel/Schmoller*, BT II^2 § 153 Rz 93; *McAllister* in *Preuschl/Wess*, Wirtschaftsstrafrecht § 153 Rz 51.

462 OGH 19.12.1984, 11 Os 55/84; OGH 11.11.2015, 15 Os 97/14z; *Flora* in *Leukauf/Steininger*^{4} § 153 Rz 34.

463 Vgl *Lewisch* in FS Raschauer 341 in FN 13.

464 OGH 12 Os 50/90 JBl 1991, 532.

nehmen vorzunehmen. IdS hätte das Erstgericht prüfen müssen, ob sich aufgrund der mit den erhöhten Zahlungen einhergegangenen vermehrten sportlichen Erfolge der Damenmannschaft auch die positiven Sponsoringeffekte erweitert hatten. Der Ausgleich der Vermögensminderung mit einem derartigen wirtschaftlichen Vorteil war nach Ansicht des OGH speziell auch aufgrund der vorliegenden Verfahrensergebnisse wahrscheinlich. So waren nach den Aussagen der Vereinsfunktionäre sowie des (gesondert verfolgten) Generaldirektors der Versicherungsgesellschaft nicht nur die sportlichen Erfolge und die dadurch erzielte höhere Werbewirkung für den Sponsor bestätigt worden, gerade dieser Sportverein sei überdies werbewirksamer gewesen als andere hoch gesponserte Vereine.

Hinsichtlich der Kompensation der Vermögensminderung durch Werbeeffekte stellte der OGH vorab fest, dass die Unmöglichkeit, diese exakt zu quantifizieren, nicht entscheidend sei, wobei er dennoch, unter Berufung auf Erfahrungswerte aus der Werbebranche, eine Möglichkeit zu ihrer Berechnung anführte. So könne – neben dem wirtschaftlichen Erfolg – gemessen werden, wie die Häufigkeit der medialen Berichterstattung über den gesponserten Sportverein zu den entsprechenden (fiktiven) Kosten von Werbeeinschaltungen in eben diesem Ausmaß in Relation stehe. Damit ergebe sich eine objektivierbare Grundlage für den Vermögenszuwachs des Sponsors.

Der OGH sah aber darüber hinaus einen Vermögensschaden selbst dann nicht als jedenfalls gegeben an, wenn die auf diese Weise berechnete Werbewirkung kein volles Äquivalent für die ausbezahlten Leistungen seien, etwa, weil sich die Erwartungen des Sponsors im konkreten Fall nicht erfüllt hätten. Es käme bei der Beurteilung nämlich lediglich auf die Erreichung des mit dem wirtschaftlichen Austauschverhältnis gekoppelten Zwecks an. Der OGH zog in diesem Zusammenhang eine Parallele zu besonderen Formen des Betrugs, in denen der Getäuschte täuschungsbedingt eine Vermögensverfügung vornimmt, ohne dabei eine materiell messbare Gegenleistung zu erwarten.

Der OGH vertiefte seine Ansätze zur Schadenskompensation bei Sponsoringtätigkeiten nicht weiter, weil die für die Schadensermittlung erforderlichen Tatsachen im erstinstanzlichen Verfahren nicht festgestellt worden waren. Er hob das Urteil daher zur Gänze auf und trug dem Erstgericht die Verfahrenserneuerung auf.

3.1.2. Anmerkungen

Der OGH folgt bei der Schadensermittlung dem allgemein anerkannten Grundsatz, dass der Vermögensschaden bei der Untreue durch eine Gesamtsaldierung aller aus der Tathandlung resultierenden positiven und negativen Auswirkungen zu berechnen ist. IdS müssen die, sich aus der missbräuchlichen Vertretungshandlung ergebenden wirtschaftlichen Vorteile des Machtgebers mit der ausgezahlten Sponsoringleistung aufgerechnet werden.

Zur rechtlichen Wertung der Sponsoringeffekte lassen sich aus der Entscheidung im Wesentlichen zwei Ansätze ableiten: Auf der einen Seite knüpft der OGH an die Berechnung der aus dem Sponsoring hervorgehenden Wirkungen an und zieht dazu quantitative Methoden heran, anhand derer die Werbeeffekte objektiv gemessen und somit den Ausgaben kompensierend gegenübergestellt werden können.

Auf der anderen Seite geht der OGH von einer wirtschaftlichen Betrachtungsweise ab, indem er feststellt, dass die Unmöglichkeit der exakten Quantifizierung der Werbewirksamkeit „nicht entscheidend" sei. Selbst wenn ein berechneter Vorteil die ausgezahlten Leistungen nicht kompensieren könnte, weil sich die Erwartungen des Sponsors nicht erfüllen würden, läge nicht zweifelsfrei ein Vermögensschaden vor. Es käme vielmehr auf die Erreichung des mit dem wirtschaftlichen Austauschverhältnis gekoppelten Zwecks an. Dazu verweist der OGH auf Sonderkonstellationen des Betrugs, nämlich den Spenden- und Bettelbetrug. In diesen Fällen werden durch den Getäuschten bewusst unentgeltliche Leistungen im Hinblick auf einen bestimmten Zweck erbracht, der nach dem Tatplan des Täuschenden von Anfang nicht erfüllt werden soll – der irreführende Bettler kauft sich mit dem erbettelten Geld nicht wie angegeben Nahrungsmittel, sondern Schnaps und Zigaretten; der Präsident einer Wohltätigkeitsorganisation verwendet Spendengelder für sich.[465]

Ob in diesen Konstellationen, in denen sich der Leistende gar keine Gegenleistung erwartet, rein aufgrund seines Motivirrtums der Betrugstatbestand erfüllt ist, wird uneinheitlich beurteilt.[466] Grundsätzlich vertritt die hM, dass eine Vermögensverfügung, die eine über die wahre Sachlage aufgeklärte Person nicht vorgenommen hätte, schon mit der Leistungserbringung zu einem Vermögensschaden führt.[467] Zu diesen oftmals unter dem Titel der „Zweckverfehlung"[468]

---

465 Vgl die Beispiele in *Fuchs/Reindl-Krauskopf*, BT I^6 206 f.

466 *Fuchs/Reindl-Krauskopf*, BT I^6 206 f; *Kienapfel/Schmoller*, BT II^2 § 146 Rz 185; *Kirchbacher* in WK^2 StGB § 146 Rz 68.

467 *Kienapfel/Schmoller*, BT II^2 § 146 Rz 185; *Kert* in SbgK § 146 Rz 294; *Birklbauer/Hilf/Tipold*, BT I^4 § 146 ff Rz 37; *Flora* in *Leukauf/Steininger*[4] § 146 Rz 49; differenzierend *Fuchs/Reindl-Krauskopf*, BT I^6 207.

468 Die Bezeichnung „Zweckverfehlungslehre" findet sich überwiegend im deutschen Schrifttum, das einen Vermögensschaden allerdings abweichend von der österreichischen hM erst mit der Zweckverfehlung und nicht schon in der Leistungserbringung annimmt; vgl *Kindhäuser* in NK-StGB[5] § 263 Rz 259; *Hefendehl* in MüKoStGB[3] § 263 Rz 819 ff.

diskutierten Betrugsvarianten zählen darüber hinaus Fälle, in denen keine einseitige bewusst unentgeltliche Leistung vorliegt, sondern vielmehr ein Austauschverhältnis, das aber mit einem ideellen Zweck gekoppelt ist, über den der Täter täuscht; als Beispiel dient der Verkauf von Sachen als „Blindenware“ mit dem fälschlichen Hinweis, dass der Verkaufserlös einem Blindenwerk zukommen soll.[469] In diesen Konstellationen wird ein Vermögensschaden in Höhe der Wertdifferenz zwischen dem geleisteten Entgelt und dem Wert der erlangten Ware angenommen.[470]

Die folgenden Ausführungen befassen sich zunächst mit Bewertungsmöglichkeiten von Sponsoringwirkungen und ihrer Zweckmäßigkeit für die Beurteilung eines strafrechtlich relevanten Vermögensschadens (3.2.1.). Daran anschließend ist zu prüfen, inwieweit sich aus der „Zweckerreichung“ ein die Vermögensverringerung kompensierender Wert ableiten lässt (3.2.2.). Schließlich sind die Ausführungen des OGH um einen eigenen Lösungsansatz zu erweitern (3.2.3.).

3.2. Schadenskompensation durch Sponsoringgegenleistungen

3.2.1. Die Bewertung der Sponsoringwirkung

Mit der „Sponsoringwirkung“ sind jene Effekte gemeint, die vom Unternehmen mit dem Sponsoringengagement angestrebt werden, die also die getätigten Ausgaben kompensieren und darüber hinaus wirtschaftlich ertragreich sein sollen. Übergeordnetes Ziel jedes Sponsoringengagements ist für den Sponsor der ökonomische Nutzen, dabei kommt neben der Förderung von Absatz und Gewinn auch die allgemeine Erhöhung des Marken- und Firmenwertes in Betracht.[471] Zur Erreichung dieser ökonomischen Zwecke werden je nach Art der Sponsoringbeziehung Maßnahmen mit unterschiedlicher untergeordneter Zielrichtung gesetzt. Ist beispielsweise beim Sportsponsoring die Steigerung der Bekanntheit des Sponsors von besonderer Bedeutung, tritt dies im Kulturbereich hingegen zumeist eher zurück.[472] IdR sind Sponsoringtätigkeiten allgemein auf das Ziel eines Imagetransfers gerichtet. Das Medium und die Botschaft sollen in der Wahrnehmung der Zielgruppe miteinander verknüpft werden. Mit der Erreichung der (variablen) untergeordneten Ziele sollen sich letztlich mittel- und langfristig wirtschaftliche Vorteile für das Unternehmen ergeben. Ebendiese durch die Sponsoringmaßnahmen entstandenen Vorteile sind im Zuge der Scha-

469 *Kienapfel/Schmoller*, BT II^2 § 146 Rz 188; vgl auch schon die vom OGH zitierte Vorauflage.

470 *Kienapfel/Schmoller*, BT II^2 § 146 Rz 188.

471 *Castan*, Erfolgskontrolle 41f.

472 Vgl I. B. 2.1.

densberechnung zu messen und dem Vermögensabfluss gegenüberzustellen, die dabei auftretenden Bewertungsschwierigkeiten sind evident.[473] Dennoch werden dem Ansatz des OGH folgend entsprechende Sponsoring-Evaluationsmethoden aufgezeigt und auf ihre Zweckmäßigkeit für die strafrechtliche Schadenskompensation untersucht.

Die Beurteilung der Vorteilhaftigkeit eines Sponsoringengagements für einen Sponsor bezeichnet man generell als Erfolgskontrolle. Sie ist – ebenso wie die Planung und die Erarbeitung einer Strategie – Teil des zweckmäßigen Einsatzes von Sponsoring als Kommunikationsinstrument und vor dem Hintergrund des ökonomischen Prinzips außerdem Basis seiner Legitimation.[474] Dennoch führen Unternehmen in der Praxis nur selten Erfolgskontrollen durch, dies wird oftmals als ein Problembereich der Sponsoringumsetzung angesehen.[475] Ziel der Erfolgskontrolle ist es prinzipiell, die entstandenen kommunikativen Wirkungen zu messen, aus denen in der Folge ökonomische Größen abgeleitet werden. So kann letztlich festgestellt werden, ob eine bestimmte Maßnahme erfolgreich war oder die eingesetzte Strategie weiterentwickelt bzw verbessert werden sollte.[476] Es ist zu prüfen, ob die Erfolgskontrolle über ihre betriebswirtschaftliche Bedeutung hinaus auch zweckmäßige strafrechtliche Ergebnisse für die Gesamtsaldierung des Vermögensschadens bei Sponsoringtätigkeiten bringen kann. Dazu ist zumindest in Grundzügen auf einen Ausschnitt verschiedener Methoden einzugehen, die im Marketing- und Kommunikationssektor in diesem Zusammenhang entwickelt wurden, wobei keine davon als verbindlich angesehen werden kann.[477]

3.2.1.1. Evaluationsmethoden

Die Sponsoringkontrolle teilt sich in eine Prozess- und Ergebniskontrolle.[478] Während die Prozesskontrolle auf die Kontrolle von Planung, Konzeptionierung und Durchführung der jeweiligen Maßnahmen gerichtet ist, bezieht sich die Ergebniskontrolle auf die Überprüfung der Zielerreichung.[479] Letztere spielt in

---

473 Vgl *Ransiek*, ZStW 2004, 675.

474 *Marwitz*, Kontrolle 62.

475 *Bruhn*, Sponsoring[6] 500; *Kolarz-Lakenbacher/Reichlin-Meldegg*, Sponsoring 25.

476 *Castan*, Erfolgskontrolle 31f.; *Marwitz*, Kontrolle 63.

477 *Castan*, Erfolgskontrolle 16; *Marwitz*, Kontrolle des Sponsoring: Theoretische Grundlagen, „State of the Art" und Umsetzung in der Praxis, in *Bagusat/Marwitz/Vogl* (Hrsg), Handbuch Sponsoring (2008) 69 (77).

478 *Marwitz*, Kontrolle 64.

479 *Marwitz*, Kontrolle 64.

der Praxis eine bedeutendere Rolle[480] und ist auch im vorliegenden Zusammenhang von Relevanz.

Basis der Ergebniskontrolle ist die im Vorfeld vorgenommene Festlegung der Sponsoringziele. Dabei ist auf klare Formulierungen zu achten, das vage Ziel der „Imageförderung" als solches reicht beispielsweise für eine aussagekräftige Evaluation nicht aus.[481] Neben den zu beeinflussenden Imagedimensionen (etwa Qualität, Zuverlässigkeit, Innovation) sind die anvisierten Zielgruppen zu präzisieren; dabei ist es zweckmäßig, auch den aktuellen Kenntnisstand dieser Personen zu untersuchen. Erst danach kann bestimmt werden, ob das bestehende Image mit dem gewünschten Leitbild des Unternehmens bereits übereinstimmt und somit lediglich stabilisiert werden soll oder ob eine entsprechende Änderung angestrebt wird. In letzterem Fall ist auch die genaue Richtung der angestrebten Veränderung festzulegen.[482]

Für die Evaluation bestehen verschiedene Ansätze, die sich unter anderem nach der Art des Kontrollergebnisses (qualitativ, quantitativ, gemischt), der Methodik der Kontrolle sowie der Häufigkeit ihrer Durchführung einteilen lassen.[483] Von besonderer Bedeutung ist außerdem die Festlegung der zu kontrollierenden Größe. Neben der Kontrolle der Wahrnehmung, der Erinnerung und Bekanntheit, der Einstellung und des Images sowie ökonomischer Größen ist besonders die der Reichweite des Sponsoring hervorzuheben.[484] Zur Kontrolle der Reichweite werden vor allem quantitative Methoden eingesetzt. Diese konzentrieren sich – je nach Art des Sponsoring – etwa auf die Messung der Besucherzahlen einer Veranstaltung oder die entstandene Medienresonanz. Ein solches Instrument ist beispielsweise die sog *Reichweitenanalyse*; dabei wird unter Berücksichtigung der Häufigkeit der Berichterstattung über das Sponsoringobjekt und den jeweiligen Einblendungen in den Medien auf die Anzahl der Kontakte geschlossen.[485] In weiterer Folge kann auf diese Weise der sog „Tausender-Kontaktpreis" („TKP", „Tausendersponsoringpreis") berechnet werden. Dieser umfasst die Kosten, die aufgewendet wurden, um tausend Personen innerhalb der entspre-

---

480 *Marwitz*, Kontrolle 170 f.

481 *Marwitz* in *Bagusat/Marwitz/Vogl* 78; *Marwitz*, Kontrolle 65.

482 *Castan*, Erfolgskontrolle 38f, 76.

483 Für eine umfasssende Systematisierung siehe *Marwitz*, Kontrolle 87 ff; vgl auch *Castan*, Erfolgskontrolle 83 ff.

484 *Marwitz*, Kontrolle 93 ff.

485 Dies wird durch „PR Clippings" bzw „Pressespiegel" vorgenommen, *Castan*, Erfolgskontrolle 84; *Marwitz*, Kontrolle 97.

chenden Zielgruppe zu erreichen.[486] Unverzichtbare Grundlage dieser Methode ist jedenfalls die Festlegung der Kriterien, anhand deren das Vorliegen einer Kontakteinheit definiert werden kann. Zur Standardisierung wurden vom deutschen Fachverband Sponsoring (FASPO) in einer Veröffentlichung dazu spezifische Voraussetzungen bestimmt.[487]

Eine weitere quantitative Methode ist die sog *Werbewertermittlung*, die auch vom OGH als Beispiel eines Berechnungsansatzes für Werbewirkungen genannt wurde. Ausgangspunkt ist wiederum die Ermittlung der Häufigkeit der medialen Berichterstattung über das Sponsoringobjekt, anhand dessen in weiterer Folge die fiktiven Werbeausgaben berechnet werden, die für entsprechende Werbeeinschaltungen dieser Art im jeweiligen Umfang gezahlt werden müssten. Durch den Vergleich der – je nach Lage des konkreten Falles – geringeren bzw höheren Sponsoringzahlungen mit den Ausgaben für klassische Werbung wird auf die Wirtschaftlichkeit des Sponsoringengagements geschlossen („Werbeäquivalenzwert“).[488]

Andere Methoden der Ergebniskontrolle sind nur in Laborsituationen durchführbar, so etwa die Kontrolle der Wahrnehmung. Dazu kann unter anderem das Verfahren der Blickregistrierung eingesetzt werden, das die Augenbewegungen von Versuchspersonen aufzeichnet und damit Rückschlüsse auf die wahrgenommenen Informationen ermöglicht.[489] Die Erinnerung an das Sponsoring wird mittels der qualitativen Erkenntnismethode der Befragung von Probanden kontrolliert, typisch ist der Wiedererkennungstest, bei dem die Wiedererkennung bereits gesehener Sponsoring-Botschaften untersucht wird.[490] Demgegenüber bestehen nur in sehr eingeschränktem Ausmaß ökonomische Ansätze zur Ergebniskontrolle; sie messen beispielsweise die Auswirkung des Abschlusses von Sponsoringvereinbarungen auf den Aktienkurs börsennotierter Unternehmen, sind aber zur Kontrolle von Sponsoringwirkungen nur bedingt zweckmäßig.[491]

Die Methoden der Erfolgskontrolle sind in verschiedener Hinsicht mit Unsicherheiten behaftet. Werden etwa quantitative Methoden eingesetzt, um die Erreichung von Kontaktzielen zu ermitteln, so sind im Ergebnis lediglich Kontakt-

---

486 *Bruhn*, Sponsoring[6] 191; *Castan*, Erfolgskontrolle 85 ff; *Kolarz-Lakenbacher/Reichlin-Meldegg*, Sponsoring 26; *Marwitz*, Kontrolle 98 f.

487 Vgl http://www.faspo.de/de/faspo-publikationen/d/faspo-konvention.html (abgerufen am 6.6.2017); eingehend *Castan*, Erfolgskontrolle 87; *Marwitz*, Kontrolle 100.

488 *Marwitz*, Kontrolle 98; *Kolarz-Lakenbacher/Reichlin-Meldegg*, Sponsoring 26.

489 *Marwitz*, Kontrolle 106.

490 *Marwitz*, Kontrolle 116.

491 *Marwitz*, Kontrolle 136 ff.

chancen ableitbar. Darüber hinaus fehlen auch bei gesicherten Kontakten einer Zielperson mit der Sponsoringbotschaft Informationen darüber, wie das Sponsoring letztlich wahrgenommen wurde, ist die Aufmerksamkeit der Rezipienten doch idR nicht primär auf den Sponsor, sondern vielmehr auf das Sponsoringobjekt und dessen Umfeld gerichtet.[492]

Ganz grundsätzlich wirken sich zahlreiche, nicht überprüfbare Einflussfaktoren auf die Wahrnehmung von Sponsoringmaßnahmen aus. Stimmen etwa aus Perspektive der Rezipienten die Werte des Sponsoringobjekts nicht mit dem Unternehmensleitbild überein, ist die Sponsoringbeziehung unglaubwürdig und nicht erfolgsversprechend.[493] Die Glaubwürdigkeit wird auch von der Kontinuität und Dauer des Engagements beeinflusst, diese zeitlich bedingten Verzögerungen der Sponsoringeffekte tragen zur erschwerten Messbarkeit bei.[494] Zu beachten ist außerdem, dass Sponsoring nicht isoliert, sondern als Teil einer komplexen Kommunikationsstruktur eingesetzt wird, wodurch eine nicht durchführbare Abgrenzung der Nutzeffekte von denen anderer zeitgleich eingesetzter Kommunikationsinstrumente erforderlich wäre.[495] Dies gilt nicht zuletzt auch im Zusammenhang mit Sponsoringaktivitäten anderer Unternehmen, die sich ebenso auf die Rezeption der zu evaluierenden Maßnahmen auswirken.[496]

Die verschiedenen, nicht messbaren und sich der Kontrolle des Sponsors entziehenden Einflussfaktoren und Wirkungsinterdependenzen bestehen in jedem Schritt der Evaluation, von der Festlegung der Sponsoringziele bis hin zu ihrer Durchführung mit Hilfe der jeweiligen Erkenntnismethoden.[497] Im Ergebnis ermöglichen die Methoden der Ergebniskontrolle keine isolierte und exakte Messung der Sponsoringwirkungen, sondern lediglich Tendenzaussagen.[498] Es lässt sich folglich auch kein monetärer Wert ermitteln, der als Einnahme aus dem Sponsoringengagement den getätigten Ausgaben gegenübergestellt werden kann.[499] Aus betriebswirtschaftlicher Perspektive ist dies aber auch nicht direktes Ziel einer Evaluation, bei der es vielmehr darum geht, die Effektivität verschie-

---

492 *Castan*, Erfolgskontrolle 84; *Bruhn*, Sponsoring[6] 194 f; *Marwitz*, Kontrolle 102.

493 *Castan*, Erfolgskontrolle 66 ff.

494 *Witt*, Kunstsponsoring 168; *Castan*, Erfolgskontrolle 60.

495 *Witt*, Kunstsponsoring 168; *Hermanns*, Zur Problematik der Sponsoring-Kontrolle, Werbeforschung & Praxis 1991, 29 (30).

496 *Castan*, Erfolgskontrolle 64 ff.

497 Siehe *Castan*, Erfolgskontrolle 58, 84, 89; *Marwitz*, Kontrolle 41.

498 *Marwitz*, Kontrolle 153.

499 *Kössner*, Marketingfaktor Kunstsponsoring (1999) 48; *Kolarz-Lakenbacher/Reichlin-Meldegg*, Sponsoring 22.

dener Sponsoringmaßnahmen zu beurteilen und Konsequenzen mit Blick auf zukünftige Förderungen zu ziehen.[500]

3.2.1.2. Strafrechtliche Wertung

a. Sponsoringwirkungen als Vermögensvorteil?

Letztlich sind die Methoden der Erfolgskontrolle – wenngleich sie aus betriebswirtschaftlicher Sicht zur Überprüfung der Wirksamkeit von Sponsoringmaßnahmen zweckmäßig sein können – für die strafrechtliche Berechnung des eine Vermögensminderung ausgleichenden Nutzens nicht zielführend. Selbst wenn sich im Rahmen der Evaluation gesicherte Erkenntnisse ableiten ließen, würden diese nicht den eigentlich in Frage stehenden wirtschaftlichen Vorteil im Sinne eines Vermögenszuwachses betreffen. Als Beispiel sei auf die Reichweitenanalyse verwiesen, mit Hilfe derer lediglich auf Kontaktzahlen (bzw -chancen), nicht aber auf den daraus womöglich resultierenden ökonomischen Nutzen geschlossen werden kann. Selbst die vom OGH genannte Methode der Werbewertermittlung gibt nicht Auskunft über die aus dem Sponsoringengagement erwachsenen Werbeeffekte, sondern vielmehr über die Kostenersparnis in Relation zu entsprechenden (klassischen) Werbeausgaben. Sponsoringwirkungen könnten die Vermögensminderung aus strafrechtlicher Perspektive folglich erst dann kompensieren, wenn sie sich in einem wirtschaftlichen Vermögenswert niederschlagen. Ein aus Sponsoringaktivitäten resultierender ökonomischer Nutzen liegt vor allem in der Erhöhung des Firmenwerts (Goodwill), der sich allerdings erst bei einer Unternehmensübernahme realisiert.[501] Dabei müsste neben der Frage, ob der Unternehmenswert im konkreten Fall tatsächlich von den Sponsoringmaßnahmen beeinflusst wurde, untersucht werden, inwieweit ein derartiger noch nicht manifestierter Wert generell als Vermögensbestandteil aufzufassen ist.

Indes stehen der Kompensation der Vermögensminderung durch sich ökonomisch manifestierende Sponsoringwirkungen weitere Bedenken entgegen: Neben der Frage, ob sich die Wirkungen *unmittelbar* aus der missbräuchlichen Vertretungshandlung ergeben (b.), bleibt außerdem die Problematik des zeitlichen Horizonts von Sponsoringtätigkeiten (c.) zu berücksichtigen.

---

500 *Witt*, Kunstsponsoring 167; *Wünsch*, Möglichkeiten und Grenzen der Event-Evaluation, in *Wünsch/Thuy* (Hrsg), Handbuch Event-Kommunikation (2007) 73.

501 Vgl *Nuß*, Untreue 608 mwN.

b. Unmittelbarkeitskriterium

Das – nach hA in Rechtsprechung und Lehre[502] erforderliche – Unmittelbarkeitskriterium ist schon für den Schadenseintritt von Bedeutung. Der Vermögensschaden muss unmittelbar aus der Vermögensverfügung des Getäuschten (§ 146 StGB) bzw der missbräuchlichen Vertretungshandlung (§ 153 StGB) erwachsen.[503] Aber auch ein die Gegenleistung kompensierender Vermögenswert muss sich unmittelbar aus der Tathandlung und nicht erst als eine Folgewirkung ergeben.[504] Zieht man im Fall von Sponsoring die Werbe- und Imageeffekte als positive Sponsoringwirkungen zur Kompensation heran, so ist das Unmittelbarkeitskriterium nicht erfüllt: Die Nutzeffekte ergeben sich nicht direkt und unmittelbar aus der missbräuchlichen Vertretungshandlung, sondern erst vermittelt über die mediale Berichterstattung über das Sponsoringobjekt. Die Tathandlung des Machthabers ist somit zwar Ausgangspunkt für die Entstehung der Sponsoringeffekte, es schalten sich allerdings verschiedene Handlungen Dritter als Kausalkette dazwischen.

Eine Lockerung des Unmittelbarkeitskriteriums wäre denkbar, wenn man – wie bisweilen in Deutschland – das Vorliegen eines Vermögensschadens trotz eines aktuell bestehenden Vermögensabflusses verneint, weil die Handlung des Täters nach einem wirtschaftlich vernünftigen Gesamtplan auf einen Erfolg gerichtet ist, der vorerst nur über nachteilige Maßnahmen erreicht werden kann.[505] Ohne die allgemeine Zweckmäßigkeit dieses Ansatzes für die österreichische Untreuebestimmung zu prüfen, ist er im konkreten Zusammenhang nicht anwendbar. Zwar besteht bei Sponsoring oftmals ein Sponsoringkonzept und idS ein Gesamtplan. Allerdings basiert die Erreichung der kompensierenden Sponsoringwirkungen nicht auf weiteren Verfügungen des Täters („Handlungsbündel"),

---

502 *Kienapfel/Schmoller*, BT II² § 153 Rz 94; *Pfeifer* in SbgK § 153 Rz 35; *Flora* in *Leukauf/Steininger*⁴ § 153 Rz 28; *McAllister*, ÖJZ 2014, 18; OGH 3.10.2016, 17 Os 15/16h; OGH 12.4.2016, 11 Os 53/15a; OGH 11.11.2015, 15 Os 98/14x; RIS-Justiz RS0130418.

503 *Kienapfel/Schmoller*, BT II² § 146 Rz 152, § 153 Rz 94; OGH 25.11.2015, 13 Os 142/14b; OGH 7.11.2000, 14 Os 123/00; OGH 30.9.1980, 10 Os 108/79; OGH 17.6.1980, 10 Os 148/79; RIS-Justiz RS0095517.

504 *Kienapfel/Schmoller*, BT II² § 146 Rz 161; OGH 25.11.2015, 13 Os 142/14b; OGH 11.11.2015, 15 Os 97/14z.

505 *Schünemann* in LK¹² § 266 Rz 169; *Saliger*, HRRS 1/2006, 21; *Heger* in *Lackner/Kühl*, StGB²⁹ § 266 Rz 17b; *Lüderssen*, „Nützliche Aufwendungen" und strafrechtliche Untreue, in *Britz/Jung/Koriath/Müller* (Hrsg), Festschrift für Heinz Müller-Dietz (2001) 467 (469 f); *Taschke*, Straftaten im Interesse von Unternehmen – auch strafbar wegen Untreue? in *Prittwitz/Baurmann/Günther/Kuhlen/Merkel/Nestler/Schulz (*Hrsg), Festschrift für Klaus Lüderssen (2002) 663 (667).

sondern sich dazwischenschaltender Dritter, die eigenständig und ohne Einbindung in das Konzept agieren.

c. Zeitlicher Horizont – Gleichzeitigkeitserfordernis

Hinzu kommt die Problematik des zeitlichen Horizonts von Sponsoringwirkungen: Positive Werbe- und Imageeffekte können sich für ein sponserndes Unternehmen erst mittel- oder langfristig entwickeln. Sponsoring wird daher grundsätzlich nicht punktuell eingesetzt, sondern ist vielmehr als Dauerschuldverhältnis konzipiert.[506] Sollen die Sponsoringwirkungen zum Ausgleich des Vermögensabflusses herangezogen werden, muss willkürlich ein Zeitpunkt für die Vornahme der Evaluation bestimmt werden.

Betrifft die Sponsoringtätigkeit eine spezifische Veranstaltung oder ist eine sonstige zeitlich begrenzte Gegenleistung des Gesponserten vereinbart, muss nach ihrem Ablauf bzw ihrer Erbringung festgelegt werden, wann die Sponsoringeffekte eingetreten sind und somit evaluiert werden können. Noch schwieriger ist die Beurteilung, wenn – wie zumeist bei Sponsoringaktivitäten – der Gesponserte keine einmalige zeitgebundene Gegenleistung zu erbringen hat, sondern aufgrund seiner fortlaufenden Leistungen vom Sponsor zeitlich unbegrenzt gefördert wird. Gerade im Fall von Sponsoring von Einzelsportlern oder ganzen Mannschaften ist der Abschluss eines unbefristeten Sponsoringvertrags mit einer jährlichen Fördersumme ebenso denkbar, wie die zeitliche Befristung auf eine Spielsaison. Wenn der OGH in seiner Sponsoring-Entscheidung also darauf abstellt, dass das Vermögen der Gesellschaft nicht geschädigt ist, wenn „die vermehrte Mittelzuführung mit entsprechenden sportlichen Erfolgen einhergegangen ist“ fragt sich – ganz abgesehen davon, ob der Eintritt von Sponsoringeffekten tatsächlich an die sportlichen Resultate gebunden ist – welcher Zeitpunkt für das Vorliegen sportlicher Erfolge festzusetzen ist und darüber hinaus, wie viel Zeit weiter verstreichen muss, damit sich die gewünschten Werbe- und Imageeffekte für das Unternehmen einstellen können.

Dies führt speziell dann zu kaum lösbaren Abgrenzungsfragen, wenn es im zeitlichen Verlauf der Sponsoringbeziehung zu außergewöhnlichen und besonders einschneidenden Entwicklungen kommt, die sich – positiv oder negativ – auf das Sponsoring auswirken können. Zu denken ist etwa an die negativen Imageeffekte, die mit einem Dopingskandal des gesponserten Sportlers einhergehen können. Ein Einfluss auf das Sponsoringengagement kann sich schon durch ein gänzlich davon losgelöstes Ereignis ergeben, das zwar nicht das Sponsoringobjekt an sich

506 *Thiele*, Sponsoring 7; *Thiele*, ecolex-Script 1999, 2; vgl zur Qualifizierung eines auf fünf Jahre beabsichtigten Sponsoringvertrags mit jährlichem Sponsorbetrag in Höhe von 25.000 Euro als Dauerschuldverhältnis, OGH 6.4.2016, 7 Ob 201/15g.

betrifft, wohl aber die mediale Berichterstattung beeinflussen kann. So könnte eine plötzliche humanitäre Katastrophe, ein politischer Umbruch oder ein spektakulärer Kriminalfall dazu führen, dass die geförderte Kulturveranstaltung medial in den Hintergrund gerückt wird und nicht die vorhergesehene Breitenwirkung erfährt, womit auch der Werbeeffekt nicht ausgeweitet werden kann. Wird ex post festgestellt, dass die errechneten Sponsoringwirkungen ihre Ausgaben nicht kompensieren und würde demnach ein Vermögensschaden vorliegen, so wäre dieser im Übrigen nur dann als Erfolg des § 153 StGB anzusehen, wenn er der missbräuchlichen Vertretungshandlung nach allgemeinen Grundsätzen zugerechnet werden kann.[507]

Unter strikter Anwendung der Prinzipien der Schadensermittlung[508] könnte erwogen werden, die im weiteren Verlauf entstandenen Werbe- und Imageeffekte schon deshalb nicht in die Gesamtsaldierung einzubeziehen, weil sie dem Machtgeber formal nicht in demselben Zeitpunkt zuwachsen, in dem sein Vermögen verringert wird, kurz: das Gleichzeitigkeitserfordernis ist nicht erfüllt. Ein derart restriktiver und somit strafbarkeitserweiternder Ansatz, nach dem nicht gleichzeitig mit dem Vermögensabfluss zugegangene kompensierende Vermögenswerte nicht zu berücksichtigen sind, bringt aber keine sachgerechten Ergebnissen und ist daher abzulehnen. Eine solche Einschränkung ist auch mit Blick auf den Zweck der Kriterien von Unmittelbarkeit und Gleichzeitigkeit des Vermögensschadens bzw –zuwachses nicht notwendig. Letztlich sind diese Kriterien darauf ausgerichtet, dass nicht alle (Folge)Wirkungen aus der Tathandlung in die Schadensermittlung einbezogen werden sollen, sondern nur diejenigen, die dem betreffenden Geschäft zurechenbar sind.

Das Gleichzeitigkeitserfordernis zieht daher keine starre zeitliche Grenze, sondern ist fallgruppenbezogen zumindest zu lockern. So ist in Betrugsfällen eine ausgleichende Gegenleistung auch dann relevant, wenn sie nicht, wie bei einem Barkauf, zeitgleich mit der Vermögensverringerung erfolgt, solange sie auf dasselbe Geschäft zurückgeht.[509] Ähnlich auch in Fallkonstellationen, in denen der Machthaber Bestechungszahlungen leistet, um im Gegenzug für das Unternehmen einen großen Auftrag zu lukrieren: Der Vermögenszuwachs kommt dem Machtgeber zwar nicht formal gleichzeitig zu, er erwächst aber aus dem Geschäft des Machthabers und ist daher mit der Vermögensminderung aufzurechnen. Das Gleichzeitigkeitserfordernis ergänzt das Unmittelbarkeitskriterium in zeitlicher Hinsicht. Vermögensbezogene Wirkungen sind zu berücksichtigen, solange sie in den im Zeitpunkt der Tathandlung anvisierten zeitlichen Rahmen

507 Vgl dazu II. B. 3.2.4.

508 Vgl dazu II. B. 2.

509 *Kienapfel/Schmoller*, BT II² § 146 Rz 162; *Kert* in SbgK § 146 Rz 240.

fallen, im Fall der aktiven Bestechungsleistungen ist dies mit dem konkret angezielten Auftrag erfüllt. Bezogen auf den Ansatz des OGH zur Schadenskompensation durch Sponsoringeffekte zeigt sich, dass diesem nicht das Gleichzeitigkeitserfordernis an sich entgegensteht; die Werbewirkungen sind schließlich dem im Zeitpunkt der Tathandlung angedachten zeitlichen Rahmen zuzurechnen. Allerdings bleibt die Problematik des zeitlichen Horizonts zumindest bei zeitlich unbegrenzt ausgestalteten Sponsoringbeziehungen aufrecht und zudem ungelöst, wie mit einschneidenden Entwicklungen umzugehen ist.

Im Ergebnis stehen dem Ansatz des OGH mehrfache Bedenken entgegen: Neben der grundlegenden Frage der Relation von Sponsoringwirkungen zu einem konkreten Vermögenszuwachs des Unternehmens sowie weitreichenden Schwierigkeiten ihrer Messbarkeit erwachsen die positiven Effekte letztlich nicht unmittelbar aus der Machthaberhandlung, sondern aus einer Vielzahl an nicht beeinflussbaren Handlungen Dritter. Die Unsicherheiten hinsichtlich der Kompensation durch Sponsoringwirkungen verdichten sich zudem mit Blick auf beeinflussende zeitliche Entwicklungen.

3.2.2. Kompensation durch Zweckerreichung

Der OGH hält in seiner Sponsoring-Entscheidung fest, dass die durch Sponsoring erzielten Werbewirkungen letztlich nicht exakt quantifizierbar sind, beschränkt sich bei der Schadensermittlung allerdings nicht auf ihre quantitative Berechnung als einzige Kompensationsmöglichkeit, sondern verweist darüber hinaus auf einen weiteren Lösungsansatz.[510] Dieser Ansatz soll insbesondere dann von Bedeutung sein, wenn sich die subjektiven Erwartungen des Sponsors nicht erfüllen und die berechneten Werbeeffekte kein volles wirtschaftliches Äquivalent der Sponsoringausgaben darstellen. Während in solchen Fällen nach einer wirtschaftlichen Betrachtungsweise vom Vorliegen eines Vermögensschadens auszugehen wäre, ist dies nach Ansicht des OGH kein zwingender Schluss. In Anlehnung an die strafrechtliche Wertung der sog Zweckverfehlung beim Betrug (Spenden- und Bettelbetrug) käme es vielmehr darauf an, „ob der mit dem wirtschaftlichen Austauschverhältnis gekoppelte Zweck erreicht wird".

Zieht man eine Parallele zu Fällen des Bettelbetrugs und anderen täuschungsbedingt unentgeltlich erbrachten Leistungen, in denen ein Vermögensschaden aufgrund der irrtumsbedingten Vermögensminderung angenommen wird,[511] so

510 Die Unmöglichkeit der exakten Quantifizierung der Erhöhung des Werbeeffektes ist für den OGH daher „nicht entscheidend".

511 Vgl *Fuchs/Reindl-Krauskopf*, BT I[6] 206 f; *Kienapfel/Schmoller*, BT II[2] § 146 Rz 185; *Kirchbacher* in WK[2] StGB § 146 Rz 68; *Kert* in SbgK § 146 Rz 292; *Birklbauer/Hilf/Tipold*, BT I[4] § 146 ff Rz 37; *Flora* in *Leukauf/Steininger*[4] § 146 Rz 49.

müsste auch die Beurteilung eines Vermögensschadens durch Sponsoringzahlungen davon abhängig sein, ob die Sponsoringleistung dem vereinbarten Zweck zukommen soll. Werden die finanziellen Mittel demnach tatsächlich iSd vertraglichen Vereinbarung verwendet bzw sollen sie dazu verwendet werden, so wäre dem vereinbarten Zweck entsprochen; es könnte kein Vermögensschaden des Unternehmens vorliegen.

Dieser Ansatz würde die strafrechtliche Beurteilung zwar zweifellos vereinfachen, er bringt allerdings keine sachgerechten Ergebnisse: Zum einen ist anzunehmen, dass eine derartige Zweckwidrigkeit eher im Rahmen des Befugnismissbrauchs von Bedeutung ist. Werden die Sponsoringmittel vom Machthaber zweckwidrig verwendet, verhält er sich – eine Rechtshandlung vorausgesetzt – entgegen seiner Verpflichtungen im Innenverhältnis, der Vermögensschaden bleibt als getrenntes Tatbildmerkmal zu untersuchen. Zum anderen könnten Sponsoringtätigkeiten diesem Ansatz folgend letztlich – außer bei geplant zweckwidriger Nutzung – nie schadensbegründend sein. Dies müsste selbst dann gelten, wenn sich aufgrund der Ausgestaltung der Sponsoringbeziehung offenkundig keine positiven Sponsoringeffekte für das Unternehmen ergeben können. Anders wäre dies bei einer echten Unternehmensspende, bei der ein Vermögensschaden gleich einer Spende durch natürliche Personen mit Blick auf die wahre Tatsachenlage zu beurteilen wäre. Die irrtumsbedingte Vermögensminderung ist daher nur bei einseitigen Leistungsverhältnissen Anknüpfungspunkt eines Vermögensschadens. Liegt hingegen ein Austauschverhältnis vor, so wird im Schrifttum auch bei Mitbestehen eines ideellen Zwecks zur Schadensermittlung auf das Werteverhältnis der Leistungen abgestellt.[512]

Die Ausführungen des OGH können folglich nur dahingehend verstanden werden, dass „der mit dem wirtschaftlichen Austauschverhältnis gekoppelte Zweck" nicht schon durch die vereinbarungsgemäße Mittelverwendung erreicht wird, sondern erst durch die grundsätzliche Entstehung von Werbe- und Imageeffekten.[513] Wird der Zweck der Herbeiführung von Sponsoringwirkungen idS erreicht, so ist ein Vermögensschaden selbst dann zu verneinen, wenn die Effekte nicht exakt berechnet werden können bzw ihrer Berechnung zufolge kein wirtschaftliches Äquivalent zu den Ausgaben darstellen.

Diesem Lösungsansatz des OGH kann im Ergebnis nicht gefolgt werden. Wenngleich es nicht auf die Berechnung von Sponsoringwirkungen ankommt, soll die Vermögensminderung dennoch durch deren Eintritt und somit die Zweckerreichung kompensiert werden. Erübrigen sich damit zwar Fragestellungen hinsicht-

512 *Kienapfel/Schmoller*, BT II^2 § 146 Rz 188.

513 So auch *Tipold* in Berufssportrecht VII 67 „gewisse Werbekapazität".

lich des zeitlichen Horizonts der Sponsoringwirkungen, bleibt dennoch offen, ob die eingetretenen Wirkungen einen Vermögenszuwachs begründen und unmittelbar aus der missbräuchlichen Vertretungshandlung resultieren.

3.2.3. Eigener Lösungsansatz

3.2.3.1. Anknüpfung an die Sponsoringvereinbarung

Die Zielrichtung des OGH, die – offenkundig wirtschaftlich werthaltige –Sponsoringbeziehung in der Schadenskompensation zu berücksichtigen, ist im Grunde nicht zu beanstanden. Dass eine aus betriebswirtschaftlicher Perspektive vorgenommene Evaluation der entstandenen Werbe- und Imageeffekte für die strafrechtliche Schadensermittlung ungeeignet ist, steht einer Kompensation der Vermögensverringerung durch den Wert des Sponsoring nicht entgegen. Bei der Gesamtsaldierung ist nicht auf einen sich in den Sponsoringwirkungen manifestierenden Vermögenszuwachs, sondern vielmehr auf die Sponsoringvereinbarung an sich und den daraus erwachsenden Anspruch des Sponsors auf die Sponsoringgegenleistung abzustellen. Dieser Anspruch ist unabhängig von weiteren Zwischenschritten und Handlungen Dritter und resultiert unmittelbar aus der missbräuchlichen Vertretungshandlung des Machthabers. Er umfasst den Wert der Sponsoringbeziehung im Zeitpunkt der Tathandlung, bezogen auf den zeitlichen Horizont der jeweiligen Vereinbarung.

3.2.3.2. Wert der Sponsoringvereinbarung

Sponsoringvereinbarungen beinhalten den Anspruch des Sponsors auf eine Gegenleistung des Gesponserten und verkörpern damit idR einen wirtschaftlichen Wert. Forderungen sind als Vermögensbestandteile vom wirtschaftlichen Vermögensbegriff erfasst.[514] Während zu ihrer Bewertung grundsätzlich auf ihren Nominalwert unter Berücksichtigung ihrer wirtschaftlichen Durchsetzbarkeit abgestellt wird,[515] bringt diese Methode im Zusammenhang mit Ansprüchen des Sponsors auf die Sponsoringgegenleistung wohl keine zweckmäßigen Ergebnisse.

Soll der Wert der Sponsoringgegenleistung berechnet werden, scheint es naheliegend, in erster Linie den Marktwert einer derartigen Vereinbarung heranzuziehen. Denkbar wäre, aufgrund des üblicherweise am Markt für eine entsprechende Leistung zu zahlenden Betrags auf ihren Wert zu schließen. Hierbei ist allerdings zu beachten, dass im Fall von Sponsoring und ähnlichen Vereinbarungen der

---

514 *Kienapfel/Schmoller*, BT II^2 § 146 Rz 128. *Kert* in SbgK § 146 Rz 281; *Kirchbacher* in WK^2 StGB § 146 Rz 61.

515 *Kienapfel/Schmoller*, BT II^2 § 146 Rz 129.

unternehmerische Aufwand nicht dem daraus zu ziehenden Nutzen gleicht. Dies zeigt sich am plakativen Beispiel eines Vertrags mit einem Dienstleister über die Erbringung einer Annoncen-Kampagne: Schließt ein Vertreter einen solchen Vertrag für das Unternehmen und vereinbart er dabei, dass das Unternehmensimage in der Öffentlichkeit durch die Kampagne *herabgesetzt* werden soll, gleicht der rein für die geschalteten Annoncen zu leistende Preis nicht dem für das Unternehmen entstandenen „Nutzen".[516] Es ist folglich nicht der getätigte Aufwand, sondern der Wert des erworbenen Anspruchs zu ermitteln.

Für die Bewertung der Sponsoringgegenleistung ist die Bedeutung individueller Schadensfaktoren evident. Sponsoring ist ein Kommunikationsinstrument, das intensiv mit dem jeweiligen Unternehmensleitbild verbunden ist; die individuellen Komponenten verdeutlichen sich am Ziel des Imagetransfers. Ist ein Sponsoringvertrag mit einem bestimmten Sponsoringobjekt beispielsweise objektiv werthaltig, kann dies aufgrund der spezifischen Strategie und dem Leitbild eines Unternehmens für dieses anders zu beurteilen sein. In gleicher Weise kann ein Sponsoringvertrag aufgrund der individuellen Situation für einen konkreten Sponsor sehr vorteilhaft sein, während er nach marktüblichen Kriterien nicht oder nur bedingt als wirtschaftlich werthaltig zu qualifizieren wäre. Opferbezogene Schadensfaktoren können sich folglich sowohl positiv als auch negativ auf die Bewertung der Sponsoringvereinbarung auswirken. Die individuellen Komponenten der Sponsoringvereinbarung sind zweifellos ein dominantes Motiv und idR auch Teil der vertraglichen Vereinbarung. Die persönliche Nützlichkeit der Sponsoringgegenleistung für das konkrete Unternehmen ist somit für ihre Wertermittlung bedeutsam. Dabei kommt es nicht auf die persönlichen Vorstellungen und Nützlichkeitserwägungen des handelnden Machthabers, sondern auf die Perspektive des sponsernden Unternehmens an, wobei neben dem Unternehmenszweck auch die Unternehmensstrategie, bestehende Marketingkonzepte und entsprechende weitere Aspekte zu berücksichtigen sind.[517]

Der Anspruch auf die Sponsoringgegenleistung beinhaltet eine Vielzahl an werthaltigen Faktoren. Neben dem Wert der Leistung des Gesponserten, der im Grunde eine Prognose über die dadurch zu erreichenden – sich letztlich in einem ökonomischen Nutzen des Sponsors manifestierenden – Sponsoringeffekte beinhaltet, sind insbesondere auch immaterialgüterrechtliche Komponenten, wie etwa der Vermarktungswert der Sponsoringbeziehung,[518] zu berücksichtigen.

---

516 So das Beispiel von *Samson*, Untreue durch Unternehmensspenden? in *Walz/Kötz/Rawert/Schmidt* (Hrsg), Non Profit Law Yearbook 2004, 233 (241).

517 Mit Bezugnahme auf den Unternehmenszweck *Kienapfel/Schmoller*, BT II[2] § 153 Rz 93.

518 Vgl *Thiele*, Sponsoring 7.

Der Wert der Sponsoringvereinbarung ist für den Zeitpunkt der missbräuchlichen Vertretungshandlung bezogen auf den vereinbarten zeitlichen Horizont der (voraussichtlichen) Vertragsbeziehung zu beurteilen. Dies gilt auch dann, wenn der Machthaber – wie im Sachverhalt der Sponsoring-Entscheidung – eine bestehende Vereinbarung nur insofern abändert, als die auszuzahlende Sponsoringsumme bei gleichbleibender Sponsoringgegenleistung erhöht wird. In einem solchen Fall ist (erneut) zu prüfen, ob die unmittelbar verknüpfte Gegenleistung von kompensierendem Wert ist. Der Wert einer Sponsoringvereinbarung bildet daher keine fixe Größe, sondern kann sich beeinflusst von der zeitlichen Entwicklung verändern. Im Übrigen ist unbeachtlich, ob die Sponsoringwirkungen ex post vom Wert der Sponsoringvereinbarung im Zeitpunkt der Tathandlung abweichen; sie sind als nachträgliche Werterhöhung bzw –minderung lediglich im Rahmen der Strafzumessung zu berücksichtigen.[519]

Im Ergebnis ist festzuhalten, dass die aus der Sponsoringleistung resultierende Vermögensminderung durch das Sponsoringverhältnis selbst bzw dem aus diesem entspringenden Anspruch auf die Sponsoringgegenleistung kompensiert werden kann. Der Wert ist unter Anwendung eines objektiv-individuellen Maßstabs konkret für den jeweiligen Sponsor festzulegen. Individuell zu berücksichtigende Faktoren sind beispielsweise die Art, Größe und das Leitbild des Unternehmens, die individuellen Eigenschaften des Sponsoringobjekts sowie erwartete Entwicklungen bezogen auf den zeitlichen Horizont der Sponsoringbeziehung und ihre Ausgestaltung. Die Kriterien variieren unter anderem auch nach der Zielsetzung des Sponsoring. Kommt es dem Sponsor beispielsweise auf eine Breitenwirkung an, ist speziell die – bestehende und erwartete – Medienwirksamkeit des Gesponserten relevant. Ergebnis dieser Beurteilung ist letztlich der prognostizierte wirtschaftliche Nutzen des Sponsoring für das betreffende Unternehmen.

Vor diesem Hintergrund scheint denkbar, dass ein exakter Wert der Sponsoringvereinbarung oftmals nicht ermittelt werden kann. Es bleibt zu untersuchen, ob und inwieweit nicht (exakt) quantifizierbaren Vermögensvorteilen dieser Art dennoch ein kompensatorischer Effekt zukommt.

3.2.3.3. Nicht quantifizierbare Sponsoringvereinbarung

Die Bezifferbarkeit des Vermögensschadens ist für die Vermögensdelikte der §§ 146, 153 StGB in mehrfacher Hinsicht relevant: Zum einen besteht nach allgemeinen Grundsätzen das Erfordernis, dass der Schaden bezifferbar sein

---

519 Vgl *Kienapfel/Schmoller*, BT II^2 § 146 Rz 166.

muss,[520] wobei für die Deliktsvollendung schon die Feststellung des Schadenseintritts ausreicht und seine Höhe erst für das Vorliegen einer Qualifikation bedeutungsvoll ist.[521] Zum anderen ergibt sich der Vermögensschaden aus einer Minderung von Vermögensbestandteilen; dazu zählen nach hM alle wirtschaftlich ins Gewicht fallenden und rechnerisch feststellbaren Werte.[522] Da die Kompensation des Vermögensabflusses ebenso nur durch das Zuführen von Vermögensbestandteilen iSd wirtschaftlichen Vermögensbegriffs möglich ist, muss in einem ersten Schritt festgelegt werden, ob ein nicht (exakt) quantifizierbarer Sponsoringvertrag überhaupt als solcher qualifiziert werden kann. Ist für die Erfüllung des Erfordernisses der „rechnerischen Feststellbarkeit" nämlich ein exakt zu berechnender Wert entscheidend, so können nur diejenigen Positionen, die quantifizierbar sind, kompensatorisch wirken. Diesem Ansatz folgend wäre ein nicht bezifferbarer Wert aus einem Sponsoringvertrag nicht unter den wirtschaftlichen Vermögensbegriff zu subsumieren. Eine Auszahlung der Sponsoringleistung würde demnach einen Vermögensschaden iSd § 153 StGB begründen.

Die Voraussetzung der exakten Bezifferbarkeit von Vermögenspositionen lässt sich aus dem wirtschaftlichen Vermögensbegriff nicht ableiten; auch das Erfordernis der „rechnerischen Feststellbarkeit" zielt nicht auf ein solch restriktives Verständnis ab. Unter Berücksichtigung der bestehenden Rechtsprechung und dem Schrifttum kommt es vielmehr darauf an, ob die in Frage stehende Position ihrem Wesen nach von generell wirtschaftlichem Marktwert ist;[523] dies ist beispielsweise bei im Zuge einer Bestechung „erkauftem" politischem Wohlwollen nicht gegeben.[524] Demgegenüber ist eine Leistung, die grundsätzlich von wirtschaftlichem Interesse ist und für die auch ein Markt besteht, auch dann als werthaltig anzusehen, wenn ihr Inhaber sein ihm zustehendes Recht konkret aus rechtlichen Gründen gar nicht ausüben kann.[525] Auch persönliche Arbeitsleistungen, die nach den Gepflogenheiten des Wirtschaftsverkehrs entgeltlich abgegolten werden, bilden einen Vermögensbestandteil. Dies gilt unabhängig davon, ob

---

520 *Kienapfel/Schmoller*, BT II[2] Allg Vorbem Rz 100; *Flora* in *Leukauf/Steininger*[4] § 153 Rz 32 verlangt eine *„in Geld messbare Vermögenseinbuße"*.

521 OGH 22.4.1980, 9 Os 5/79.

522 *Kienapfel/Schmoller*, BT II[2] § 146 Rz 117.

523 OGH 22.4.1980, 9 Os 5/79.

524 OGH 25.11.2015, 13 Os 142/14b; *Stricker* in JB Wirtschaftsstrafrecht und Organverantwortlichkeit 2016, 69.

525 OGH 10.10.2002, 15 Os 85/02, in Bezug auf die wirtschaftliche Werthaltigkeit einer erteilten behördlichen Errichtungsbewilligung für eine private Krankenanstalt.

sie als Aktiv- oder Passivposten im Vermögen des Empfängers bzw Leistenden sichtbar werden.[526]

Daran anschließend verkörpert auch ein Sponsoringvertrag idR unmittelbar einen wirtschaftlichen Wert und ist somit als Vermögensbestandteil zu qualifizieren. Der darin enthaltene Wert der Sponsoringgegenleistung ist dabei klar von nicht unter den wirtschaftlichen Vermögensbegriff subsumierbaren Exspektanzen[527] zu trennen. Es handelt sich schließlich nicht um reine Erwartungen hinsichtlich sich zukünftig manifestierenden Werbe- und Imageeffekten, sondern um einen bereits bestehenden und somit effektiv im Vermögen enthaltenen wirtschaftlich werthaltigen Leistungsanspruch des Sponsors. Schließt ein Machthaber etwa einen Sponsoringvertrag mit einer eher unbekannten Sportlerin ab, so ist der Sponsoringsumme nicht die bloße Hoffnung auf eine Werbewirkung, sondern vielmehr der konkret zu bewertende und wirtschaftlich werthaltige vertragliche Leistungsanspruch gegenüberzustellen.

Ergibt sich aus der Tathandlung neben der Vermögensverringerung zugleich eine nicht exakt bezifferbare Gegenleistung, so wird nach allgemeinen Grundsätzen anzunehmen sein, dass diese im Zweifel kompensatorisch wirkt und den entstandenen Vermögensschaden somit ausgleicht. Die Grenze ist dort zu ziehen, wo die Kompensation denkunmöglich ist, weil sie sich aufgrund der Ausgestaltung der Leistungsbeziehung gar nicht oder zumindest nicht in der Höhe der Sponsoringausgaben ergeben kann.[528] Wird etwa die eher unbekannte Sportlerin aus einer unteren Liga system- und konzeptlos mit einer hohen Geldsumme gesponsert, so kann durchaus ein Vermögensschaden festzustellen sein, wenn der Leistungsanspruch nach Maßgabe des konkreten Falles keinesfalls ein wirtschaftliches Äquivalent begründet.

Setzt man diesen Lösungsansatz in Relation zur Schadensermittlung des OGH in seiner Sponsoring-Entscheidung, so zeigt sich aufgrund der Bezugnahme auf die Sponsoringvereinbarung statt auf die daraus resultierenden Effekte zwar vordergründig ein anderer Ausgangspunkt der Kompensation. Da die Prognose über die Sponsoringwirkungen und deren wirtschaftliche Vorteile für das Unternehmen aber in die Bewertung der Sponsoringgegenleistung einfließt, verfolgen beide Ansätze im Ergebnis eine vergleichbare Zielrichtung. Letztlich soll die Werthaltigkeit der Sponsoringvereinbarung anerkannt und gemeinsam mit dem daraus

---

526 OGH 22.4.1980, 9 Os 5/79; *Kienapfel/Schmoller*, BT II² § 146 Rz 133; *Kert* in SbgK § 146 Rz 201.

527 OGH 10 Os 158/86 JBl 1988, 125; *Kienapfel/Schmoller*, BT II² § 146 Rz 144.

528 Vgl *Nuß*, Untreue 609 f; *Samson* in Non Profit Law Yearbook 2004, 241.

folgenden ökonomischen Nutzen für das Unternehmen der Vermögensminderung durch die Sponsoringleistung gegenübergestellt werden.

3.2.4. *Schadenszurechnung*

Ist ein Schaden eingetreten, muss in einem nächsten Schritt geprüft werden, ob er gerade aus dem Befugnismissbrauch des Machthabers resultiert, also der Tathandlung nach allgemeinen Grundsätzen objektiv zugerechnet werden kann. Neben der Kausalität, der Adäquanz und dem Risikozusammenhang ist speziell die Risikoerhöhung gegenüber rechtmäßigem Alternativverhalten zu untersuchen.[529] Hat sich das Risiko des Erfolgseintritts durch die missbräuchliche Vertretungshandlung nicht zweifelsfrei erhöht, so kann der Vermögensschaden der Machthaberhandlung objektiv nicht zugerechnet werden.[530] Diesfalls wäre der Machthaber nur wegen versuchter Untreue strafbar (§§ 15, 153 StGB).[531]

Zur Beurteilung der Risikoerhöhung muss in einem ersten Schritt das rechtmäßige Alternativverhalten präzise festgelegt werden.[532] Bei der Untreue ist an den Missbrauchsmaßstab, somit die Pflichten aus dem Innenverhältnis zum Machtgeber anzusetzen, aus deren Zuwiderhandeln der Befugnismissbrauch abgeleitet wurde. Handelt der Machthaber abweichend von einer konkreten Einzelanweisung, so ist die Einhaltung dieser Pflicht der Anknüpfungspunkt für den Vergleich mit dem pflichtgemäßen Verhalten. Ergibt sich der Pflichtenverstoß aus einem Verstoß gegen Verfahrensanordnungen, so ist der hypothetische Verlauf bei einer Handlung in Einklang mit diesen Pflichten zu prüfen.[533] Hätte der Machthaber beispielsweise die Zustimmung eines weiteren Organs einholen müssen, und steht fest, dass die Zustimmung erteilt worden wäre, so kann der Vermögensschaden der missbräuchlichen Machthaberhandlung nicht zugerechnet werden.[534] Hat der Entscheidungsträger aufgrund einer unvertretbaren Er-

---

529 *Kienapfel/Schmoller*, BT II^{2} § 153 Rz 81.

530 *Fuchs/Zerbes*, AT I^{10} 13/56; *Burgstaller/Schütz* in WK^{2} StGB § 6 Rz 74 ff.

531 *Fuchs/Zerbes*, AT I^{10} 13/2.

532 *Burgstaller/Schütz* in WK^{2} StGB § 6 Rz 75.

533 Bei der gesellschaftsrechtlichen Haftung wird die Berufung auf rechtmäßiges Alternativverhalten bei der Verletzung von Verfahrensvorschriften bisweilen als unzulässig erachtet, weil andernfalls ihre Sanktionierung nicht sichergestellt werden kann, vgl *Nowotny* in *Doralt/Nowotny/Kalss*, AktG^{2} § 84 Rz 24; *Koch* in *Hüffer/Koch*, AktG^{13} § 93 Rz 50; da sich der Befugnismissbrauch aber ohnehin nur aus einem Verstoß gegen dem Vermögensschutz des wirtschaftlich Berechtigten dienenden Pflichten ergeben kann, was ebenso bei Verfahrensvorschriften gilt, muss idZ auf die gesellschaftsrechtlichen Argumente nicht eingegangen werden.

534 *Seier* in *Achenbach/Ransiek/Rönnau* 5/2/209; vgl auch *Lewisch*, BT I^{2} 253.

messensausübung missbräuchlich gehandelt, so muss zum Vergleich auf eine in der konkreten Situation vertretbare Rechtshandlung abgestellt werden. Waren dabei ex ante betrachtet mehrere vertretbare Alternativhandlungen denkbar, muss es für die Durchbrechung der Erfolgszurechnung wohl ausreichen, wenn der Schaden auch nur bei Vornahme einer dieser Handlungen ex post eingetreten wäre.

In gleicher Weise könnten die allgemeinen Zurechnungsgrundsätze auch auf eine Vermögensvermehrung angewendet werden, die unmittelbar aus der Missbrauchshandlung folgt und den zeitgleich entstandenen Vermögensverlust grundsätzlich kompensiert. Hätte das rechtmäßige Alternativverhalten den Vermögensvorteil ebenso herbeigeführt bzw die Möglichkeit seiner Herbeiführung zweifelsfrei erhöht, so könnte dieser der Tathandlung nicht zugerechnet werden und würde den Vermögensschaden nicht im Wege der Gesamtsaldierung ausgleichen.[535] Einem derartigen Ansatz kann aber im Ergebnis nicht gefolgt werden, würde ein Zurechnungskriterium, das als Korrektiv der Erfolgs- und Schadenszurechnung dient dadurch letztlich strafbarkeitserweiternd angewandt; im Übrigen würden sich wohl weitgehende Beweisschwierigkeiten ergeben.

4. Ergebnis

Der für die Deliktsvollendung des § 153 StGB erforderliche Vermögensschaden wird nach hM als effektiver Verlust an Vermögenswerten definiert. Zu den Vermögenswerten zählen nach dem in Österreich herrschenden wirtschaftlichen Vermögensbegriff alle wirtschaftlich ins Gewicht fallenden und rechnerisch feststellbaren Werte einer (natürlichen oder juristischen) Person (1.).

Der Vermögensschaden wird durch eine *Gesamtsaldierung* aller aus dem Geschäft resultierenden Vor- und Nachteile ermittelt. Dabei sind im Rahmen eines objektiv-individuellen Maßstabs auch opferbezogene Schadensfaktoren zu berücksichtigen (2.).

Unter Zugrundelegung dieser allgemeinen Grundsätze ergibt sich der Vermögensschaden bei missbräuchlichen Sponsoringtätigkeiten aus einer Gesamtsaldierung der aus der Vertretungshandlung folgenden positiven und negativen Vermögenswerte. Ein effektiver Vermögensverlust ist jedenfalls mit der Gewährung der Sponsoringleistung gegeben, die zumeist in der Auszahlung einer Sponsoringsumme liegt. Der Vermögensverringerung müssen aber die durch die Sponsoringvereinbarung erlangten wirtschaftlichen Vorteile des Sponsors kompensatorisch gegenübergestellt werden (3.).

---

535 Vgl *Lewisch* in FS Raschauer 341 in Bezug auf Vermögensvorteile, die sich im Zuge von Bestechungshandlungen ergeben.

Zur Kompensation kann – abweichend vom Ansatz des OGH in seiner Sponsoring-Entscheidung (3.1.) – weder an die betriebswirtschaftliche Evaluation der Sponsoringwirkungen (3.2.1.) noch an die Zweckerreichung (3.2.2.) angeknüpft werden. Es kommt vielmehr auf den unmittelbar aus der missbräuchlichen Vertretungshandlung folgenden Wert an, somit auf den aus dem Sponsoringvertrag entspringenden Anspruch auf die Erbringung der Sponsoringgegenleistung durch den Gesponserten. Dieser Anspruch ist (idR) als wirtschaftlich werthaltig anzusehen; er ist für den Zeitpunkt der Tathandlung unter Berücksichtigung individueller Schadensfaktoren zu bewerten und der Vermögensverringerung gegenüberzustellen. Kann die Sponsoringgegenleistung nicht quantifiziert werden, ist im Zweifel davon auszugehen, dass sie kompensatorisch wirkt. Erst, wenn eine Kompensation gar nicht oder zumindest nicht in Höhe der Sponsoringausgaben denkbar ist, liegt in Ermangelung eines Ausgleichs ein Vermögensschaden vor (3.2.3.).

Der Vermögensschaden muss der missbräuchlichen Vertretungshandlung objektiv zugerechnet werden können. Dabei ist vor allem zu untersuchen, ob der Schaden auch bei einer rechtmäßigen Vertretungshandlung eingetreten wäre und dem Machthaber somit aufgrund der fehlenden Risikoerhöhung gegenüber rechtmäßigem Alternativverhalten nicht zugerechnet werden kann (3.2.4.).

Letztlich sollte sich die Schadensermittlung im Rahmen der Strafbarkeitsprüfung nach § 153 StGB nicht über wirtschaftliche Gegebenheiten im Zusammenhang mit Sponsoringaktivitäten hinwegsetzen und Sponsoring seinen wirtschaftlichen Wert aberkennen. Demnach ist der Ablehnung eines Ausgleichs der Vermögensverringerung in Ermangelung einer exakten Berechnungsmöglichkeit des wirtschaftlichen Vorteils ebenso wenig zu folgen, wie einem generellen Ausgleich, der lediglich infolge einer zweckentsprechenden Mittelverwendung fingiert wird. Vielmehr soll mit der Bewertung der Vereinbarung respektive des aus ihr unmittelbar entspringenden Anspruchs auf die Sponsoringgegenleistung ein Ansatz geschaffen werden, der den allgemeinen Grundsätzen der Schadenskompensation bei der Untreue entspricht und zugleich den wirtschaftlichen Wert des Sponsoring anerkennt.

III. Zur Strafbarkeit des Gesponserten: Korruption durch Sponsoring? (§§ 304–307b StGB)

„Wir bedanken uns besonders bei unseren Sponsoren, die mit ihrer Unterstützung unsere Tätigkeit erst möglich gemacht haben" – Eine solche Danksagung ist betreffend Sponsoren aus der privaten Wirtschaft üblich und weit verbreitet; sie wird in der Öffentlichkeit nicht mit Misstrauen oder Unmut, sondern durchaus positiv wahrgenommen, demonstriert sie doch den Fördergedanken und gute Zusammenarbeit. Anders ist dies womöglich dann, wenn der danksagende Leistungsempfänger nicht ein gemeinnütziges Projekt oder ein privates Unternehmen, sondern eine staatliche Verwaltungsbehörde ist. In Zukunft ist eine solche Kooperation staatlicher und privater Akteure womöglich denkbar – wo in Zeiten knapper Staatskassen der Rückgriff auf externe finanzielle Mittel für Verwaltungsbehörden zunehmend attraktiv wird, gewinnt auch der Abschluss entsprechender Sponsoringvereinbarungen an Bedeutung.

In manchen staatlichen Bereichen ist Sponsoring als Finanzierungsquelle kein neuartiges Phänomen. Insbesondere der Gesundheitssektor ist für die Realisierung von Forschungsvorhaben vielfach auf Förderungen der Wirtschaft angewiesen („Pharmasponsoring"); auch in der Politik ist Sponsoring üblich und wurde aufgrund dessen mit der Novelle des Parteiengesetzes 2012[536] sogar explizit gesetzlich verankert. Aber auch in anderen – staatlichen wie nichtstaatlichen – Bereichen werden die profitablen Möglichkeiten des Sponsoring vermehrt aufgegriffen. Zugleich zeigen sich strafrechtliche Spannungsfelder dieser Fallkonstellationen: Wo Berührungspunkte zwischen staatlicher Aufgabenerfüllung und privaten Mitteln sichtbar werden, liegt die Befürchtung einer unzulässigen Einflussnahme nahe; auch im privaten Sektor sind Verzerrungen des Geschäftslebens durch Sponsoringaktivitäten möglich.

Der folgende Abschnitt beschäftigt sich mit der korruptionsstrafrechtlichen Relevanz von Sponsoring. Zunächst ist Grundsätzliches zu den Korruptionsdelikten darzulegen. Angesichts der Vielzahl an gesetzgeberischen Eingriffen gehört dazu ein Überblick über ihre historische Entwicklung (A.) sowie eine Beschreibung von Schutzzweck und Struktur der Tatbestände (B.). Danach werden konkrete strafrechtliche Fragestellungen, die im Zusammenhang mit Sponsoring auftreten, herausgegriffen und analysiert (C.).

536 Bundesgesetz über die Finanzierung politischer Parteien, BGBl I Nr 56/2012.

C. Ifsits, *Strafrechtliche Risiken des Sponsoring*, Juridicum – Schriftenreihe zum Strafrecht, https://doi.org/10.1007/978-3-658-25665-4_3

A. Geschichtliche Entwicklung im Überblick

Die Entstehung der Korruptionstatbestände geht weit zurück, bereits § 88 StG 1803[537] stellte korruptive Handlungen unter Strafe.[538] Der Begriff der Korruption wurde jedoch erst mit dem ersten Antikorruptionsgesetz 1964[539] geschaffen, das die Straftatbestände der Geschenkannahme und Bestechung leitender Angestellter eines Unternehmens sowie die verbotene Intervention enthielt.[540] Das StGB 1975 sah von einer grundlegenden Reform im Bereich der Korruption ab und übernahm die Korruptionstatbestände mit geringfügigen Änderungen.[541] 1982 folgte das zweite Antikorruptionsgesetz[542], das neben der generellen Korruptionsbekämpfung insbesondere der Korruption im öffentlichen Bereich und „Mißbräuchen bei der Vergabe und Durchführung öffentlicher Aufträge“ vorbeugen sollte.[543] Mit dem Strafrechtsänderungsgesetz 1987[544] kam es zu einer Ausdehnung der Bestechungstatbestände und außerdem zur Pönalisierung der Geschenkannahme durch Machthaber in § 153a StGB. Insgesamt zeigte sich ein wachsendes Bedürfnis, Korruption strafrechtlich zu erfassen. Dies war auch auf spektakuläre Fälle der Wirtschaftskriminalität zurückzuführen, als Beispiel sei auf den Skandal beim Bau des Allgemeinen Krankenhauses der Stadt Wien in den 1970er Jahren („AKH-Skandal“) verwiesen.[545]

Neuerliche Änderungen brachte das Strafrechtsänderungsgesetz 1998[546], das auf Kriminalisierungsverpflichtungen internationaler Bestechungsübereinkommen von EU und OECD basierte. Um Gemeinschaftsbeamte, Beamte eines Mitgliedsstaates sowie (im Hinblick auf die Bestechung nach § 307 Abs 1 StGB) ausländische Beamte zu erfassen, musste auch die Legaldefinition der Begrifflichkeit in § 74 Z 4 StGB um die lit 4a bis 4c erweitert werden, die sich wiederum auf die §§ 304 ff leg cit auswirkten. Zudem wurde im Einklang mit internationalen Vorgaben – wie auch zur Vereinheitlichung der Begrifflichkeit mit § 10 UWG –

537 JGS 1803/626.

538 Vgl ausführlich *Hauss/Komenda* in SbgK § 304 Rz 1 ff.

539 BGBl 1964/116.

540 *Marek/Jerabek*, Korruption[11] 1.

541 *Rauch*, Korruptionsstrafrecht. Vorteilsannahme und Bestechung im geschäftlichen Verkehr (2012) 63 f.

542 BGBl 1982/205.

543 ErläutRV 724 BlgNR XV. GP 4.

544 BGBl 1987/605.

545 OGH 17.5.1983, 12 Os 121/82; vgl eingehend zum AKH-Skandal *Rauch*, Korruptionsstrafrecht 72-78.

546 BGBl I 1998/153.

als Bestechungsmittel statt einem Vermögensvorteil nunmehr schlicht auf einen „Vorteil“ abgestellt, der neben materiellen auch immaterielle Vorteile mitumfasste.[547] Schließlich wurde auch die verbotene Intervention in § 308 StGB novelliert.

Ab dem Jahr 2008 wurde das Korruptionsstrafrecht innerhalb kurzer Zeit mehrfach geändert. Das Strafrechtsänderungsgesetz 2008[548] (fortan: StRÄG 2008) brachte eine umfassende Ausweitung der bestehenden Tatbestände sowie neue Bestimmungen betreffend der Korruption im privaten Sektor (§§ 168c-e StGB); damit wurde insbesondere auch internationalen Verpflichtungen nachgekommen.[549] Vordringliches Ziel der Reform war es, durch die Schaffung eines durchgehenden Amtsträgerbegriffs eine terminologische Vereinfachung und Straffung zu erreichen.[550] Nach der Legaldefinition des § 74 Abs 1 Z 4a StGB war Amtsträger nun jeder, der – unabhängig davon, ob es sich um einen österreichischen, ausländischen oder internationalen Beamten handelte – ein Amt der Gesetzgebung, Verwaltung oder Justiz innehatte oder sonst mit öffentlichen Aufgaben, einschließlich in öffentlichen Unternehmen, betraut war; ausgenommen waren lediglich Mitglieder inländischer verfassungsmäßiger Vertretungskörper.[551] In § 74 Abs 1 Z 4c StGB wurden zudem Schiedsrichter als erweiterte Gruppe gesetzlich verankert und als Personen definiert, die aufgrund einer Schiedsvereinbarung zu einer Entscheidung berufen waren. Eine zentrale Änderung durch das StRÄG 2008 war außerdem die strafrechtliche Erfassung der sog „Klimapflege“, also Fällen, in denen Zuwendungen ohne unmittelbaren Zusammenhang zu einem konkreten Amtsgeschäft im Hinblick auf die künftige Zusammenarbeit mit dem begünstigten Amtsträger geleistet wurden („Anfüttern“, §§ 304 Abs 2, 307 Abs 2 StGB). Die umfassenden Verschärfungen und Erweiterungen wurden aufgrund internationaler Vorgaben auf prozessrechtlicher Seite durch Schaffung der Korruptionsstaatsanwaltschaft (KStA) ergänzt (§ 20a StPO). Die KStA be-

547 Eingehend ErläutRV 1230 BlgNR XX. GP 26 ff.

548 BGBl I 2007/109.

549 Eingehend ErläutRV 285 BlgNR XXIII. GP 3 mit Verweis auf das Übereinkommen der Vereinten Nationen gegen Korruption (A/RES/58/4), den Rahmenbeschluss 2003/568/JI des Rates vom 22. Juli 2003 zur Bekämpfung der Bestechung im privaten Sektor (ABl. 2003 L 192, 54), das Strafrechtsübereinkommen über Korruption des Europarates (ETS Nr. 173) und Zusatzprotokoll zum Strafrechtsübereinkommen über Korruption des Europarates (ETS Nr. 191), das Übereinkommen über Bekämpfung der Bestechung, an der Beamte der Europäischen Gemeinschaften oder der Mitgliedsstaaten der Europäischen Union beteiligt sind (ABl. C 195 vom 25. Juni 1997) sowie das OECD-Bestechungsübereinkommen vom 17. Dezember 1997.

550 ErläutRV 285 BlgNR XXIII. GP 6.

551 Vgl § 74 Abs 1 Z 4a idF BGBl 2007/109.

gründete eine Sonderzuständigkeit, die sich zentral mit der Korruptionsbekämpfung befassen sollte.[552]

Auf das StRÄG 2008 folgten kritische Stellungnahmen aus dem Schrifttum, die sich eingehend mit den gesetzlichen Änderungen und ihren möglichen Auswirkungen beschäftigten.[553] Zum einen empfanden Autoren den neuen Amtsträgerbegriff nicht als gelungen. Speziell die weitreichende explizite Ausnahme von Mitgliedern inländischer verfassungsmäßiger Vertretungskörper, die folglich keine Tatsubjekte der Bestechungsdelikte sein konnten, wurde im Hinblick auf die Ungleichbehandlung gegenüber ausländischen Abgeordneten als unsachgemäß angesehen.[554] Zum anderen stand die Ausweitung des Anwendungsbereichs des § 304 StGB in Diskussion;[555] so wurde unabhängig von Art und Wert jeder Vorteil im Zusammenhang mit der Amtsführung strafrechtlich erfasst, in Ermangelung einer Geringfügigkeitsklausel fielen darunter auch sozial anerkannte Zuwendungen der Höflichkeit und Dankbarkeit. Dadurch ergaben sich insbesondere Widersprüche zum Dienstrecht, das etwa in § 59 BDG landes- und ortsübliche Aufmerksamkeiten geringen Wertes nicht unter die Geschenkannahme subsumiert.[556] Auch die Neuregelung des Anfütterns wurde als zu weitreichend aufgefasst und infolgedessen versucht, die Bestimmung iSd Rechtssicherheit einschränkend auszulegen. Ansatzpunkte für einen Ausschluss auf Tatbestandsebene waren dabei die Geringfügigkeitsklausel (§ 304 Abs 4 StGB),

552 ErläutRV 285 BlgNR XXIII. GP 4.

553 Vgl etwa *Wilhelm*, Von abgeordneten Korruptionstätern, ecolex 2009, 1 (1); *Hinterhofer*, Eingeschränktes Korruptionsstrafrecht für Abgeordnete österreichischer Vertretungskörper. Demokratiepolitische Notwendigkeit oder legistischer Missgriff? ecolex 2009, 736 (738); *Mitgutsch*, Die neuen Korruptionsdelikte für den öffentlichen Sektor und ihre internationalen Vorgaben, in *Mitgutsch/Wessely* (Hrsg), Jahrbuch Strafrecht Besonderer Teil 2009, 39 (47); *Glaser*, Der neue Amtsträgerbegriff im österreichischen Strafrecht, JBl 2009, 225 (229); *Brandstetter/Glaser/Höcher/Singer*, Anmerkungen zum neuen Korruptionsstrafrecht, ecolex 2009, 4 (8).

554 Vgl *Wilhelm*, ecolex 2009, 1; *Hinterhofer*, ecolex 2009, 738; *Mitgutsch* in JB Strafrecht BT 2009, 47; *Glaser*, JBl 2009, 229; *Brandstetter/Glaser/Höcher/Singer*, ecolex 2009, 8; *Schmoller*, Anforderungen an ein künftiges Korruptionsstrafrecht. Stellungnahme zum GRECO-Evaluierungsbericht 2011, in *Hafner/Matscher/Schmalenbach*, Völkerrecht und die Dynamik der Menschenrechte. Liber Amicorum Wolfram Karl (2012) 505 (511).

555 Vgl *Reindl-Krauskopf*, Korruptionsstrafrecht in Österreich – Überzogen oder zahnlos? JSt 2009, 49; *Marek/Jerabek*, Korruption[11] 1; *Hinterhofer*, Zur Strafbarkeit des „Anfütterns" von Amtsträgern – Versuch einer einschränkenden Auslegung, ÖJZ 2009, 250; *Medigovic*, ÖJZ 2010, 252.

556 *Reindl-Krauskopf*, JSt 2009, 51.

nach der geringfügige Vorteile außer im Fall der Gewerbsmäßigkeit ausgenommen waren, sowie die Verbindung zwischen dem Vorteil und der Amtsführung des Empfängers. Letztere sei speziell bei sozial üblichen Geschenken, Zuwendungen zur Pflege freundschaftlicher Kontakte, Sponsoring und dergleichen nicht gegeben.[557]

Die Ausweitung der Korruptionsdelikte stieß auch in der Wirtschaft auf Widerstand. Infolge der umfassenden Kritik wurde nur kurz später das Korruptionsstrafrechtsänderungsgesetz 2009[558] (fortan: KorrStrÄG 2009) erlassen, im Rahmen dessen der Gesetzgeber die Tatbestände unter dem Vorwand der Präzisierung unklarer Begrifflichkeiten und der Beseitigung bestehender Rechtsunsicherheit weitgehend einschränkte.[559] Verändert wurde unter anderem der Amtsträgerbegriff, der nunmehr nicht einer funktionellen, sondern einer organisatorischen Zurechnung folgte.[560] Die Strafdrohungen wurden dahingehend angepasst, ob die Vornahme des in Verbindung zum Vorteil stehenden Amtsgeschäfts pflichtgemäß oder pflichtwidrig war. Überdies wurde das Anfüttern durch den Tatbestand der Vorbereitung der Bestechlichkeit oder der Vorteilsannahme ersetzt, der im subjektiven Tatbestand den Vorsatz auf ein inhaltlich bestimmtes zukünftiges Amtsgeschäft erforderte, womit der Anfütterungstatbestand im Grunde wieder beseitigt wurde.[561] Die Vorteilsannahme und ihre Vorbereitung (§§ 305, 306 Abs 2 StGB sowie der spiegelbildliche § 307a StGB) waren nunmehr verwaltungsakzessorisch ausgestaltet, als Anknüpfungspunkt diente der Verstoß gegen ein dienst- oder organisationsrechtliches Verbot.[562]

---

557 *Hinterhofer*, ÖJZ 2009, 251 ff.

558 BGBl I 2009/98.

559 IA 671 BlgNR XXIV. GP 6; vgl eingehend zu den Änderungen *Rauch*, Korruptionsstrafrecht 69 f.

560 *Brandstetter/Mitgutsch*, Korruptionsstrafrecht Neu – Struktur und Eckpunkte des KorrStRÄG 2009, in *Mitgutsch/Wessely* (Hrsg), Jahrbuch Strafrecht Besonderer Teil 2010, 11 (13); krit *Reindl-Krauskopf*, Korruptionsstrafrecht neu – ein Überblick, ecolex 2009, 732 (732); *Brandstetter*, Korruptionsstrafrecht – Neu. Struktur und Eckpunkte des KorrStrÄG 2009, JSt 2009, 151 (155); *Medigovic*, ÖJZ 2010, 253; *Rauch*, Korruptionsstrafrecht 70.

561 Dazu *Brandstetter/Mitgutsch* in JB Strafrecht BT 2010, 17; vgl zur Kritik auch *Messner*, Gebührliche und geringfügige Vorteile nach dem KorrStrÄG 2012, in *BMJ* (Hrsg), 41. Ottensteiner Fortbildungsseminar aus Strafrecht und Kriminologie (2014) 85 (89).

562 Krit *Medigovic*, Das neue Korruptionsstrafrecht (KorrStrÄG 2009), RdW 2010, 263 (267 f); *Medigovic*, ÖJZ 2010, 257 f; *Messner* in 41. Ottensteiner Fortbildungsseminar 89.

Ergänzend sah der Gesetzgeber in § 307c StGB den Strafaufhebungsgrund der tätigen Reue vor. Dies erschien zwar aus kriminalpolitischen Gründen geboten,[563] war aber – neben der Problematik tätiger Reue bei immateriellen Vorteilen – in Ermangelung einer solchen Regelung im Hinblick auf § 302 StGB Anlass für Kritik.[564] Im Prozessrecht wurde die Zuständigkeit der KStA angepasst,[565] die mit dem strafrechtlichen Kompetenzpaket (sKp)[566] schließlich in die „Zentrale Staatsanwaltschaft zur Verfolgung von Wirtschaftsstrafsachen und Korruption (WKStA)" gewandelt und ihr Aufgabenbereich erweitert wurde. Auch die Entschärfung der Korruptionsdelikte durch das KorrStRÄG 2009 wurde nicht durchwegs positiv aufgenommen.[567] Kritik wurde auch auf internationaler Ebene im Rahmen des GRECO Evaluierungsberichts geübt.[568]

Die jüngste Reform des Korruptionsstrafrechts erfolgte mit dem Korruptionsstrafrechtsänderungsgesetz 2012[569] (fortan: KorrStrÄG 2012). Mit dieser Novelle weitete der Gesetzgeber die Korruptionsdelikte aufgrund von nationalen wie internationalen Forderungen erneut aus,[570] nicht zuletzt sollte damit dem durch medial aufsehenerregende Fälle der Wirtschaftskriminalität forcierten Bedürfnis einer Strafverschärfung Rechnung getragen werden.[571] Das KorrStrÄG 2012 trat

563 Es bestehe „kein wesentlicher Unterschied zur Vermögensdelinquenz", vgl JAB 273 BlgNR XXIV. GP 3.

564 *Brandstetter/Mitgutsch* in JB Strafrecht BT 2010, 18; krit auch *Schmoller* in Liber Amicorum Karl 511; siehe auch GRECO, Dritte Evaluierungsrunde. Evaluierungsbericht Österreich. Strafbarkeit (SEV Nr. 173 und 191, Leitlinie 2). Angenommen von GRECO bei der 53. Vollversammlung (Straßburg, 5.-9. Dezember 2011) Rn 97, 100.

565 JAB 273 BlgNR XXIV. GP 3.

566 BGBl I 2010/108.

567 *Reindl-Krauskopf*, Neues Antikorruptionsstrafrecht: Alles neu – alles gut? in *Jabloner/Kucsko-Stadlmayer/Muzak/Perthold-Stoitzner/Stöger* (Hrsg), Vom praktischen Wert der Methode, Festschrift für Heinz Mayer zum 65. Geburtstag (2011) 613 (630); *Plöckinger*, Neue Regeln gegen Korruption – eine Mogelpackung? Die Presse 2009/36/01; *Medigovic*, ÖJZ 2010, 252; *Rauch*, Korruptionsstrafrecht 70.

568 GRECO, Evaluierungsbericht Österreich. Strafbarkeit (SEV Nr. 173 und 191, Leitlinie 2). Angenommen von GRECO bei der 53. Vollversammlung (Straßburg, 5.-9. Dezember 2011).

569 BGBl I 2012/61.

570 *Schmoller* in Liber Amicorum Karl 525, „[…] eine weitere Reform unausweichlich erscheint.".

571 Vgl *Schuschnigg*, Korruptionsstrafrecht (2015) Rz 6, der die Änderung als Anlassgesetzgebung bezeichnet.

am 1. Jänner 2013 in Kraft. Mit dieser Novelle wurde der Begriff der Korruption erstmals ausdrücklich als Überschrift im StGB verankert.

Die Erweiterung des Anwendungsbereichs der Korruptionstatbestände erfolgte im Übrigen nicht nur durch die Umgestaltung der Delikte, sondern schon durch die Ausdehnung der inländischen Gerichtsbarkeit in § 64 StGB. So werden nach dem aktiven und passiven Personalschutzprinzip seither strafbare Handlungen des 22. Abschnitts, bei denen österreichische Interessen berührt werden, unabhängig von den Gesetzen des Tatortstaates erfasst (§ 64 Abs 1 Z 1 und Z 2a StGB).[572] Der Amtsträgerbegriff erfuhr im Hinblick auf den staatsnahen Sektor abermals eine Abänderung. Ziel war eine klare Regelung bezüglich der Organe und Mitarbeiter öffentlicher Unternehmen, überdies wurden inländische Abgeordnete in die Begrifflichkeit einbezogen.[573]

Mit dem KorrStrÄG 2012 gab der Gesetzgeber die verwaltungsakzessorische Ausgestaltung der §§ 305, 307a StGB wieder auf und führte den Begriff des ungebührlichen Vorteils (§ 305 Abs 4 StGB) ein. Anlässlich einer GRECO-Empfehlung und in Ermangelung eines praktischen Bedürfnisses zur Aufrechterhaltung der Regelung strich der Gesetzgeber die tätige Reue in § 307c StGB mit Verweis auf die Kronzeugenregelung (§ 209a StPO); auch die Verbotene Intervention (§ 308 StGB) wurde der internationalen Empfehlung folgend überarbeitet.[574] Schließlich wurde mit der Novelle der Forderung nach einer Wiedereinführung der Anfütterungsbestimmung nachgekommen. Die verpönte Klimapflege ist seither wieder strafrechtlich erfasst (§§ 306, 307b StGB).[575] Im privaten Sektor kam es zu keiner textlichen und somit auch keiner inhaltlichen Veränderung, die §§ 168c-e StGB wurden aber unter § 309 StGB in den 22. Abschnitt des StGB verlagert.

B. Struktur der Korruptionstatbestände

Der 22. Abschnitt des StGB erfasst Straftatbestände unter der Überschrift „Strafbare Verletzungen der Amtspflicht, Korruption und verwandte strafbare Handlungen". Die eigentlichen Korruptionstatbestände befinden sich in § 304 bis § 309 StGB, von ihnen zu unterscheiden sind die Amtsdelikte (§§ 302, 303, 310-312 StGB), die durch die Verletzung von amtlichen Pflichten gekennzeichnet sind. Die Korruptionsdelikte sind von einer solchen Pflichtverletzung unabhän-

572 IA 1950 BlgNR XXIV. GP 4.

573 IA 1950 BlgNR XXIV. GP 4.

574 JAB 1833 BlgNR XXIV. GP 11.

575 JAB 1833 BlgNR XXIV. GP 10.

gig. Selbst in Zusammenhang mit pflichtgemäßen Amtsgeschäften kommt bei Vorliegen der jeweiligen Voraussetzungen Strafbarkeit in Betracht.[576]

Die Korruptionstatbestände weisen im Grunde eine dreischichtige Struktur auf:[577] Zum einen beziehen sich § 304 bis § 307b StGB auf den *öffentlichen* Bereich und verlangen als Tatsubjekt bzw –objekt einen Amtsträger oder Schiedsrichter; diese Begriffe werden in § 74 Abs 1 Z 4a, 4c StGB definiert. § 309 StGB richtet sich dagegen auf den *privaten* Bereich des geschäftlichen Verkehrs und damit an Bedienstete oder Beauftragte eines Unternehmens. Zum anderen unterscheiden die Delikte je nachdem, ob es sich um die Strafbarkeit des Vorteils*gebers* oder des Vorteils*nehmers* handelt: Im öffentlichen Sektor betreffen die ersten drei Bestimmungen (§§ 304-306 StGB) als Sonderdelikte den Empfänger der Zuwendung, die folgenden drei den Leistenden; in § 309 StGB ist die Geschenkannahme in Absatz 1, die Bestechung wiederum in Absatz 2 geregelt. Schließlich ergibt sich eine weitere Unterscheidung aus dem Vorliegen eines *pflichtgemäßen* (§§ 305, 307a StGB) oder eines *pflichtwidrigen* (§§ 304, 307 StGB) Amtsgeschäfts. Steht der Vorteil in Verbindung zu einem pflichtgemäßen Amtsgeschäft, ist weiter zu prüfen, ob er als nicht ungebührlich iSd § 305 Abs 4 StGB gilt. Ist dies der Fall, bleibt der Leistende straflos. Der Empfänger darf einen solchen Vorteil annehmen oder sich versprechen lassen, nicht aber fordern. Die Anfütterungstatbestände der §§ 306, 307b StGB verlangen abweichend von den anderen Korruptionsdelikten keinen Konnex zu einem bestimmten Amtsgeschäft, sondern lediglich einen subjektiven Zusammenhang zur zukünftigen Tätigkeit des Amtsträgers.

Innerhalb dieser Struktur lässt sich eine Abstufung nach dem Unrechtsgehalt der Tatbestände erkennen: Am schwersten wiegen die mit einem pflichtwidrigen Amtsgeschäft verbundenen Delikte der §§ 304, 307 StGB, dies zeigt sich an ihrer höheren Strafdrohung. Die nächste Ebene bilden die §§ 305, 307a StGB. Zwar weisen sie die gleiche Strafdrohung wie das Anfüttern nach §§ 306, 307b StGB auf, das allerdings im Verhältnis zur Vorteilsannahme und -zuwendung zurücktritt und dem daher ein geringerer Unwert beizumessen ist.[578]

1. Schutzzweck der Korruptionsdelikte im öffentlichen Sektor

Die Delikte des 22. Abschnitts sind unterschiedlich ausgestaltet und verfolgen mitunter eine andere Zweckrichtung. So ist das geschützte Rechtsgut der Amtsdelikte (§§ 302, 303, 310-312 StGB) zwar übergeordnet die „reibungslose Erfül-

576 *Hinterhofer/Rosbaud*, Strafrecht Besonderer Teil II^6 (2016) Vorbem §§ 302 ff Rz 4.

577 Vgl zur Struktur auch *Hinterhofer/Rosbaud*, BT II^6 Vorbem §§ 302 ff Rz 9-14.

578 *Hauss/Komenda* in SbgK § 304 Rz 45; *Aichinger* in *Leukauf/Steininger*^{4} § 306 Rz 12; *Hinterhofer/Rosbaud*, BT II^6 § 306 Rz 12.

lung der staatlichen Aufgaben";[579] im Einzelnen bestehen daneben aber weitere Schutzzwecke, wie etwa die persönliche Freiheit oder das Hausrecht (§ 303 StGB) sowie der Schutz der Wahrheit öffentlicher Urkunden (§ 311 StGB).[580] Die eingegrenzten Korruptionsdelikte im öffentlichen Sektor (§§ 304-307b StGB) verfolgen hingegen alle einen einheitlichen Schutzzweck.[581]

Nach fast einhelliger Ansicht ist der Schutzzweck die Reinheit, Sauberkeit und Unverkäuflichkeit der Verwaltung, geschützt wird damit ihre Funktionsfähigkeit.[582] Diese Zielrichtung findet sich sowohl im Schrifttum[583], als auch in der Rechtsprechung des OGH[584] wieder. Damit in Zusammenhang stehend wird der Grundgedanke der Korruptionsdelikte im öffentlichen Sektor außerdem in der Aufrechterhalten staatlicher Strukturen und somit im Funktionieren des Staatswesens gesehen. Letztlich soll verhindert werden, dass die Rechtsunterworfenen ihr Verhalten mit Blick auf die „Käuflichkeit" der Amtstätigkeit nicht mehr an der Rechtsordnung ausrichten und die staatliche Autorität als solche ablehnen.[585]

Zum Teil wird der Zweck der Korruptionsdelikte in der Verhinderung unerwünschter Beeinflussung der Erfüllung öffentlicher Aufgaben gesehen.[586] Andere Autoren fassen dies eher als eine allgemeine Zweckrichtung und nicht als ein eigenständiges Rechtsgut der Korruptionsbestimmungen auf.[587] Ein solcher Schutzzweck könne nämlich in bestimmten Fällen nicht gelten, die nach hM in den Anwendungsbereich der öffentlichen Korruptionsdelikte fallen: So erfassen die §§ 305, 307a StGB auch eine Vorteilsannahme bzw –gewährung, die erst *nach* der Vornahme oder Unterlassung eines pflichtgemäßen Amtsgeschäfts – etwa zum Dank – erfolgt. Die öffentliche Aufgabenerfüllung bliebe somit unbe-

---

579 *Hinterhofer/Rosbaud*, BT II[6] Vorbem §§ 302 ff Rz 6; *Kienapfel/Schmoller*, Strafrecht Besonderer Teil III[2] (2009) Vorbem §§ 302 ff Rz 1.

580 *Hinterhofer/Rosbaud*, BT II[6] Vorbem §§ 302 ff Rz 7.

581 *Hauss/Komenda* in SbgK § 304 Rz 36.

582 Vgl insb *Hauss/Komenda* in SbgK § 304 Rz 38; *Aichinger* in *Leukauf/Steininger*[4] § 304 Rz 1; *Marek/Jerabek*, Korruption[11] 80; *Schmitt* in *Preuschl/Wess*, Wirtschaftsstrafrecht §§ 304-306 Rz 3; *Eder-Rieder*, Wirtschaftsstrafrecht[4] 167; *Zierl*, JSt 2012, 147; *Beck/Dohr*, ecolex 2013, 328.

583 Siehe FN 582.

584 OGH 29.4.1982, 13 Os 46/82; OGH 4.9.1980, 12 Os 44/80; OGH 4.9.1980, 12 Os 46/80; OGH 8 Os 174/60 EvBl 1961/257; OGH 6.6.2016, 17 Os 8/16d; RIS-Justiz RS0095948.

585 *Nordmeyer/Stricker* in WK[2] StGB Vor §§ 304-309 Rz 60.

586 *Hinterhofer/Rosbaud*, BT II[6] Vorbem §§ 302 ff Rz 10, die das Rechtsgut der Sachlichkeit und Unverkäuflichkeit als „enger" bezeichnen.

587 *Hauss/Komenda* in SbgK § 304 Rz 42.

einflusst, das Verhalten dennoch strafbar.[588] Hinzugefügt wird überdies, dass das Gesetz selbst unter gewissen Umständen implizit eine Beeinflussung des Amtsträgers erlaube, wie etwa im Fall der (nicht gewerbsmäßigen) Gewährung eines geringfügigen Vorteils mit Beeinflussungsvorsatz nach § 306 Abs 3 StGB.[589]

Die öffentlichen Korruptionsdelikte stellen allesamt nicht darauf ab, ob ein Vermögensschaden eingetreten ist und sind folglich nicht darauf ausgerichtet, das Vermögen des Staates oder des Einzelnen zu schützen.[590] Der Schutz öffentlicher Mittel erfolgt neben der Rechnungshofkontrolle durch die allgemeinen Vermögensdelikte (allenfalls in Verbindung mit § 313 StGB).[591]

Bisweilen sehen manche Autoren neben der Sauberkeit der Verwaltung auch das Vertrauen der Allgemeinheit in die Verwaltung und ihre Amtsträger als weiteren Schutzzweck der Korruptionsdelikte im öffentlichen Sektor an.[592] Der Vertrauensschutz wird auch in Deutschland nach überwiegender Ansicht neben dem Schutz der Lauterkeit des öffentlichen Dienstes, der Sachlichkeit staatlicher Entscheidungen und der Funktionsfähigkeit der staatlichen Verwaltung als Schutzzweck der Korruptionstatbestände anerkannt.[593] Die sich dagegen richtende Kritik gründet sich zum einen auf die Unmöglichkeit, eine Beeinträchtigung des Vertrauens tatsächlich festzustellen,[594] zum anderen werden grundsätzliche

588 *Hauss/Komenda* in SbgK § 304 Rz 42; *Hinterhofer/Rosbaud*, BT II^6 § 305 Rz 18; *Bertel/Schwaighofer*, Österreichisches Strafrecht Besonderer Teil II^{13} (2018) § 305 Rz 2; *Marek/Jerabek*, Korruption^{11} §§ 304-306 Rz 19, 33, 40, unklar aber die Annahme der Vornahme oder Unterlassung des Amtsgeschäfts als Tathandlung in Rz 40; krit *Nordmeyer/Stricker* in WK^2 StGB Vor §§ 304-309 Rz 59.

589 *Hauss/Komenda* in SbgK § 304 Rz 42.

590 Vgl insb OGH 29.4.1982, 13 Os 46/82; OGH 4.9.1980, 12 Os 46/80; OGH 8 Os 174/60 EvBl 1961/257; OGH 6.6.2016, 17 Os 8/16d; RIS-Justiz RS0095948; *Steininger*, ÖJZ 1982, 593; *Nordmeyer/Stricker* in WK^2 StGB Vor §§ 304-309 Rz 59.

591 *Medigovic*, ÖJZ 2010, 256; *Hauss/Komenda* in SbgK § 304 Rz 43.

592 *Medigovic*, ÖJZ 2010, 256; *Medigovic*, Konkurrenzverhältnis zwischen Amtsmissbrauch und Bestechlichkeit, JBl 2013, 604 (607); *Marek/Jerabek*, Korruption^{11} 80; *Birklbauer*, Die Anwendbarkeit der Korruptionsbestimmungen auf Ärzte. Ausgewählte Aspekte des Korruptionsstrafrechtsänderungsgesetzes 2012, RdM 2013, 223 (223); *Birklbauer*, Strafrechtliche Haftung der Gesundheitsberufe, in *Resch/Wallner* (Hrsg), Handbuch Medizinrecht^2 (2015) Rz 181; *Beck/Dohr*, ecolex 2013, 328.

593 Vgl etwa *Korte* in MüKoStGB^3 § 331 Rz 8; *Heine/Eisele* in *Schönke/Schröder*, StGB^{29} § 331 Rz 9; *Heger* in *Lackner/Kühl*, StGB^{29} § 331 Rz 1; *von Heintschel-Heinegg* in BeckOK StGB § 331 Rz 4; krit *Ransiek*, Strafrecht und Korruption. Zum Gutachten C für den 61. Deutschen Juristentag, StV 1996, 446 (450).

594 *Hauss/Komenda* in SbgK § 304 Rz 39.

Argumente gegen derartige „Vertrauensrechtsgüter" vorgebracht.[595] Ist das Vertrauen der Allgemeinheit nicht eigenständiger Schutzzweck der öffentlichen Korruptionstatbestände, so bleibt es dennoch als Reflexwirkung mit der Sauberkeit und Unverkäuflichkeit der Verwaltung vernetzt. Wird eine unsaubere Amtsführung bekannt, bedingt dies schließlich idR auch einen Vertrauensverlust der Bevölkerung.[596] Das Vertrauen der Allgemeinheit wird überdies auch außerstrafrechtlich geschützt. So ist im Bereich des Beamtendienstrechts nach der Judikatur des VwGH darauf abzustellen, ob mit dem Verhalten eines Beamten der *Anschein* der Bestechlichkeit entstehen kann.[597]

2. Schutzzweck der Korruption im privaten Sektor (§ 309 StGB)

2.1. Derzeitiger Meinungsstand

Über das von § 309 StGB geschützte Rechtsgut besteht im Schrifttum Uneinigkeit. Während überwiegend der Schutz des freien lauteren Wettbewerbs sowie des fremden Vermögens gleichermaßen als Zielrichtungen anerkannt werden,[598] finden sich in jüngerer Zeit zunehmend davon abweichende Ansätze, die diesen doppelten Schutzzweck lediglich als Reflexwirkung ansehen.

Ausgangspunkt der Schutzzwecküberlegungen ist die Implementierung der Korruption im privaten Sektor in §§ 168c, 168d StGB durch das StRÄG 2008. Der Gesetzgeber orientierte sich dabei wesentlich am Wortlaut des § 10 UWG, dessen Formulierung wiederum auf das UWG 1923[599] und weiter noch auf das Deutsche Gesetz gegen den unlauteren Wettbewerb aus 1909 zurückzuführen ist.[600] Schon aus dieser historischen Parallele lässt sich als geschütztes Rechtsgut

---

595 Vgl ua *Hauss/Komenda* in SbgK § 304 Rz 39; *Ransiek*, StV 1996, 450.

596 *Hauss/Komenda* in SbgK § 304 Rz 40 mwN.

597 Vgl VwGH 28.7.2000, 97/09/0109; VwGH 21.2.1991, 90/09/0191; *Kucsko-Stadlmayer*, Das Disziplinarrecht der Beamten[4] (2010) 180; *Koblizek*, Compliance im Bundesministerium für Inneres und Dienstrecht, SIAK-Journal 2014, 65 (67).

598 *Thiele* in SbgK § 309 Rz 12-13; *Aichinger* in *Leukauf/Steininger*[4] § 309 Rz 2; *Hinterhofer/Rosbaud*, BT II[6] Vorbem §§ 302 ff Rz 11; *Kirchbacher/Presslauer* in WK[2] StGB § 168c Rz 6; *Plöckinger*, Bestechungs-, Provisions- und Schmiergeldzahlungen im geschäftlichen Bereich, ÖJZ 2009, 207 (208); *Brandstetter/Rauch*, Korruptionsbekämpfung im privaten Bereich – Problemfelder und Wechselwirkungen, in *Mitgutsch/Wessely* (Hrsg), Jahrbuch Strafrecht Besonderer Teil 2009, 11 (15 ff); *Jarolim/Gogl*, Kampf der Korruption. Neue Straftatbestände zur Bekämpfung von Bestechung im privaten und öffentlichen Sektor, RFG 2008, 103 (104); vgl auch *Schmoller* in Liber Amicorum Karl 520, der „primär" auf das Vermögen abstellt.

599 BGBl 1923/531.

600 ErläutRV 464 BlgNR I. GP 2.

des heutigen § 309 StGB der freie lautere Wettbewerb ableiten. Die Abweichungen der §§ 168c, 168d StGB von ihrer wettbewerbsrechtlichen Vorbildbestimmung sollten weniger einen verschiedenartigen Schutzzweck verdeutlichen, als vielmehr einen Gleichklang zu den internationalen Verpflichtungen ziehen, die ihre Aufnahme im StGB erfordert hatten.[601] So wurde vor dem Hintergrund, eine Übereinstimmung mit dem Rahmenbeschluss[602] zu schaffen, auch im endgültigen Wortlaut des § 168c StGB nicht auf die Zwecke des Wettbewerbs Bezug genommen.[603] Das Abstellen auf eine „pflichtwidrige Rechtshandlung" statt auf ein „unlauteres Verhalten" sollte unter anderem zu einer Vereinheitlichung der Korruptionsdelikte im StGB beitragen.[604] In den Materialien wurde der freie Wettbewerb neben dem fremden Vermögen ausdrücklich als Schutzzweck genannt; es sollten die Allgemeinheit, Mitbewerber sowie der Geschäftsherr selbst geschützt werden.[605] Diese Zielrichtung änderte sich im Wesentlichen auch nicht durch das KorrStrÄG 2012: Wenngleich die Bestimmungen vom 6. in den 22. Abschnitt verlagert und dabei angemerkt wurde, dass diese Delikte „im Grunde genommen keine strafbaren Handlungen gegen fremdes Vermögen darstellen" sowie echte Konkurrenz zu §§ 153, 153a StGB bestehe,[606] blieb ihr Wortlaut unverändert. Ein anderer Sinngehalt und folglich eine gravierende Änderung des Schutzzwecks sind daher hinsichtlich des unerwähnt gebliebenen Wettbewerbs nicht zu erkennen.[607]

Parallel dazu ist auch auf die zu § 309 StGB korrespondierende deutsche Bestimmung des § 299 dStGB zu verweisen. Diese Norm pönalisiert die Bestechlichkeit und Bestechung im geschäftlichen Verkehr; vorrangig geschütztes Rechtsgut ist das Allgemeininteresse am freien Wettbewerb.[608] Daneben bezie-

---

601 AA *Brandstetter/Rauch* in JB Strafrecht BT 2009, 17.

602 RB 2003/568/JI.

603 ErläutRV 285 BlgNR XXIII. GP 9.

604 ErläutRV 285 BlgNR XXIII. GP 10.

605 ErläutRV 285 BlgNR XXIII. GP 9; so auch schon der Ministerialentwurf, 92/ME XXIII. GP 10.

606 IA 1950 BlgNR XXIV. GP 3; *Höcher*, Korruption im öffentlichen und privaten Sektor – eine strafrechtliche Gegenüberstellung, ecolex 2013, 785 (787).

607 *Thiele* in SbgK § 309 Rz 12; *Pilnacek*, Korruptionsstrafrechtsänderungsgesetz 2012, BGBl I 2012/61, ÖJZ 2012, 741 (741); vgl krit zur Verlagerung in § 309 StGB *Schmoller* in Liber Amicorum Karl 520.

608 *Krick* in MüKoStGB[3] § 299 Rz 15; *Heger* in *Lackner/Kühl*, StGB[29] § 299 Rz 1; krit *Momsen/Laudien* in BeckOK StGB § 299 Rz 4; *Heine/Eisele* in *Schönke/Schröder*, StGB[29] § 299 Rz 2; *Dannecker* in NK-StGB[5] § 299 Rz 9; *Rosenau* in SSW-StGB[3] § 299 Rz 4.

hen die Ansätze im deutschen Schrifttum oftmals die potentiellen Vermögens- bzw Geschäftsinteressen der Mitbewerber sowie des Geschäftsherrn selbst in § 299 dStGB ein.[609] Der Schutz des Wettbewerbs ergibt sich schon aus der systematischen Stellung der Norm im Abschnitt betreffend Straftaten gegen den Wettbewerb; auch ihr Wortlaut legt einen solchen Schutzzweck nahe.[610]

Mitunter wird der Zweck des § 309 StGB (bzw der §§ 168c, 168d StGB aF) nicht im Schutz des Wettbewerbs und des fremden Vermögens gesehen. Dabei wird speziell von *Rauch* vorgebracht, dass auch die den §§ 168c, 168d StGB aF zugrundeliegenden internationalen Vorgaben einen wettbewerbsbezogenen Zweck nicht vorsahen: Der Rahmenbeschluss habe die befristete Möglichkeit der Mitgliedsstaaten beinhaltet, nur Verhaltensweisen zu pönalisieren, die Wettbewerbsverzerrungen zur Folge haben (können). Dies zeige, dass der Wettbewerb gerade nicht zentral geschütztes Rechtsgut sei.[611] Die im Rahmenbeschluss vorangestellten Erwägungen, in denen Korruption als Gefahr für den Wettbewerb, wie auch die Rechtstreue der Gesellschaft und die gesunde wirtschaftliche Entwicklung gesehen wird, seien eher als generelle Zweckrichtung zu verstehen. Auch die Bezeichnung von Korruption als Bedrohung des Wettbewerbs, der Demokratie und der Menschenrechte durch das Strafrechtsübereinkommen des Europarats[612] sei programmatischer Natur.[613] Überdies gäbe es Verhaltensweisen, die zwar sachlich als Korruption erfasst werden würden und hinsichtlich derer auch ein entsprechendes Strafbedürfnis bestehe, die aber mit keiner Auswirkung auf den Wettbewerb verbunden seien.[614] Entsprechend sei der Wettbewerb nicht vorrangig geschütztes Rechtsgut. Aber auch der Schutz fremden Vermögens sei nicht Teil des Schutzzwecks. Dies würde sich insbesondere mit Blick auf die Untreuebestimmung zeigen, die das Machthabervermögen schützt und folglich – anders als Korruption – auch den Eintritt eines Vermögensscha-

---

609 *Heine/Eisele* in *Schönke/Schröder*, StGB[29] § 299 Rz 2; *Krick* in MüKoStGB[3] § 299 Rz 15; *Dannecker* in NK-StGB[5] § 299 Rz 12 ff; zum Geschäftsherrenmodell krit *Momsen/Laudien* in BeckOK StGB § 299 Rz 6.

610 Vgl *Rauch*, Korruptionsstrafrecht 85, der gerade aufgrund des unterschiedlichen Wortlauts der Bestimmungen in Österreich und Deutschland einen Rechtsvergleich als unzweckmäßig erachtet.

611 *Rauch*, Korruptionsstrafrecht 86; *Brandstetter/Rauch* in JB Strafrecht BT 2009, 16.

612 Strafrechtsübereinkommen über Korruption des Europarates (ETS Nr. 173).

613 Vgl Erwägungsgrund (9) des RB 2003/568/JI.

614 Siehe dazu die Beispiele in *Rauch*, Korruptionsstrafrecht 89.

dens erfordert.[615] Schließlich wird auch die Bezugnahme auf den deutschen Tatbestand schon aufgrund der Verschiedenartigkeit des Wortlauts abgelehnt.[616]

Vor diesem Hintergrund finden sich in jüngerer Zeit zunehmend Ansätze, die den Zweck des § 309 StGB im Schutz der Reinheit, Sauberkeit und Unbestechlichkeit des Wirtschaftsverkehrs im Sinne einer unbeeinflussten Aufgabenerfüllung im Geschäftsleben sehen und damit eine Parallele zu den Korruptionsdelikten im öffentlichen Sektor ziehen.[617] Ziel soll dabei nicht sein, den Inhalt unternehmerischer Entscheidungen zu überprüfen, sondern zu verhindern, dass diese entgegen den Regeln des geschäftlichen Verkehrs „erkauft" werden.[618] Dieses Universalrechtsgut erfasst nicht nur einzelne Personen, wie etwa den Geschäftsherrn des Täters oder die Mitbewerber, vielmehr werden alle Teilnehmer des Geschäftsverkehrs einbezogen, womit sich ein breiter Adressatenkreis ergibt.[619] Das Verhältnis des Rechtsguts der Sauberkeit des Wirtschaftsverkehrs im Verhältnis zu anderen möglicherweise betroffenen Individualrechtsgütern wird unterschiedlich beurteilt. Zum Teil werden individuelle Interessen nur mittelbar in den Schutzumfang einbezogen.[620] Andere listen den Wettbewerb wie das fremde Vermögen neben der Unbestechlichkeit des Wirtschaftsverkehrs und legen damit gewissermaßen eine Schutzzwecktrias zugrunde.[621]

2.2. *Weiterführende schutzzweckbezogene Überlegungen*

Bei näherer Betrachtung ergeben sich aus den verschiedenen Ansätzen zum Schutzzweck des § 309 StGB mit Blick auf den Tatbestand weitere Fragestellungen. Zuzustimmen ist im Grunde der Ausklammerung des Schutzes fremden Vermögens, wenngleich dieses in den meisten Fallkonstellationen vom strafwürdigen Verhalten ebenso betroffen sein wird.[622] Eine Überlagerung des § 153

---

615 *Rauch*, Korruptionsstrafrecht 94 f.

616 *Rauch*, Korruptionsstrafrecht 85.

617 *Aichinger* in *Leukauf/Steininger*[4] § 309 Rz 2; *Rauch*, Korruptionsstrafrecht 99; *Zierl*, JSt 2012, 146; *Marek/Jerabek*, Korruption[11] § 309 Rz 1; *Reindl-Krauskopf/Huber*, Korruptionsstrafrecht 37; *Huber/Löff*, Korruptionsstrafrecht, in *Kert/Kodek* (Hrsg), Das große Handbuch Wirtschaftsstrafrecht (2016) 10. Kapitel (Rz 10.53), die auf die „objektiven Aufgabenerfüllung im Geschäftsverkehr" abstellen.

618 *Rauch*, Korruptionsstrafrecht 102.

619 *Rauch*, Korruptionsstrafrecht 100-101.

620 *Rauch*, Korruptionsstrafrecht 103; *Marek/Jerabek*, Korruption[11] § 309 Rz 1, die das Vermögen des Geschäftsherrn als mittelbar geschützt ansehen.

621 *Aichinger* in *Leukauf/Steininger*[4] § 309 Rz 2; *Schmitt* in *Preuschl/Wess*, Wirtschaftsstrafrecht § 309 Rz 3.

622 So unter anderem auch *Reindl-Krauskopf/Huber*, Korruptionsstrafrecht 37.

StGB ist weder notwendig noch zweckmäßig; in Ermangelung des Erfordernisses eines Vermögensschadens würde die Strafbarkeit überdies weit ins Vorfeld einer Gefahr für das Vermögen rücken.[623] Auch die Materialien zum KorrStrÄG 2012 legen dar, dass die Regelung der Korruption im privaten Sektor nicht dem Schutz fremden Vermögens dient, lassen aber zugleich ihren eigentlichen Telos offen.[624]

Sieht man das geschützte Rechtsgut des § 309 StGB in der Reinheit, Sauberkeit und Unbestechlichkeit des Wirtschaftsverkehrs, so wird den Korruptionsdelikten im öffentlichen und privaten Sektor zwar eine einheitliche Zweckrichtung zuerkannt und die Bestimmungen des 22. Abschnitts gewissermaßen zusammengeführt. Allerdings sollte zunächst der Bedeutungsgehalt dieses Schutzzwecks konkretisiert werden, fragt sich doch, ob ein Verbot der Bestechung im Wirtschaftsverkehr zum Schutz seiner Unbestechlichkeit im Ergebnis nicht lediglich einen Zirkel umschreibt. Aufzuklären ist darüber hinaus, ob und inwieweit der freie lautere Wettbewerb – der bei Implementierung der Bestimmung jedenfalls geschützt werden sollte – weiterhin von § 309 StGB erfasst ist. Eine dahingehende Abänderung des Schutzzwecks lässt sich aus der Verlagerung der Bestimmung in den 22. Abschnitt nicht ableiten, findet sich doch weder eine textliche Veränderung des Gesetzeswortlautes, noch ein dies andeutender Hinweis in den Materialien. Gerade aufgrund der Entstehungsgeschichte der Norm mit Blick auf § 10 UWG erscheint die Sinnhaftigkeit einer gänzlichen Ausklammerung wettbewerbsrechtlicher Erwägungen zweifelhaft. Zumindest sollten die Wertungen in den sauberen Wirtschaftsverkehr als Rechtsgut integriert werden, das entsprechend weit auszulegen ist.[625]

Indes bleibt offen, warum sich das Tatsubjekt des § 309 StGB auf Bedienstete bzw Beauftragte eines Unternehmens beschränkt und der Geschäftsherr selbst folglich kein Täter der Korruption im privaten Sektor sein kann.[626] Es erscheint schließlich denkbar, dass auch ein Geschäftsherr „geschmiert“ und der freie Wettbewerb ebenso wie die Reinheit, Sauberkeit und Unbestechlichkeit des Wirtschaftsverkehrs dadurch beeinträchtigt werden können.

Dagegen ist einzuwenden, dass ein „Vorteil“, der dem Geschäftsherrn im geschäftlichen Verkehr zugewendet wird, idR einen Teil der vereinbarten Leistung und somit des Synallagmas bildet. Demnach darf er wettbewerbskonform als

623 Vgl *Rauch*, Korruptionsstrafrecht 94-95.

624 IA 1950 BlgNR XXIV. GP 3; *Höcher*, ecolex 2013, 787; aA *Huber/Löff* in *Kert/Kodek* Rz 10.53.

625 *Rauch*, Korruptionsstrafrecht 102.

626 Vgl dazu auch III. C. 5.

Parameter berücksichtigt werden.[627] Dies kann allerdings nicht in den – wohl nur vereinzelten – Fällen gelten, in denen Vorteils- und Leistungsempfänger verschiedene Personen sind.[628] Deutsche Autoren verweisen in diesem Zusammenhang auf das Beispiel eines selbständigen Anlageberaters, der einen Vermögensvorteil vom Leiter einer Privatbank dafür erhält, dass er seinen Kunden die Anlagemöglichkeiten bei der Privatbank nahelegt und die entsprechenden Geschäfte abschließt. Da der Geschäftsherr kein Tatsubjekt ist, wird ein solches Verhalten von der Korruption im privaten Sektor nicht erfasst.[629] Die unterschiedliche strafrechtliche Beurteilung dieser Fallkonstellation je nachdem, ob es sich beim Vorteilsempfänger um den Geschäftsherrn oder einen seiner Angestellten handelt, ist mit Blick auf den Schutzzweck der Norm auch aus österreichischer Perspektive in Frage zu stellen.[630]

Freilich würden sich aus der Einbeziehung des Geschäftsherrn in den Täterkreis weitere Problemstellungen ergeben. Insbesondere müsste eine Grenze zwischen einer Verletzung des Wettbewerbs bzw der Reinheit, Sauberkeit und Unbestechlichkeit des Wirtschaftsverkehrs durch eine Handlung des Geschäftsherrn und dem für die geschäftliche Tätigkeit zulässigen und geradezu typischen Verhalten, zum eigenen Vorteil und unter Umständen auch auf Kosten anderer zu wirtschaften, gezogen werden. Für den freien Markt ist es schließlich charakteristisch und auch legitim, dass jeder Marktteilnehmer eigennützig handelt und die eigene Gewinnmaximierung anstrebt.[631]

Im Übrigen ist auch die Vorbildbestimmung des § 10 UWG in seinem Täterkreis auf Bedienstete und Beauftragte eines Unternehmens beschränkt und betrifft somit nicht den Geschäftsherrn. Die Bestimmung sollte Wettbewerbswidrig-

---

627 *Rauch*, Korruptionsstrafrecht 94; vgl auch *Rönnau*, Wirtschaftskorruption, in *Achenbach/Ransiek/Rönnau* (Hrsg), Handbuch Wirtschaftsstrafrecht[4] (2015) 3. Teil, 2. Kapitel (Rz 106); *Nordmeyer/Stricker* in WK[2] StGB Vor §§ 304-309 Rz 63.

628 Eingehend mit Bezug auf den Drittvorteil *Francuski*, Der Geschäftsherr als Drittvorteilsempfänger im Rahmen des § 299 StGB, Bucerius Law Journal 2009/1, 3 (6 f).

629 Vgl dazu *Dannecker* in in NK-StGB[5] § 299 Rz 44 f; *Volk*, Merkmale der Korruption und Fehler bei ihrer Bekämpfung, in *Gössel/Triffterer* (Hrsg), Gedächtnisschrift für Heinz Zipf (1999) 419 (427); *Satzger*, ZStW 2003, 488; *Rönnau* in *Achenbach/Ransiek/Rönnau* 3/2/106.

630 *Zierl*, Die strafrechtliche Sanktionierung von Korruption in der Privatwirtschaft durch die §§ 169c – 168e StGB (2011) 30.

631 Vgl dazu *Dölling*, Gutachten C zum 61. Deutschen Juristentag (1996) 86 ff; *Dannecker* in NK-StGB[5] § 299 Rz 45 *Ignor*, Sponsoring und Korruption im geschäftlichen Verkehr, in *Lüderssen/Volk/Wahle* (Hsrg), Festschrift für Wolf Schiller (2014) 329 (333); *Rönnau* in *Achenbach/Ransiek/Rönnau* 3/2/106.

keiten erfassen, die sich daraus ergeben, dass nicht dem Unternehmer ein günstiges Angebot gemacht wird, sondern seine Angestellten durch einen Vorteil zum Geschäft bewogen werden sollen.[632] Fallkonstellationen, in denen der Wettbewerb durch direkte Bestechung des Geschäftsherrn beeinträchtigt wird, könnten daher auch in diesem Kontext zur Diskussion gestellt werden. Geht man davon aus, dass der vom Gesetzgeber anvisierte wettbewerbsrechtliche Schutzumfang von § 10 UWG vorgegeben wird, ist wohl auch die Ausklammerung des Geschäftsherrn in § 309 StGB konsequent. Aus wettbewerbsrechtlicher Perspektive sind je nach Sachverhalt weitere wettbewerbs- und kartellrechtliche sowie sonstige Regelungen zu beachten.

Die Einschränkung des Tatsubjekts auf Bedienstete bzw Beauftragte eines Unternehmens wird von manchen Autoren letztlich schlicht als der gesetzgeberische Wille iSd fragmentarischen Charakters des Strafrechts anerkannt.[633] Zwar ist es dem Gesetzgeber vorbehalten, nicht jedes Verhalten unter Strafe zu stellen, das Rechtsgüter beeinträchtigt, sondern sich auf typische und besonders gefährliche Formen dieser Angriffe zu beschränken. Im gegebenen Zusammenhang ist aber vor allem auch die Konzeption der Korruption im privaten Sektor als Dreiparteien-Beziehung zu berücksichtigen. Während die Vorbildbestimmung des § 10 UWG nicht auf den Schutz des Geschäftsherrn ausgelegt ist,[634] war die Prinzipal-Agent-Beziehung bei Schaffung der §§ 168c, 168d StGB aF sehr wohl von Relevanz. Neben den Interessen der Allgemeinheit und der Mitbewerber sollte ausdrücklich der Geschäftsherr selbst geschützt werden.[635] Vor diesem Hintergrund ist auch die Beschränkung des Tatsubjekts auf Bedienstete oder Beauftragte des Unternehmens folgerichtig. § 309 StGB schützt idS den freien lauteren Wettbewerb unter Berücksichtigung der Interessen des Geschäftsherrn.[636] Auch bei Annahme der Reinheit, Sauberkeit und Unbestechlichkeit des

---

632 *Karsch*, Verkäuferprämien, Der Unternehmer 1975/8.

633 *Plöckinger*, ÖJZ 2009, 208; *Zierl*, Korruption 30; vgl aus deutscher Perspektive außerdem *Krick* in MüKoStGB³ § 299 Rz 15; *Nepomuck/Groß*, Zuwendungen an den Anstellungsbetrieb als Drittvorteile im Sinne des § 299 StGB? wistra 2012, 132 (134).

634 *Duursma* in *Gumpoldsberger/Baumann* UWG § 10 Rz 1; *Koppensteiner*, Wettbewerbsrecht: Kartellrecht und unlauterer Wettbewerb (1981) 386, 389; *Karsch*, Der Unternehmer 1975/8; OGH 4 Ob 302/77 JBl 1978, 431; *Brandstetter/Rauch/Wegscheider*, Korruptionsstrafrecht NEU – der „private Bereich" Struktur und Grundzüge der relevanten Tatbestände, JSt 2008, 155; aA *Thiele* in *Wiebe/Kodek*, UWG² § 10 UWG Rz 3.

635 ErläutRV 285 BlgNR XXIII. GP 9; so auch schon der Ministerialenwurf, 92/ME XXIII. GP 10.

636 Vgl *Nordmeyer/Stricker* in WK² StGB Vor §§ 304-309 Rz 66 f.

Wirtschaftsverkehrs als geschütztes Rechtsgut wird die Bedeutung der Prinzipal-Agent-Beziehung anzuerkennen sein.

C. Korruption durch Sponsoring

In den folgenden Kapiteln wird geprüft, ob und unter welchen Voraussetzungen Sponsoring von korruptionsstrafrechtlicher Relevanz sein kann. Dabei werden Sponsoringaktivitäten nicht jeweils unter die einzelnen Korruptionsbestimmungen subsumiert, sondern zentrale Problembereiche des Sponsoring herausgegriffen. Da es im Wesentlichen die strafrechtlichen Implikationen von Zuwendungen in Form von Sponsoringleistungen an (und durch) staatliche Behörden zu untersuchen gilt, wird vorangestellt der grundsätzliche rechtliche Rahmen des sog Verwaltungssponsoring geklärt (1.). Die daran anschließende strafrechtliche Untersuchung beinhaltet – ausgehend von einer Grundsatzentscheidung des OGH – eine Auseinandersetzung mit der Vorteilsqualität von Sponsoringleistungen, welche für die Anwendung aller Korruptionstatbestände von besonderer Bedeutung ist (2.). Der Begriff des pflichtwidrigen Amtsgeschäfts (3.), Spannungsverhältnisse zwischen verpönter Klimapflege („Anfüttern“, 4.) und Sponsoring sowie Fragestellungen, die im Zusammenhang mit Korruption im privaten Sektor (5.), sind eigenständig zu beurteilen. Schließlich wird auf die praktischen Anwendungsfälle des Pharma- sowie des Parteiensponsoring (6., 7.) eingegangen.

1. Verwaltungssponsoring

1.1. Begriff

Verwaltungssponsoring unterscheidet sich in seinem Begriffsinhalt im Grunde nicht von der allgemeinen Sponsoringdefinition, mit der Ausnahme, dass zumindest eine der beteiligten Parteien – zumeist der Gesponserte – dem öffentlichen Bereich zuzurechnen ist. Der Begriff der Verwaltung wird dabei in einem organisatorischen Sinn verstanden und umfasst somit Verwaltungseinheiten von Bund, Ländern und Gemeinden.[637] Gemeint sind folglich Zuwendungen in Form von Geld-, Sach- oder Dienstleistungen, die private Unternehmen an staatliche Akteure mit dem Ziel gewähren, dadurch Werbeeffekte und positive kommunikative Wirkungen zu erzeugen.[638] Verwaltungssponsoring wird nach der hier

637 Vgl zum Begriff der Verwaltung im organisatorischen Sinn *Raschauer*, Allgemeines Verwaltungsrecht[5] (2017) Rz 10.

638 *Koblizek*, Verwaltungssponsoring, in *Wiesenthaler* (Hrsg), Korruptionsprävention in Theorie und Praxis (2015) 57 (57); *Burgi/Hampe/Friedrichsmeier*, Der Rechtsrahmen des Verwaltungssponsoring: Regelungsbedarf, Verfassungsvorgaben, empiri-

zugrundeliegenden Definition nicht auf eine Förderung *öffentlicher* Aufgaben eingeschränkt, auch die Unterstützung einer verwaltungsinternen Veranstaltung oder eines Behördenfests kann beispielsweise darunter fallen.[639] Im weiteren Sinne werden damit auch Konstellationen bezeichnet, in denen Leistungen unmittelbar an Amtsträger als Mitarbeiter einer Behörde gewährt werden, etwa in Form von Vergünstigungen oder Rabatten;[640] im Folgenden soll der Fokus aber auf Fälle gelegt werden, in denen die Sponsoringleistung der Behörde als solcher oder über diese vermittelt der Öffentlichkeit zugute kommt.

Beispiele für Verwaltungssponsoring finden sich in verschiedensten Bereichen und Ausgestaltungen. Eine praktisch relevante Fallkonstellation ist die Ausstattung einer staatlichen Behörde respektive ihrer Mitarbeiter mit Sachleistungen: So die Bereitstellung neuer Polizeiuniformen durch Unternehmen, die sich im Gegenzug als „offizieller Sponsor" bezeichnen dürfen;[641] auch die unentgeltliche Überlassung von Dienstfahrzeugen durch einen Automobilhersteller und dergleichen ist im Rahmen einer solchen Sponsoringvereinbarung denkbar.[642] Verwaltungssponsoring ist außerdem im bildungspolitischen Bereich verbreitet, neben durch Sponsoren unterstützte Schulsportwettbewerbe[643] betrifft dies unter anderem auch Raumsponsoring an Universitäten. Schließlich kann exemplarisch auf das Sponsoring von Stadt-, „Grätzl"- und Straßenfesten durch die Gewährung finanzieller Mittel durch Unternehmen verwiesen werden, die im Gegenzug öffentlich als Sponsoren auftreten dürfen. In diesen Fällen kommt die Sponsoringleistung folglich vermittelt über die staatliche Verwaltung auch bestimmten Bevölkerungsgruppen oder der Allgemeinheit zugute.

In allen Fällen kann der Sponsor sein Engagement kommunikativ verwerten, sei es primär gegenüber den Angehörigen der Verwaltungsbehörde, die selbst durch die Sponsoringmaßnahme begünstigt werden oder durch eine Vermarktung der Sponsoringaktivitäten in der Öffentlichkeit und die Nutzung des positiven staat-

---

sche und rechtsvergleichende Erkenntnisse, in *Burgi* (Hrsg), Sponsoring der öffentlichen Hand (2010) 71 (78).

639 Anders dagegen *Burgi/Hampe/Friedrichsmeier* in *Burgi* 79.

640 Vgl die Beispiele in *Reindl-Krauskopf*, Verwaltungssponsoring aus strafrechtlicher Sicht, in *Bundesministerium für Inneres/Bundesamt zur Korruptionsprävention und Korruptionsbekämpfung* (Hrsg), Lobbying & Sponsoring (2012) 9 (12).

641 *Satzger*, ZStW 2003, 469.

642 Vgl die Beispiele in *Korte*, Korruptionsprävention im öffentlichen Bereich, in *Dölling* (Hrsg), Handbuch der Korruptionsprävention (2007) 292 (309 f).

643 Vgl *Betzinger*, Sponsoring 37 ff.

liches Images.[644] Verwaltungssponsoring erfasst im Übrigen auch Fälle, in denen der Staat selbst Sponsor ist, wie etwa beim aktiven Sponsoring eines Projekts durch ein staatlich beherrschtes Unternehmen, dessen Organe bzw Bedienstete Amtsträger iSd § 74 Abs 1 Z 4a lit d StGB sind.

Aus staatlicher Perspektive sind Kooperationen, in denen private Unternehmen als Sponsoren auftreten, zweifellos lohnend. Wo öffentliche Gelder fehlen, kann auf Sponsoring als neue Finanzierungsquelle zurückgegriffen werden. Auch Sponsoren profitieren von den Kooperationen, eröffnet sich ihnen so ein breiter Horizont an Möglichkeiten, durch ihr Sponsoringengagement die Wahrnehmung ihrer gesellschaftspolitischen Verantwortung zum Ausdruck zu bringen und das positive Image der Verwaltung für ihre Marketingzwecke zu gebrauchen.[645]

Die Kehrseite von Sponsoringvereinbarungen im Bereich der öffentlichen Verwaltung ist das Entstehen des Anscheins privater Einflussnahme auf die staatliche Aufgabenerfüllung und kollusiver Kooperationen; Sponsor und Gesponserter stehen schließlich zumeist über die Vereinbarung hinaus in geschäftlichem Kontakt.[646] Folglich erscheint eine genaue korruptionsstrafrechtliche Prüfung derartiger Praktiken zweckmäßig, um die Grenze zwischen zulässigem Sponsoring und korruptivem Verhalten möglichst klar ziehen zu können. Zunächst ist dazu eine grundlegende Auseinandersetzung mit dem allgemeinen rechtlichen Rahmen von Verwaltungssponsoring vorzunehmen.

1.2. Rechtlicher Rahmen des Verwaltungssponsoring

1.2.1. Ausgangssituation

Während das deutsche Bundeskabinett im Juli 2003 eine allgemeine Verwaltungsvorschrift[647] betreffend den Umgang mit Verwaltungssponsoring erließ,

644 Vgl anders *Betzinger*, Sponsoring 29, der von einem negativen Image der Verwaltung in der Bevölkerung ausgeht.

645 *Koblizek* in *Wiesenthaler* 57; *Burgi/Hampe/Friedrichsmeie*r in *Burgi* 79, 89; *Satzger*, ZStW 2003, 472.

646 *Reindl-Krauskopf* in *Bundesministerium für Inneres/Bundesamt zur Korruptionsprävention und Korruptionsbekämpfung* 10; *Betzinger*, Sponsoring 36; vgl auch *Eder-Rieder*, Strafrechtliche und strafprozessuale Aspekte der neuen Korruptionsbestimmungen im österreichischen Strafrecht, ZIS 2014, 71 (75); *Satzger*, ZStW 2003, 473.

647 Allgemeine Verwaltungsvorschrift zur Förderung von Tätigkeiten des Bundes durch Leistungen Privater (Sponsoring, Spenden und sonstige Schenkungen), Amtlicher Teil Bundesanzeiger Nr. 126, Seite 14906; vgl dazu *Betzinger*, Sponsoring 51 ff sowie *Schröder*, Sponsoring – Verwaltungsvorschrift des Bundes – in *Tag/Tröger/*

dem die Bundesländer mit eigenen Regelungen folgten, wurde in Österreich bislang kein vergleichbarer Schritt gesetzt. Statt einer allgemeinen gesetzlichen Regelungen zur (Un-)Zulässigkeit privater Förderungen der staatlichen Verwaltung, finden sich lediglich in bestimmten Materiengesetzen vereinzelte Bestimmungen über die Rechtmäßigkeit derartiger Zuwendungen, ihre Vergabe und Verwendung. So sieht etwa das Bundesgesetz über den Österreichischen Rundfunk[648] (fortan: ORF-Gesetz) in § 1a Z 11 ORF-G eine Begriffsdefinition von Sponsoring vor und regelt zudem in § 17 leg cit die Anforderungen hinsichtlich gesponserter Sendungen. Solcherart von Normen finden sich überdies in den §§ 2 Z 32 und 37 des Bundesgesetzes über audiovisuelle Mediendienste[649] (AMD-G), ebenso in verschiedenen Museumsordnungen, wie der Verordnung der Bundesministerin für Unterricht, Kunst und Kultur betreffend der Museumsordnung für das Naturhistorische Museum[650] oder auch der Museumsordnung für die Albertina[651] (jeweils §§ 1 Abs 3 Z 4, 12 Z 10).

Die Zulässigkeit der (Mit-)Finanzierung öffentlicher Institutionen durch die Privatwirtschaft wird vor allem im Zusammenhang mit der *Drittmitteleinwerbung* thematisiert. Dies betrifft besonders den Bereich von Forschung und Lehre, speziell den Universitäts- und (Hoch)Schulbereich sowie die Forschung an Universitätskliniken. Auch hier bestehen vereinzelt gesetzliche Regelungen. Zu nennen sind die für das Schulwesen relevanten Bestimmungen der §§ 128a, 128b des Schulorganisationsgesetzes[652] (fortan: SchOG) zur Schulraumüberlassung und sonstigen vereinnahmten Drittmittel sowie § 46 des Schulunterrichtsgesetzes[653] (fortan: SchUG) zur schulfremden Werbung. Im universitären Bereich sind §§ 26, 28 des Universitätsgesetzes 2002[654] (fortan: UG 2002) herauszugreifen, welche die Forschungsförderung und drittmittelfinanzierte Auftragsforschung regeln. Im Krankenanstaltenrecht betrifft die Drittmitteleinwerbung insbesondere

---

Taupitz (Hrsg), Drittmitteleinwerbung – Strafbare Dienstpflicht? (2004) 277 (281 f); *Schröder*, Sponsoring in der Bundesverwaltung, NJW 2004, 1353.

648 BGBl I 1984/379.

649 BGBl I 2001/84.

650 BGBl II 2009/399.

651 BGBl II 2009/398.

652 BGBl 242/1962.

653 Bundesgesetz über die Ordnung von Unterricht und Erziehung in den im Schulorganisationsgesetz geregelten Schulen, BGBl 1986/472.

654 Bundesgesetz über die Organisation der Universitäten und ihre Studien, BGBl I 2002/120.

die Vornahme klinischer Studien von Arzneimitteln.[655] Dazu regelt § 8c des Bundesgesetzes über Krankenanstalten und Kuranstalten[656] (fortan: KAKuG) die Einrichtung von Ethikkommissionen anlässlich klinischer Studien und damit verbunden die Berechtigung, vom „Sponsor bzw. sonst zur Befassung Berechtigen oder Verpflichteten" einen Kostenbeitrag zu verlangen. § 28 des Wiener Krankenanstaltengesetzes[657] (fortan: Wr KAG) definiert den Begriff der Drittmittel ausdrücklich als finanzielle Zuwendungen an Krankanstalten, einzelne Abteilungen, Departments oder sonstige Organisationseinheiten, die nicht oder nicht unmittelbar der Abgeltung einer konkreten Leistung dienen oder anlässlich einer konkreten Leistung zusätzlich zur Verfügung gestellt werden; Abs 2 und 3 regeln weiterführend die Verwendung und Offenlegung dieser Mittel. Davon sind etwa Leistungen für wissenschaftliche Veranstaltungen, Ausstellungen, Publikationen, wissenschaftliche Dokumentation und Information sowie die Förderung der medizinischen Aus- und Fortbildung erfasst.[658]

Erfolgen Zuwendungen in einem der Bereiche, in denen Sponsoring explizit gesetzlich geregelt wurde, und werden die entsprechenden Bestimmungen eingehalten, so sind sie zweifelsfrei rechtskonform und erwecken im Übrigen auch nicht den Anschein einer unerwünschten Einflussnahme auf staatliche Tätigkeit. Außerhalb dieser vereinzelten Normen besteht hingegen große Unsicherheit über die Zulässigkeit von Verwaltungssponsoring und überdies die Befürchtung, die Kooperation privater und staatlicher Akteure könnte den Eindruck eines korruptiven Zusammenwirkens hervorrufen.[659]

Als Beispiel dieser Unsicherheit dient der Compliance-Tätigkeitsbericht des Bundesministeriums für Inneres (fortan: BMI) 2013/2014[660], in dem die Bedeutung von Compliance und die gesetzten Umsetzungsmaßnahmen dargestellt werden. Gemäß dem Bericht darf Verwaltungssponsoring nur in eingeschränktem Ausmaß eingesetzt werden. So werden Geldleistungen an eine Dienststelle generell als unzulässig erachtet und allgemein festgehalten, dass öffentliche

655 *Steiner*, Drittmitteleinwerbung im Krankenhaus: Ein Überblick zur aktuellen Rechtslage, RdM 2005, 132.

656 BGBl 1957/1.

657 Wiener Krankenanstaltengesetz 1987, LGBl 1987/23.

658 So die Beispiele aus den Materialien zum Wr KAG, 32 BlgLT 24. Sess 9.

659 *Reindl-Krauskopf* in *Bundesministerium für Inneres/Bundesamt zur Korruptionsprävention und Korruptionsbekämpfung* 11; *Reindl-Krauskopf/Birklbauer*, Leitlinien im Umgang mit allfälligen Korruptionssachverhalten an Universitäten (2013), 11.

660 *Bundesministerium für Inneres* (Hrsg), 1. Compliance-Tätigkeitsbericht 2013/2014, https://bmi.gv.at/bmi_documents/1614.pdf (abgerufen am 26.10.2018).

Aufgaben grundsätzlich durch öffentliche Mittel zu finanzieren sind, Sponsoring daher nur ausnahmsweise ergänzend herangezogen werden sollte.[661] Darüber hinaus bestehen genaue Regelungen zur konkreten Abwicklung von Sponsoringmaßnahmen, die in einem vom BMI jährlich erstellten Bericht dokumentiert werden müssen.[662]

Ausdruck der im Zusammenhang mit Verwaltungssponsoring bestehenden Unsicherheit ist außerdem auch die gesetzliche Klarstellung des § 10 Abs 2 UG 2002, welcher die Einwerbung universitärer Drittmittel betrifft.[663] Demnach ist die Universität ausdrücklich berechtigt, *auch außerhalb* der Bestimmungen der §§ 26, 27 UG 2002 Spenden, Schenkungen und Sponsoring einzuwerben. Diese Regelung war aufgrund von offenbar bestehenden Unklarheiten infolge korruptionsstrafrechtlicher Regelungen erforderlich. So heißt es wörtlich in den Materialien: „Auf Grund des neuen Korruptionsstrafrechts sind Unklarheiten für die Universitäten im Zusammenhang mit der Einwerbung von Vermögenswerten, insbesondere von Drittmitteln und Spenden, aufgetreten".[664]

Zeigt sich im UG 2002 mit den Bestimmungen zur Drittmitteleinwerbung bereits eine Grundtendenz in Bezug auf die Zulässigkeit entsprechender Zuwendungen, interessiert weiter, wie Verwaltungssponsoring prinzipiell zu beurteilen ist, das ohne explizite gesetzliche Grundlage erfolgt. Dazu ist auf allgemeine (öffentlich-)rechtliche Grundsätze zu rekurrieren und insbesondere zwischen Zuwendungen im Bereich der Hoheits- und Privatwirtschaftsverwaltung zu unterscheiden. Vorweg ist anzumerken, dass die Abgrenzung der Hoheits- von der Privatwirtschaftsverwaltung im Einzelnen umstritten ist. Zumeist wird aber im Anschluss an die Rechtsprechung des VfGH darauf abgestellt, in welcher Rechtsform die Verwaltungstätigkeit vorgenommen wird. Besteht folglich eine gesetzliche Ermächtigung zu hoheitlichem Handeln und wird von ihr konkret Gebrauch gemacht, liegt Hoheitsverwaltung vor.[665] Als hoheitlich sind jedenfalls Bescheide, Verordnungen und Akte unmittelbarer Befehls- und Zwangsgewalt zu qualifizie-

---

661 *Bundesministerium für Inneres* (Hrsg), 1. Compliance-Tätigkeitsbericht 2013/2014 27 f, https://bmi.gv.at/bmi_documents/1614.pdf (abgerufen am 26.10.2018).

662 *Bundesministerium für Inneres* (Hrsg), 1. Compliance-Tätigkeitsbericht 2013/2014 28-29, https://bmi.gv.at/bmi_documents/1614.pdf (abgerufen am 26.10.2018).

663 So auch *Koblizek* in *Wiesenthaler* 58.

664 ErlRV 369 BlgNR XXV. GP 3; *Koblizek* in *Wiesenthaler* 58.

665 VfGH KI-1/57 VfSlg 3262/1957; *Raschauer*, Verwaltungsrecht[5] Rz 694-696; RIS-Justiz RS0049882; RIS-Justiz RS0102497; OGH 1 Ob 259/72 SZ 45/134 = JBl 1974, 154; OGH 6.6.2016, 17 Os 8/16d; aA *Öhlinger*, Der Anwendungsbereich des Amtshaftungsgesetzes, in *Aicher* (Hrsg), Die Haftung für staatliche Fehlleistungen im Wirtschaftsleben (1988) 137.

ren.[666] Im Bereich der schlichten Hoheitsverwaltung kommt es auf den Zusammenhang mit Hoheitsakten an.[667]

1.2.2. Allgemeiner rechtlicher Rahmen des Verwaltungssponsoring

Sponsoringvereinbarungen begründen auch im Bereich der staatlichen Verwaltung ein Austauschverhältnis; der Leistung des Privaten steht synallagmatisch eine Leistung der Behörde gegenüber. Ob eine Verknüpfung von Sponsoringleistungen mit *hoheitlicher* Tätigkeit zulässig ist, erschließt sich mit Blick auf das Legalitätsprinzip (Art 18 B-VG), das nach hM nur im Bereich der Hoheitsverwaltung gilt und die gesamte staatliche Verwaltung an die Gesetze bindet.[668] Dieser Grundsatz darf nicht dadurch umgangen werden, dass eine privatrechtliche Handlungsform dort gewählt wird, wo eine öffentlich-rechtliche vorgesehen ist. Es besteht entsprechend keine Wahlfreiheit zwischen Hoheits- und Privatwirtschaftsverwaltung. Lediglich im Fall einer durch Rechtsvorschriften erteilten Ermächtigung, darf von einer solchen Wahlmöglichkeit ausgegangen werden.[669] Wo spezifische hoheitliche Vollzugsaufgaben festgelegt sind, ist folglich eine Umgehung der öffentlich-rechtlichen Bindung durch eine privatwirtschaftliche Regelung ausgeschlossen. Ein über solche Inhalte abgeschlossener zivilrechtlicher Vertrag ist als Missbrauch der Rechtsform und Verstoß gegen die Grundsätze des Rechtsstaats zu werten, er ist nichtig (§ 879 Abs 1 ABGB).[670] Die dazu bestehende Rechtsprechung betrifft etwa die entgeltliche Abänderung von Flächenwidmungsplänen sowie den privatrechtlichen Verzicht auf Abgaben durch die staatliche Verwaltung.[671]

Vereinbarungen zwischen einem Verwaltungsorgan in behördlicher Funktion und einem Privaten über einen Gegenstand aus dem Bereich der Hoheitsverwaltung sind nur sehr eingeschränkt zulässig; sie sind unter dem Überbegriff des

---

666 RIS-Justiz 2011/11/0005; *Raschauer*, Verwaltungsrecht[5] Rz 698.

667 *Raschauer*, Verwaltungsrecht[5] Rz 699; OGH 9.4.2015, 17 Os 45/14t; OGH 6.6.2016, 17 Os 8/16d; RIS-Justiz RS0049948.

668 *Antoniolli/Koja*, Allgemeines Verwaltungsrecht[3] (1996) 225 ff, 246; *Mayer/Kucsko-Stadlmayer/Stöger*, Grundriss des österreichischen Bundesverfassungsrechts[11] (2015) Rz 569.

669 *Antoniolli/Koja*, Verwaltungsrecht[3] 31; *Kleewein*, Vertragsraumordnung in der Praxis. Privatrechtliche Verträge und deren Grenzen, RFG 2005, 52; VwGH 91/05/0204 VwSlg 13625 A/1992; OGH 2 Ob 511/95 RdW 1995, 216; OGH 10.4.1997, 2 Ob 501/95; RIS-Justiz RS0038475.

670 RIS-Justiz RS0034713; OGH 6.2.1996, 10 Ob 519/94; OGH 2 Ob 511/95 RdW 1995, 216; OGH 23. 1. 2013, 3 Ob 181/12g; vgl auch RIS-Justiz RS0014752; *Graf* in *Kletečka/Schauer*, ABGB-ON[1.04] § 879 ABGB Rz 206.

671 OGH 2 Ob 511/95 RdW 1995, 216; OGH 6.2.1996, 10 Ob 519/94.

subordinationsrechtlichen Vertrags einzuordnen.[672] Nach dem Legalitätsprinzip ist ein solcher Vertrag nur dann zulässig, wenn eine ausdrückliche gesetzliche Ermächtigung dafür besteht.[673] Der VfGH verlangt neben der gesetzlichen Grundlage außerdem die hinreichende gesetzliche Determinierung sowie die Möglichkeit der Behörde, im Streitfall einen vertragsersetzenden Bescheid zu erlassen.[674] Das Gesetz muss die Voraussetzungen regeln, unter denen ein verwaltungsrechtlicher Vertrag geschlossen werden darf, es besteht kein Wahlrecht zwischen Bescheid und Verwaltungsvertrag. Außerdem muss der Inhalt des Vertrags in seinen wesentlichen Punkten normiert werden.[675] Subordinationsrechtliche Verträge finden sich vor allem im Bereich des Abgabenrechts bezüglich der Höhe und Modalität einer Abgabe sowie bei Pauschalierungsvereinbarungen.

Als wichtige Sonderkonstellation ist die im Bereich des Raumordnungsrechts verbreitete Vertragsraumordnung zu nennen: Um Entwicklungsziele hoheitlicher Planungstätigkeit zu verwirklichen und die widmungskonforme Nutzung von Grundstücken sicherzustellen, können gesetzliche Ermächtigungen geschaffen werden, aufgrund deren die hoheitliche Grundstückswidmung durch eine Gemeinde mittels einer zivilrechtlichen Verpflichtung zur entsprechenden Nutzung durch den Grundeigentümer abgesichert werden kann.[676] Während eine obligatorische Vertragsraumordnung verfassungsrechtlich unzulässig ist (Koppelungs-

---

672 Selbst dieser wird nicht als Austauschverhältnis zu qualifizieren sein, sondern ist vielmehr ein Rechtsakt sui generis, siehe *Stolzlechner/Wimmer*, Rechtsstaatsprinzip und verwaltungsrechtlicher Vertrag, in *Bammer/Holzinger/Vogl/Wenda* (Hrsg), Rechtsschutz gestern – heute – morgen, Festschrift zum 80. Geburtstag von Rudolf Machacek und Franz Matscher (2008) 443 (447); mitunter wird die Zulässigkeit derartiger Verträge mit Hinweis auf die Geschlossenheit der verfassungsrechtlichen Rechtsquellen aber auch generell abgestritten, so etwa *Mayer/Kucsko-Stadlmayer/Stöger*, Bundesverfassungsrecht^{11} Rz 589; vgl dazu auch *Antoniolli/Koja*, Verwaltungsrecht^{3} 538 ff.

673 *Kleewein*, Vertragsraumordnung. Zugleich ein Beitrag zum Einsatz privatrechtlicher Verträge im Verwaltungsrecht (2003) 61; *Antoniolli/Koja*, Verwaltungsrecht^{3} 534 ff; *Raschauer*, Verwaltungsrecht^{5} Rz 1218 ff; *Eberhard*, Der verwaltungsrechtliche Vertrag – Kritische Überlegungen zu einem rechtlichen Phänomen, JAP 2002/2003, 205; VwGH 89/01/0263 VwSlg 13082 A/1989; OGH 6.2.1996, 10 Ob 519/94.

674 VfGH G47/79 VfSlg 9226; *Kleewein*, Vertragsraumordnung 62.

675 *Stolzlechner/Wimmer* in FS Machacek/Matscher 445.

676 Zu den verfassungsrechtlichen Grenzen siehe *Kleewein*, RFG 2005, 52; *Marek/Jerabek*, Korruption^{11} §§ 304-306 Rz 20a; *Hecht/Pekar*, Der städtebauliche Vertrag nach der BO für Wien in der Praxis, immolex 2016, 74 (75); VfGH G77/99, V29/99 VfSlg 15625; dazu eingehend *Kleewein*, Vertragsraumordnung 84 ff; vgl jüngst VfGH E1055/2015-13, 1060/2015-13 VfSlg 20009.

verbot), sind entsprechende fakultative gesetzliche Ermächtigungen („Kann-Bestimmungen“) möglich und auch weit verbreitet.[677]

Für Verwaltungssponsoring ergeben sich aus diesen Einschränkungen grundsätzlich keine Konsequenzen: Schließt die öffentliche Verwaltung einen Sponsoringvertrag mit einem privaten Unternehmen, so wird nicht die hoheitliche Dienstausübung der Amtsträger vertraglich geregelt, die Vereinbarung beinhaltet keine Gegenleistung im Rahmen der Hoheitsverwaltung.[678] Die behördliche Leistung besteht vielmehr in der Ermöglichung einer kommunikativen Verwertung des Sponsoringengagements durch den Sponsor, wobei verschiedenste Ausgestaltungen denkbar sind. Stellt ein Unternehmen beispielsweise bestimmte Sachmittel für eine behördliche Veranstaltung zur Verfügung, könnte die Gegenleistung in der Erlaubnis der öffentlichen Nennung des Sponsors oder dergleichen liegen.

Sponsoringverträge sind zivilrechtliche Verträge. Da sie einen privatrechtlichen Inhalt haben und sich die Behörde keiner hoheitlichen Rechtsform bedient, ist das Verwaltungshandeln der *Privatwirtschaftsverwaltung* zuzuordnen.[679] Dies gilt selbst in Fallkonstellationen, in denen eine als Sponsoring intendierte Zuwendung im weiteren Zusammenhang mit schlicht hoheitlichen Tätigkeiten steht, das leistende Unternehmen sein Engagement kommunikativ nutzen möchte, darüber allerdings keinen Vertrag abschließt: Die Sponsoringleistung steht auch hier nicht im *Austausch* für die schlicht hoheitlichen Akte, sondern lediglich anlässlich dieser. Ein Beispiel für diese Art von Sponsoringaktivitäten wäre die im Hinblick auf Marketingzwecke erfolgte Zurverfügungstellung von Sachmitteln an Verwaltungseinheiten, welche die Mittel in der Folge bei schlicht hoheitlichen Handlungen nutzen.

Die Zurechnung von Sponsoringtätigkeiten zum Bereich der Privatwirtschaftsverwaltung zeigt sich auch an den zu Sponsoring vereinzelt bestehenden gesetzlichen Bestimmungen, die nämlich nicht hoheitliche Aufgaben betreffen.[680] Auch eine etwaige Anwendung vergaberechtlicher Bestimmungen auf Sponso-

---

677 Vgl etwa § 11a Abs 3 lit b Bgld RPG; § 22 Abs 2 Fall 2 K-GplG; § 1 Abs 2 Z 3 lit h NÖ ROG 2014; § 16 Abs 1 Z1 OÖ ROG; § 18 Sbg ROG; § 26a Abs 1 Stmk ROG; § 33 Abs 2 Tir ROG.

678 *Koblizek* in *Wiesenthaler* 58.

679 So auch OGH 6.6.2016, 17 Os 8/16d; vgl *Burgi/Hampe/Friedrichsmeie*r in *Burgi* 90, die Verwaltungssponsoring als „reine erwerbswirtschaftliche Betätigung der öffentlichen Hand“ ansehen.

680 *Koblizek* in *Wiesenthaler* 59.

ring schadet nicht.[681] Beim Sponsoringvertrag selbst handelt es sich nämlich dennoch um einen zivilrechtlichen Vertrag, der gegebenenfalls formalisiert nach dem Vergabeverfahren vergeben wird. Das Vergabeverfahren ist lediglich phasenweise der Hoheitsverwaltung zuzurechnen, etwa im Fall einer behördlichen Überprüfung der Entscheidung.[682]

Nach hM findet Art 18 B-VG in der Privatwirtschaftsverwaltung keine Anwendung,[683] das Verwaltungshandeln bedarf daher keiner gesetzlichen Grundlage. Demnach ist die Zulässigkeit des Abschlusses von Sponsoringverträgen nicht auf diejenigen Rechtsbereiche beschränkt, in denen einschlägige Normen existieren; entsprechende Verträge dürfen auch ohne gesetzliche Erlaubnis abgeschlossen werden.[684] Besteht hingegen im Einzelfall eine solche gesetzliche Determinierung, so hat die Behörde selbstverständlich rechtskonform zu handeln. Die Norm bildet dabei nicht iSd Art 18 B-VG die Grundlage, sondern lediglich die „Schranke" der behördlichen Tätigkeit.[685] Wenngleich sie keine Bedingung darstellen, ist es aber jedenfalls zweckmäßig, organisatorische Regelungen zum Abschluss und zur konkreten Abwicklung von Sponsoringmaßnahmen aufzustellen.[686]

Im Übrigen ist im Fall von Verwaltungssponsoring zu beachten, wem konkret die Fähigkeit zukommt, einen entsprechenden Sponsoringvertrag abzuschließen. Während sich die Rechtsfähigkeit von Bund und Ländern aus Art 17 B-VG sowie die der Gemeinden und Gemeindeverbände aus Art 116 Abs 2 iVm Art 116a B-VG ergibt,[687] sind einzelne Behörden, Verwaltungseinheiten und Ämter nicht eigens rechtsfähig.[688] Dies gilt beispielsweise für öffentliche Schulen: Will eine Schule einen Sponsoringvertrag abschließen, so kommt diese Kompetenz nicht

---

681 Vgl dazu mwN *Heid*, Geltungsbereich des Bundesvergabegesetzes, in *Heid Schiefer Rechtsanwälte/Preslmayer Rechtsanwälte* (Hrsg), Handbuch Vergaberecht[4] (2015) 2. Kapitel (Rz 387).

682 *Raschauer*, Verwaltungsrecht5 Rz 716.

683 *Antoniolli/Koja*, Verwaltungsrecht[3], 246; *Raschauer*, Verwaltungsrecht[5] Rz 561; krit *Mayer/Kucsko-Stadlmayer/Stöger*, Bundesverfassungsrecht[11] Rz 570.

684 *Nordmeyer/Stricker* in WK[2] StGB § 304 Rz 47.

685 OGH 6.6.2016, 17 Os 8/16d; *Raschauer*, Verwaltungsrecht[5] Rz 561; *Öhlinger/Eberhard*, Verfassungsrecht[11] (2016) Rz 612 f.

686 *Koblizek* in *Wiesenthaler* 59.

687 *Raschauer*, Verwaltungsrecht[5] Rz 60; *Mayer/Kucsko-Stadlmayer/Stöger*, Bundesverfassungsrecht[11] Rz 292, 561.

688 *Aicher* in *Rummel/Lukas*, ABGB[4] § 26 Rz 4; RIS-Justiz RS0035127.

dem Schulleiter, sondern dem Schulerhalter[689] zu.[690] Im Fall der Schulraumüberlassung wird der Schulleiter nach § 128a SchOG zum Vertragsabschluss ermächtigt. Anders ist dies beispielsweise bei Universitäten, die nach § 4 UG 2002 als juristische Personen des öffentlichen Rechts ausgestaltet und somit rechtsfähig sind.[691] Demgemäß können die vertretungsbefugten universitären Organe nach allgemeinen Grundsätzen zivilrechtliche Verträge für die Universität abschließen.[692] Vor diesem Hintergrund ist bei Abschluss eines Sponsoringvertrags konkret zu prüfen, zwischen wem dieser zustandekommen soll, ob die betreffende Einrichtung entsprechend rechtsfähig ist bzw dazu ermächtigt wurde und die einschlägigen Vorgaben des Haushaltsrechts eingehalten wurden.[693]

1.2.3. Mögliche Einschränkungen

Sind Sponsoringtätigkeiten von Verwaltungsbehörden als Privatwirtschaftsverwaltung einzustufen, für die nach hM das Legalitätsprinzip nicht gilt, bleibt übergeordnet die – nicht nur Sponsoring betreffende – Grundfrage bestehen, ob die Verwaltung dabei vorbehaltlos vorgehen darf oder womöglich in ihrer Privatrechtsfähigkeit beschränkt ist. Diesfalls müsste auch für den Abschluss von Sponsoringvereinbarungen festgelegt werden, ob und inwieweit Einschränkungen bestehen.

So erkennen Teile des Schrifttums zwar grundsätzlich die Ermächtigung der Gebietskörperschaften zu privatwirtschaftlichem Handeln aus Art 17 B-VG an, beschränken ihre Rechtsfähigkeit aber mittels systematischer Interpretation „im Kontext zu den Grundrechten, zum verfassungsrechtlichen Effizienzgebot und letztlich zum demokratischen Prinzip überhaupt“ auf im Interesse der Allgemeinheit liegende *öffentliche Aufgaben*.[694] Sponsoring ist aus Sicht der Verwal-

689 Schulerhalter ist im Bereich der mittleren und höheren Schulen der Bund, der allgemeinbildenden Pflichtschulen die Gemeinden, der Berufsschulen die Länder; siehe das Rundschreiben der Bundesministerin für Bildung Nr 14/2016 vom 10. Oktober 2016, BMB-10.010/0147-Präs.6/2016.

690 Vgl das Rundschreiben der Bundesministerin für Bildung Nr 14/2016 vom 10. Oktober 2016, BMB-10.010/0147-Präs.6/2016; vgl außerdem *Gößler*, Wie aus Schuldirektoren plötzlich Unternehmer wurden, ZWF 2017, 75 (77).

691 *Nunner-Krautgasser* in *Fasching/Konecny*[3] II/1 Vor § 1 ZPO: Parteibegriff, Parteifähigkeit, Sachlegitimation Rz 81.

692 *Gößler*, ZWF 2017, 78.

693 Vgl *Gößler*, ZWF 2017, 76 f.

694 *Korinek/Holoubek*, Grundlagen staatlicher Privatwirtschaftsverwaltung (1993) 36; vgl auch *Berka/Hinterhofer*, Zum Befugnismissbrauch (§ 153 StGB) im Rahmen der öffentlichen Finanzwirtschaft, ÖJZ 2018, 154 (156); aA *Wiederin*, Gemeinwohl, Effizienzprinzip und Rechtspersönlichkeit der Bundesländer, wbl 2015, 669 (671 ff).

tung zwar auf reine erwerbswirtschaftliche Interessen und idS keinen öffentlichen Zweck gerichtet, es kann allerdings selbst bei Anerkennung einer entsprechenden Einschränkung der Privatwirtschaftsverwaltung als sog „Randnutzung“ zulässig sein. Dies umfasst jene wirtschaftliche Tätigkeit, die der Staat anlässlich seiner Aufgabenerfüllung ausübt und durch die er bestehendes Wirtschaftspotential ausnützen kann, als Beispiel dient Werbung an und in städtischen Verkehrsmitteln.[695] Vor diesem Hintergrund kann Verwaltungssponsoring auch dann als zulässig erachtet werden, wenn die Privatwirtschaftsverwaltung auf öffentliche Aufgaben eingeschränkt wird.

Unabhängig davon, ob dem soeben dargelegten Ansatz gefolgt wird, ist Verwaltungssponsoring nicht uneingeschränkt zulässig. In den deutschen Sponsoring-Vorschriften wird dies auf unterschiedliche Weise zum Ausdruck gebracht;[696] während die allgemeine Verwaltungsvorschrift des deutschen Bundeskabinetts den Bereich der Eingriffsverwaltung ausnimmt,[697] schließt die Verwaltungsvorschrift zum Sponsoring der Sächsischen Staatsregierung unter anderem Personen und Organisationen als Sponsoren aus, die durch das jeweilige Verwaltungshandeln in ihren Interessen betroffen sein können.[698]

Eine erste wichtige Einschränkung der Sponsoringaktivitäten im staatlichen Bereich ergibt sich aus der Priorität der Aufgabenerfüllung: Verwaltungssponsoring ist idS vor allem dann unzulässig, wenn die jeweiligen staatlichen Aufgaben und Verwaltungszwecke durch das Sponsoring beeinträchtigt werden. Als Beispiel aus dem Schulbereich dient die einfachgesetzliche Einschränkung des § 46 Abs 3 SchUG, der die Regelungen des SchOG betreffend Drittmitteln und Sponsoring (§§ 128a, 128b SchOG) ergänzt und vorsieht, dass in der Schule, bei Schulveranstaltungen und bei schulbezogenen Veranstaltungen für schulfremde Zwecke nur geworben werden darf, wenn die Erfüllung der Aufgaben der Schule (§ 2 SchOG) hierdurch nicht beeinträchtigt wird.

Darüber hinaus ist zu beachten, dass der Staat bei seiner Aufgabenerfüllung zu Objektivität und Sachlichkeit verpflichtet ist und dabei folglich jeden Anschein

---

695 *Burgi/Hampe/Friedrichsmeier* in *Burgi* 94 ff; *Meininger*, Möglichkeiten 161 f; vgl zum Begriff der Randnutzung *Leisner*, Werbefernsehen und Öffentliches Recht (1967) 69 ff.

696 Vgl *Burgi/Hampe/Friedrichsmeier* in *Burgi* 102.

697 Allgemeine Verwaltungsvorschrift zur Förderung von Tätigkeiten des Bundes durch Leistungen Privater (Sponsoring, Spenden und sonstige Schenkungen), Amtlicher Teil Bundesanzeiger Nr. 126, Seite 14906, Punkt 3.2.1.

698 So etwa die Verwaltungsvorschrift der Sächsischen Staatsregierung zum Sponsoring in der staatlichen Verwaltung des Freistaates Sachsen vom 25. Juli 2007, Punkt IV; vgl auch *Burgi/Hampe/Friedrichsmeier* in *Burgi* 102.

einer Beeinflussung zu vermeiden hat.[699] Auch in § 43 BDG wird die Verpflichtung der Beamten normiert, ihre dienstlichen Aufgaben unter Beachtung der geltenden Rechtsordnung treu, gewissenhaft, engagiert und unparteiisch mit den ihnen zur Verfügung stehenden Mitteln aus eigenem zu besorgen.[700] In Konsequenz sind Sponsoringaktivitäten nicht statthaft, wenn sich daraus ein Spannungsverhältnis zu diesen Grundsätzen ergibt. Dies betrifft vor allem besonders eingriffsintensive Verwaltungsbereiche, in denen Gesetze vollzogen und Entscheidungen getroffen werden.[701] Einschränkungen ergeben sich aber nicht nur aus dem Verwaltungsbereich an sich, vielmehr ist weiter mit Blick auf Aufgabengebiete, konkrete Aufgaben und die Modalitäten des Sponsoringengagements – insbesondere Art und Umfang der kommunikativen Gegenleistung – zu differenzieren.[702] So wären beispielsweise mit Sponsorenlogos versehene Polizeiuniformen oder vergleichbare Hinweise auf bestehende Sponsoringbeziehungen mit privaten Unternehmen mit dem Prinzip der objektiven und sachlichen Aufgabenerfüllung nicht vereinbar.

Im Ergebnis bedeutet dies: Verwaltungssponsoring beinhaltet keine hoheitliche Tätigkeit, sondern betrifft den Bereich der Privatwirtschaftsverwaltung. Es ist daher aus dem Blickwinkel des Legalitätsprinzips auch ohne gesetzliche Grundlage grundsätzlich zulässig. Einschränkungen bestehen bei Beeinträchtigung der staatlichen Aufgabenerfüllung sowie bei Sponsoringmaßnahmen, die in einem Spannungsverhältnis zur Unparteilichkeit, Objektivität und Sachlichkeit des Verwaltungshandelns stehen, auch, wenn die Sponsoringleistung nicht unmittelbar in einem Austauschverhältnis zu den hoheitlichen Akten steht. Gesetzliche Regelungen, welche die Zulässigkeit von Sponsoring in der Privatwirtschaftsverwaltung klarstellen und weiterführende Determinierungen zur Ausgestaltung und Inhalt der Vereinbarung vorsehen sind zwar nicht erforderlich, soweit sie bestehen aber selbstverständlich zu beachten. Wird ein Sponsoringvertrag im Bereich der Verwaltung geschlossen, ist konkret zu prüfen, ob der beteiligten Einrichtung entsprechende Rechtsfähigkeit zukommt und die jeweiligen gesetzlichen Vorschriften eingehalten wurden. Wenn im Folgenden im Bereich des Verwaltungssponsoring auf das Vorliegen eines Sponsoringvertrags abgestellt

699 *Reindl-Krauskopf* in *Bundesministerium für Inneres/Bundesamt zur Korruptionsprävention und Korruptionsbekämpfung* 11.

700 Vgl auch § 5 Abs 1 Vertragsbedienstetengesetz 1948 (VBG), BGBl 86/1948; sowie vereinzelte Regelungen wie § 29 Abs 1, Abs 2 Landeslehrer-Dienstrechtsgesetz (LDG 1984), BGBl 302/1984.

701 *Reindl-Krauskopf* in *Bundesministerium für Inneres/Bundesamt zur Korruptionsprävention und Korruptionsbekämpfung* 11; *Burgi/Hampe/Friedrichsmeier* in *Burgi* 104.

702 *Burgi/Hampe/Friedrichsmeier* in *Burgi* 103 ff.

wird, so ist davon auszugehen, dass es sich hierbei um einen mit einer rechtsfähigen Einrichtung geschlossenen und folglich gültigen Vertrag handelt.

2. Sponsoringleistung als korruptionsstrafrechtlich relevanter Vorteil

Nach Festlegung des allgemeinen (außerstrafrechtlichen) Rahmens von Verwaltungssponsoring ist zu untersuchen, unter welchen Voraussetzungen Sponsoringtätigkeiten von korruptionsstrafrechtlicher Relevanz sein können. Vordringlich interessiert dabei, wann die Sponsoringleistung einen Vorteil iSd §§ 304-307b StGB begründet.

Als Ausgangsfall dient die Grundsatzentscheidung 17 Os 8/16d (fortan: Schulfoto-Entscheidung), in welcher sich der OGH mit korruptionsstrafrechtlichen Implikationen von Zuwendungen an Schulen beschäftigte und dabei mitunter von bisherigen Lehrmeinungen zu den Korruptionstatbeständen abwich.

2.1. Ausgangsfall Schulfotoaktion

2.1.1. Sachverhalt

Im konkreten Fall ging es um ein Ermittlungsverfahren betreffend einer möglichen Strafbarkeit dreier Schulleiter wegen Bestechlichkeit (§ 304 StGB), das im September 2015 von der WKStA nach § 190 Z 2 StPO eingestellt wurde. Den Ermittlungen lag ein weiteres Ermittlungsverfahren zu Grunde, das gegen einen Schulfotografen geführt wurde, dessen Geschäftspraktiken im Rahmen von Schulfotoaktionen ebenso auf ihre korruptionsstrafrechtliche Relevanz zu prüfen waren. In Rede standen – durchaus branchenübliche – Angebote, die der Fotograf den Leitern verschiedener Schulen und Kindergärten machte: Für die Erteilung des Auftrags, als Schulfotograf tätig werden zu dürfen, bot er Provisionen an, die sich von einzelnen Sachleistungen, wie Beamern oder Kameras, bis hin zu prozentuellen Beteiligungen (5 – 15 %) der Schule am Erlös der an die Eltern verkauften Fotos erstreckten. IdR wussten die Eltern nichts von diesen Vereinbarungen zwischen dem Schulleiter und dem Fotografen. Eine persönliche Bereicherung der Amtsträger war aber nicht nachzuweisen. Die Fotos wurden den Eltern zum Kauf angeboten, eine Abnahmeverpflichtung bestand dabei nicht.

Vereinbarungen dieser Art schloss der Schulfotograf auch mit den drei Schulleitern, gegen die aufgrund dessen ebenso ermittelt wurde. Neben Geldzahlungen wurden auch eine Spiegelreflexkamera sowie Beamer geleistet. Anders als sonst waren in diesen Fällen aber die Eltern über das Schulforum über die Vorgangsweise informiert und an der Auswahl des Schulfotografen mitbeteiligt.

Das Ermittlungsverfahren wurde letztlich eingestellt: Zwar hätten die Schulleiter als Amtsträger (§ 74 Abs 1 Z 4a lit b StGB) einen Vorteil für die Vornahme von Amtsgeschäften angenommen, dem Fotografen gegen Gewährung der Geldzahlungen und Sachleistungen nämlich den Auftrag erteilt, Zutritt zur Schule gewährt sowie die Schulfotoaktion im Rahmen der Hoheitsverwaltung organisatorisch abgewickelt. Die hoheitliche Tätigkeit dürfe nicht durch Geld- und Sachleistungen entlohnt werden, ein den Vorteil ausschließender zivilrechtlicher Anspruch sei daher nicht vorgelegen. Eine Pflichtwidrigkeit der Amtsgeschäfte ergäbe sich grundsätzlich aus der Vereinbarung von „Kick-Back-Zahlungen", die parteilich seien und somit dem Sachlichkeitsgebot zuwiderlaufen würden. Konkret sei die Pflichtwidrigkeit aber aufgrund der Einbindung des Schulforums in die Auftragsvergabe „nicht nachweisbar" und das Ermittlungsverfahren daher nach § 190 Z 2 StPO einzustellen gewesen.

Die Generalprokuratur brachte in der Folge auf Anregung des Rechtsschutzbeauftragten eine Nichtigkeitsbeschwerde zur Wahrung des Gesetzes nach § 23 Abs 1a StPO ein, aufgrund der die Entscheidung des OGH erging. Die Wahrungsbeschwerde griff dabei unter anderem die Qualifizierung der vom Fotografen zugewendeten Geld- und Sachleistungen als Vorteil iSd §§ 304 ff StGB auf. Insbesondere im Hinblick auf den die Schulraumüberlassung regelnden § 128a SchOG sei das Vorliegen eines den Vorteil ausschließenden Austauschverhältnisses zu prüfen. Sollte ein Vorteil hingegen konkret gegeben sein, so sei die Strafbarkeit, entgegen der Ansicht der WKStA, nicht in Ermangelung eines pflichtwidrigen Amtsgeschäfts auszuschließen. Vielmehr sei dann – unter der Voraussetzung eines ungebührlichen Vorteils – eine allfällige Strafbarkeit nach § 305 StGB zu beurteilen.

2.1.2. Rechtliche Beurteilung

Der OGH nahm in seiner Grundsatzentscheidung eine umfassende rechtliche Beurteilung vor, die über den Fall hinaus nutzbare und bedeutungsvolle Ausführungen enthält.

Konkret stellte der OGH fest: Lehrer und Schulleiter sind Amtsträger iSd § 74 Abs 1 Z 4a lit b StGB und daher Tatsubjekte der §§ 304 ff leg cit. Der Abschluss von Verträgen mit Schulfotografen gehört zum Aufgabenbereich der Schulleiter. Allerdings handelte es sich dabei konkret nicht um eine hoheitliche Tätigkeit, sondern eine aus dem Bereich der Privatwirtschaftsverwaltung. Die vertraglichen Vereinbarungen beinhalteten Elemente der Schulraumüberlassung (§ 128a SchOG), der Gestattung von Werbung (§ 46 Abs 3 SchUG) sowie der Einräumung einer Geschäftschance mit entsprechenden Werbeeffekten; dass auch die Beaufsichtigung der Schüler durch die Lehrer und folglich eine hoheitliche Tätigkeit in Aussicht gestellt worden war, konnte aus dem Sachverhalt nicht abgeleitet werden. Eine freiwillige Mitwirkung der Lehrer an der Schulfotoaktion erging nicht Erfüllung von Dienstpflichten. Den Geld- und Sachleistungen des Fotografen stand somit eine Gegenleistung der Schule gegenüber. Aufgrund des zivilrechtlichen Austauschverhältnisses lag kein korruptionsstrafrechtlich relevanter Vorteil vor. Es kam für diese rechtliche Wertung auch nicht darauf an, inwieweit die Leistungen des Fotografen und der Schule in einem angemessenen Verhältnis zueinander standen; die Bewertung der vertraglich vereinbarten Leistungen fällt in die Privatautonomie der Parteien und ist strafrechtlich nicht zu prüfen. Überdies sind in der Verwaltung die Grundsätze der Sparsamkeit, Wirtschaftlichkeit und Zweckmäßigkeit zu beachten (vgl Art 126b Abs 5, 127 Abs 1, 127a Abs 1 B-VG). Nach § 128a SchOG ist für die Schulraumüberlassung ein *mindestens* angemessenes Entgelt zu verlangen.

Da schon kein Vorteil iSd §§ 304 ff StGB vorlag, musste eine weitere Prüfung der Tatbestandsmerkmale nicht vorgenommen werden. Der OGH merkte aber dennoch an, dass ein privatrechtlicher Vertrag, der mit dem Ziel möglichst hoher Einnahmen abgeschlossen wird, keineswegs unsachlich und damit pflichtwidrig ist. Das Ermittlungsverfahren hätte daher rechtsrichtig nach § 190 Z 1 StPO eingestellt werden müssen, weil die zugrunde liegende Tat nicht mit gerichtlicher Strafe bedroht war.

Die Schulfoto-Entscheidung wurde im Schrifttum großteils positiv aufgenommen.[703] Anlass für Kritik gab aber – neben der Ablehnung des Vertragsabschlusses als korruptionsstrafrechtlich relevanter Vorteil[704] – die Annahme des OGH, dass ein zivilrechtlich gültiger Vertrag zwischen der Schule und dem Schulfotografen zustande gekommen war, ohne die jeweilige Kompetenzgrundlage klar darzulegen.[705]

2.2. Vorteilsbegriff der §§ 304 ff StGB

Mit Sponsoring ist per definitionem die Hingabe von Geld, Sachmitteln oder Dienstleistungen verbunden.[706] Ist Empfänger dieser Mittel ein Amtsträger iSd § 74 Abs 1 Z 4a lit b-d StGB bzw über diesen vermittelt eine staatliche Behörde, so kann die Zuwendung den Anschein eines korruptiven Verhaltens erwecken.

---

703 Vgl *Birklbauer*, Schulfotografen und Korruption, JBl 2016, 672; *Birklbauer*, Nicht alles ist Korruption. Schlussfolgerungen aus OGH 17 Os 8/16d für den Gesundheitsbereich, JMG 2016, 6 (8); *Glaser*, Ist ein Vertragsabschluss (k)ein Vorteil im Sinne des österreichischen Korruptionsstrafrechts? ZWF 2016, 208, nach dem der OGH „schwierige Fragen zum Vorteilsbegriff [...] in einer [...] sehr einleuchtenden Weise [...] beantwortet"; vgl außerdem die Darstellung von *Schmitt*, Schul- und Kindergartenfotografen: Keine Korruption bei Zuwendung von Geld- und Sachleistungen an Schulen und Kindergärten, ZWF 2016, 204.

704 *Glaser*, ZWF 2016, 208.

705 *Gößler*, ZWF 2017, 75.

706 Vgl zur Definition I. B.

Gemeinsames Erfordernis der Anwendung aller Korruptionstatbestände ist das Vorliegen eines Vorteils.

Ein Vorteil iSd §§ 304 ff StGB kann materieller wie immaterieller Natur sein und führt zu einer Verbesserung der wirtschaftlichen, rechtlichen, gesellschaftlichen oder beruflichen Stellung des Empfängers oder soll hierzu führen.[707] Darunter fallen Geldzahlungen ebenso wie Wertgegenstände, Dienstleistungen, sonstige Zuwendungen und rechtliche Vorteile.[708] Auf die Höhe des Vorteils kommt es nicht an, auch geringfügige Zuwendungen sind als solcher zu qualifizieren.[709]

Für die Strafbarkeit nach §§ 304, 305 StGB[710] ist nicht erheblich, ob der Täter den Vorteil vor oder nach der Vornahme oder Unterlassung des Amtsgeschäfts fordert, annimmt oder sich versprechen lässt. Der Zeitpunkt der Tathandlung ist folglich bei den Delikten, die einen ursächlichen Zusammenhang zwischen Vorteil und dem Amtsgeschäft erfordern, nicht von Bedeutung.[711] Demgemäß ist

707 *Nordmeyer/Stricker* in WK[2] StGB § 304 Rz 34; *Hauss/Komenda* in SbgK § 304 Rz 64; *Marek/Jerabek*, Korruption[11] §§ 304-306 Rz 19; *Hinterhofer/Rosbaud,* BT II[6] § 304 Rz 17; *Schuschnigg*, Korruptionsstrafrecht Rz 105; *Bundesministerium für Justiz*, Korruptionsstrafrecht Neu. Fibel zum Korruptionsstrafrechtsänderungsgesetz 2012, 26; *Eder-Rieder*, Wirtschaftsstrafrecht[4] 171; *Eder-Rieder*, ZIS 2014, 75; *Birklbauer*, RdM 2013, 225; *Reindl-Krauskopf/Huber*, Korruptionsstrafrecht in Fällen (2014) 8; *Huber/Löff* in *Kert/Kodek* Rz 10.11; *Messner* in PK-StGB § 304 Rz 11; *Bertel/Schwaighofer*, BT II[13] § 304 Rz 9; *Schmitt* in *Preuschl/Wess*, Wirtschaftsstrafrecht §§ 304-306 Rz 20; *Marek/Jerabek/G.Marek*, Korruption hat im Sport keinen Platz! (2014) 18. *Höcher/Singer*, Kaffee, Kuchen, Korruptionsstrafrecht, ecolex 2014, 234 (235); *Messner*, Zuwendungen an Schulen und Lehrer – eine korruptionsstrafrechtliche Gratwanderung, JSt 2015, 7 (8); *Jerabek*, Neuerungen im Korruptionsstrafrecht – KorrStrÄG 2012, SIAK-Journal 2013, 36 (39); *Reindl-Krauskopf/Birklbauer*, Leitlinien 6; *Schmitt*, ZWF 2016, 205; OGH 6.6.2016, 17 Os 8/16d; RIS-Justiz RS0130815.

708 *Marek/Jerabek*, Korruption[11] §§ 304-306 Rz 20; *Hauss/Komenda* in SbgK § 304 Rz 68 ff; *Schmitt* in *Preuschl/Wess*, Wirtschaftsstrafrecht §§ 304-306 Rz 21 f; *Eder-Rieder*, ZIS 2014, 75; *Eder-Rieder*, Wirtschaftsstrafrecht[4] 171.

709 *Nordmeyer/Stricker* in WK[2] StGB § 304 Rz 35; *Hauss/Komenda* in SbgK § 304 Rz 63; *Bertel/Schwaighofer*, BT II[13] § 304 Rz 9; *Hinterhofer/Rosbaud*, BT II[6] § 304 Rz 20; *Höcher/Singer*, ecolex 2014, 235; *Bundesministerium für Justiz*, Fibel 65; *Marek/Jerabek/G.Marek*, Korruption 19.

710 Entsprechendes gilt auf aktiver Seite für die spiegelbildlich ausgestalteten §§ 307, 307a StGB.

711 *Nordmeyer/Stricker* in WK[2] StGB § 304 Rz 59; *Marek/Jerabek*, Korruption[11] §§ 304-306 Rz 19; *Hinterhofer/Rosbaud*, BT II[6] § 304 Rz 27; *Reindl-Krauskopf/*

auch die Deliktsvollendung nicht an das Amtsgeschäft – dessen tatsächliche Vornahme oder Unterlassung für die Tatbildverwirklichung nicht gefordert wird – sondern lediglich an das Fordern, Annehmen oder Sich-Versprechen-Lassen des Vorteils geknüpft.[712] Anders ist dies beim Anfütterungstatbestand des § 306 StGB, der auf den erweiterten Vorsatz des Amtsträgers abstellt, sich in seiner Tätigkeit beeinflussen zu lassen. Eine solche Beeinflussung verlangt einen Bezug zur zukünftigen Amtsführung, Vorteile für frühere Amtsgeschäfte fallen entsprechend nicht darunter.[713]

Sponsoringleistungen werden idR in Form von finanziellen Mitteln oder sonstigen materiellen Zuwendungen gewährt, sie erfüllen damit prima facie den Vorteilsbegriff der §§ 304 ff StGB.[714] Zu berücksichtigen ist allerdings, dass die Leistungen in Erfüllung eines Sponsoringvertrags gewährt werden, der das Austauschverhältnis zwischen Sponsor und Gesponsertem festlegt und dessen Auswirkung auf die strafrechtliche Beurteilung der Vorteilsqualität daher zu prüfen ist.

2.3. Rechtlicher Anspruch auf die Sponsoringleistung

Bildet die Zuwendung an die Behörde eine Leistung im Rahmen eines Austauschverhältnisses, so kann dies ihrer Qualifikation als Vorteil entgegenstehen: Ein korruptionsstrafrechtlich relevanter Vorteil liegt nach hM nämlich nur dann vor, wenn der Empfänger keinen rechtlich begründeten Anspruch auf die Leistung hat.[715] Das Bestehen eines solchen Anspruchs schränkt folglich den weitrei-

---

Huber, Korruptionsstrafrecht 19; *Bertel/Schwaighofer*, BT II[13] § 304 Rz 11; *Mayerhofer*, StGB[6] § 304 Rz 2; *Marek/Jerabek/G.Marek*, Korruption 20.

712 *Reindl-Krauskopf/Huber*, Korruptionsstrafrecht 19; *Hauss/Komenda* in SbgK § 304 Rz 33; *Hinterhofer/Rosbaud*, BT II[6] § 304 Rz 2; OGH 26.11.2013, 17 Os 20/13i; RIS-Justiz RS0096193; RIS-Justiz RS0096213; RIS-Justiz RS0129092.

713 *Marek/Jerabek*, Korruption[11] §§ 304-306 Rz 19, 45a; *Hauss/Komenda* in, SbgK § 306 Rz 29; *Reindl-Krauskopf/Huber*, Korruptionsstrafrecht 30; *Schuschnigg*, Korruptionsstrafrecht Rz 185.

714 So auch *Reindl-Krauskopf* in *Bundesministerium für Inneres/Bundesamt zur Korruptionsprävention und Korruptionsbekämpfung* 13.

715 *Nordmeyer/Stricker* in WK[2] StGB § 304 Rz 40; *Hauss/Komenda* in SbgK § 304 Rz 76; *Marek/Jerabek*, Korruption[11] §§ 304-306 Rz 19; *Aichinger* in *Leukauf/Steininger*[4] § 304 Rz 12; *Schuschnigg*, Korruptionsstrafrecht Rz 105; *Bundesministerium für Justiz*, Fibel 26; *Eder-Rieder*, Wirtschaftsstrafrecht[4] 171; *Birklbauer*, RdM 2013, 225; *Reindl-Krauskopf/Huber*, Korruptionsstrafrecht 9; *Huber/Löff* in *Kert/Kodek* Rz 10.11; *Marek/Jerabek/G.Marek*, Korruption 18; *Jerabek*, SIAK-Journal 2013, 39; *Reindl-Krauskopf/Birklbauer*, Leitlinien 6; *Schmitt*, ZWF 2016, 205; OGH 13 Os 98/81 SSt 53/34; OGH 6.6.2016, 17 Os 8/16d; RIS-Justiz RS0130815.

chenden Vorteilsbegriff ein. Das Tatbildmerkmal des Vorteils ist nach dieser Konzeption nicht rein naturalistischer Natur, sondern normativ geprägt.[716]

Das den rechtlichen Anspruch begründende und somit den Vorteil ausschließende synallagmatische Austauschverhältnis setzt eine Gegenleistung des Amtsträgers voraus, die der Leistung des Zuwendenden gegenübersteht. Vielfach wird nicht nur auf das Vorliegen eines Rechtsanspruchs abgestellt, sondern darüber hinaus vertreten, dass die aus dem Austauschverhältnis resultierende Gegenleistung des Amtsträgers „außerhalb der Amtsführung" erbracht werden muss.[717] Während sich dieser Ansatz zumeist ohne weitere Begründung findet,[718] verweisen manche Autoren darauf, dass ein Amtsträger seine Tätigkeit nicht „am Markt feilbieten" dürfe.[719] In der *Fibel* zum KorrStrÄG 2012 wird zur Verdeutlichung exemplarisch auf höchstpersönliche Leistungen des Amtsträgers verwiesen, die von diesem etwa im künstlerischen oder landwirtschaftlichen Bereich erbracht werden. Verkauft der Amtsträger beispielsweise selbst hergestellten Wein, so liegt aufgrund des – außerhalb der Amtsführung liegenden – Austauschverhältnisses schon kein Vorteil vor.[720] Dahingestellt bleibt in dieser Konstellation zudem der für das Korruptionsstrafrecht notwendige Konnex zu einem Amtsgeschäft.[721] Auch nach den Materialien zum KorrStrÄG 2009 ist ein Austauschverhältnis nur tatbestandsausschließend, wenn die dem Vorteil gegenüberstehende Gegenleistung *keine Amtshandlung* darstellt. Ist die Zuwendung auf die Beeinflussung einer solchen Amtshandlung gerichtet, so liegt ein korruptionsstrafrechtlich relevanter Vorteil vor.[722]

---

716 Vgl zu einem naturalistischen Verständnis dagegen *Satzger*, ZStW 2003, 475.

717 *Hauss/Komenda* in SbgK § 304 Rz 77; *Aichinger* in *Leukauf/Steininger*[4] § 304 Rz 12; *Bundesministerium für Justiz*, Korruptionsstrafrecht Neu, Fibel zum Korruptionsstrafrechtsänderungsgesetz 2012 (2013) 28; *Huber/Löff* in *Kert/Kodek* Rz 10.12; unklar dagegen *Eder-Rieder*, ZIS 2014, 75, die auf den außerhalb der Amtsführung liegenden unmittelbaren Funktionsbereich des Amtsträgers abstellt, so auch *Eder-Rieder*, Wirtschaftsstrafrecht[4] 172.

718 *Hauss/Komenda* in SbgK § 304 Rz 77; *Aichinger* in *Leukauf/Steininger*[4] § 304 Rz 12; *Eder-Rieder*, ZIS 2014, 75; *Eder-Rieder*, Wirtschaftsstrafrecht[4] 172.

719 *Huber/Löff* in *Kert/Kodek* Rz 10.12; *Schmitt* in *Preuschl/Wess*, Wirtschaftsstrafrecht §§ 304-306 Rz 3.

720 *Bundesministerium für Justiz*, Fibel 28.

721 Vgl OGH 6.6.2016, 17 Os 8/16d.

722 IA 671/A XXIV. GP 13, vgl die komplizierte Formulierung „Als Vorteil iSd Korruptionsstrafrechts gilt jede Leistung [...], die außerhalb eines adäquaten Austauschverhältnisses erbracht wird, dessen Gegenleistung nicht darin besteht, eine Amts-

Werden tatbestandsausschließende Austauschverhältnisse iSd soeben dargelegten Ansicht auf solche reduziert, deren Gegenleistung außerhalb der Amtsführung erbracht wird, so widerspricht dies dem verfolgten Zweck einer Einschränkung des Vorteilsbegriffs bei synallagmatischen Leistungsbeziehungen. So wird die Gegenleistung des Amtsträgers bzw der Behörde idR gerade als Amtsgeschäft zu qualifizieren sein: Ein Amtsgeschäft wird als Tätigkeit rechtlicher oder faktischer Natur definiert,[723] die ein Amtsträger in Wahrnehmung seiner ihm übertragenen Aufgaben übernimmt.[724] Unerheblich ist, ob es sich nur um unterstützende, kontrollierende, vorbereitende oder untergeordnete Tätigkeiten handelt.[725] Der Privatwirtschaftsverwaltung zuzurechnende Aufgaben fallen ebenso darunter wie Dienstverrichtungen eines Organs oder Bediensteten eines Unternehmens iSd § 74 Abs 1 Z 4a lit d StGB.[726]

Schließt beispielsweise ein damit betrauter Amtsträger für seine Anstellungsbehörde einen Vertrag über die Beschaffung von Büromaterial,[727] stellt dies ein Amtsgeschäft dar, nimmt er doch eine ihm übertragene Aufgabe wahr. Folgt man dem Ansatz, dass die tatbestandsausschließende Gegenleistung nicht dem Bereich der Amtsführung entspringen darf, so begründet das erlangte Büromaterial trotz Kaufpreiszahlung einen korruptionsstrafrechtlich relevanten Vorteil. Der Zuwendende erbringt seine Leistung gerade zur *Beeinflussung einer Amtshandlung*, nämlich der Amtshandlung, die vertraglich vereinbart wurde. Damit wirkt im Grunde jede privatwirtschaftliche Vertragsbeziehung der Behörde zu einem Unternehmen vorteilsbegründend. Zwar kann einschränkend darauf ver-

---

handlung zu setzen, zu unterlassen oder auf eine bestimmte Art und Weise vorzunehmen."

723 *Hauss/Komenda* in SbgK § 304 Rz 94; *Marek/Jerabek*, Korruption[11] §§ 304-306 Rz 17; *Huber/Löff* in *Kert/Kodek* Rz 10.16; *Hinterhofer/Rosbaud*, BT II[6] § 304 Rz 24; *Schuschnigg*, Korruptionsstrafrecht Rz 90; OGH 18.5.1978, 10 Os 117/77 [verst Senat]; OGH 6.6.2016, 17 Os 8/16d; RIS-Justiz RS0096082; RIS-Justiz RS0095963.

724 *Marek/Jerabek*, Korruption[11] §§ 304-306 Rz 17; *Bertel/Schwaighofer*, BT II[13] § 304 Rz 11; *Hinterhofer/Rosbaud*, BT II[6] § 304 Rz 24; *Schuschnigg*, Korruptionsstrafrecht Rz 90; *Huber/Löff* in *Kert/Kodek* Rz 10.16.

725 *Hauss/Komenda* in SbgK § 304 Rz 95; *Marek/Jerabek*, Korruption[11] §§ 304-306 Rz 17; *Schuschnigg*, Korruptionsstrafrecht Rz 90; OGH 6.6.2016, 17 Os 8/16d.

726 *Marek/Jerabek*, Korruption[11] §§ 304-306 Rz 17; *Huber/Löff* in *Kert/Kodek* Rz 10.16; OGH 10.3.1983, 12 Os 73/82; OGH 6.6.2016, 17 Os 8/16d; RIS-Justiz RS0095954.

727 Dahingestellt bleibt an dieser Stelle, ob dem Amtsträger eine solche Kompetenz zukommt, vgl dazu mit Bezug auf die Schulfoto-Entscheidung des OGH *Gößler*, ZWF 2017, 75.

wiesen werden, dass Amtsgeschäfte auf *amtsspezifische* Aufgaben beschränkt sind.[728] Doch auch innerhalb des eigentlichen Amtsbetriebs sind vielfach Handlungen denkbar, deren Verbindung mit einem Vorteil unbedenklich ist. So kann ein Amtsträger im Rahmen eines Austauschverhältnisses eine Gegenleistung in dienstlichem und amtlichem Interesse erbringen, die der Amtsführung zuzurechnen ist.[729] Dies ist etwa bei Honoraren für Vorträge der Fall, die den unmittelbaren Funktionsbereich des Amtsträgers betreffen.[730] Auch in solchen Konstellationen würde die vertraglich vereinbarte Honorarzahlung an den Amtsträger einen Vorteil iSd §§ 304 ff StGB begründen.

Konstellationen, in denen ein Amtsträger außerhalb seiner Amtsführung eine Leistungsbeziehung mit einem Privaten eingeht, wie im genannten Beispiel des Verkaufs privater Erzeugnisse, kommen praktisch wohl selten vor. Mit einer dahingehenden Einschränkung wird gerade der Zweck unterlaufen, solche Fälle auszuschließen, aus denen aufgrund des vertraglichen Synallagmas keine Besserstellung des Empfängers resultiert und die entsprechend kein korruptives Verhalten begründen können. In Konsequenz sollte das (Nicht-)Vorliegen eines Vorteils lediglich dahingehend geprüft werden, ob ein *rechtlicher Anspruch* vorliegt, unabhängig davon, ob dies den Bereich der Amtsführung betrifft oder nicht.[731] Ein tatbestandsausschließendes Austauschverhältnis liegt demnach auch dann vor, wenn mit einer Leistung rechtsgültig ein Amtsgeschäft verknüpft ist.

Auf die Rechtsnatur des den Vorteil ausschließenden Anspruchs wird in der Literatur nicht eingegangen.[732] Verlangt wird nur, dass er im Rahmen eines (adäquaten) Austauschverhältnisses entstanden ist.[733] Mitunter soll es sogar ausreichen, wenn eine generell vergleichbare Gegenleistung auch ohne spezifischer Rechtsgrundlage gewährt wird; in solchen Fällen käme es zu keiner Besserstellung des Empfängers.[734] Als Beispiel dienen gegenseitige Essenseinladun-

728 Zum Begriff des „Amtsgeschäfts“ und Abgrenzung von der „Tätigkeit als Amtsträger“ siehe *Reindl-Krauskopf/Huber*, Korruptionsstrafrecht 7.

729 OGH 6.6.2016, 17 Os 8/16d; *Nordmeyer/Stricker* in WK[2] StGB § 304 Rz 63.

730 *Marek/Jerabek*, Korruption[11] §§ 304-306 Rz 20.

731 So auch OGH 6.6.2016, 17 Os 8/16d; aA *Huber/Löff* in *Kert/Kodek* Rz 10.12.

732 Mit Ausnahme von *Koukol*, Das neue Korruptionsstrafrecht, JAP 2012/2013, 145 (147), die einen gesetzlichen Anspruch fordert.

733 Vgl zur Adäquanz sogleich III. C. 2.4.

734 *Birklbauer*, RdM 2013, 225; *Birklbauer* in *Resch/Wallner* Rz 184.

gen, denen aufgrund ihrer Wechselseitigkeit keine Vorteilsqualität zukommen soll.[735]

Die Frage der Rechtsnatur des den Vorteil ausschließenden Anspruchs beschäftigte auch den OGH in der Schulfoto-Entscheidung. Dem Urteil zufolge schließt „*jedenfalls* ein (zivilrechtlich gültiger) entgeltlicher Vertrag“[736] einen Vorteil aus. Der rechtliche Anspruch auf die Zuwendung muss folglich nicht unmittelbar gesetzlicher Natur sein, sondern kann sich aus einer synallagmatischen vertraglichen Vereinbarung ergeben.[737] Dies ist jedoch nicht als Einschränkung auf vertragliche Ansprüche aufzufassen. Erforderlich ist lediglich eine rechtliche Grundlage; der OGH nennt neben zivilrechtlichen Ansprüchen als Beispiel ausdrücklich solche des Bereicherungsrechts.[738] Daraus folgt aber, dass das bloße Vorliegen einer „generell vergleichbaren Gegenleistung“ des Empfängers, die ohne Rechtsgrundlage erbracht wird, nicht ausreichend ist, um einen korruptionsstrafrechtlich relevanten Vorteil auszuschließen. IdS erfüllen auch Essenseinladungen grundsätzlich den Vorteilsbegriff, selbst wenn diese wechselseitig in regelmäßigen Abständen erfolgen oder sich der Einladende durch die Präsenz des Amtsträgers als „Gegenleistung“ einen Werbeeffekt erhofft.[739]

Vor diesem Hintergrund liegt auch bei der in Erfüllung des Sponsoringvertrags gewährten Sponsoringleistung grundsätzlich kein korruptionsstrafrechtlich relevanter Vorteil vor: Der Sponsoringvertrag begründet ein synallagmatisches Austauschverhältnis und eine zivilrechtliche Anspruchsgrundlage des Amtsträgers respektive der von ihm repräsentierten Behörde auf die Leistung; er wird als entgeltlicher Vertrag sui generis charakterisiert, der Merkmale eines Kauf-, Werk- oder Bestandvertrags aufweisen kann.[740]

Um zu beurteilen, welche Leistungen vereinbart wurden und entsprechend vom Rechtsanspruch umfasst sind, ist auf den Vertragsinhalt abzustellen. Dabei können die Parteien im Rahmen ihrer Privatautonomie auch verschiedenartige Leis-

735 *Birklbauer*, RdM 2013, 225; *Bundesministerium für Justiz*, Fibel 27; *Aichinger* in *Leukauf/Steininger*[4] § 304 Rz 11; *Marek/Jerabek/G.Marek*, Korruption 19; *Nordmeyer/Stricker* in WK[2] StGB § 304 Rz 49; *Schmitt* in *Preuschl/Wess*, Wirtschaftsstrafrecht §§ 304-306 Rz 25.

736 Hervorhebung durch die Autorin.

737 OGH 6.6.2016, 17 Os 8/16d in Ablehnung von *Koukol*, JAP 2012/2013, 147; RIS-Justiz RS0130815; so auch *Nordmeyer/Stricker* in WK[2] StGB § 304 Rz 41 ff.

738 OGH 6.6.2016, 17 Os 8/16d.

739 Vgl die Beispiele in den Materialien zum KorrStRÄG 2012, IA 1950/A 24. GP 11.

740 *Thiele*, Sponsoring 13; vgl zu den rechtlichen Grundlagen I. B. 3.

tungen miteinander verknüpfen.[741] Schließt die öffentliche Verwaltung etwa einen Vertrag mit einem Unternehmen über den Ankauf von Büromaterial zu einem bestimmten Preis,[742] so könnte diese Geschäftsbeziehung zugleich um eine Sponsoringvereinbarung erweitert werden: Für die Lieferung der Büroartikel und eine Sponsoringzahlung erhält das Unternehmen den Kaufpreis sowie eine kommunikative Gegenleistung. Ihre Grenze finden derartige Vertragsbeziehungen selbstredend dort, wo eine privatautonome Vereinbarung unzulässig ist. Dies gilt etwa bei der Art 18 B-VG zuwiderlaufenden Verknüpfung mit hoheitlichen Tätigkeiten, auch die entsprechenden vergaberechtlichen Bestimmungen sind zu beachten.

Vor diesem Hintergrund begründet eine Sponsoringleistung im Ergebnis keinen korruptionsstrafrechtlich relevanten Vorteil, dient sie doch idR der Erfüllung eines vertraglichen Anspruchs. Allerdings steht nicht jeder Rechtsanspruch dem Vorliegen eines Vorteils entgegen. Nach bisherig hM im Schrifttum muss er vielmehr aus einem adäquaten Austauschverhältnis zwischen Zuwendendem und Empfänger resultieren.[743] Der OGH ging in seiner Schulfoto-Entscheidung von diesem Meinungsstand ab.

2.4. Adäquanz des Austauschverhältnisses

2.4.1. Bisheriger Meinungsstand

Das im Schrifttum[744] für den Vorteilsausschluss vertretene Erfordernis einer adäquaten Leistungsbeziehung findet sich ebenso in den Materialien zum KorrStrÄG 2009. Demnach stellen Leistungen keinen Vorteil dar, die „im Rahmen adäquater Austauschverhältnisse entgegen genommen werden […]“.[745] Der Wert des Vorteils wird dabei aus Sicht des Empfängers – also des Amtsträgers –

741 *Reindl-Krauskopf/Birklbauer*, Leitlinien 12.

742 Zur Kompetenz zum Vertragsabschluss siehe *Gößler*, ZWF 2017, 75.

743 *Hauss/Komenda* in SbgK § 304 Rz 77; *Bertel* in WK² StGB § 304 Rz 7; *Hinterhofer/Rosbaud*, BT II⁶ § 304 Rz 17; *Eder-Rieder*, Wirtschaftsstrafrecht⁴ 171-172; *Reindl-Krauskopf/Huber*, Korruptionsstrafrecht 9; *Bertel/Schwaighofer*, BT II¹³ § 304 Rz 9; *Aichinger* in *Leukauf/Steininger*⁴ § 304 Rz 12; *Messner* in PK-StGB § 304 Rz 13; *Bundesministerium für Justiz*, Fibel 28; *Huber/Löff* in *Kert/Kodek* Rz 10.12; *Eder-Rieder*, ZIS 2014, 75; *Birklbauer* in *Resch/Wallner* Rz 184; *Birklbauer*, Wettbewerb und Strafrecht, in *Studiengesellschaft für Wirtschaft und Recht* (Hrsg), Wettbewerb und Recht (2015) 255 (260); speziell in Bezug auf Sponsoring *Koblizek* in *Wiesenthaler* 59 sowie *Koblizek*, SIAK-Journal 2014, 3, 71; *Reindl-Krauskopf/Birklbauer*, Leitlinien 6; *Marek/Jerabek/G.Marek*, Korruption 19.

744 Siehe FN 743.

745 IA 671/A XXIV. GP 13.

beurteilt.[746] Auf die Beschaffungskosten für den Vorteilsgeber kommt es nicht an. Für die Bewertung der Adäquanz stellen die Materialien nicht auf ein subjektives Empfinden der Parteien ab, sondern auf marktübliche Konditionen. Neben Fällen, in denen ein „weit überhöhtes Entgelt" für eine Leistung vereinbart wird, sind insbesondere auch Scheingeschäfte nicht adäquat.[747]

Die Adäquanz wird in einer Gesamtschau aller wirtschaftlich relevanten Umstände einzelfallbezogen beurteilt.[748] Als Kriterien dienen dabei die Qualifikation und Erfahrung des Amtsträgers hinsichtlich der konkreten Aufgabe, der tatsächliche Leistungsumfang, der Preis für sachlich nahestehende Leistungen, der zeitliche Rahmen sowie die nachvollziehbare Dokumentation etwa durch Rechnungen und Konzepte.[749] Aber auch der Prestigegewinn, der sich für den Vertragspartner aus der Leistungserbringung durch einen namhaften Amtsträger ergibt, ist in die Wertung einzubeziehen und kann entsprechend eine im Vergleich zum marktüblichen Preis höhere Entlohnung rechtfertigen.[750]

Die Beurteilung der Adäquanz und damit des tatbestandsausschließenden Austauschverhältnisses ist vielfach mit Unsicherheit behaftet. Dies gilt besonders in Fällen, in denen die Einräumung einer Gewinnchance, einer Geschäftsmöglichkeit und dergleichen abgegolten wird,[751] aber auch und gerade im Bereich von Marketing und Sponsoring.[752] Zweifelsfrei ist die Vereinbarung unangemessen, wenn zwar ein Vertrag abgeschlossen wird, dieser aber offenkundig einseitig zu Gunsten des Empfängers ausgestaltet ist. Erfolgt die Leistung etwa als mäzenatisches Sponsoring rein bzw weit überwiegend aus altruistischen Motiven und nicht im Hinblick auf eine Gegenleistung, ist sie – nicht anders als eine Spende – als Vorteil iSd §§ 304 ff StGB zu qualifizieren.[753]

---

746 IA 671/A XXIV. GP 13; *Huber/Löff* in *Kert/Kodek* Rz. 10.12; *Bertel/Schwaighofer*, BT II[13] § 304 Rz 9; *Eder-Rieder*, ZIS 2014, 75; *Eder-Rieder*, Wirtschaftsstrafrecht[4] 172.

747 IA 671/A XXIV. GP 13.

748 *Hauss/Komenda* in SbgK § 304 Rz 80; *Marek/Jerabek*, Korruption[8] §§ 304-306 Rz 20a.

749 *Hauss/Komenda* in SbgK § 304 Rz 80.

750 *Marek/Jerabek*, Korruption[8] §§ 304-306 Rz 20a; *Birklbauer*, RdM 2013, 225-226.

751 Vgl bzgl Schulfotoaktionen *Messner*, JSt 2015, 8.

752 So auch *Huber/Löff* in *Kert/Kodek* Rz. 10.12; *Nordmeyer/Stricker* in WK[2] StGB § 304 Rz 42; vgl aber *Koblizek* in *Wiesenthaler* 59 sowie *Koblizek*, SIAK-Journal 2014, 65, der anschließend an die bisher hM auch bei Sponsoringtätigkeiten auf die Adäquanz abstellt.

753 Vgl *Satzger*, ZStW 2003, 482.

Schwieriger ist die Beurteilung von klassischem Sponsoring, das charakteristischerweise von einem Gegenseitigkeitsverhältnis geprägt ist. Zwar ist ein Werbewert auch aus korruptionsstrafrechtlicher Sicht jedenfalls eine zulässige Gegenleistung,[754] zur Frage seiner Adäquanz in Relation zur Sponsoringleistung bestehen aber Auffassungsunterschiede. Während manche Autoren eine adäquate Gegenleistung schon dann annehmen, wenn ein Amtsträger im Rahmen einer gesponserten Betriebsfeier eine Produktwerbung „über sich ergehen lässt",[755] ist ein solch extensives Verständnis nach anderer Ansicht abzulehnen. Das passive Konsumieren von Werbung kann demnach nicht als adäquate Gegenleistung qualifiziert werden, die Sponsoringleistung begründet in solchen Fällen einen Vorteil iSd §§ 304 ff StGB.[756]

Dabei ist anzumerken, dass aus betriebswirtschaftlicher Perspektive auch das Gewähren bloßer Werbemöglichkeiten eine anerkannte Gegenleistung des Gesponserten im Zuge eines Sponsoringvertrags sein kann. Dies gilt insbesondere, wenn nicht eine Einzelperson, sondern eine ganze Veranstaltung gesponsert wird.[757] Dementsprechend ist auch die passive Duldung durch den Leistungsempfänger als mögliche Gegenleistung für Sponsoringleistungen denkbar; sie kann sich sogar darauf beschränken, dass der Sponsor selbst öffentlich auf sein Engagement hinweisen darf.[758] Ob die Sponsoringtätigkeit die anvisierten kommunikativen Funktionen trotz rein passiver Gegenleistung erfüllt, der Sponsor möglicherweise einen größeren Bekanntheitsgrad innerhalb der Zielgruppe und einen Imagetransfer erzielt oder die Adressaten die Sponsoringbotschaft nur interesselos oder gar nicht wahrnehmen, gehört zum charakteristischen Risiko einer solchen Vereinbarung. Vor diesem Hintergrund erscheint es auch zulässig, dass eine gesponserte Verwaltungsbehörde eine passive Gegenleistung „erbringt". Zu prüfen bleibt dennoch, ob das Austauschverhältnis der Vertragsparteien aus korruptionsstrafrechtlicher Perspektive adäquat ist.

Die Schwierigkeiten bei der Beurteilung der Adäquanz von Sponsoringvereinbarungen sind auch bei aktiver Gegenleistung des Gesponserten evident. Zum einen ist schon die Feststellung der Einnahmen aus dem Sponsoring respektive seines Wertes mit Schwierigkeiten behaftet. Statt eines objektives Marktwertes kann nur der Wert des Sponsoring für den Sponsor unter Berücksichtigung indi-

---

754 So auch *Tipold* in Berufssportrecht VII 73.

755 *Birklbauer*, RdM 2013, 226.

756 *Hauss/Komenda* in SbgK § 304 Rz 79.

757 *Bruhn*, Sponsoring^{6} 28 f.

758 *Bruhn*, Sponsoring^{6} 169 f, 227, 327.

vidueller Faktoren ermittelt werden.[759] Zum anderen muss dieser Wert zur Sponsoringleistung in Relation gesetzt und über die Verkehrsüblichkeit abgesprochen werden. Wann nun eine Leistung innerhalb der „üblichen Bandbreite" von Sponsoring liegt und wann der Werbewert eines namhaften Amtsträgers zweifelsfrei zu hoch angesetzt wird, kann nur schwer festgelegt werden.[760] Die Bewertung der dem Sponsoring entspringenden Gegenleistung nach marktüblichen Kriterien wird insbesondere auf Seite der Empfänger zu Recht als zu unsicher empfunden, das Risiko einer Korruptionsstrafbarkeit ist nicht abzuschätzen.[761]

2.4.2. Beurteilung unter Berücksichtigung der Schulfoto-Entscheidung

Die Problematik der Feststellung eines adäquaten Austauschverhältnisses wurde mit der Schulfoto-Entscheidung[762] des OGH grundlegend entschärft: Nach dem bisherigen Meinungsstand im Schrifttum wäre im konkreten Fall zu beurteilen gewesen, ob die Geld- und Sachleistungen des Fotografen eine marktübliche und somit adäquate Vergütung der Schulraumüberlassung bzw der weiteren Leistungen der Schule waren.[763] Der OGH ging von diesem Ansatz ab und stellte fest, dass die Bewertung der vertraglich vereinbarten Leistung und Gegenleistung von den Vertragsparteien privatautonom vorgenommen wird und somit nicht Gegenstand der strafrechtlichen Prüfung ist.[764]

Die Grenze ist erst beim Vorliegen eines *Scheingeschäfts* zu ziehen.[765] Der Begriff des Scheingeschäfts ist mit Blick auf § 916 ABGB auszulegen.[766] Demnach liegt ein solches vor, wenn eine Willenserklärung mit dem Einverständnis des Empfängers nur zum Schein abgegeben wird und die objektiv gewollt erscheinenden Rechtsfolgen nicht ausgelöst werden sollen.[767] Dabei kann die Erklärung gänzlich bloß zum Schein abgegeben werden („absolutes Scheingeschäft") oder dazu dienen, ein anderes tatsächlich gewolltes Geschäft zu verbergen („verdeck-

---

759 Vgl II. B. 3.2.

760 Vgl *Birklbauer*, RdM 2013, 225 f.

761 Vgl *Birklbauer*, RdM 2013, 226 mit Verweis auf einen Tiroler Landeshauptmann, der eine gesponserte Eintrittskarte zum Hahnenkammrennen zur Sicherheit ablehnte.

762 OGH 6.6.2016, 17 Os 8/16d.

763 Dezidiert in Bezug auf Schulfotoaktionen *Messner*, JSt 2015, 11.

764 Vgl *Birklbauer*, JBl 2016, 679, der diesen Ansatz als „rechtspolitische Entscheidung" bezeichnet, der „durchaus zuzustimmen" ist.

765 *Nordmeyer/Stricker* in WK^{2} StGB § 304 Rz 43.

766 *Schmitt*, ZWF 2016, 206.

767 *Rummel* in *Rummel/Lukas*, ABGB^{4} § 916 Rz 1; *Heiss* in *Kletečka/Schauer*, ABGB-ON$^{1.02}$ § 916 Rz 2.

tes/dissimuliertes Geschäft").[768] Nach § 916 Abs 1 ABGB ist ein Scheingeschäft – der Willenstheorie folgend – zivilrechtlich nichtig.[769] Ein allenfalls bestehendes verdecktes Geschäft ist hingegen nach seiner „wahren Beschaffenheit" zu beurteilen, dementsprechend treten die jeweiligen Rechtsfolgen dieses Geschäfts ein.[770] Vor diesem Hintergrund ist eine Vereinbarung, nach der eine Zuwendung nach dem wahren Willen der Parteien nicht im Austausch für eine Gegenleistung gewährt wird, nichtig. Erfolgt die Leistung mit Blick auf ein bestimmtes Amtsgeschäft, bleibt zu beurteilen, ob ein entsprechendes Austauschverhältnis wirksam ist. Als Indiz für das Bestehen eines rechtlich unwirksamen Scheingeschäfts dient nach dem OGH ein *krasses Missverhältnis* zwischen Leistung und Gegenleistung; daneben sind weitere Umstände in die Beurteilung einzubeziehen.

Dieser Rechtsprechung folgend kann eine Leistung, die auf eine dem vertraglich vereinbarten Austauschverhältnis entspringende Gegenleistung gerichtet ist, keinen Vorteil begründen. Dies gilt unabhängig davon, wie das Werteverhältnis des Vertragsinhaltes nach marktüblichen Kriterien zu beurteilen wäre. Selbst eine wirtschaftlich betrachtet weit überhöhte Zuwendung ist unbedenklich, wenn sie nur der Vertragserfüllung dient. Die korruptionsstrafrechtliche Prüfung ist damit wesentlich erleichtert, dem Rechtsanwender wird mehr Sicherheit geboten.

Der Ansatz ist auch in einem weiteren Kontext sachgerecht: Schließt ein Amtsträger für seine Anstellungsbehörde einen (zivilrechtlichen) Vertrag, so handelt er als ihr Vertreter und damit auch als Machthaber iSd § 153 StGB.[771] Er ist folglich dazu gehalten, die Vermögensinteressen seiner Behörde zu wahren, indem er ein möglichst vorteilhaftes Geschäft abschließt. Das Ziel eines bestmöglichen Ergebnisses bei geringstmöglichem Ressourceneinsatz ergibt sich überdies auch aus den allgemeinen in der Verwaltung geltenden Grundsätzen der Sparsamkeit, Wirtschaftlichkeit und Zweckmäßigkeit (vgl Art 126b Abs 5, 127 Abs 1, 127a Abs 1 B-VG).[772] Im Fall der Schulfoto-Entscheidung war speziell auch § 128a Abs 2 SchOG zu beachten. Demnach haben Schulleiter bei der Schulraumüberlassung ein *mindestens* angemessenes Entgelt einzuheben. Ist das

---

768 *Heiss* in *Kletečka/Schauer*, ABGB-ON$^{1.02}$ § 916 Rz 14; *Rummel* in *Rummel/Lukas*, ABGB^{4} § 916 Rz 8.

769 *Heiss* in *Kletečka/Schauer*, ABGB-ON$^{1.02}$ § 916 Rz 11; *Rummel* in *Rummel/Lukas*, ABGB^{4} § 916 Rz 4.

770 *Heiss* in *Kletečka/Schauer*, ABGB-ON$^{1.02}$ § 916 Rz 14; *Rummel* in *Rummel/Lukas*, ABGB^{4} § 916 Rz 4.

771 Wiederum unter der Voraussetzung, dass ihm die Kompetenz zum Vertragsabschluss zukommt; vgl dazu *Gößler*, ZWF 2017, 75.

772 Vgl *Kroneder-Partisch* in *Korinek/Holoubek*, BVG Art 126b Rz 34 ff; *Baumgartner* in *Kneihs/Lienbacher*, BVG Art 126b Rz 34 ff; OGH 6.6.2016, 17 Os 8/16d.

Verhältnis zwischen privatrechtlich vereinbarter Leistung und Gegenleistung nun auf seine „Marktüblichkeit“ zu prüfen und drohen dem Amtsträger im Fall einer nicht adäquaten Vertragsbeziehung korruptionsstrafrechtliche Konsequenzen, so zeigt sich ein klares Spannungsverhältnis zu seiner zugleich bestehenden Pflicht, für die Behörde möglichst gute Ergebnisse zu erzielen. Eine strafrechtliche Prüfung der Adäquanz des Austauschverhältnisses ist nicht zuletzt im Hinblick auf diesen Wertungswiderspruch abzulehnen.[773]

Nicht zuletzt ist dem Ansatz aus schutzzweckbezogenen Überlegungen zuzustimmen: Die öffentlichen Korruptionsdelikte sind nach ihrem Schutzzweck auf die Sachlichkeit der Verwaltung gerichtet.[774] Trifft ein Vertretungsorgan eines sponsernden Unternehmens seine Entscheidung über den Vertragsabschluss oder die Höhe einer Sponsoringleistung nicht aufgrund wirtschaftlicher Überlegungen, sondern ausschließlich im Hinblick auf persönliche Präferenzen oder Liebhaberei, so handelt es zwar wirtschaftlich unvernünftig. Das Verhalten ist dahingehend zu prüfen, ob es unter allgemeine Vermögens- und Kridadelikte subsumiert werden kann, bei Vorliegen der weiteren Voraussetzungen kommt insbesondere auch eine Untreuestrafbarkeit in Betracht. Die Vermögensverschleuderung betrifft aber nicht die Sachlichkeit der Verwaltung und ist nicht per se ein Fall der Korruption. Dies gilt ungeachtet dessen, dass sich aus einem groben Missverhältnis der Leistungen womöglich der Anschein einer unerlaubten Tätigkeit ergibt. Nach hM wird nämlich das Vertrauen der Allgemeinheit in die Sauberkeit der Verwaltung nicht als eigenständiges Rechtsgut geschützt.[775]

Vor diesem Hintergrund ist dem Ansatz des OGH also im Grunde zuzustimmen, er ist aber zu ergänzen. Zunächst ist festzuhalten, dass kein Vorteil vorliegt, wenn ein jedenfalls objektiv angemessenes oder sogar für den Amtsträger respektive die Behörde nachteiliges Austauschverhältnis gegeben ist. In einem solchen Fall ist der Leistungsempfang keinesfalls mit einer Besserstellung verbunden. Dies galt nach hA schon vor der Schulfoto-Entscheidung;[776] die Ausführungen des OGH sollten nicht strafbarkeitserweiternd, sondern einschränkend verstanden werden, sie lassen Fälle des adäquaten Leistungsaustausches somit unberührt.

Ist das Austauschverhältnis hingegen nicht adäquat, weil der dem staatlichen Bereich zuzurechnende Empfänger mit Blick auf das Leistungsverhältnis einen

---

773 So auch *Nordmeyer/Stricker* in WK^2 StGB § 304 Rz 42.

774 Siehe III. B. 1.

775 Vgl. III. B. 1.; anders *Satzger*, ZStW 2003, 498.

776 Vgl FN 743.

objektiv höheren Wert erlangt, begründet dies – dem OGH folgend – ebenso grundsätzlich keinen korruptionsstrafrechtlich relevanten Vorteil.

Anders ist dies aber zum einen dann, wenn ein Scheingeschäft (§ 916 ABGB) abgeschlossen wird, das nach dem Willen der Vertragsparteien nicht die vereinbarten Rechtsfolgen auslösen soll. Eine solche Vereinbarung steht der Vorteilsqualität einer Zuwendung nicht entgegen.

Zum anderen liegt ein korruptionsstrafrechtlich relevanter Vorteil aber auch dann vor, wenn das Geschäft zwar als solches gewollt ist, die Leistung aber zusätzlich auf einen *vertragsfremden Zweck* gerichtet ist.[777] Schließt etwa der Schulleiter im Namen der Schule mit einer Unternehmerin einen Vertrag über die (überteuerte) Vermietung des Schulfestsaals für eine Firmenveranstaltung ab[778] und wird darüber hinaus dem Sohn der Unternehmerin dafür ein Schulplatz zugesichert, so liegt selbst dann ein Vorteil vor, wenn die Vertragsparteien tatsächlich *auch* die Schulraumvermietung vereinbaren wollten.

Der Konnex zu einem (vertragsfremden) Amtsgeschäft ist als weiteres Tatbildmerkmal für die Erfüllung der §§ 304, 305 StGB erforderlich (in Deutschland sog „Unrechtsvereinbarung"). Das Vorliegen des Vorteils und dessen Zusammenhang mit einer Amtshandlung bleiben als zwei voneinander unabhängige Tatbildmerkmale erhalten. Dies zeigt sich deutlich in Konstellationen, in denen keine vertragliche Vereinbarung zwischen Vorteilsgeber und -nehmer besteht: Eine Zuwendung, die außerhalb eines Austauschverhältnisses und folglich rechtsgrundlos gewährt wird, erfüllt augenscheinlich den Vorteilsbegriff. Ob auch ein Konnex zu einem Amtsgeschäft besteht, ist Gegenstand der weiteren strafrechtlichen Beurteilung.

Dass eine Zuwendung nicht (nur) auf das vertraglich vereinbarte Geschäft, sondern (auch) auf einen anderen Zweck gerichtet ist, erschließt sich nicht schon aus dem überteuerten Geschäftsabschluss. Die Parteien eines Vertrages sind schließlich zivilrechtlich nicht dazu angehalten, einen gerechten Preis (*iustum pretium*) auszuhandeln, sondern können ihre Vereinbarung im Rahmen der Privatautonomie frei gestalten. Der Marktwert mag zwar einen Vergleichswert zeigen. Die Ausgeglichenheit eines Vertrags orientiert sich aber aus Sicht der Parteien nicht

777 So auch nach den Materialien IA 671 BlgNR XXIV. GP 6 „Mit anderen Worten stellen all jene Leistungen, die im Rahmen adäquater Austauschverhältnisse entgegen genommen werden, keinen Vorteil dar, solange sie nicht auf die Beeinflussung einer Amtshandlung gerichtet sind […]."; vgl auch *Satzger*, ZStW 2003, 482-483, der dies aber im Rahmen der Unrechtsvereinbarung diskutiert und auf die wirtschaftliche Ausgeglichenheit des Vertrags abstellt.

778 Vgl zur Kompetenz zum Vertragsabschluss *Gößler*, ZWF 2017, 75.

zwingend am objektiven Werteverhältnis von Leistung und Gegenleistung, vielmehr kann eine Vielzahl anderer Gründe für den Vertragsabschluss bestehen. Es kommt idS darauf an, ob sich die Leistung respektive ihre Höhe sachlich aus dem Geschäft begründen lassen.

So kann ein Vertrag mit der öffentlichen Verwaltung aus Sicht eines privatrechtlichen Unternehmers schon deshalb lohnend sein, weil er sich aus der Vertragsbeziehung auch in Zukunft und auf Dauer Geschäftsmöglichkeiten erwartet. Ebenso kann es aus Marketinggesichtspunkten sinnvoll sein, mit einer Behörde geschäftlich zu verkehren, sie etwa mit Gütern zu beliefern und auszustatten.[779] Neben der Beschaffenheit der in Frage stehenden Leistung, den Eigenschaften des Vertragspartners sowie den Modalitäten der Vertragsabwicklung können auch individuelle Präferenzen für den Vertragsschluss ausschlaggebend sein. Als Beispiel ist die ökologische Nachhaltigkeit eines Unternehmens zu nennen.[780] Dies gilt allgemein, besonders aber für Sponsoringverträge, die sich aufgrund ihrer Vielgestaltigkeit und ihren Entwicklungsmöglichkeiten einer objektiven Beurteilung der Marktüblichkeit entziehen.[781]

Selbst wo eine Sponsoringleistung im Vergleich mit sachlich ähnlichen Leistungen als gesichert marktunüblich und überhöht qualifiziert werden kann, ist damit noch nichts über die wirtschaftliche Zweckmäßigkeit im Einzelfall ausgesagt. Erfolgreiches Wirtschaften ist nicht zwingend an eine übliche Bandbreite und Marktpreise gebunden, sondern verlangt mitunter riskante und innovative Entscheidungen. Schließlich liegt es auch in der Privatautonomie der Parteien, eine Sponsoringbeziehung mit einem anderen Rechtsgeschäft zu koppeln:[782] Beispielsweise kann ein Unternehmen seine Produkte zu einem geringeren Preis verkaufen und zugleich – neben dem kaufvertraglichen Entgelt – eine kommunikative Gegenleistung im Sinne eines Sponsoring vereinbaren.

Wenn der OGH ein krasses Missverhältnis als Indiz für das Vorliegen eines Scheingeschäfts heranzieht,[783] so dient dies im Grunde auch als Anhaltspunkt für eine vertragsfremde Zweckrichtung. Allerdings sollte damit kein Einfallstor dafür geschaffen werden, den alten Meinungsstand zur Adäquanz aufrechtzuerhalten. Schließlich bietet ein (objektiv) unausgewogenes Vertragsverhältnis lediglich ein *Indiz* dafür, dass die Parteien den Vertrag gänzlich zum Schein abgeschlossen haben, ein tatsächliches Geschäft verbergen wollten oder ein ver-

779 *Schmoller* in Liber Amicorum Karl 522.

780 Vgl *Francuski*, Bucerius Law Journal 2009/1, 5.

781 Vgl *Burgi/Hampe/Friedrichsmeier* in *Burgi* 80.

782 *Reindl-Krauskopf/Birklbauer*, Leitlinien 12.

783 OGH 6.6.2016, 17 Os 8/16d.

tragsfremder Zweck besteht. Daneben fließen auch andere Umstände in die Beurteilung ein, beispielsweise immaterielle Vorteile und weitere sachliche Gründe, die sich aus dem Geschäft ergeben. Dies entspricht dem Ansatz des OGH, der einem krassen Missverhältnis der vertraglichen Leistungen „neben sonstigen in die Prüfung einzubeziehenden, vertragsrelevanten Umständen" Indizwirkung einräumt.[784] Nach allgemeinen Grundsätzen ist im Zweifel davon auszugehen, dass kein Scheingeschäft und keine vertragsfremde Zweckrichtung bestehen.

In Anwendung dieser Prämissen auf Sponsoringverträge ergibt sich zusammenfassend: Wird ein Sponsoringvertrag abgeschlossen und im Hinblick auf dieses Austauschverhältnis eine Leistung an den Amtsträger bzw die Behörde gewährt, so liegt unabhängig davon, ob dem Gesponserten eine nach marktüblichen Kriterien überhöhte und somit inadäquate Leistung zukommt, kein Vorteil iSd §§ 304 ff StGB vor.[785] Dient die Sponsoringleistung tatsächlich nicht der Abgeltung der vertraglich vereinbarten Gegenleistung und ist sie nicht aus sachlich aus dem Geschäft begründbar,[786] so ist ein Vorteil gegeben, der bei Bestehen eines Zusammenhangs mit der Amtsführung bzw mit einem konkreten Amtsgeschäft sowie der jeweiligen subjektiven Tatbestandselemente eine Strafbarkeit nach einem Korruptionstatbestand begründet.

2.5. Vertragsabschluss als Vorteil

Im Kontext des Vorteilsbegriffs bleibt grundsätzlich zu klären, ob der Vertragsabschluss als solcher, unabhängig vom daraus resultierenden Austauschverhältnis, ein korruptionsstrafrechtlich relevanter Vorteil sein kann.[787] Grundgedanke dieses vor allem in Deutschland vertretenen Ansatzes[788] ist, dass schon die Möglichkeit, mit dem jeweiligen Vertragspartner in geschäftlichen Kontakt zu treten und – wenngleich vertraglich vereinbarte – Leistungen erbringen zu dürfen, mit

---

784 OGH 6.6.2016, 17 Os 8/16d.

785 *Nordmeyer/Stricker* in WK² StGB § 304 Rz 47; so grds auch *Koblizek* in *Wiesenthaler* 59 sowie *Koblizek*, SIAK-Journal 2014, 71, der aber auf die Adäquanz abstellt; ebenso *Reindl-Krauskopf/Birklbauer*, Leitlinien 12; aA *Hinterhofer*, ÖJZ 2009, 252, der nicht auf die Vorteilsqualität von Sponsoring eingeht und die korruptionsstrafrechtliche Relevanz im Hinblick auf den Konnex zur Amtsführung beurteilt.

786 *Nordmeyer/Stricker* in WK² StGB § 304 Rz 48; vgl *Satzger*, ZStW 2003, 483: „[…] Vorteil beruht immer dann nicht auf einer Unrechtsvereinbarung, wenn beim Sponsor und bei dem zuständigen Amtsträger keine sponsoringfremden Hintergedanken im Spiel sind.".

787 *Hinterhofer*, Vorteilsbegriff und äquivalente Gegenleistung im Korruptionsstrafrecht – eine Präzisierung, ecolex 2015, 770 (770); *Hinterhofer/Rosbaud*, BT II⁶ § 304 Rz 17; *Glaser*, ZWF 2016, 211.

788 Vgl III. C. 2.6.

einer Besserstellung verbunden sein kann. Bekommt etwa ein Amtsträger die Gelegenheit, einen fachlichen Vortrag vor breitem Publikum zu halten, so wird diese Leistung zwar durch das vereinbarte Honorar abgegolten. Daneben erlangt er aber einen Prestigegewinn und ganz generell die Möglichkeit eines Nebenverdienstes, die ebenso bei Beurteilung eines vorliegenden Vorteils zu berücksichtigen sind.[789] Konstituiert der Vertragsabschluss demnach einen Vorteil, so wird die Strafbarkeit – die sehr eingeschränkten Fälle des Kontrahierungszwangs ausgenommen – erst bei Fehlen einer Verbindung zur Amtstätigkeit auf Ebene der Unrechtsvereinbarung auszuschließen sein.

Das österreichische Schrifttum lehnte die Vorteilsqualität des Vertragsabschlusses bisher im Grunde überwiegend ab. Der Amtsträger erbringe im Zuge der Vertragsbeziehung schließlich eine Gegenleistung und sei daher durch die Zuwendung nicht bessergestellt.[790] Auch in der Schulfoto-Entscheidung urteilte der OGH dementsprechend: „Die schon zum deutschen Recht überwiegend vertretene Ansicht, schon im (ohne Kontrahierungszwang erfolgten) Abschluss eines Vertrages könne ein tatbildlicher Vorteil liegen, [...] lässt sich auf die österreichische Rechtslage [...] nicht übertragen, weil sich ein Wertungswiderspruch dergestalt ergäbe, dass der Amtsträger [...] selbst eine vertraglich geschuldete Leistung erbringen müsste, sich durch die Annahme der Gegenleistung jedoch strafbar machte.“ Dies führte wiederum zu Kritik im den Vertragsabschluss als Vorteil anerkennenden Teil des Schrifttums.[791]

Die Grundüberlegung, dass der Vertragsabschluss für den Amtsträger einen (vorwiegend) immateriellen Nutzen beinhalten kann, der auch korruptionsstrafrechtlich bedacht werden sollte, ist nicht zu beanstanden. In diesem Punkt kann daher den Ausführungen des OGH – zumindest über den Sachverhalt der Schulfoto-Entscheidung hinaus – nicht konsequent gefolgt werden. Aber auch ein gegenteiliger Ansatz, nach dem mit Ausnahme von Fällen des Kontrahierungszwangs jeder Vertragsabschluss einen Vorteil begründet, womit im Grunde jede

789 Vgl auch das Beispiel in *Hinterhofer*, ecolex 2015, 770.

790 *Reindl-Krauskopf/Huber*, Korruptionsstrafrecht 9; *Reindl-Krauskopf*, Drittmittel für universitäre Forschung als korruptionsrelevante Vorteile? in *Reindl-Krauskopf/Zerbes/Brandstetter/Lewisch/Tipold* (Hrsg), Festschrift für Helmut Fuchs (2014) 415 (419); *Reindl-Krauskopf/Birklbauer*, Leitlinien 7; *Marek/Jerabek*, Korruption[8] §§ 304-306 Rz 19, ebenso in der 11. Auflage unter Verweis auf die Schulfoto-Entscheidung des OGH *Marek/Jerabek*, Korruption[11] §§ 304-306 Rz 20a.

791 *Glaser*, ZWF 2016, 211, es seien die „Argumentationsebenen des OGH durcheinandergeraten“.

dem Staat zuzurechnende privatwirtschaftliche Tätigkeit tatbestandsmäßig wäre, ist nicht sachgerecht.[792]

Letztlich muss auch die Vorteilsqualität des Vertragsabschlusses mit Bedacht auf den allgemeinen Vorteilsbegriff beurteilt werden: Die Anspruchsbegründung ist demgemäß korruptionsstrafrechtlich relevant, wenn sie eine Verbesserung der wirtschaftlichen, rechtlichen, gesellschaftlichen oder beruflichen Stellung beinhaltet.[793] Ob eine solche Besserstellung schon durch den Vertragsabschluss vorliegt, ist situationsbezogen zu beurteilen.[794] So *kann* die Möglichkeit zum Nebenverdienst eine Besserstellung begründen, auch der mit einer (entgeltlichen) Vortragstätigkeit verbundene Prestigegewinn *kann* konkret ein Vorteil sein.[795] Liegt eine solche Form der Besserstellung vor und hat der Amtsträger keinen rechtlichen Anspruch darauf (kein Kontrahierungszwang), so kann sie durchaus in Verbindung zur Amtstätigkeit des Empfängers stehen und damit korruptives Verhalten begründen. Demgegenüber muss nicht jeder Vertragsabschluss eine Verbesserung der Stellung des Vertragspartners beinhalten. Schließt er etwa einen Vertrag, der allgemein unter handelsüblichen Bedingungen geschlossen werden kann, so wird idR kein Vorteil damit verbunden sein.[796] Das Vorliegen einer Besserstellung hängt somit von der konkreten Situation des jeweiligen Betroffenen ab – was für manche eine gewinnbringende Möglichkeit sein mag, ist für andere von keinem besonderen Nutzen.[797]

Für Sponsoring zeigt sich folgendes Ergebnis: Ungeachtet der vertraglich begründeten Austauschbeziehung, kann schon der Abschluss des Sponsoringvertrags als solcher einen korruptionsstrafrechtlich relevanten Vorteil beinhalten. Zur Beurteilung ist auf die konkrete und individuelle Lagerung des Falles abzustellen. Ist mit dem Vertragsabschluss situationsbezogen eine *Besserstellung* verbunden und besteht kein Kontrahierungsanspruch, so liegt ein Vorteil iSd §§ 304 ff StGB vor.

---

792 Vgl *Nordmeyer/Stricker* in WK² StGB § 304 Rz 45.

793 Vgl FN 707.

794 Vgl *Glaser*, ZWF 2016, 211, der eine „Einzelfallüberprüfung" verlangt.

795 Im Einzelfall kann der Wert des Vertragsabschlusses einen Teil der Leistungsbeziehung bilden.

796 Vgl *Korte* in MüKoStGB³ § 331 Rz 95; *Nordmeyer/Stricker* in WK² StGB § 304 Rz 45 sowie differenzierend *Kuhlen* in NK-StGB⁵ § 331 Rz 56.

797 Vgl *Korte* in MüKoStGB³ § 331 Rz 95.

2.6. Kurzüberblick: Der „Vorteil" nach deutschem Recht

Im Folgenden soll ein Überblick über die wesentlichen Grundsätze des deutschen Korruptionsstrafrechts geboten und speziell auf den vom österreichischen Verständnis teilweise abweichenden Vorteilsbegriff eingegangen werden. Dies interessiert besonders im Zusammenhang mit einer 2011 ergangenen Entscheidung des BGH[798] zur korruptionsstrafrechtlichen Beurteilung von Schulfotoaktionen, deren zugrundeliegender Sachverhalt dem der österreichischen Schulfoto-Entscheidung weitgehend entspricht.

Wie in Österreich, wird auch nach deutschem Recht ein Vorteil als materielle oder immaterielle Leistung definiert, die zu einer Besserstellung des Täters führt und auf die er keinen rechtlichen Anspruch hat.[799] Darunter fallen jedenfalls wirtschaftliche Vorteile (Geld- und Sachleistungen), wie die Einladung in ein Restaurant, die Gewährung eines Rabatts oder die Übernahme der Kosten von Betriebs- und Weihnachtsfeiern,[800] ebenso immaterielle Werte, wie die Verleihung von Ehrungen und Titeln sowie das Gewähren sexueller Handlungen.[801]

Ein rechtlich begründeter Anspruch auf die Leistung schließt den Vorteil – wie auch nach österreichischer Rechtslage – zwar grundsätzlich aus, so im Fall der Zahlung einer rechtlich zulässigen Gebühr. Praktisch ergibt sich damit allerdings kaum eine Einschränkung des Vorteilsbegriffs. Solange nämlich kein Anspruch auf Kontrahierung besteht, gilt nach hM schon der Vertragsabschluss selbst als ein Vorteil.[802] Hintergrund dieses ausgedehnten, vom österreichischen Verständ-

---

798 BGH 26.5.2011, 3 StR 492/10.

799 *Heine/Eisele* in *Schönke/Schröder*, StGB[29] § 331 Rz 14; *Korte* in MüKoStGB[3] § 331 Rz 82; *von Heintschel-Heinegg* in BeckOK StGB § 331 Rz 17; *Kuhlen* in NK-StGB[5] § 331 Rz 39; *Heger* in *Lackner/Kühl*, StGB[29] § 331 Rz 4; *Rosenau* in SSW-StGB[3] § 331 Rz 15; *Bannenberg* in *Dölling/Duttge/König/Rössner*, HK-GS[4] § 331 Rz 11; *Möhrenschlager*, Der strafrechtliche Schutz gegen Korruption, in *Dölling* (Hrsg), Handbuch der Korruptionsprävention (2007) 389 (397).

800 Mit weiteren Beispielen *Heine/Eisele* in *Schönke/Schröder*, StGB[29] § 331 Rz 16; *Korte* in MüKoStGB[3] § 331 Rz 83; *Kuhlen* in NK-StGB[5] § 331 Rz 40.

801 *Korte* in MüKoStGB[3] § 331 Rz 92, der für ein restriktives Verständnis eintritt; vgl auch *Kuhlen* in NK-StGB[5] § 331 Rz 44; *Rosenau* in SSW-StGB[3] § 331 Rz 18; *Bannenberg* in *Dölling/Duttge/König/Rössner*, HK-GS[4] § 331 Rz 17.

802 *Heine/Eisele* in *Schönke/Schröder*, StGB[29] § 331 Rz 17; *Korte* in MüKoStGB[3] § 331 Rz 93; *von Heintschel-Heinegg* in BeckOK StGB § 331 Rz 20; *Kuhlen* in NK-StGB[5] § 331 Rz 52; *Heger* in *Lackner/Kühl*, StGB[29] § 331 Rz 4; *Rosenau* in SSW-StGB[3] § 331 Rz 17; *Möhrenschlager* in *Dölling* 398; BGH 4 StR 375/82 NStZ 1984, 501; BGH 26.5.2011, 3 StR 492/10; BGH 21.6.2007, 4 StR 69/07; BGH 21.6.2007, 4 StR 99/07; anders urteilte der 1. Zivilsenat im Fall einer Schulfotoaktion, BGH I ZR

nis abweichenden,[803] Vorteilsbegriffs ist die Überlegung, dass ansonsten der Abschluss einer vertraglichen Vereinbarung eine Umgehung der Anwendung der Korruptionsdelikte ermöglichen würde.[804] Nach herrschender, wenngleich nicht unbestrittener[805] Ansicht wird der Vorteil durch das Austauschverhältnis auch dann nicht ausgeschlossen, wenn Leistung und Gegenleistung in einem angemessenen Verhältnis zueinander stehen.[806] Der Amtsträger könne folglich schon durch die Möglichkeit zum Vertragsabschluss bessergestellt sein, etwa durch das Angebot eines Berater- und Gutachtervertrags oder sonstige entgeltliche Nebentätigkeiten.[807] Dies wird ebenso im Hinblick auf Sponsoringvereinbarungen vertreten, deren Abschluss demnach auch bei konkreter und angemessener Gegenleistung einen Vorteil begründen kann.[808]

Die in Rechtsprechung und Schrifttum herausgearbeiteten korruptionsstrafrechtlichen Grundsätze und insbesondere der Vorteilsbegriff waren speziell im Bereich der *Drittmittelforschung* Gegenstand eingehender wissenschaftlicher und auch medialer Diskussion. Die aufgeworfenen Fragestellungen wurden dabei auch im Kontext der Ermittlungs- und Strafverfahren untersucht, die in den 1990er Jahren gegen Ärzte und Mitarbeiter der Pharmaindustrie aufgrund möglicherweise korruptiven Verhaltens bei Beschaffungsentscheidungen geführt wurden („Herzklappenskandal“).[809]

Während im deutschen Schrifttum dazu teilweise – entsprechend dem Meinungsstand in Österreich vor der Schulfoto-Entscheidung des OGH und entge-

---

112/03 GRUR 2006, 77; krit auch *Zieschang*, Strafrechtliche Aspekte des Verwaltungssponsoring, in *Burgi* (Hrsg), Sponsoring der öffentlichen Hand (2010) 335 (340).

803 Vgl zum Meinungsstand III. C. 2.5.

804 Mit Verweis auf die Rsp *Korte* in MüKoStGB^3 § 331 Rz 93; *Kuhlen* in NK-StGB^5 § 331 Rz 52; *Rosenau* in SSW-StGB^3 § 331 Rz 17; BGH 26.5.2011, 3 StR 492/10.

805 Vgl *Zieschang* in *Burgi* 340.

806 *Korte* in MüKoStGB^3 § 331 Rz 94; *Heine/Eisele* in *Schönke/Schröder*, StGB^{29} § 331 Rz 17; *Kuhlen* in NK-StGB^5 § 331 Rz 56; *Heger* in *Lackner/Kühl*, StGB^{29} § 331 Rz 4; *Rosenau* in SSW-StGB^3 § 331 Rz 17; BGH 4 StR 375/82 NStZ 1984, 501; BGH 25.2.2003, 5 StR 363/02; BGH 21.6.2007, 4 StR 69/07; BGH 21.6.2007, 4 StR 99/07; BGH 26.5.2011, 3 StR 492/10.

807 *Korte* in MüKoStGB^3 § 331 Rz 95; *Kuhlen* in NK-StGB^5 § 331 Rz 56; *Rosenau* in SSW-StGB^3 § 331 Rz 17.

808 *Rosenau* in SSW-StGB^3 § 331 Rz 17; *Kuhlen* in NK-StGB^5 § 331 Rz 57.

809 *Korte* in MüKoStGB^3 § 331 Rz 141 ff; *von Heintschel-Heinegg* in BeckOK StGB § 331 Rz 35; siehe dazu eingehend *Höltkemeier*, Sponsoring 190 ff; vgl außerdem III. C. 6.2.1.

gen der hM in Deutschland – vertreten wurde und wird, dass ein wirksamer Vertrag über ein angemessenes Austauschverhältnis den korruptionsstrafrechtlich relevanten Vorteil ausschließt,[810] ging der BGH einen anderen Weg, um der legitimen und nicht korruptiven Drittmitteleinwerbung aus dem Anwendungsbereich der Korruptionsdelikte zu verhelfen. Unter Berücksichtigung der gesetzlichen Verankerung von Drittmitteleinwerbung, die ausdrücklich als Dienstaufgabe der Hochschullehrer anerkannt ist, legte der BGH den Tatbestand des § 331 dStGB einschränkend aus. Er knüpfte dabei aber nicht an die Vorteilsqualität, sondern an die als *Unrechtsvereinbarung* bezeichnete Verknüpfung des Vorteils mit der Dienstausübung des Vorteilsnehmers an, die im Zeitpunkt der Tathandlung gegeben sein muss. Dabei stellte er wesentlich darauf ab, ob im konkreten Fall die jeweils bestehenden Verfahren zur Drittmitteleinwerbung eingehalten wurden, andernfalls er das Zusammenwirken als strafbares Verhalten ansah.[811]

Demnach liegt im Fall der Annahme von Drittmitteln insbesondere dann keine unzulässige Verknüpfung vor, wenn die entsprechenden Bestimmungen sowie die Transparenz, Trennung und Äquivalenz eingehalten und durch ausreichende Dokumentation Kontrollmöglichkeiten eröffnet werden.[812] Letztlich ergibt sich die Strafbarkeit nach einem Korruptionsdelikt damit aus dem Zuwiderhandeln gegen einschlägige materielle oder prozessuale Regeln.[813] Diese Anknüpfung an die jeweiligen Verwaltungsvorschriften und etwaige Regelwidrigkeiten gilt ebenso im Bereich von Sponsoring.[814]

---

810 *Lüderssen*, Die Zusammenarbeit von Medizinprodukte-Industrie, Krankenhäusern und Ärzten – strafbare Kollusion oder sinnvolle Kooperation? (1998) 38 f; *Lüderssen*, Antikorruptions-Gesetze und Drittmittelforschung, JZ 1997, 112 (114); *Zieschang* in *Burgi* 340; vgl mwN zu den Einschränkungsversuchen aus dem Schrifttum *Korte* in MüKoStGB[3] § 331 Rz 146.

811 BGH 23.5.2002, 1 StR 372/01; BGH 23.10.2002, 1 StR 541/01; vgl dazu auch *Korte* in MüKoStGB[3] § 331 Rz 145; *Kuhlen* in NK-StGB[5] § 331 Rz 103 ff; *Rosenau* in SSW-StGB[3] § 331 Rz 41.

812 *Korte* in MüKoStGB[3] § 331 Rz 144; *Heine/Eisele* in *Schönke/Schröder*, StGB[29] § 331 Rz 42; *Bannenberg* in *Dölling/Duttge/König/Rössner*, HK-GS[4] § 331 Rz 40.

813 *Heine/Eisele* in *Schönke/Schröder*, StGB[29] § 331 Rz 39; *Kuhlen* in NK-StGB[5] § 331 Rz 96; *Höltkemeier*, Sponsoring 121. Kritisch *Voigtel*, Sponsoring und Strafrecht – Ein Überblick anhand von Beispielen, in *Momsen/Grützner* (Hrsg), Wirtschaftsstrafrecht (2013) 1112 (1122).

814 *Höltkemeier*, Sponsoring 123; *Heine/Eisele* in *Schönke/Schröder*, StGB[29] § 331 Rz 45; *von Heintschel-Heinegg* in BeckOK StGB § 331 Rz 38; *Rosenau* in SSW-StGB[3] § 331 Rz 43.

Auch in seiner Schulfotoaktion-Entscheidung aus 2011 stellte der BGH auf die *Regelwidrigkeit* der Unrechtsvereinbarung ab.[815] Weitgehend dem Sachverhalt der korrespondierenden österreichischen Entscheidung entsprechend, waren Geschäftspraktiken von Schulfotografen zu beurteilen, die Schulen im Zuge von Schulfotoaktionen abhängig vom Umsatz oder der Anzahl der fotografierten Schülerinnen und Schüler Zuwendungen unter dem Titel eines „Rabattes", „Sponsoring" oder einer „Aufwandentschädigung" gewährten. Das Landgericht Hildesheim sprach die Angeklagten vom Vorwurf der Bestechung frei und schloss sich damit einer Entscheidung des 1. Zivilsenats des BGH vom 20. Oktober 2005 an. In diesem Urteil hatte der BGH im Fall einer solchen Schulfotoaktion das Vorliegen eines korruptionsstrafrechtlich relevanten Vorteils verneint, weil der Zuwendung des Schulfotografen (ein PC) Leistungen der Schule (Schulraumüberlassung, organisatorische Tätigkeiten) synallagmatisch gegenüberstanden.[816] Davon abweichend hob der BGH die Freisprüche des Landgerichts auf und verwies die Sache zur neuerlichen Verhandlung und Entscheidung zurück.

Nach seiner rechtlichen Beurteilung stand das Vertragsverhältnis zwischen Schule und Schulfotografen der Qualifizierung der Zuwendungen als Vorteil nicht entgegen, weil ein Vorteil schließlich auch im Vertragsschluss selbst liegen kann. Überdies wurde die Vereinbarung als regelwidrig und daher korruptionsstrafrechtlich relevant angesehen: Der BGH qualifizierte den im Gegenzug erbrachten organisatorischen Aufwand der Schule als hoheitliche Tätigkeit; die Lehrer wären nach § 62 Abs 1 Satz 1 NSchG ihrer Aufsichtspflicht nachgekommen und hätten zudem nach § 51 Abs 1 Satz 4 NSchG Tätigkeiten im Rahmen der Eigenverwaltung der Schule und andere schulische Aufgaben außerhalb des Unterrichts übernommen. Für die Vergütung dieser Dienstaufgaben bestand aber keine verwaltungsrechtliche Grundlage, auch eine entsprechende vertragliche Vereinbarung wurde als unzulässig angesehen („kein Gebührenfindungsrecht").

In Relation zur österreichischen Rechtslage zeigt sich im deutschen Korruptionsstrafrecht zwar im Ansatz ein einheitlicher, nämlich normativ geprägter Vorteilsbegriff, der aber durch die Anerkennung des Vertragsabschlusses als Vorteil wesentliche Abweichungen erfährt. Zum Ausschluss unbedenklicher Verbindungen aus dem Anwendungsbereich der Korruptionsbestimmungen stellt der BGH

815 BGH 26.5.2011, BGH 3 StR 492/10; krit *Heine/Eisele* in *Schönke/Schröder*, StGB[29] § 331 Rz 46; *Kuhlen* in NK-StGB[5] § 331 Rz 88c; vgl krit *Rosenau* in SSW-StGB[3] § 331 Rz 44.

816 BGH I ZR 112/03 GRUR 2006, 77; vgl zu dieser Entscheidung und zu ihrem Verhältnis zu BGH 23.5.2002, 1 StR 372/01 insbesondere *Kuhlen* in NK-StGB[5] § 331 Rz 88 ff; *Rosenau* in SSW-StGB[3] § 331 Rz 44.

idS nicht auf das Tatbildmerkmal des Vorteils, sondern auf das Vorliegen einer Unrechtsvereinbarung ab, die wesentlich an die Einhaltung der jeweiligen verwaltungsrechtlichen Regelungen und Verfahren anknüpft.

2.7. *Drittvorteile*

Unter dem Stichwort *Drittvorteile* ist die korruptionsstrafrechtliche Relevanz von Zuwendungen zu beurteilen, die nicht an den Amtsträger selbst erfolgen, sondern an seine Anstellungsbehörde. Richtigerweise ist diese Fragestellung nicht eine der Vorteilsqualität, sondern Teil des Tatbildmerkmals „Dritten" der §§ 304-307b StGB. Sie ist insbesondere im Fall des Verwaltungssponsoring von besonderer Bedeutung, kommt die Sponsoringleistung doch idR nicht dem jeweiligen Amtsträger persönlich zugute, sondern wird von der Behörde für die vereinbarten behördlichen Zwecke genutzt. Es fragt sich, ob der den Sponsoringvertrag für die Dienststelle abschließende[817] und für diese die Leistung annehmende Amtsträger für seine Handlungen potentiell strafbar ist.

Ein möglicher Ansatz auch eine an die Behörde fließende Zuwendung korruptionsstrafrechtlich zu erfassen ist, diese als Dritter iSd §§ 304 ff StGB zu qualifizieren. So erfordern die Korruptionsdelikte lediglich, dass der Amtsträger den Vorteil für sich *oder einen Dritten* fordert, annimmt oder sich versprechen lässt, der Leistende den Vorteil einem Amtsträger für ihn *oder einen Dritten* anbietet, verspricht oder gewährt. Nach hM im Schrifttum sind sowohl natürliche als auch juristische Personen unter den Begriff des Dritten zu subsumieren.[818] Als Beispiele werden unter anderem Angehörige, Ehepartner, Lebensgefährten, Freunde und Bekannte sowie Kapitalgesellschaften, Vereine, politische Parteien, Stiftungen, karitative Vereinigungen, Behörden und ihre einzelnen Dienststellen genannt.[819] Kommt als Dritter auch die eigene Dienststelle in Frage, so ergeben sich aus der Zuwendung an die Behörde keine Konsequenzen für die Strafbarkeit des Leistenden und des Amtsträgers, der in seiner Eigenschaft als deren Vertreter handelt.

---

817 Unter der Voraussetzung, dass dem Amtsträger die Kometenz zum Vertragsabschluss zukommt, vgl *Gößler*, ZWF 2017, 75.

818 *Nordmeyer/Stricker* in WK[2] StGB § 304 Rz 50 f; *Hauss/Komenda* in SbgK § 304 Rz 83; *Hinterhofer/Rosbaud*, BT II[6] § 304 Rz 23; *Marek/Jerabek*, Korruption[11] §§ 304-306 Rz 20a; *Reindl-Krauskopf/Huber*, Korruptionsstrafrecht 12; *Aichinger* in *Leukauf/Steininger*[4] § 304 Rz 13; *Messner* in PK-StGB § 304 Rz 14; *Bertel/Schwaighofer*, BT II[13] § 304 Rz 9; *Huber/Löff* in *Kert/Kodek* Rz 10.14; *Reindl-Krauskopf*, JSt 2009, 54; *Messner*, JSt 2015, 10.

819 *Hauss/Komenda* in SbgK § 304 Rz 83; *Hinterhofer/Rosbaud*, BT II[6] § 304 Rz 23; *Aichinger* in *Leukauf/Steininger*[4] § 304 Rz 13; *Fabrizy*, StGB[13] § 304 Rz 4; *Eder-Rieder*, Wirtschaftsstrafrecht[4] 172.

Im Schrifttum finden sich aber verschiedentlich Ansätze, die sich gegen die Qualifikation der Anstellungsbehörde als Dritter iSd §§ 304 ff StGB richten. So vertritt *Schuschnigg*, dass Zuwendungen an juristische Personen des öffentlichen und Privatrechts aus den Korruptionsbestimmungen auszunehmen sind, wenn die Dienststelle über die Verwendung des Vorteils in transparenter Weise entscheidet und er damit nicht einmal indirekt dem Amtsträger zugutekommt.[820] *Marek/Jerabek* erkennen die Anstellungsbehörde einerseits als möglichen Dritten an;[821] dies soll andererseits nicht gelten, wenn sie Partei des mit dem Zuwendenden geschlossenen Vertrags ist, der Amtsträger folglich den Vertrag nicht für sich selbst, sondern im Namen der Behörde abschließt.[822] Letztlich lassen die Autoren aber offen, ob die unmittelbare Beteiligung der Behörde am Austauschverhältnis – somit ihre Subjektsqualität – ihrer Qualifikation als Dritter entgegensteht, oder die Korruptionstatbestände schon deshalb nicht erfüllt sind, weil in den Fällen einer synallagmatischen Vertragsbeziehung kein Vorteil vorliegt.[823]

Auch *Lewisch* zufolge ist die repräsentierte Dienststelle generell nicht als Dritter anzusehen. Zur Begründung verweist der Autor auf den Telos der Korruptionsbestimmungen, Einwirkungen auf den Amtsträger hintanzuhalten, die ihn zu einer für den Prinzipal nachteiligen Entscheidung verleiten könnten.[824] Gewährt der Leistende einen Vorteil an den Amtsträger persönlich oder einen Dritten, ist das Verhalten geeignet, die Vornahme oder Unterlassung eines Amtsgeschäfts zu beeinflussen. Kommt die Zuwendung hingegen der repräsentierten Behörde zu, soll dies nicht gelten: Ziel des Korruptionsstrafrechts ist es demnach, Interessenskonflikte zu verhindern, die dazu führen könnten, dass der Amtsträger die Interessen seines Vertretenen – der Behörde – nicht bestmöglich wahrt. Nimmt der Amtsträger den Vorteil für die Anstellungsbehörde an, so handelt er gerade in deren besten Interesse.[825] Als Beispiel nennt *Lewisch* unter anderem den Verkauf von Fahrzeugen durch einen Automobilhersteller an eine Behörde zum Vorzugspreis, der sich durch deren Nutzung als Dienstwagen auch einen Wer-

---

820 *Schuschnigg*, Korruptionsstrafrecht Rz 128.

821 Noch vor Berücksichtigung der Schulfoto-Entscheidung *Marek/Jerabek*, Korruption[8] §§ 304-306 Rz 22.

822 *Marek/Jerabek*, Korruption[8] §§ 304-306 Rz 20a, 22.

823 *Marek/Jerabek*, Korruption[8] §§ 304-306 Rz 20a.

824 *Lewisch*, Altes und Neues zum Korruptionsstrafrecht, in *Lewisch* (Hrsg), Jahrbuch Wirtschaftsstrafrecht und Organverantwortlichkeit 2015, 383 (386); *Lewisch*, Strafrecht und Compliance, in *Lewisch* (Hrsg), Zauberwort Compliance? Grundlagen und aktuelle Anwendungsfragen (2012) 71 (83).

825 *Lewisch* in JB Wirtschaftsstrafrecht und Organverantwortlichkeit 2015, 388 f; *Lewisch* in *Lewisch* 83.

bewert verspricht. Einen solchen Preisvorteil darf der Amtsträger nicht nur annehmen, er würde andernfalls sogar Gefahr laufen, sich nach § 153 StGB strafbar zu machen.[826] Selbst wenn der Amtsträger aus der Zuwendung persönlich profitiert – einen Dienstwagen zur Verfügung gestellt bekommt – schadet dies nicht. Die Behörde kann schließlich selbst darüber entscheiden, wie sie mit dem Vorteil verfährt.[827] Die Grenze ist nach *Lewisch* dort zu ziehen, wo zusätzliche Vorteile der Behörde unzulässig sind. Denkbar wären etwa Zusatzentgelte für die Ausstellung von Reisepässen oder dergleichen.[828]

Schließlich qualifiziert auch die *Fibel* zum KorrStrÄG 2012 die Dienststelle grundsätzlich nicht als Dritter iSd Korruptionsbestimmungen. Zwar wird anerkannt, dass auch eine juristische Person durchaus als Dritter in Frage kommt und demnach auch die Einrichtung, welcher der Amtsträger angehört. Die strafrechtliche Relevanz von Zuwendungen an die Anstellungskörperschaft wird dennoch – ohne ausführlichere Begründung – abgelehnt, weil dies nicht der gängigen Praxis in Österreich entspricht.[829]

Trotz dieser divergierenden Ansätze sieht die überwiegende Ansicht im Schrifttum auch die Anstellungsbehörde des Amtsträgers als Dritter iSd §§ 304 ff StGB an.[830] Voraussetzung der Strafbarkeit ist dabei jedenfalls die Kenntnis und das Einverständnis des Amtsträgers.[831] Demnach kann auch eine Zuwendung (eine Sponsoringleistung), die – bei Erfüllung der allgemeinen Voraussetzungen des Vorteilsbegriffs – vermittelt über den Amtsträger an dessen Dienststelle erfolgt, die Strafbarkeit nach einem Korruptionsdelikt begründen. Dabei schadet es auch nicht, dass die juristische Person Vertragspartei des Austauschverhältnisses ist: Die Annahme des Vorteils muss in einem solchen Fall naturgemäß über einen Repräsentanten vorgenommen werden, durch den die Behörde erst handlungs-

---

826 *Lewisch* in JB Wirtschaftsstrafrecht und Organverantwortlichkeit 2015, 387 f.

827 *Lewisch* in JB Wirtschaftsstrafrecht und Organverantwortlichkeit 2015, 388.

828 *Lewisch* in JB Wirtschaftsstrafrecht und Organverantwortlichkeit 2015, 391.

829 *Bundesministerium für Justiz*, Fibel 67.

830 *Nordmeyer/Stricker* in WK[2] StGB § 304 Rz 50 f; *Reindl-Krauskopf/Huber*, Korruptionsstrafrecht 12; *Hauss/Komenda* in SbgK § 304 Rz 83 mit Verweis auf *Reindl-Krauskopf/Huber*; *Birklbauer*, Universitätslehrerinnen im Kriminal – Strafrechtliche Risiken universitärer Tätigkeit, zfhr 2014, 39 (43); *Birklbauer* in Wettbewerb und Recht 2015, 265; *Bertel/Schwaighofer*, BT II[13] § 304 Rz 9; *Aichinger* in *Leukauf/Steininger*[4] § 304 Rz 13; *Messner*, JSt 2015, 10 f; *Huber/Löff* in *Kert/Kodek* Rz 10.14; *Marek/Jerabek*, Korruption[11] §§ 304-306 Rz 20a; *Reindl-Krauskopf/Birklbauer*, Leitlinien 13.

831 *Marek/Jerabek*, Korruption[11] §§ 304-306 Rz 22; *Aichinger* in *Leukauf/Steininger*[4] § 304 Rz 13; *Hauss/Komenda* in SbgK § 304 Rz 84.

fähig wird. Da die Behörde aber eine vom Amtsträger verschiedene (juristische) Person ist, erfüllt sie trotz ihrer Parteistellung den Begriff des Dritten iSd §§ 304 ff StGB.[832]

Letztlich entspricht dies – anders als von *Lewisch* vertreten – auch dem Schutzzweck der öffentlichen Korruptionsbestimmungen, der auf die Erhaltung einer sachlichen Verwaltung abzielt und der ebenso beeinträchtigt wird, wenn die Zuwendung der Dienststelle des Amtsträgers gewährt wird.[833] Stattet beispielsweise ein Unternehmer eine Behörde mit neuen Computern aus, um den dort zuständigen Amtsträger zur Ausstellung einer Baugenehmigung zu bewegen, so wäre die Zuwendung lediglich deshalb strafrechtlich nicht zu beanstanden, weil das Geschäft der juristischen Person zuträglich und diese daher kein Dritter iSd Korruptionsstrafrechts sein soll. Dies entspricht nicht dem Schutzzweck der Korruptionstatbestände, die nach hM in Lehre und Rechtsprechung nicht auf den Schutz fremder Vermögensinteressen – weder des Einzelnen noch des Staates – gerichtet sind.[834] in Konsequenz ist auch die Prinzipal-Agent-Beziehung zwischen Amtsträger und der vertretenen Behörde nicht wertend einzubeziehen.

Das von *Lewisch* genannte Beispiel des Beschaffungsmarktes[835] ist dennoch korruptionsstrafrechtlich unbedenklich: Setzt der Automobilhersteller aufgrund des Werbewerts einen niedrigeren Preis für die als Dienstwägen zu nutzenden Fahrzeuge fest, so liegt das in seiner Privatautonomie. Vor allem vor dem Hintergrund der Schulfoto-Entscheidung[836] des OGH ist das Werteverhältnis der Leistungen aus der Vertragsbeziehung korruptionsstrafrechtlich nicht zu prüfen. Da die Behörde einen vertraglichen Anspruch auf die Fahrzeuge hat, ist – außer im Fall eines Scheingeschäfts oder vertragsfremden Zwecks – kein korruptionsstrafrechtlich relevanter Vorteil gegeben. Im Ergebnis zeigt sich ein Gleichklang zur Auslegung von *Lewisch*, der letztlich ebenso davon ausgeht, dass der Behörde in diesen Konstellationen kein eigenständiger Vorteil zukommt.[837] Liegt hingegen ein Vorteil vor, so kann dieser durchaus auch an die Anstellungsbehörde

832 *Reindl-Krauskopf*, JSt 2009, 54.

833 *Nordmeyer/Stricker* in WK² StGB § 304 Rz 51 f; vgl zum Schutzzweck III. B. 1.

834 Vgl insb OGH 29.4.1982, 13 Os 46/82; OGH 4.9.1980, 12 Os 46/80; OGH 8 Os 174/60 EvBl 1961/257; OGH 6.6.2016, 17 Os 8/16d; RIS-Justiz RS0095948; *Medigovic*, ÖJZ 2010, 256; *Hauss/Komenda* in SbgK § 304 Rz 43; *Nordmeyer/Stricker* in WK² StGB Vor §§ 304-309 Rz 59.

835 *Lewisch* in JB Wirtschaftsstrafrecht und Organverantwortlichkeit 2015, 387 f.

836 OGH 6.6.2016, 17 Os 8/16d.

837 *Lewisch* in JB Wirtschaftsstrafrecht und Organverantwortlichkeit 2015, 387.

gewährt werden; in einem solchen Fall wird nicht der einzelne Amtsträger korrumpiert bzw soll es werden, sondern die gesamte Behörde.[838]

Wird eine Zuwendung an eine Behörde gewährt, so ist mit dem Drittvorteil in einer Vielzahl an Fällen außerdem ein *mittelbarer Eigenvorteil* des Amtsträgers selbst verbunden. Steht beispielsweise einer der gesponserten Computer im Dienstzimmer des Amtsträgers oder stellt ein Unternehmen die Getränke für eine behördeninterne Veranstaltung zur Verfügung, profitiert nicht nur die gesamte Dienststelle, sondern auch der einzelne Amtsträger von der Sponsoringvereinbarung. Ein solcher mittelbarer Eigenvorteil ist allerdings nicht als losgelöst vom Drittvorteil betrachten, sondern knüpft an dessen rechtliche Beurteilung an.[839] Da die Strafbarkeit nach einem Korruptionsdelikt auch dann besteht, wenn der Vorteil an die Behörde abfließt, ist eine Differenzierung zwischen Dritt- und Eigenvorteil zwar grundsätzlich nicht ausschlaggebend, sie könnte aber im Rahmen der Strafzumessung wertend herangezogen werden.[840]

Auch nach der Rechtsprechung begründet eine Zuwendung an die Anstellungskörperschaft einen korruptionsstrafrechtlich relevanten Drittvorteil. Zwar hatte der OGH in einer älteren Entscheidung in einem obiter dictum angemerkt, dass die Annahme eines Vermögensvorteils in der Gewahrsamsbegründung „seitens des Täters an dem Geschenk (ohne Rückstellungsabsicht an den Geschenkgeber oder Abführungsabsicht an die Behörde)" bestehe. Dabei käme es nicht darauf an, welcher Verwendung der Vorteil nach dem Willen des Beamten zugeführt werden soll.[841] Demgegenüber erfasste der OGH – wie auch die Generalprokuratur in ihrer Wahrungsbeschwerde – die Anstellungsbehörde in seiner Schulfoto-Entscheidung ausdrücklich als Dritten iSd §§ 304 ff StGB und stützte sich dabei auf schutzzweckbezogene Überlegungen. Im konkreten Fall war folglich unbeachtlich, dass die Zuwendungen an die Schule gewährt wurden.[842] Er sah darin keinen Widerspruch zum genannten obiter dictum, weil sich dieses in der kon-

---

838 *Reindl-Krauskopf*, JSt 2009, 53; *Reindl-Krauskopf/Huber*, Korruptionsstrafrecht 12; *Reindl-Krauskopf* in *Bundesministerium für Inneres/Bundesamt zur Korruptionsprävention und Korruptionsbekämpfung* 14; *Messner*, JSt 2015, 11; so auch für Deutschland statt vieler *Cramer*, Zum Vorteilsbegriff bei den Bestechungsdelikten, in *Schünemann/Achenbach/Bottke/Haffke/Rudolphi* (Hrsg), Festschrift für Claus Roxin zum 70. Geburtstag am 15. Mai (2012) 945 (950).

839 *Satzger*, ZStW 2003, 479; *Lüderssen*, Zusammenarbeit 37.

840 *Kuhlen*, Untreue, Vorteilsannahme und Bestechlichkeit bei Einwerbung universitärer Drittmittel, JR 2003, 231 (233); *Heine/Eisele* in *Schönke/Schröder*, StGB[29] § 331 Rz 23.

841 OGH 25.10.1977, 9 Os 124/77 (unveröffentlicht); RIS-Justiz RS0096036.

842 OGH 6.6.2016, 17 Os 8/16d.

kreten Entscheidung lediglich auf die Frage bezog, ob die Tathandlung des Annehmens – und damit ein anderes Tatbildmerkmal – gegeben sei.[843] Worin nun letztlich die angesprochene Differenzierung liegt und welche Auswirkungen die Zuführung des Vorteils an die Behörde nach Ansicht des OGH für die Tathandlung des Annehmens hat, bleibt offen.

Im Übrigen sind Zuwendungen an die Anstellungskörperschaft auch nach deutschem Korruptionsstrafrecht als Drittvorteile erfasst.[844] Dies wurde mit dem KorrBekG 1997[845] ausdrücklich klargestellt, mit dem der „Dritte" in den Gesetzeswortlaut aufgenommen wurde. In den Materialien wird dazu ausgeführt, dass die Vorteilsannahme für Dritte ebenso das Rechtsgut der Lauterkeit des öffentlichen Dienstes betreffe und daher gleichermaßen strafwürdig sei.[846] Dabei besteht nach überwiegender Ansicht keine Einschränkung im Hinblick auf Vorteile für altruistische Zwecke oder staatsnützige Vorteile. Zuwendungen an dic Anstellungskörperschaft wie etwa Spenden, Drittmittel und Sponsoringleistungen sind daher korruptionsstrafrechtlich erfasst.[847] Auch der BGH sah die Zuwendung an die Anstellungskörperschaft in seinem Urteil zur Schulfotoaktion als Drittvorteil an. Dritter sei nach dem Gesetzeswortlaut jedes Rechtssubjekt, das nicht der Zuwendende oder der Amtsträger ist.[848]

2.8. Ungebührlichkeit des Vorteils

Ist ein Vorteil gegeben, so ist dieser grundsätzlich ungebührlich; nur ausnahmsweise kann er als „nicht ungebührlich" zu qualifizieren sein. Liegt ein sog nicht ungebührlicher Vorteil vor, sind im Fall der Vorteilsannahme (§ 305 StGB) sowie der Vorteilsannahme zur Beeinflussung (§ 306 StGB) – trotz eines Konnexes zu einem pflichtgemäßen Amtsgeschäft oder bestehenden Beeinflussungsvorsatzes – die Tathandlungen des Annehmens und des Sich-Versprechen-

---

843 So auch *Nordmeyer/Stricker* in WK^2 StGB § 304 Rz 51.

844 *Kuhlen* in NK-StGB^5 § 331 Rz 50; *Rosenau* in SSW-StGB^3 § 331 Rz 20; *Heine/Eisele* in *Schönke/Schröder*, StGB^{29} § 331 Rz 20 ff; *Korte* in MüKoStGB^3 § 331 Rz 102; *von Heintschel-Heinegg* in BeckOK StGB § 331 Rz 21.

845 Gesetz zur Bekämpfung der Korruption vom 13. August 1997, BGBl I S. 2036.

846 BT-Drucks. 553/96 S. 19, 35.

847 *Korte* in MüKoStGB^3 § 331 Rz 101 f; *Heine/Eisele* in *Schönke/Schröder*, StGB^{29} § 331 Rz 20-21; *von Heintschel-Heinegg* in BeckOK StGB § 331 Rz 21; *Kuhlen* in NK-StGB^5 § 331 Rz 49 ff; *Rosenau* in SSW-StGB^3 § 331 Rz 20; *Heger* in *Lackner/Kühl*, StGB^{29} § 331 Rz 6; *Heinrich*, Rechtsprechungsübersicht zu den Bestechungsdelikten (§§ 331-335 StGB) (1998-2003) – 2. Teil, NStZ 2005, 256 (257-258).

848 BGH 26.5.2011, 3 StR 492/10.

Lassens straflos und nur das Fordern weiterhin strafrechtlich relevant;[849] nach § 306 Abs 3 StGB gilt dies im Übrigen auch im Fall eines geringfügigen Vorteils. Die korrespondierenden Delikte auf Aktivseite (§§ 307a, 307b StGB) sind bei Vorliegen eines nicht ungebührlichen Vorteils in keiner Tathandlungsvariante strafbar. Die Definition des nicht ungebührlichen Vorteils findet sich in § 305 Abs 4 Z 1-3 StGB; im Folgenden werden die im Zusammenhang mit Sponsoring relevanten Konstellationen dargelegt.

Nach § 305 Abs 4 Z 1 1. Fall StGB sind jene Vorteile nicht ungebührlich, deren Annahme *gesetzlich erlaubt* ist. Diese Variante ist auf die mit dem KorrStrÄG 2009 geschaffene Dienstrechtsakzessorietät zurückzuführen, die mit der Novelle 2012 wieder beseitigt wurde. Darunter fallen insbesondere dienst- und organisationsrechtliche Bestimmungen.[850] Zumeist wird auf § 59 Abs 2 BDG verwiesen,[851] der allerdings nach seinem genauen Wortlaut keine ausdrückliche gesetzliche Erlaubnis vorsieht, sondern lediglich normiert, dass orts- und landesübliche Aufmerksamkeiten von geringem Wert nicht als solche Geschenke gelten, die Beamte nach Abs 1 der Bestimmung im Hinblick auf ihre amtliche Stellung nicht fordern, annehmen oder sich versprechen lassen dürfen.[852]

Manche Autoren plädieren für ein weites Verständnis der gesetzlichen Erlaubnis iSd § 305 Abs 4 Z 1 1. Fall StGB und sehen eine solche immer dann als vorliegend an, wenn eine einschlägige gesetzliche Regelung besteht, die kein Verbot normiert.[853] Dies ergäbe sich vor allem auch aus den Materialien. So stellt der Ausschussbericht zum KorrStrÄG 2012 – anders als der Initiativantrag – nicht auf eine *ausdrückliche* Erlaubnis ab, sondern vielmehr auf den „gesetzlichen

849 *Aichinger* in *Leukauf/Steininger*[4] § 305 Rz 8.

850 Die gesetzliche Erlaubnis ist aber nicht auf das Dienst- oder Organisationsrecht beschränkt, sondern kann sich aus der gesamten Rechtsordnung ergeben, *Rebisant*, Korruptionsstrafrecht und Gemeinden, in *Lewisch* (Hrsg), Jahrbuch Wirtschaftsstrafrecht und Organverantwortlichkeit 2012, 61 (65); *Nordmeyer/Stricker* in WK[2] StGB § 305 Rz 17.

851 JAB 1833 BlgNR 24. GP 6; *Marek/Jerabek*, Korruption[11] §§ 304-306 Rz 43a; *Hauss/Komenda* in SbgK § 305 Rz 39; *Aichinger* in *Leukauf/Steininger*[4] § 305 Rz 10; *Hinterhofer/Rosbaud*, BT II[6] § 305 Rz 7; *Bertel/Schwaighofer*, BT II[13] § 305 Rz 4; *Fabrizy*, StGB[13] § 305 Rz 5; *Reindl-Krauskopf/Huber*, Korruptionsstrafrecht 22; *Huber/Löff* in *Kert/Kodek* Rz 10.32; *Messner*, JSt 2015, 9; *Beck/Dohr*, ecolex 2013, 328; *Eder-Rieder*, Wirtschaftsstrafrecht[4] 177.

852 So *Rebisant* in JB Wirtschaftsstrafrecht und Organverantwortlichkeit 2012, 65.

853 *Reindl-Krauskopf/Huber*, Korruptionsstrafrecht 22; *Nordmeyer/Stricker* in WK[2] StGB § 305 Rz 18; vgl auch *Messner* in 41. Ottensteiner Fortbildungsseminar 92; *Huber/Löff* in *Kert/Kodek* Rz 10.32.

Ausnahmecharakter“, ohne dass es dabei auf die sprachliche Formulierung ankommen soll.[854] Diesem Ansatz folgend ist § 305 Abs 4 Z 1 1. Fall StGB aufgrund der vereinzelt in Materiengesetzen enthaltenen Sponsoring-Regelungen auch für Verwaltungssponsoring von Bedeutung. Regelt etwa § 17 ORF-G die Anforderungen, denen eine gesponserte Sendung genügen muss, kann dies als gesetzliche Erlaubnis verstanden werden.[855] Dieser Schluss ist zwar im Grunde nicht zu beanstanden, allerdings stellt sich die Frage eines ungebührlichen Vorteils bei diesen Konstellationen idR nicht. Handelt es sich nämlich um ein den jeweils einschlägigen gesetzlichen Bestimmungen entsprechendes Sponsoringverhältnis, so steht die synallagmatische vertragliche Vereinbarung schon der Vorteilsqualität an sich entgegen.

Für Sponsoringtätigkeiten ist darüber hinaus § 305 Abs 4 Z 1 2. Fall StGB relevant. Demnach sind Vorteile nicht ungebührlich, die im Rahmen von Veranstaltungen gewährt werden, an deren Teilnahme ein *amtlich oder sachlich gerechtfertigtes Interesse* besteht. Unter diesem Blickwinkel sind vor allem die auch unter der Bezeichnung als Sponsoring erfassten Fälle der Vergabe von Freikarten für Veranstaltungen durch das veranstaltende Unternehmen an Politikerinnen und Politiker oder andere Personen des öffentlichen Lebens zu beurteilen.[856] Erneut muss zunächst festgestellt werden, ob in solchen Konstellationen überhaupt ein Vorteil vorliegt oder die korruptionsstrafrechtliche Relevanz derartiger Zuwendungen schon in Ermangelung dessen ohnehin nicht gegeben ist. Die Anwesenheit bekannter Persönlichkeiten kann letztlich werbewirksam zur Verfolgung von Imagezielen genützt werden, in dem die Veranstaltung öffentlich an Bedeutung gewinnt und medial präsenter wird.[857] Wird ein Vertrag über ein solches Austauschverhältnis abgeschlossen, begründet dies einen den Vorteil ausschließenden Rechtsgrund.[858] Werden Eintrittskarten dagegen ohne eine entsprechende Vereinbarung an Amtsträger schlicht in der Hoffnung vergeben, auf diese Weise Werbeeffekte zu erzielen, so begründet dies prima facie einen Vor-

854 JAB 1833 BlgNR 24. GP 14.

855 *Messner*, JSt 2015, 9.

856 Beurteilt wird nicht das Verhältnis zwischen Sponsor und Gesponsertem, sondern vielmehr der Umgang mit Geld- und Sachleistungen, die aus einer Sponsoringbeziehung stammen und die an einen Amtsträger zugewendet werden; vgl dazu III. C. 4.

857 Vgl *Tipold* in Berufssportrecht VII 73 f; *Marek/Jerabek/G.Marek*, Korruption 27.

858 Vgl *Birklbauer*, RdM 2013, 227; in diese Richtung gehend auch *Beck/Dohr*, ecolex 2013, 331.

teil.[859] Zu prüfen bleibt allerdings, ob der Vorteil iSd § 305 Abs 4 Z 1 2. Fall StGB nicht ungebührlich ist.

Das Gesetz sieht keine Definition des Veranstaltungsbegriffs vor. Dem allgemeinen Sprachgebrauch entsprechend fallen Veranstaltungen, deren Teilnahme der Erfüllung von Repräsentationsverpflichtungen dient, Fortbildungsveranstaltungen, Tagungen, Kongresse, ebenso wie Kultur- und Sportveranstaltungen darunter.[860] Auf die Dauer kommt es dabei nicht an, im Ausschussbericht werden explizit auch mehrtägige Veranstaltungen erwähnt.[861] Die Unterscheidung zwischen einem amtlich und sachlich gerechtfertigten Interesse nach dem Wortlaut des § 305 Abs 4 Z 1 2. Fall StGB ist auf die gesetzliche Definition des Amtsträgerbegriffs zurückzuführen. So bezieht sich die Formulierung des sachlich gerechtfertigten Interesses auf Amtsträger iSd § 74 Abs 1 Z 4a lit d StGB, die als Organe oder Bedienstete von (staatlich beherrschten) Unternehmen naturgemäß keine amtliche Tätigkeit ausüben.[862] Ob ein dienstliches Interesse besteht, ist anhand bestimmter Kriterien[863] zu prüfen. Insbesondere ist auf den dienstlichen Aufgabenbereich und die konkreten Aufgaben des Amtsträgers sowie auf das Thema und die Zielsetzung der Veranstaltung abzustellen.[864] Auch die Kenntnis

859 AA *Bertel* in WK² StGB § 305 Rz 6, der die Teilnahme an Repräsentationsveranstaltungen generell nicht als Vorteil ansieht.

860 *Bundesministerium für Justiz*, Fibel 40; *Marek/Jerabek/G.Marek*, Korruption 24; *Nordmeyer/Stricker* in WK² StGB § 305 Rz 28.

861 JAB 1833 BlgNR 24. GP 7; *Bundesministerium für Justiz*, Fibel 40; mit weiteren Beispielen *Marek/Jerabek/G.Marek*, Korruption 24.

862 *Nordmeyer/Stricker* in WK² StGB § 305 Rz 29; *Marek/Jerabek*, Korruption¹¹ §§ 304-306 Rz 43b; *Bundesministerium für Justiz*, Fibel 40; *Reindl-Krauskopf/Huber*, Korruptionsstrafrecht 23 f; *Huber/Löff* in *Kert/Kodek* Rz 10.33; *Schuschnigg*, Korruptionsstrafrecht Rz 153; krit *Brandstetter/Singer*, Gedanken zum Korr StrÄG 2012 – aller guten Dinge sind drei, JSt 2012, 209 (212).

863 Mitunter wird auf die Kriterien des BGH im Fall Utz Claassen, BGH 14.10.2008, 1 StR 260/08, verwiesen, vgl *Marek/Jerabek*, Korruption¹¹ §§ 304-306 Rz 43b.

864 JAB 1833 BlgNR 24. GP 7; *Nordmeyer/Stricker* in WK² StGB § 305 Rz 36; *Marek/Jerabek*, Korruption¹¹ §§ 304-306 Rz 43b; *Bundesministerium für Justiz*, Fibel 40; *Hinterhofer/Rosbaud*, BT II⁶ § 305 Rz 12; *Hauss/Komenda* in SbgK § 305 Rz 59; *Aichinger* in *Leukauf/Steininger*⁴ § 305 Rz 15; *Eder-Rieder*, Wirtschaftsstrafrecht⁴ 177; *Messner* in PK-StGB § 305 Rz 8; *Schmitt* in *Preuschl/Wess*, Wirtschaftsstrafrecht §§ 304-306 Rz 44; *Eder-Rieder*, ZIS 2014, 77; *Messner*, JSt 2015, 12; *Messner* in 41. Ottensteiner Fortbildungsseminar 99; *Marek/Jerabek/G.Marek*, Korruption 25; *Schuschnigg*, Korruptionsstrafrecht Rz 154; *Liebenwein/Dörfler-Langsteger*, Das Korruptionsstrafrechtsänderungsgesetz 2012, RdM-ÖH 2013, 14 (15).

des Amtes von der Teilnahme des Amtsträgers an der Veranstaltung sowie das entsprechende Einverständnis dienen als weitere Indizien.[865]

IdR unproblematisch sind auch Einladungen, die sich nicht konkret an den Amtsträger persönlich richten, sondern an die übergeordnete Dienststelle, die dem Amtsträger die Teilnahme erlaubt respektive ihn dazu anweist.[866] Eine solche Weisung verdeutlicht das für § 305 Abs 4 Z 1 StGB erforderliche dienstliche Interesse. Es liegt idR kein ungebührlicher Vorteil vor, sodass auch ein Konnex zu einem pflichtgemäßen Amtsgeschäft straflos bleibt. Richtet sich die Einladung an die übergeordnete Behörde, die grundsätzlich die Kosten für die Teilnahme an der Veranstaltung übernehmen müsste, so kommt der Vorteil nicht dem Amtsträger, sondern ihr selbst zu. Ob in einem solchen Fall ein dienstliches Interesse vorliegt, das einen nicht ungebührlichen Vorteil iSd § 305 Abs 4 Z 1 StGB begründet, ist nach den konkreten Umständen zu beurteilen.

Wenngleich eine Einschränkung dieser Art nicht aus dem ausdrücklichen Gesetzeswortlaut abgeleitet werden kann, ist das Vorliegen eines nicht ungebührlichen Vorteils gemäß § 305 Abs 4 Z 1 2. Fall StGB nach hM auch anhand dessen *Wertes* zu beurteilen.[867] Dabei wird auf den üblichen Standard vergleichbarer Veranstaltungen abgestellt. Dies gilt etwa auch für das anlässlich einer Veranstaltung angebotene Begleit- und Rahmenprogramm, das häufig kulturelle Aktivitäten, eine besondere Abendgestaltung und dergleichen umfassen kann.[868] Die Zulässigkeit der Mitnahme von Begleitpersonen ist ebenso einzelfallbezogen zu beur-

---

865 *Marek/Jerabek*, Korruption[11] §§ 304-306 Rz 43b; *Nordmeyer/Stricker* in WK[2] StGB § 305 Rz 30; *Messner*, JSt 2015, 12; *Messner* in 41. Ottensteiner Fortbildungsseminar 99; *Bundesministerium für Justiz*, Fibel 41.

866 Vgl *Marek/Jerabek*, Korruption[11] §§ 304-306 Rz 43b; *Nordmeyer/Stricker* in WK[2] StGB § 305 Rz 30; *Hauss/Komenda* in SbgK § 305 Rz 57; *Bundesministerium für Justiz*, Fibel 41; *Reindl-Krauskopf/Birklbauer*, Leitlinien 8; *Marek/Jerabek/G.Marek*, Korruption 26; *Lewisch* in FS Raschauer 349.

867 *Hauss/Komenda* in SbgK § 305 Rz 60; *Bundesministerium für Justiz*, Fibel 42; *Marek/Jerabek*, Korruption[11] §§ 304-306 Rz 43b; *Reindl-Krauskopf/Huber*, Korruptionsstrafrecht 24; *Birklbauer* in *Resch/Wallner* Rz 186; krit *Schuschnigg*, Anmerkungen zu: Korruptionsstrafrechtsänderungsgesetz oder „Nichts geht mehr!“, ecolex 2013, 523 (525 f); vgl außerdem *Huber/Löff* in *Kert/Kodek* Rz 10.34.

868 *Marek/Jerabek*, Korruption[11] §§ 304-306 Rz 43b; *Nordmeyer/Stricker* in WK[2] StGB § 305 Rz 44; *Hauss/Komenda* in SbgK § 305 Rz 66; *Jerabek*, SIAK-Journal 2013, 40; *Messner* in PK-StGB § 305 Rz 9; *Reindl-Krauskopf/Huber*, Korruptionsstrafrecht 24; *Aichinger* in *Leukauf/Steininger*[4] § 305 Rz 15; *Schmitt* in *Preuschl/Wess*, Wirtschaftsstrafrecht §§ 304-306 Rz 44; *Birklbauer*, RdM 2013, 227; *Höcher/Komenda*, Spezialfragen des KorrStrÄG 2012, ecolex 2012, 688 (688); *Messner* in 41. Ottensteiner Fortbildungsseminar 99; *Schuschnigg*, Korruptionsstrafrecht Rz 157 ff.

teilen, idR wird dafür aber kein sachliches Interesse gegeben sein.[869] Anders ist dies bei Bestehen protokollarischer Vorgaben, etwa der Mitnahme der Ehefrau des Bundespräsidenten zu einem Staatsbankett.[870] Als Bezugspunkt für die Höhe des Wertes können Zuwendungen an andere Teilnehmer der Veranstaltung dienen: Wird für alle Teilnehmer einheitlich vorgegangen, so liegt keine erkennbare persönliche Bevorzugung des jeweiligen Amtsträgers vor.[871]

Sind die entsprechenden Voraussetzungen erfüllt, liegt selbst dann kein ungebührlicher Vorteil und somit keine Strafbarkeit vor, wenn der Amtsträger zusätzlich persönlich von der Teilnahme profitiert.[872] Unter § 305 Abs 4 Z 1 2. Fall StGB sind ebenso Repräsentationspflichten zu subsumieren, wobei auch in einem solchen Fall grundsätzlich auf den dienstlichen Bezug zur Veranstaltung abzustellen ist.[873] Lediglich für die Teilnahme hochrangiger Repräsentanten an bedeutsamen Veranstaltungen kann auf den sachlichen Konnex verzichtet werden („politische Repräsentation“).[874] Letztlich muss einzelfallbezogen geprüft werden, welche Zielsetzung mit einer Veranstaltungseinladung verbunden ist und ob ein nicht ungebührlicher Vorteil vorliegt.[875]

---

869 *Marek/Jerabek*, Korruption[11] §§ 304-306 Rz 43b; *Rebisant* in JB Wirtschaftsstrafrecht und Organverantwortlichkeit 2012, 65; *Reindl-Krauskopf/Huber*, Korruptionsstrafrecht 24; *Hauss/Komenda* in SbgK § 305 Rz 65; *Schmitt* in *Preuschl/Wess*, Wirtschaftsstrafrecht §§ 304-306 Rz 44; *Birklbauer* in *Resch/Wallner* Rz 186; *Reindl-Krauskopf/Birklbauer*, Leitlinien 9; *Jerabek*, SIAK-Journal 2013, 40; *Kindl*, Das neue Anti-Korruptionsstrafrecht, Aufsichtsrataktuell 2012, 16 (18); *Messner* in 41. Ottensteiner Fortbildungsseminar 99.

870 *Marek/Jerabek*, Korruption[11] §§ 304-306 Rz 43b; *Nordmeyer/Stricker* in WK[2] StGB § 305 Rz 43; *Reindl-Krauskopf/Huber*, Korruptionsstrafrecht 24; *Hauss/Komenda* in SbgK § 305 Rz 65; *Rebisant* in JB Wirtschaftsstrafrecht und Organverantwortlichkeit 2012, 65; *Reindl-Krauskopf/Birklbauer*, Leitlinien 9; *Messner* in 41. Ottensteiner Fortbildungsseminar 99; *Höcher/Komenda*, ecolex 2012, 689; restriktiv dagegen *Beck/Dohr*, ecolex 2013, 331.

871 *Nordmeyer/Stricker* in WK[2] StGB § 305 Rz 44; *Marek/Jerabek*, Korruption[11] §§ 304-306 Rz 43b; *Reindl-Krauskopf/Huber*, Korruptionsstrafrecht 24; *Höcher/Komenda*, ecolex 2012, 689; *Messner* in 41. Ottensteiner Fortbildungsseminar 99.

872 *Marek/Jerabek*, Korruption[11] §§ 304-306 Rz 43b; *Bundesministerium für Justiz*, Fibel 40; *Nordmeyer/Stricker* in WK[2] StGB § 305 Rz 30.

873 *Marek/Jerabek*, Korruption[11] §§ 304-306 Rz 43b; *Hauss/Komenda* in SbgK § 305 Rz 64; *Aichinger* in *Leukauf/Steininger*[4] § 305 Rz 15.

874 *Marek/Jerabek*, Korruption[11] §§ 304-306 Rz 43b; *Hauss/Komenda* in SbgK § 305 Rz 63; *Aichinger* in *Leukauf/Steininger*[4] § 305 Rz 15.

875 *Marek/Jerabek*, Korruption[11] §§ 304-306 Rz 43b.

Schließlich ist für Sponsoring die Einschränkung des § 305 Abs 4 Z 2 StGB beachtlich, demzufolge Zuwendungen für *gemeinnützige Zwecke* nicht ungebührlich sind, wenn der Amtsträger auf deren Verwendung keinen bestimmenden Einfluss ausübt. Dies berührt insbesondere den Bereich des Kultur- und Soziosponsoring:[876] Unterstützt ein Unternehmen einen gemeinnützigen Zweck mit dem Ziel, sich das Engagement wirtschaftlich zunutze zu machen, ist damit nicht zwingend der Abschluss eines Sponsoringvertrags verbunden. Werden die wirtschaftlichen Motive – gegenüber der Öffentlichkeit und/oder der geförderten Einrichtung – offengelegt, so kann dies dem angestrebten Image eines Wohltäters und dem Förderungsgedanken geradezu entgegenwirken. Vor diesem Hintergrund ist folglich denkbar, dass ein Unternehmen seine finanzielle Förderung im Hinblick auf kommunikative Zielsetzungen ohne Abschluss einer entsprechenden Vereinbarung gewährt.[877] Besteht kein rechtlicher Anspruch auf die Sponsoringleistung, ist diese grundsätzlich als Vorteil zu werten, zu prüfen bleibt seine Ungebührlichkeit aufgrund der gemeinnützigen Zweckbestimmung.

Zur Definition eines „gemeinnützigen Zwecks" nimmt § 305 Abs 4 Z 2 StGB ausdrücklich auf § 35 Bundesabgabenordnung[878] (BAO) Bezug. Notwendig ist daher die Förderung der Allgemeinheit durch eine Tätigkeit auf geistigem, kulturellem, sittlichem oder materiellem Gebiet. Die BAO zählt eine Reihe von Bereichen demonstrativ auf, so etwa die Förderung von Kunst und Wissenschaft, Schulbildung, Gesundheitspflege, Kinder-, Jugend- und Familienfürsorge, Körpersport, Erziehung sowie Natur-, Tier- und Höhlenschutz.[879] Fördert ein Sponsor eine diesen Bereichen entspringende Veranstaltung oder ein entsprechendes Projekt, so liegt trotz eines Bezugs zu einem pflichtgemäßen Amtsgeschäft iSd §§ 305, 307a StGB oder bestehenden Beeinflussungsvorsatzes iSd §§ 306, 307b StGB kein ungebührlicher Vorteil vor. Voraussetzung ist dabei, dass der Amtsträger keinen bestimmenden Einfluss auf die Verwendung der Leistung ausübt sowie den Vorteil nicht fordert.

---

876 So auch ausdrücklich *Eder-Rieder*, Wirtschaftsstrafrecht[4] 178; *Eder-Rieder*, ZIS 2014, 77; *Hinterhofer/Rosbaud*, BT II[6] § 305 Rz 13; *Nordmeyer/Stricker* in WK[2] StGB § 305 Rz 46; *Messner* in 41. Ottensteiner Fortbildungsseminar 100.

877 Vgl *Nuß*, Untreue 160 f.

878 BGBl 1961/194.

879 Vgl auch die Aufzählung in *Bundesministerium für Justiz*, Fibel 43; *Aichinger* in *Leukauf/Steininger*[4] § 305 Rz 16; *Hinterhofer/Rosbaud*, BT II[6] § 305 Rz 13; *Marek/Jerabek*, Korruption[11] §§ 304-306 Rz 43c; *Hauss/Komenda* in SbgK § 305 Rz 68; *Bertel/Schwaighofer*, BT II[13] § 305 Rz 4; *Reindl-Krauskopf/Huber*, Korruptionsstrafrecht 25; *Huber/Löff* in *Kert/Kodek* Rz 10.35; *Schuschnigg*, Korruptionsstrafrecht Rz 161; *Nordmeyer/Stricker* in WK[2] StGB § 305 Rz 47.

Wenngleich staatliche Behörden grundsätzlich Aufgaben der Allgemeinheit wahrnehmen, dient gewiss nicht jede Zuwendung an die öffentliche Verwaltung im Rahmen des Verwaltungssponsoring gemeinnützigen Zwecken iSd § 305 Abs 4 Z 2 StGB.[880] Es muss daher jedenfalls differenziert werden, welchem Zweck der Vorteil zugeführt werden soll. Hingegen ist für das Vorliegen eines ungebührlichen Vorteils nicht erforderlich, dass der Vorteilsgeber selbstlos handelt. Dies ergibt sich schon aus der Konzeption des § 305 StGB, der gerade die Verknüpfung zwischen der Zuwendung und einem pflichtgemäßen Amtsgeschäft beinhaltet („für"). Liegt ein solcher Konnex schon prinzipiell nicht vor, kommt eine Strafbarkeit nach den Korruptionsbestimmungen ohnehin nicht in Betracht und es müsste nicht geprüft werden, ob ein nicht ungebührlicher Vorteil vorliegt.[881] Wer sich dagegen mittels finanzieller Unterstützung einer von der Behörde organisierten gemeinnützigen Veranstaltung für die Vornahme eines pflichtgemäßen Amtsgeschäfts „bedankt", erfüllt prima facie § 305 StGB, ist aber nach Abs 4 Z 2 der Bestimmung straflos. Entsprechendes gilt auch für den Fall der Vorteilsannahme bzw Vorteilszuwendung zur Beeinflussung: Handelt es sich um einen nicht ungebührlichen Vorteil iSd § 305 Abs 4 Z 2 StGB, so schadet auch ein möglicherweise bestehender Beeinflussungsvorsatz nicht. Das grundsätzlich verpönte Motiv der Einflussnahme auf die Amtsführung ist speziell in den nach § 305 Abs 4 StGB gesetzlich herausgegriffenen Varianten erlaubt.[882]

§ 305 Abs 4 Z 2 StGB ist bisweilen aufgrund seiner unbestimmten Formulierung und dem daraus resultierenden Missbrauchspotential Anlass für Kritik, derzufolge die Gefahr der Straflosigkeit von Zuwendungen bestehe, die an gemeinnützige Vereine erfolgen, die dem Amtsträger nahestehen, und die daher aus korruptionsstrafrechtlicher Sicht unerwünscht sind.[883] Dazu kommt die Befürchtung eines uferlosen Anwendungsbereiches der Bestimmung, der sich aus der nur demonstrativen Aufzählung der Zwecke in § 35 BAO ergeben könnte. Eine Ein-

---

880 *Reindl-Krauskopf* in *Bundesministerium für Inneres/Bundesamt zur Korruptionsprävention und Korruptionsbekämpfung* 19.

881 *Messner* in 41. Ottensteiner Fortbildungsseminar 102; aA *Reindl-Krauskopf* in *Bundesministerium für Inneres/Bundesamt zur Korruptionsprävention und Korruptionsbekämpfung* 18.

882 *Schuschnigg*, ecolex 2013, 525.

883 *Hauss/Komenda* in SbgK § 305 Rz 67; *Messner* in PK-StGB § 305 Rz 11; *Messner* in 41. Ottensteiner Fortbildungsseminar 101-102; *Höcher/Komenda*, ecolex 2012, 689; *Schuschnigg*, Korruptionsstrafrecht Rz 162; *Jerabek*, SIAK-Journal 2013, 40; *Marek/Jerabek*, Korruption[11] §§ 304-306 Rz 43c mit Verweis auf die Stellungnahme des Obersten Gerichtshofs zum Entwurf des KorrStrÄG 2012 IA 1950/A 24. GP, 1 Präs 1633 – 2137/12v.

schränkung der als gemeinnützig qualifizierten Zwecke könnte unter Berücksichtigung des § 36 BAO erreicht werden, der zwar nicht explizit in der Z 2 genannt ist, dessen Einbeziehung aber zweckmäßig erscheint.[884] Demnach ist ein Personenkreis nicht als Allgemeinheit iSd § 35 BAO aufzufassen, wenn er „durch ein engeres Band, wie Zugehörigkeit zu einer Familie, zu einem Familienverband oder zu einem Verein mit geschlossener Mitgliederzahl, durch Anstellung an einer bestimmten Anstalt und dergleichen fest abgeschlossen ist oder wenn infolge seiner Abgrenzung nach örtlichen, beruflichen oder sonstigen Merkmalen die Zahl der in Betracht kommenden Personen dauernd nur klein sein kann." Wird eine Zuwendung entsprechend an eine Einrichtung geleistet, die nicht auf die Förderung der Allgemeinheit iSd § 36 BAO gerichtet ist, so handelt es sich dabei um einen ungebührlichen Vorteil.

Darüber hinaus muss das Kriterium des Fehlen eines *bestimmenden Einflusses* des Amtsträgers auf die Verwendung der Zuwendung konkretisiert werden, der das Vorliegen eines nicht ungebührlichen Vorteils nach § 305 Abs 4 Z 2 StGB ausschließt. Ein solcher Einfluss ist jedenfalls dann anzunehmen, wenn der Amtsträger in der jeweiligen Einrichtung eine Leitungsfunktion einnimmt oder er, wenn auch nur faktisch, beeinflussen kann, wie der Vorteil verwendet wird.[885] Dies muss im Zeitpunkt der Tathandlung als abstrakte Möglichkeit der Einflussnahme feststehen. Ob der Amtsträger in der Folge tatsächlich steuernd eingreift ist unbeachtlich. Ebenso schadet es nicht, wenn er erst später eine einflussreiche Position in der Einrichtung einnimmt, solange dies nicht schon im Zeitpunkt der

---

884 *Reindl-Krauskopf/Huber*, Korruptionsstrafrecht 25; *Reindl-Krauskopf* in *Bundesministerium für Inneres/Bundesamt zur Korruptionsprävention und Korruptionsbekämpfung* 18; zust *Aichinger* in *Leukauf/Steininger*[4] § 305 Rz 16; *Nordmeyer/Stricker* in WK[2] StGB § 305 Rz 48; *Hauss/Komenda* in SbgK § 305 Rz 69; *Marek/Jerabek,* Korruption[11] §§ 304-306 Rz 43c; *Huber/Löff* in *Kert/Kodek* Rz 10.35; krit *Schuschnigg*, Korruptionsstrafrecht Rz 164.

885 *Hauss/Komenda* in SbgK § 305 Rz 72; *Nordmeyer/Stricker* in WK[2] StGB § 305 Rz 51 f; *Marek/Jerabek*, Korruption[11] §§ 304-306 Rz 43c; *Bundesministerium für Justiz*, Fibel 43; *Jerabek*, SIAK-Journal 2013, 40; *Reindl-Krauskopf/Huber*, Korruptionsstrafrecht 26; *Reindl-Krauskopf/Birklbauer*, Leitlinien 9; *Eder-Rieder*, Wirtschaftsstrafrecht[4] 178; *Eder-Rieder*, ZIS 2014, 77; *Aichinger* in *Leukauf/Steininger*[4] § 305 Rz 17; *Huber/Löff* in *Kert/Kodek* Rz 10.36; *Schmitt* in *Preuschl/Wess*, Wirtschaftsstrafrecht §§ 304-306 Rz 44; *Birklbauer*, RdM 2013, 228; aA *Bertel/Schwaighofer*, BT II[13] § 305 Rz 4, die nur auf Leitungsfunktionen Bezug nehmen; so auch *Hinterhofer/Rosbaud*, BT II[6] § 305 Rz 14; vgl außerdem *Messner* in 41. Ottensteiner Fortbildungsseminar 101, der darauf abstellt, dass Entscheidungen gegen den Willen des Amtsträgers „nicht gefällt werden können".

Tathandlung vorhersehbar war.[886] Bringt der Amtsträger bloß Anregungen bezüglich des Verwendungszwecks des Vorteils ein, so ist das noch nicht als ein bestimmender Einfluss zu werten.[887] Der Einfluss ist nicht an eine spezifische rechtliche Stellung des Amtsträgers geknüpft, sondern kann auch bei einer bloßen Mitgliedschaft in einer gemeinnützigen Einrichtung oder einem Verein gegeben sein, wenn damit faktische Einflussmöglichkeiten einhergehen. Umgekehrt kann eine solche Mitgliedschaft nicht schon an sich ausschlaggebend sein, vielmehr ist der jeweilige Einfluss einzelfallbezogen zu beurteilen.[888] Auch im Fall der Entscheidung eines in der betreffenden Einrichtung eingebundenen Familienangehörigen oder einer sonst mit dem Amtsträger persönlich verbundenen Person ist konkret für den jeweiligen Fall zu prüfen, ob damit bestimmender Einfluss einhergeht.[889]

Nach Ansicht mancher Autoren könnte der Begriffsinhalt des bestimmenden Einflusses zur Konkretisierung entsprechend anderen diese Formulierung verwendenden Gesetzen auszulegen sein, wie etwa § 115 Abs 2 GmbHG.[890] Dies ist aber abzulehnen, da der Begriff nicht aus anderen Rechtsgebieten übernommen, sondern genuin strafrechtlich und somit auch strafrechtsautonom auszulegen ist.[891]

Ist in den erwähnten Fällen des Kultur- und Soziosponsorings eine Strafbarkeit nach einem Korruptionstatbestand nicht schon in Ermangelung eines (ungebührlichen bzw im Fall des § 306 StGB auch geringfügigen) Vorteils ausgeschlossen, bleibt zu klären, ob die weiters erforderlichen Tatbestandsmerkmale gegeben

---

886 *Hauss/Komenda* in SbgK § 305 Rz 70; *Brandstetter/Singer*, JSt 2012, 213; krit *Reindl-Krauskopf/Huber,* Korruptionsstrafrecht 26; *Aichinger* in *Leukauf/Steininger*[4] § 305 Rz 18; *Bundesministerium für Justiz*, Fibel 43; *Messner* in 41. Ottensteiner Fortbildungsseminar 100; *Schuschnigg*, Korruptionsstrafrecht Rz 165; *Reindl-Krauskopf/Birklbauer*, Leitlinien 9.

887 *Marek/Jerabek*, Korruption[11] §§ 304-306 Rz 43c; *Aichinger* in *Leukauf/Steininger*[4] § 305 Rz 17; *Nordmeyer/Stricker* in WK[2] StGB § 305 Rz 51; *Hauss/Komenda* in SbgK § 305 Rz 71; aA *Bundesministerium für Justiz*, Fibel 43.

888 *Hauss/Komenda* in SbgK § 305 Rz 73; *Aichinger* in *Leukauf/Steininger*[4] § 305 Rz 17; *Schuschnigg*, Korruptionsstrafrecht Rz 165; *Nordmeyer/Stricker* in WK[2] StGB § 305 Rz 54.

889 *Marek/Jerabek*, Korruption[11] §§ 304-306 Rz 43c; *Nordmeyer/Stricker* in WK[2] StGB § 305 Rz 53; *Aichinger* in *Leukauf/Steininger*[4] § 305 Rz 17; *Hauss/Komenda* in SbgK § 305 Rz 72; *Reindl-Krauskopf/Huber*, Korruptionsstrafrecht 26; *Huber/Löff* in *Kert/Kodek* Rz 10.36; *Schuschnigg*, Korruptionsstrafrecht Rz 165.

890 *Höcher/Komenda*, ecolex 2012, 689.

891 *Hauss/Komenda* in SbgK § 305 Rz 71; *Marek/Jerabek*, Korruption[11] §§ 304-306 Rz 43c; *Nordmeyer/Stricker* in WK[2] StGB § 305 Rz 50.

sind. In Frage steht speziell der nach § 305 StGB vorausgesetzte *Konnex* zur Vornahme oder Unterlassung eines pflichtgemäßen Amtsgeschäfts sowie die subjektiven Tatbestandselemente; für § 306 StGB ist vor allem das Vorliegen des erweiterten Beeinflussungsvorsatzes zu prüfen.[892]

Der Zusammenhang mit einem Amtsgeschäft könnte vor allem bei als Sponsoring intendierten Zuwendungen gegeben sein, die mit Blick auf eine der schlichten Hoheitsverwaltung zuzuordnende Tätigkeit gewährt werden. Darunter fallen Realakte, die selbst nicht normativ sind, aber in Verbindung zu Hoheitsakten stehen und folglich als hoheitlich qualifiziert werden.[893] Als Beispiel kann die Präventionsarbeit der Polizei dienen: Nimmt die Polizei Veranstaltungen und Aktionen innerhalb bestimmter Bevölkerungsgruppen vor, um diese über mögliche Bedrohungen und deren Verhinderung aufzuklären, so ist dies als sicherheitspolizeiliche Beratung iSd § 25 SPG Teil der schlichten Hoheitsverwaltung. Fördert ein privates Unternehmen ein solches Vorhaben, indem es die Polizisten für die Präventionsarbeit mit zweckdienlichen Sachleistungen ausstattet, so bleibt das Engagement aus korruptionsstrafrechtlicher Perspektive zu werten: Grundsätzlich ist das Verhalten schon in Ermangelung eines ungebührlichen Vorteils iSd § 305 Abs 4 Z 2 StGB straflos. Dies gilt auch auf der Empfängerseite, wenn der Amtsträger die Zuwendung nicht gefordert hat. Darüber hinaus ist in einer solchen Konstellation kein Konnex zu einem Amtsgeschäft gegeben. Das Unternehmen gewährt die Leistung schließlich nicht im Austausch für die (schlicht hoheitlichen) Handlungen der Polizisten; auch aus Sicht der Amtsträger besteht kein ursächlicher Zusammenhang. Die Motivation der Zuwendung ist vielmehr, durch das Engagement positive Medienpräsenz und kommunikative Wirkungen zu erlangen.

2.9. Zwischenergebnis

Die Sponsoringleistung ist idR *kein Vorteil* iSd §§ 304 ff StGB: Zwar handelt es sich um eine materielle Geld- oder Sachleistung (2.2.), die aber in Erfüllung eines rechtlichen Anspruchs des Gesponserten aus dem synallagmatischen Sponsoringvertrag erbracht wird. Ein solcher *Rechtsanspruch* schließt das Vorliegen eines Vorteils grundsätzlich aus. Dabei ist unbeachtlich, dass die vertraglich verknüpfte Gegenleistung des Amtsträgers als Amtsgeschäft aus dem Bereich der Privatwirtschaftsverwaltung zu werten ist (2.3.).

Ist das Austauschverhältnis zwischen Sponsor und Gesponsertem nach marktüblichen Kriterien adäquat, ist die Gewährung der Sponsoringleistung keinesfalls

892 Vgl dazu III. C. 4.

893 *Raschauer*, Verwaltungsrecht^5 Rz 699.

mit einer Besserstellung verbunden. Aber selbst wenn eine überhöhte Sponsoringleistung zugewendet wird, begründet dies idR keinen Vorteil: Es kommt nicht auf ein adäquates Leistungsverhältnis an. Anders ist dies im Fall eines Scheingeschäfts, wenn die Parteien das Geschäft gar nicht abschließen wollen, sowie dann, wenn das Geschäft zwar als solches bestehen soll, die Zuwendung aber zumindest teilweise auch auf einen vertragsfremden Zweck gerichtet ist. Als ein solcher vertragsfremder Zweck kommt insbesondere ein *anderes* als das vertraglich vereinbarte Amtsgeschäft in Frage (2.4.). Ein nicht adäquates Austauschverhältnis (krasses Missverhältnis) kann als Indiz dafür herangezogen werden, dass die Leistung letztlich auf einen anderen Zweck abzielt. Lässt sich dieses demgegenüber sachlich aus dem Geschäft begründen, ist kein Vorteil gegeben.

Auch der Vertragsabschluss als solcher kann als Vorteil iSd §§ 304 ff StGB qualifiziert werden. Dazu ist anschließend an den allgemeinen Vorteilsbegriff darauf abzustellen, ob der Empfänger schon durch den Vertragsabschluss bessergestellt ist. Die Beurteilung hat sich an der konkreten Situation und Stellung des Empfängers zu orientieren. Soll der Vertrag etwa zu handelsüblichen Bedingungen geschlossen werden, wird damit idR keine Besserstellung verbunden sein (2.5.).

Kommt eine Sponsoringleistung nicht dem Amtsträger persönlich, sondern seiner Anstellungsbehörde zugute, so begründet dies einen korruptionsstrafrechtlich relevanten *Drittvorteil* (2.7.).

Liegt nach den eben erwähnten Grundsätzen ein Vorteil vor, bleibt zu prüfen, ob dieser als *nicht ungebührlich* iSd § 305 Abs 4 StGB zu qualifizieren ist. Ein solcher ist zunächst im Fall einer gesetzlichen Erlaubnis gegeben (§ 305 Abs 4 Z 1 1. Fall StGB). Darüber hinaus können speziell im Rahmen von Sponsoring zur Verfügung gestellte Freikarten für Veranstaltungen nicht ungebührlich sein, wenn ein dienstliches Interesse besteht, die Teilnahme des Amtsträgers also im Hinblick auf seinen Aufgabenbereich und die Zielsetzung der Veranstaltung sachlich gerechtfertigt erscheint (§ 305 Abs 4 Z 1 2. Fall). Schließlich sind Vorteile aus Kultur- und Soziosponsoring nicht ungebührlich, wenn ein gemeinnütziger Zweck iSd § 35 BAO besteht und der Amtsträger keinen bestimmenden Einfluss auf seine Verwendung hat (§ 305 Abs 4 Z 2). Dabei kommt es nicht auf die rechtliche Stellung des Amtsträgers, sondern auf seine einzelfallbezogenen faktischen Einflussmöglichkeiten an. Liegt ein nicht ungebührlicher Vorteil iSd § 305 Abs 4 StGB vor, so bleibt derjenige, der die Zuwendung annimmt oder sich versprechen lässt – trotz eines Konnexes zu einem pflichtgemäßen Amtsgeschäft bzw bestehenden Beeinflussungsvorsatzes – straflos. Korrespondierend ist auch der Zuwendende nicht nach einem Korruptionstatbestand strafbar, wenn er einen solchen Vorteil anbietet, verspricht oder gewährt (2.8.).

Schließlich reicht das Vorliegen eines (ungebührlichen) Vorteils für sich für eine Strafbarkeit nach §§ 304 ff StGB nicht aus, vielmehr müssen weitere objektive und subjektive Tatbestandselemente gegeben sein. Zu klären ist speziell, ob ein für eine Strafbarkeit nach §§ 304, 305 bzw §§ 307, 307a StGB erforderlicher Konnex zu einem Amtsgeschäft besteht. Diese Verbindung fehlt vor allem im Zusammenhang mit Sponsoringmaßnahmen, die zwar anlässlich einer, aber nicht im Austausch für eine (schlicht) hoheitliche Tätigkeit gesetzt werden.

2.10. Schlussfolgerungen

Im Ergebnis zeigt sich die weitreichende Bedeutung des Tatbildmerkmals „Vorteil" für die Anwendung der Korruptionsdelikte auf Sponsoringtätigkeiten. Vor allem das Vorliegen eines vorteilsausschließenden rechtlichen Anspruchs führt zu einer wesentlichen Einschränkung. Dieses normative Verständnis findet allerdings dort seine Grenze, wo die Leistung nach dem Willen der Parteien in Wahrheit nicht (nur) der Abgeltung des vertraglichen Anspruchs dient, sondern (auch) auf eine vertragsfremde Leistung gerichtet ist. Zur Rechtssicherheit trägt außerdem die Nichtüberprüfung des Äquivalenzverhältnisses der Leistungsbeziehung bei, das von den Parteien im Rahmen ihrer Privatautonomie frei festgelegt wird.

Der dem Korruptionsstrafrecht zugrunde liegende *normativ geprägte* Vorteilsbegriff kann mitunter auch zu diskussionswürdigen Ergebnissen führen: Wird beispielsweise eine Beschaffungsentscheidung einer Verwaltungseinheit vertraglich mit einer Sponsoringvereinbarung gekoppelt, so steht dies der Qualifizierung der Sponsoringleistung als Vorteil entgegen. Sind diese beiden Entscheidungen hingegen in rechtlicher Hinsicht voneinander losgelöst, wird die Sponsoringleistung aber dennoch faktisch – neben bestehender kommunikativer Zielsetzungen – auch mit Blick auf den Abschluss des Beschaffungsvertrags gewährt, so ist sie (auch) auf einen vertragsfremden Zweck gerichtet und stellt einen Vorteil dar. Es fragt sich, ob mit dieser Konzeption nicht gewissermaßen eine „vertragliche Intransparenz" für die Strafbarkeit nach einem Korruptionsdelikt herangezogen und zum Tatbestandsmerkmal erhoben wird.

In Ablehnung dieses normativen Vorteilsbegriffs könnte alternativ ein *naturalistischer Ansatz* erwogen werden, demgemäß jede Zuwendung unabhängig von etwaigen rechtlichen Ansprüchen als Vorteil zu begreifen wäre. Der Ausschluss zulässiger Verbindungen zwischen einer Zuwendung und einem Amtsgeschäft aus dem Anwendungsbereich der Korruptionsdelikte müsste dann auf einer weiteren tatbestandlichen Ebene gesucht werden. So könnten – dem deutschen Recht vergleichbar – im Verwaltungsrecht geregelte Verfahren und Regelungen herangezogen werden, bei deren Einhaltung kein verpönter Konnex anzunehmen wäre. Ein solcher Ansatz bedarf eines engen gesetzlichen Regelungsnetzes, das in den jeweils erforderlichen Fällen entsprechende Bestimmungen vorsieht, bei deren Einhaltung von einer zulässigen Verbindung ausgegangen werden darf. Fehlt eine einschlägige Norm, hätte dies folglich Auswirkungen auf die korruptionsstrafrechtliche Beurteilung.

Letztlich ist das Korruptionsstrafrecht – unabhängig davon, an welches Tatbildmerkmal angeknüpft wird – dazu berufen, zulässige und nicht strafwürdige von unerwünschten Verbindungen einer Zuwendung mit der Amtstätigkeit eines Amtsträgers zu trennen. Greift man die Problematik schon beim Vorteilsbegriff auf und legt ein normatives Verständnis zugrunde, können im Wesentlichen klare Abgrenzungen geschaffen werden. Wo ein Vorteil vorliegt, weil kein vertraglicher Anspruch besteht aber die Verbindung zu einem Amtsgeschäft dennoch zulässig sein soll, können gesetzliche Regelungen Abhilfe schaffen, die eine Vorteilsannahme im jeweiligen Bereich erlauben und damit die Grundlage für einen nicht ungebührlichen Vorteil iSd § 305 Abs 4 StGB schaffen; dies ist speziell im Bereich der Drittmitteleinwerbung zweckmäßig. Trotz seiner vereinzelten Schwächen bleibt der normative Vorteilsbegriff ein geeignetes Korrektiv und eine Möglichkeit, dem Rechtsanwender im Gebiet des bisweilen als unscharf empfundenen Korruptionsstrafrechts ein Maß an Sicherheit und zugleich auch Flexibilität zu bieten, das etwa mittels einer verwaltungsakzessorischen Auslegung nicht erreicht werden kann.

3. Pflichtwidrigkeit des Amtsgeschäfts

Die Pflichtwidrigkeit des Amtsgeschäfts ist speziell im Fall von *aktivem* Verwaltungssponsoring von Bedeutung: Erklärt sich ein Bediensteter eines staatlich beherrschten Verkehrsunternehmens (§ 74 Abs 1 Z 4a lit d StGB) auf Anfrage dazu bereit, eine bestimmte Veranstaltungsreihe mit Gesellschaftsmitteln zu sponsern, weil ihm für den Vertragsabschluss persönlich eine Geldsumme versprochen wird, liegt die Sponsoringentscheidung aber grundsätzlich innerhalb seines Ermessensspielraums, so ist der Amtsträger – bei Erfüllung der subjektiven Tatseite – aufgrund des Vorliegen eines Vorteils sowie der Verbindung zu einem konkreten Amtsgeschäft nach einem (passiven) Korruptionstatbestand strafbar. Für die Unterscheidung der §§ 304, 305 StGB stellt sich allerdings die Frage der Pflichtgemäßheit bzw Pflichtwidrigkeit des Amtsgeschäfts.

Die Pflichtwidrigkeit ergibt sich nach hM aus einem Verstoß gegen konkrete Amts- und Dienstpflichten, also in einer Handlung entgegen Gesetzen, Verordnungen, Erlässen, Richtlinien, Compliance-Regelungen oder Weisungen und dergleichen.[894] Nach den Materialien und der daran anschließenden hM gilt dar-

---

894 *Nordmeyer/Stricker* in WK² StGB § 304 Rz 25 ff; *Hauss/Komenda* in SbgK § 304 Rz 105; *Marek/Jerabek*, Korruption¹¹ §§ 304-306 Rz 34; *Hinterhofer/Rosbaud*, BT II⁶ § 304 Rz 28; *Schmitt* in *Preuschl/Wess*, Wirtschaftsstrafrecht §§ 304-306 Rz 38;

über hinaus das sog *Sachlichkeitsgebot*, dem in strikter Form folgend Entscheidungen auch dann pflichtwidrig sind, wenn sie nicht ausschließlich aus sachlichen und rechtlichen Gründen ergehen.[895] Bisweilen wird die Pflichtwidrigkeit allerdings zu Recht eingeschränkt, wenn eine Handlung vertretbar ist, keine Vorschriften verletzt wurden und keine Partei benachteiligt wurde.[896]

Kommt dem Amtsträger bei seiner Entscheidung ein Handlungsspielraum zu, so ist sie nicht nur bei einer Ermessensüberschreitung pflichtwidrig, sondern schon dann, wenn dem Vorteil Einfluss auf die Ermessensausübung eingeräumt wurde.[897] Diesem Ansatz entsprechend, wäre auch im vorangestellten Fallbeispiel mit der vorteilsgeleiteten Sponsoringentscheidung ein pflichtwidriges Amtsgeschäft gegeben und der Amtsträger nach § 304 StGB strafbar. Allerdings ist die Pflichtwidrigkeit auch in diesen Fallkonstellationen eingeschränkt, wenn der Amtsträger ausschließlich aufgrund sachlicher Kriterien inhaltlich nicht anders handelt, als wäre kein Vorteil gewährt worden.[898] Erst wenn der Einfluss des Vorteils sachliche Gründe überlagert, ist die Pflichtwidrigkeit anzunehmen.[899] Der Amtsträger im Beispiel wäre demnach nur nach § 305 StGB zu belangen.

Handelt ein Amtsträger bei einem Amtsgeschäft unsachlich, weil er dem Vorteil inhaltlichen Einfluss einräumt, so vermag an der Pflichtwidrigkeit im Übrigen auch die Zulässigkeit seiner Entscheidung im Verhältnis zu seinem Unternehmen daran nichts zu ändern. IdS kann die Einhaltung von gesellschaftsrechtlichen

---

Bertel/Schwaighofer, BT II[13] § 304 Rz 12; *Aichinger* in *Leukauf/Steininger*[4] § 304 Rz 7; *Fuchs* in JB Wirtschaftsstrafrecht und Organverantwortlichkeit 2013, 39.

895 ErläutRV 285 BlgNR XXIII. GP 12; *Hauss/Komenda* in SbgK § 304 Rz 111; *Marek/Jerabek*, Korruption[11] §§ 304-306 Rz 34; *Hinterhofer/Rosbaud*, BT II[6] § 304 Rz 28a; *Aichinger* in *Leukauf/Steininger*[4] § 304 Rz 8; *Reindl-Krauskopf/Huber*, Korruptionsstrafrecht 19; *Schmitt* in *Preuschl/Wess*, Wirtschaftsstrafrecht §§ 304-306 Rz 39.

896 *Hauss/Komenda* in SbgK § 304 Rz 111; *Hinterhofer/Rosbaud*, BT II[6] § 304 Rz 28a; *Bertel* in WK[2] StGB § 304 Rz 14-15.

897 ErläutRV 285 BlgNR XXIII. GP 12; *Hauss/Komenda* in SbgK § 304 Rz 114-115; *Marek/Jerabek*, Korruption[11] §§ 304-306 Rz 35; *Hinterhofer/Rosbaud*, BT II[6] § 304 Rz 28a; *Bertel/Schwaighofer*, BT II[13] § 304 Rz 12; *Bertel* in WK[2] StGB § 304 Rz 14; *Aichinger* in *Leukauf/Steininger*[4] § 304 Rz 8; *Reindl-Krauskopf/Huber*, Korruptionsstrafrecht 21; OGH 11.8.2014, 17 Os 13/14m; OGH 26.11.2013, 17 Os 20/13i; OGH 29.6.1988, 14 Os 141/87; OGH 7.3.1985, 13 Os 93/84; vgl aber *Fuchs* in JB Wirtschaftsstrafrecht und Organverantwortlichkeit 2013, 39 f.

898 *Hauss/Komenda* in SbgK § 304 Rz 115; *Marek/Jerabek*, Korruption[11] §§ 304-306 Rz 35; *Hinterhofer/Rosbaud*, BT II[6] § 304 Rz 28a; *Bertel/Schwaighofer*, BT II[13] § 304 Rz 12; *Reindl-Krauskopf/Huber*, Korruptionsstrafrecht 21.

899 *Nordmeyer/Stricker* in WK[2] StGB § 304 Rz 32 f.

Regelungen respektive das Handeln in Einklang mit einer Anordnung eine bestehende Pflichtwidrigkeit nicht „heilen".[900] Dies ist auch aus schutzzweckbezogenen Überlegungen sachgerecht; die korruptionsstrafrechtliche Beurteilung knüpft nicht an gesellschaftsrechtliche Wertungen an.

4. Sponsoring als verpönte Klimapflege („Anfüttern")

Steht ein Vorteil nicht in Verbindung zu einem konkreten (pflichtwidrigen oder pflichtgemäßen) Amtsgeschäft, kommt Strafbarkeit nach §§ 304, 305 StGB bzw §§ 307, 307a leg cit nicht in Betracht. Zu beurteilen bleibt aber die Anwendbarkeit der §§ 306, 307b StGB, die keinen solchen Konnex erfordern, sondern auf die mit einem Vorteil angestrebte zukünftige Beeinflussung des Amtsträgers in seiner dienstlichen Tätigkeit ausgerichtet sind.

Die Grenze zwischen erlaubtem Sponsoring und strafbarem Anfüttern wurde in der Vergangenheit insbesondere im Zusammenhang mit Unsicherheiten in Wirtschaft und Politik bezüglich der Zulässigkeit von Einladungen namhafter Amtsträger zu kulturellen, sportlichen und sonstigen Veranstaltungen diskutiert. Im medialen Fokus stand dabei unter anderem die Vergabe von Eintrittskarten zu den Salzburger Festspielen an Politiker durch Sponsoren aus der Wirtschaft.[901] Im Zuge der historischen Entwicklung der Anfütterungsbestimmungen, speziell der Debatte über die (Ent-)Kriminalisierung der erwähnten Einladungspraxis im Rahmen der Strafrechtsnovellen 2008-2012 zeigte sich einerseits das Bedürfnis eines verschärften strafrechtlichen Durchgriffs zur Verhinderung korruptiven Verhaltens. Auf internationaler Ebene ist dabei der GRECO-Evaluierungsbericht hervorzuheben, welcher ausdrücklich zum Fall von VIP-Einladungen von Führungspersönlichkeiten staatlicher Unternehmen zu einer Sportveranstaltung im Wert von 3.500 Euro Stellung bezieht.[902] Andererseits sollte das Strafrecht weder die Förderung kultureller Veranstaltungen hemmen, noch in gesellschaftliche Strukturen eingreifen und persönliche Beziehungen, Freundschaften von Amts-

900 AA *Lewisch* in FS Raschauer 347; vgl auch *Nordmeyer/Stricker* in WK^2 StGB § 304 Rz 28.

901 *Schnauder*, Kleine Geschenke, Der Standard 2008/07/15; *Hoepke*, Compliance: "Firmen bekommen kalte Füße" https://kurier.at/wirtschaft/compliance-firmen-bekommen-kalte-fuesse/22.915.085 (abgefragt am 4.11.2018); *Mayer*, Anfüttern verboten! Was ist mit der Politik? Die Presse 2008/08/04.

902 GRECO, Dritte Evaluierungsrunde. Evaluierungsbericht Österreich. Strafbarkeit (SEV Nr. 173 und 191, Leitlinie 2). Angenommen von GRECO bei der 53. Vollversammlung (Straßburg, 5.-9. Dezember 2011); vgl auch *Schmoller* in Liber Amicorum Karl 506.

trägern sowie Höflichkeitsgesten aus Furcht vor strafrechtlichen Konsequenzen verhindern.[903]

Aufgrund der Vielgestaltigkeit der Sachverhaltskonstellationen und ihrer großen praktischen Relevanz ist im Folgenden auf Strafbarkeitsrisiken des Sponsoring einzugehen, die Einladungen von Amtsträgern zu sportlichen, kulturellen und vergleichbaren Veranstaltungen beinhalten. Vorweg ist aber anzumerken, dass sich die in Frage stehenden Verhaltensweisen nur im weiteren Bereich von Sponsoring ansiedeln: Zu beurteilen ist schließlich nicht unmittelbar das Verhältnis zwischen Sponsor und Gesponsertem. Vielmehr sind damit in Zusammenhang stehende weitere Handlungen zu untersuchen, speziell die Verwendung von Mitteln, welche für den Sponsor zwar aus dem Sponsoringengagement resultieren, er aber außerhalb dessen einsetzt. Während die Beteiligten des Sponsoring jeweils Akteure aus der Wirtschaft sind und ihre Kooperation als solche nicht zu beanstanden ist, kann die Zuwendung von Vorteilen aus dieser Geschäftsbeziehung an Amtsträger möglicherweise korruptionsstrafrechtlich relevant sein. Zur umfassenden Beurteilung sind Erwägungen aus einer Entscheidung des BGH voranzustellen, die auch für die Auslegung der österreichischen Anfütterungsbestimmung bedeutungsvoll sind.

4.1. Deutsche EnBW-Entscheidung[904]

Die Einladung von Politikern und Amtsträgern zu Großveranstaltungen war auch in Deutschland Gegenstand strafrechtlicher Diskussion; zentral ist dabei eine Entscheidung des BGH[905] (fortan: EnBW-Entscheidung), die sich mit entsprechenden Verhaltensweisen eines Unternehmens im Rahmen der Fußballweltmeisterschaft 2006 beschäftigt. Im konkreten Fall war eine mögliche Strafbarkeit für eine Vorteilsgewährung gemäß § 333 dStGB zu prüfen. Anders als die korrespondierende österreichische Regelung verlangt diese Bestimmung keine Verbindung zu einem konkreten Amtsgeschäft, sondern lediglich einen Vorteil „für die Dienstausübung“. Davon sind jedenfalls Diensthandlungen erfasst, die sachlich grob umrissen sind; darüber hinaus soll aber auch ein generelles Wohlwollen des Amtsträgers in dienstlichen Angelegenheiten ausreichen, ohne, dass eine

903 *Schmoller* in Liber Amicorum Karl 520 f; *Geyer*, Korruption und ihre Bekämpfung, in *BMJ* (Hrsg), 37. Ottensteiner Fortbildungsseminar aus Strafrecht und Kriminologie (2010) 31 (36).

904 BGH 14.10.2008, 1 StR 260/08 (Fall Utz Claassen); vgl zu den Reaktionen auf die Entscheidung zusammenfassend und mwN *Kuhlen*, Sponsoring und Korruptionsstrafrecht, JR 2010, 148 (150).

905 BGH 14.10.2008, 1 StR 260/08.

spezielle Handlung konkretisiert werden muss.[906] Die sog „gelockerte Unrechtsvereinbarung" umfasst neben Vorteilen, die im Austausch für die Wahrnehmung konkreter dienstlicher Aufgaben auch solche, die in Beziehung zur bloßen Dienstausübung und folglich zur „allgemeinen Klimapflege" gewährt werden. Letztere Variante entspricht der in Österreich eigens in §§ 306, 307b StGB geregelten Vorteilszuwendung bzw -annahme zur Beeinflussung. Da in der EnBW-Entscheidung das Äquivalenzverhältnis zwischen Vorteil und Dienstausübung – folglich ein Fall der allgemeinen Klimapflege – zu untersuchen war, kann auch zur Auslegung der §§ 306, 307b StGB auf die Erwägungen des BGH zurückgegriffen werden. Der Gleichklang ergibt sich sogar ausdrücklich aus den Materialien des KorrStrÄG 2012, in denen im Zusammenhang mit der Prüfung des für § 306 StGB erforderlichen Beeinflussungsvorsatzes „illustrativ" auf die deutsche Entscheidung verwiesen wird.[907]

Der BGH setzte sich in seiner EnBW-Entscheidung wesentlich mit der Strafbarkeit allgemeiner Klimapflege im Zusammenhang mit Sponsoring auseinander. Das Urteil ist – auch über den Bereich von Sponsoringtätigkeiten hinaus – für die Feststellung einer gelockerten Unrechtsvereinbarung von vordringlicher Bedeutung.[908]

Angeklagt war der Vorstandsvorsitzende der Energie Baden-Württemberg AG (EnBW), welche Hauptsponsor und einziger nationaler Sponsor aus Baden-Württemberg der in Deutschland stattfindenden FIFA-Fußballweltmeisterschaft 2006 war. Im Rahmen des Sponsoringvertrags wurden der EnBW unter anderem ca. 14.000 Eintrittskarten zu WM-Fußballspielen gewährt. Die Verteilung dieser Karten war in einem internen Sponsoringkonzept festgelegt, das von der Marketingabteilung des Unternehmens erstellt worden war. Diesem Konzept folgend unterzeichnete der Vorstandsvorsitzende 36 Weihnachtsgrußkarten, die zusammen mit personengebundenen und nicht übertragbaren WM-Gutscheinen für Fußballspiele versendet wurden. Sieben dieser Gutscheine kamen hochrangigen Repräsentanten zu, so dem Ministerpräsidenten, fünf Ministern des Landes Baden-Württemberg sowie dem Staatssekretär im Bundesministerium für Umwelt, Naturschutz und Reaktorsicherheit; alle Empfänger waren aufgrund ihrer Ressortzuständigkeit von hoher wirtschaftlicher Bedeutung für das Unternehmen. Als die Geschäftspraktik unter Korruptionsverdacht geriet, ein Ermittlungsver-

906 *Kuhlen* in NK-StGB[5] § 331 Rz 75 ff, 80; *Heger* in *Lackner/Kühl*, StGB[29] § 331 Rz 10-10a; *von Heintschel-Heinegg* in BeckOK StGB § 331 Rz 11, 27; *Heine/Eisele* in *Schönke/Schröder*, StGB[29] § 331 Rz 30, 35; *Bannenberg* in *Dölling/Duttge/König/Rössner*, HK-GS[4] § 331 Rz 23; vgl aber *Korte* in MüKoStGB[3] § 331 Rz 119.

907 JAB 1833 BlgNR XXIV. GP 10.

908 Vgl *Korte* in MüKoStGB[3] § 333 Rz 21; *Kuhlen* in NK-StGB[5] § 331 Rz 87.

fahren gegen den Vorstandsvorsitzenden eingeleitet wurde und entsprechende Presseberichte folgten, wurden die Einladungen von den Empfängern zum Teil abgelehnt und weitere Einladungen seitens der EnBW unterlassen.

Im November 2007 sprach das Landgericht Karlsruhe den Angeklagten von den Vorwürfen frei.[909] Es sah die Einladungen zu den WM-Fußballspielen zum einen schon nicht als Vorteil iSd § 333 dStGB an, zum anderen verwies es auf einen am 31. Mai 2005 im Ministerrat ergangenen Beschluss der Minister des Landes Baden-Württemberg bezüglich Ehrenkarten für Veranstaltungen, den es als Genehmigung – und somit Rechtfertigung – iSd § 333 Abs 3 dStGB[910] ansah. Im Übrigen konnte das Erstgericht weder das Vorliegen einer Unrechtsvereinbarung mit den jeweiligen Amtsträgern, noch den erforderlichen Vorsatz des Angeklagten feststellen. Infolge dieses Urteils brachte die Staatsanwaltschaft Revision ein, die vom BGH verworfen wurde.

Der BGH qualifizierte die Eintrittskarten für die WM-Fußballspiele zwar – entgegen der Ansicht des Erstgerichts – als Vorteile iSd § 333 dStGB, stimmte dem Landgericht Karlsruhe aber insofern zu, als in den konkreten Fällen aus tatsächlichen Gründen das Ziel der Verknüpfung der Vorteile mit der Dienstausübung der Empfänger und somit das Tatbestandselement der Unrechtsvereinbarung nicht nachzuweisen war. Die Feststellung eines solchen Gegenseitigkeitsverhältnisses sei zwar Tatfrage und könne nicht pauschal, sondern nur anhand einer Gesamtschau der fallbezogenen Umstände beurteilen werden. Der BGH legte seiner Entscheidung allerdings gewisse inhaltliche Kriterien zugrunde, die als Indizien für das Bestehen einer Unrechtsvereinbarung dienten. So seien insbesondere die *Plausibilität* der behaupteten oder einer sonst denkbaren Zielsetzung und die *Stellung des Amtsträgers* einzubeziehen, ebenso die Beziehung und Berührungspunkte des Vorteilsgebers mit den *dienstlichen Aufgaben* des Empfängers und die *Art*, der *Wert* und die *Zahl* der Vorteile. Weitere Anhaltspunkte waren außerdem die Art und Weise der Vorgehensweise; vor allem die *Transparenz* sprach gegen eine Unrechtsvereinbarung. Die Verdeckung und Heimlichkeit einer Handlung hatte der BGH bereits in vorangehenden Urteilen als maßgebliches Indiz für ein unzulässiges Äquivalenzverhältnis zwischen Vorteil und Dienstausübung angesehen, auf die er in der EnBW-Entscheidung ver-

909 LG Karlsruhe, Urteil vom 28.11.2007, 3 KLs 620 Js 13113/06; zu einer eingehenden Darstellung vgl *Paster/Sättele*, Alles, was das Leben verschönern kann – Eine Anmerkung zum Sponsoring-Urteil des LG Karlsruhe vom 28. 11. 2007, NStZ 2008, 407.

910 Nach § 333 Abs 3 dStGB ist eine „Tat nicht nach Absatz 1 strafbar, wenn die zuständige Behörde [...] die Annahme des Vorteils durch den Empfänger vorher genehmigt hat [...]“; vgl dazu ua *Korte* in MüKoStGB[3] § 331 Rz 41 ff.

wies.[911] Der BGH stellte schließlich fest, dass eine Unrechtsvereinbarung nicht schon durch das Vorliegen einer sozialädaquaten Handlung, wie der Durchführung eines Sponsoringkonzepts, ausgeschlossen werde.

Im konkreten Fall konnte nicht nachgewiesen werden, dass die Vergabe der Eintrittskarten für die WM-Fußballspiele durch die EnBW ihren Beweggrund in der Beeinflussung der Dienstausübung der jeweiligen Amtsträger hatten. Vielmehr war eine andere Motivation, nämlich die der Verfolgung von Werbezwecken durch die Betonung der Rolle der EnBW als Hauptsponsor der Fußballweltmeisterschaft und somit eine Förderung des Unternehmensimages, nicht auszuschließen. Die bestehenden dienstlichen Berührungspunkte zwischen dem Unternehmen und den Empfängern der Gutscheine spielten keine ursächliche Rolle bei den Zuwendungen, die keineswegs verschleiert, sondern offengelegt wurden. In die Gesamtbetrachtung wurde auch die offizielle Förderung der Zusammenarbeit von Wirtschaft und Politik durch die Bundesregierung bei der Fußballweltmeisterschaft wertend einbezogen.

Der BGH stellte schließlich fest, dass eine rechtliche Wertung anhand der dargelegten Indizien im Randbereich keine klare Abgrenzung zulässiger von korruptionsstrafrechtlich relevanten Verhaltensweisen ergibt. Damit verbunden seien mögliche Beweisschwierigkeiten sowie eine weite Entscheidungsmacht des jeweiligen Gerichts. Der BGH erkannte die Auslegung aber als dem Willen des Gesetzgebers entsprechend an, welcher sich in der Lockerung der Unrechtsvereinbarung im Rahmen des Korruptionsbekämpfungsgesetzes 1997[912] und der dazu geführten Diskussion manifestiert hatte.

4.2. Beurteilung nach §§ 306, 307b StGB

Nach österreichischer Rechtslage wäre der EnBW-Fall nach § 307b StGB, auf Seite der betroffenen Amtsträger nach § 306 leg cit zu beurteilen gewesen.[913] Das Allgemeindelikt des § 307b StGB erfasst Personen, die Amtsträgern (oder Schiedsrichtern) einen Vorteil anbieten, versprechen oder gewähren, mit dem Vorsatz, sie dadurch in ihrer Amtstätigkeit zu beeinflussen. Das passive Anfütterungsdelikt des § 306 StGB bezieht sich auf die Seite der Amtsträger, die einen Vorteil mit Beeinflussungsvorsatz fordern, annehmen oder sich versprechen lassen. Wie auch bei der Vorteilsannahme (§ 305 StGB) ist das Anfüttern nicht strafbar, wenn der Vorteil als nicht ungebührlich iSd § 305 Abs 4 StGB zu qualifizieren ist; auf passiver Seite ist davon die Tathandlung des Forderns ausge-

---

911 BGH 21.6.2007, 4 StR 99/07; BGH 23.10.2002, 1 StR 541/01.

912 Gesetz zur Bekämpfung der Korruption vom 13. August 1997, BGBl I S. 2038.

913 Vgl *Eder-Rieder*, ZIS 2014, 75; *Eder-Rieder*, Wirtschaftsstrafrecht[4] 172.

nommen. Während die aktiven und passiven Korruptionsdelikte der §§ 304 ff StGB grundsätzlich spiegelbildlich ausgestaltet sind, weichen die Anfütterungsbestimmungen von dieser Struktur ab. So ist zwar nach § 306 Abs 3 StGB nicht strafbar, wer lediglich einen geringfügigen Vorteil annimmt oder sich versprechen lässt und dabei nicht gewerbsmäßig vorgeht; diese Einschränkung findet sich im aktiven Anfütterungsdelikt des § 307b StGB jedoch nicht wieder. Die Ungleichbehandlung des geringfügigen Vorteils wird im Ausschussbericht explizit anhand eines Beispiels dargelegt und ist daher nicht als planwidrige Lücke des Gesetzgebers anzusehen; in den Materialien findet sich dazu keine Begründung.[914] Da es – speziell mit Blick auf das von Geber und Nehmer verwirklichte Unrecht – keinen erkennbaren Grund für diese abweichende Wertung gibt, scheint sie verfassungsrechtlich bedenklich; der dazu im Schrifttum geäußerten Kritik[915] ist daher zuzustimmen.

Der Vorteilsbegriff der §§ 306, 307b StGB ist entsprechend dem der §§ 304 ff StGB auszulegen;[916] demnach sind auch Eintrittskarten als materieller Wert davon erfasst.[917] Dient die Teilnahme an der öffentlichen Veranstaltung allerdings der Repräsentation des Amtsträgers und liegen die erforderlichen Voraussetzungen[918] vor, handelt es sich um einen nicht ungebührlichen Vorteil iSd § 305 Abs 4 Z 1 StGB, den der Amtsträger (selbst bei bestehendem Beeinflussungsvorsatz) annehmen oder sich versprechen lassen darf.[919] Damit sind all jene Fälle von der Bestimmung nicht betroffen und daher straflos, in denen der Amtsträger lediglich seinen Repräsentationsverpflichtungen nachkommt und die Eintrittskarten nicht aktiv fordert. Die Befürchtung, die Wahrnehmung demokratischer Aufgaben durch Repräsentanten könnte durch die Anfütterungsbestimmung unter Korruptionsverdacht gestellt werden, ist damit unbegründet.[920] Im Übrigen wird

914 JAB 1833 BlgNR XXIV. GP 10; vgl auch *Schuschnigg*, ecolex 2013, 524; *Beck/Dohr*, ecolex 2013, 329; *Aichinger* in *Leukauf/Steininger*⁴ § 306 Rz 8.

915 *Höcher/Komenda*, ecolex 2012, 690 f; *Messner* in 41. Ottensteiner Fortbildungsseminar 103; *Hinterhofer/Rosbaud*, BT II^6 § 307b Rz 2; *Bertel/Schwaighofer*, BT II^{13} § 306 Rz 5; *Eder-Rieder*, Wirtschaftsstrafrecht^4 182; vgl auch *Huber/Löff* in *Kert/Kodek* Rz 10.44.

916 *Nordmeyer/Stricker* in WK^2 StGB § 306 Rz 12; *Hauss/Komenda* in SbgK § 306 Rz 18; *Schuschnigg*, Korruptionsstrafrecht Rz 184.

917 Vgl auch *Tipold* in Berufssportrecht VII 73.

918 Vgl dazu III. C. 2.8.

919 Vgl dazu *Bertel* in WK^2 StGB § 305 Rz 6, allgemein im Hinblick auf Repräsentationsveranstaltungen: „Die Teilnahme an Repräsentationsveranstaltungen wird nur selten einen materiellen Wert darstellen, der überhaupt als Vorteil iSd § 304 und § 305 gelten kann […]".

920 Vgl *Schmoller* in Liber Amicorum Karl 521.

bei der politischen Repräsentation durch hochrangige Amtsträger nicht einmal eine sachliche Verknüpfung zwischen der Amtstätigkeit und der Art der Veranstaltung gefordert.[921]

Liegt ein (ungebührlicher) Vorteil vor, etwa weil es sich um eine überwiegend private Veranstaltung handelt und die Teilnahme daher nicht der Erfüllung von Repräsentationspflichten dient, führt dies nicht automatisch zur Strafbarkeit nach §§ 306, 307b StGB. Erforderlich ist vielmehr, dass der Amtsträger im Zeitpunkt der Tat – neben dem bedingten, auf alle Tatbildmerkmale bezogenen Vorsatz – den erweiterten (Eventual-)Vorsatz hat, sich in seiner Amtstätigkeit beeinflussen zu lassen bzw der Leistende gerade dies mit seiner Zuwendung anstrebt (*Beeinflussungsvorsatz*). Dies liegt auf passiver Seite nicht schon dann vor, wenn der Amtsträger zwar die entsprechende Bestrebung des Zuwendenden erkennt, selbst aber gerade keinen erweiterten Vorsatz fasst.[922]

Der Beeinflussungsvorsatz zieht die Grenze zwischen zulässigen Zuwendungen und strafbarem Anfüttern. Insbesondere werden damit all jene Fälle ausgeschlossen, in denen ein Amtsträger lediglich Höflichkeitsgesten oder Aufmerksamkeiten annimmt, die in keinerlei Konnex zu seiner zukünftigen Amtstätigkeit stehen. Darunter fallen etwa Geschenke im Hinblick auf die vergangene freundliche Zusammenarbeit ebenso wie Freundschaftsgesten zwischen sich nahestehenden Personen.[923] Einladungen und Aufmerksamkeiten zwischen Freunden oder Verwandten, die sich nicht auf die Amtstätigkeit niederschlagen sollen, sind unbedenklich. Auch ohne ein die Lebensführung betreffendes Naheverhältnis sind Aufmerksamkeiten zulässig, solange kein Beeinflussungsvorsatz gegeben ist. Es kommt folglich nicht darauf an, ob eine Zuwendung oder Einladung im gesellschaftlichen Umgang üblich ist oder in Erwartung einer Gegenleistung erteilt wird.[924]

Anders als die §§ 304, 305 StGB und auch abweichend von den korrespondierenden deutschen Bestimmungen der §§ 331 ff dStGB, bezieht sich das Anfüt-

---

921 Vgl dazu III. C. 2.8.

922 Missverständlich dagegen *Beck/Dohr*, ecolex 2013, 330: „Für den Amtsträger ist [...] die Strafbarkeit immer dann gegeben, wenn er erkennt bzw es ernstlich für möglich hält und sich damit abfindet, dass der Geber eine Gegenleistung im Rahmen der Dienstausübung [...] erwartet oder dass er tatsächlich den Eindruck gewinnt, der Geber belohne Amtshandlungen."

923 IA 1950 BlgNR XXIV. GP 12 (=JAB 1833 BlgNR XXIV. GP 10); *Schmoller* in Liber Amicorum Karl 521; *Hinterhofer/Rosbaud*, BT II^{6} § 306 Rz 9; *Bertel/Schwaighofer*, BT II^{13} § 306 Rz 3; *Eder-Rieder*, Wirtschaftsstrafrecht^{4} 181.

924 Anders *Schmoller* in Liber Amicorum Karl 521.

tern stets auf eine *zukünftige* Tätigkeit.[925] Dabei muss die Tätigkeit nicht konkretisiert sein, jedwede inhaltliche oder verfahrensrechtliche Beeinflussung der in den Zuständigkeitsbereich des Amtsträgers fallenden Aufgaben reicht aus.[926] Es kommt überdies nicht darauf an, ob der Amtsträger zukünftig pflichtwidrig oder pflichtgemäß handeln soll.[927] Das Vorliegen des Beeinflussungsvorsatzes ist anhand einer *Gesamtbetrachtung* aller relevanten Umstände zu beurteilen; dazu ist insbesondere auf die vom BGH in der EnBW-Entscheidung erwogenen Kriterien abzustellen.[928] Die dabei bedeutsamen Indizien ergeben sich aus einer einzelfallbezogenen Betrachtung und können infolgedessen nicht abschließend aufgezählt werden.[929] Es ist aber darauf hinzuweisen, dass sich nicht jedes in Deutschland im Rahmen der Gesamtschau herangezogene Kriterium auf die österreichischen Anfütterungstatbestände übertragen lässt. So ist nach österreichischer Konzeption schon im Rahmen der Vorteilsprüfung nicht auf die Adäquanz von Leistung und Gegenleistung abzustellen.[930] Entsprechendes gilt auch für die Beurteilung des Beeinflussungsvorsatzes.[931]

Wie der BGH in der EnBW-Entscheidung – zu Recht – ausdrücklich konstatierte, vermag das Bestehen eines Sponsoringkonzepts als solches den Beeinflus-

---

925 *Nordmeyer/Stricker* in WK[2] StGB § 306 Rz 25; *Messner* in PK-StGB § 306 Rz 5; *Hauss/Komenda* in SbgK § 306 Rz 29; *Reindl-Krauskopf/Huber,* Korruptionsstrafrecht 30; *Marek/Jerabek*, Korruption[11] §§ 304-306 Rz 45a; *Schuschnigg*, Korruptionsstrafrecht Rz 185; für Deutschland vgl *Kuhlen* in in NK-StGB[5] § 331 Rz 84; *Korte* in MüKoStGB[3] § 331 Rz 121; *Heine/Eisele* in *Schönke/Schröder*, StGB[29] § 331 Rz 30.

926 IA 1950 BlgNR XXIV. GP 11 (=JAB 1833 BlgNR XXIV. GP 9); *Hauss/Komenda* in SbgK § 306 Rz 31-32; *Aichinger* in *Leukauf/Steininger*[4] § 306 Rz 5; *Hinterhofer/Rosbaud*, BT II[6] § 306 Rz 9; *Schuschnigg*, Korruptionsstrafrecht Rz 185; *Eder-Rieder*, Wirtschaftsstrafrecht[4] 180; *Nordmeyer/Stricker* in WK[2] StGB § 306 Rz 26.

927 IA 1950 BlgNR XXIV. GP 11 (=JAB 1833 BlgNR XXIV. GP 9); *Nordmeyer/Stricker* in WK[2] StGB § 306 Rz 26; *Aichinger* in *Leukauf/Steininger*[4] § 306 Rz 5; *Marek/Jerabek*, Korruption[11] §§ 304-306 Rz 45a; anders *Bundesministerium für Justiz*, Fibel 51; dazu krit *Schuschnigg*, Korruptionsstrafrecht Rz 187.

928 JAB 1833 BlgNR XXIV. GP 10; *Hauss/Komenda* in SbgK § 306 Rz 33; *Marek/Jerabek*, Korruption[11] §§ 304-306 Rz 45b; *Nordmeyer/Stricker* in WK[2] StGB § 306 Rz 27; *Höcher/Komenda*, ecolex 2012, 690; *Beck/Dohr*, ecolex 2013, 330; *Aichinger* in *Leukauf/Steininger*[4] § 306 Rz 9; *Huber/Löff* in *Kert/Kodek* Rz 10.42; *Schuschnigg*, Korruptionsstrafrecht Rz 188; *Kindl*, Aufsichtsrataktuell 2012, 19.

929 So auch *Hauss/Komenda* in SbgK § 306 Rz 34.

930 Vgl dazu III. C. 2.4.2.

931 Vgl hingegen *Rosenau* in SSW-StGB[3] § 331 Rz 30; *Satzger*, ZStW 2003, 482.

sungsvorsatz sowohl auf aktiver als auch passiver Seite nicht auszuschließen.[932] Dies gilt jedenfalls dann, wenn das Konzept nur das Verhältnis zwischen Sponsor und Gesponsertem, nicht aber die Zuwendungen des Unternehmens an Amtsträger betrifft, mögen diese auch aus dem Sponsoringverhältnis stammen. Aber selbst wenn unternehmensintern festlegt wird, wie mit dem durch das Sponsoringengagement erlangten Kartenkontigent zu verfahren ist, bildet dies höchstens ein Indiz für den fehlenden Beeinflussungsvorsatz und steht diesem nicht schon prinzipiell entgegen. Letztlich zeigt sich erneut, dass die korruptionsstrafrechtliche Prüfung der Einladungspraxis von Unternehmen Sponsoring nur im weiteren Sinne betrifft, macht es für die Strafbarkeit doch keinen Unterschied, wie der Zuwendende selbst an die Eintrittskarten gelangt ist.[933]

Die Beurteilung des Beeinflussungsvorsatzes durch eine wertende Gesamtbetrachtung aller relevanten Umstände lässt den Anfütterungstatbestand bisweilen *konturlos* erscheinen. Die in den Materialien dazu angeführten Beispiele vermögen diesen Eindruck nur zu unterstützen:[934] Demnach kann strafbares Anfüttern etwa gegeben sein, wenn ein Bauunternehmer dem Bürgermeister als Baubehörde erster Instanz ein paar Flaschen Wein zuwendet. Handelt es sich dabei allerdings um Brüder, die sich anlässlich einer neuen Weinlieferung wechselseitig beschenken, stellt die Zuwendung lediglich ein unter Verwandten übliches Geschenk dar – anders womöglich wiederum, wenn zwischen ihnen gar kein freundschaftliches Verhältnis besteht. Die Bestimmung scheint dem erkennenden Gericht damit – nach gesetzgeberischer Intention – kaum Schranken vorzugeben, sondern überlässt diesem einen weitreichenden Entscheidungsspielraum zur rechtlichen Wertung. Ermöglicht dies zwar grundsätzlich Flexibilität für die sachgerechte Beurteilung des jeweiligen Einzelfalls, bleiben als Kehrseite die Unsicherheiten des Anfütterungstatbestands und Bedenken hinsichtlich der Bestimmtheit der Norm erhalten.

Im Grunde ist anzuerkennen, dass die auf Indizien beruhende Gesamtbetrachtung keine trennscharfe Abgrenzung zulässiger von verpönten Zuwendungen vorgibt. Gleichwohl sind die Anhaltspunkte vor allem einschränkend anzuwenden, sodass sich die Unschärfen – wie vom BGH festgestellt – nur mehr auf einen Randbereich beziehen. Um eine restriktive Anwendung des Anfütterungstatbestands zu erwirken, ist speziell auf die Plausibilität einer anderen Zielsetzung abzustellen. Zwar reicht es für das Vorliegen des Beeinflussungsvorsatzes aus, wenn die Beeinflussung der Amtsführung Mitbeweggrund für die Zuwendung

932 Vgl hingegen *Marek/Jerabek/G.Marek*, Korruption 36.

933 *Trüg*, Vorteilsgewährung durch Übersendung von WM-Gutscheinen – Schützt Sponsoring vor Strafe? NJW 2009, 196 (197).

934 IA 1950 BlgNR XXIV. GP 11 (=JAB 1833 BlgNR XXIV. GP 10).

ist, somit womöglich auch andere Zielsetzungen bestehen. Dies ist entspricht der Auslegung des Vorteilsbegriffs, bei dem es aus schutzzweckbezogenen Überlegungen genügt, dass eine Leistung *auch* auf einen vertragsfremden Zweck gerichtet ist.[935] Bestehen aber mehrere plausible und unbedenkliche Beweggründe, so muss nachgewiesen werden, dass gerade die Beeinflussung des Amtsträgers in seiner Amtstätigkeit (mit-)ausschlaggebend war; in dubio ist der erweiterte Vorsatz zu verneinen (§ 14 StPO).[936] Selbst wo eine langjährige Geschäftsbeziehung besteht und Angelegenheiten des Leistenden vom Amtsträger in zeitlichem Zusammenhang mit der Zuwendung zu bearbeiten sind, ist nicht automatisch von der Intention einer Beeinflussung und somit Strafbarkeit auszugehen.[937] Vielmehr ist damit zwar ein einzelnes Indiz gegeben, das aber erst im Rahmen einer Gesamtbetrachtung aller Umstände zu gewichten ist.[938]

Letztlich zeigt sich, dass die Vergabe von Eintrittskarten zu Veranstaltungen an Amtsträger nicht zwingend unter die §§ 306, 307b StGB zu subsumieren ist.[939] Der Beeinflussungsvorsatz darf erst dann bejaht werden, wenn aufgrund der vorliegenden Umstände zweifelsfrei auf einen verpönten Zusammenhang geschlossen werden muss.[940] Dennoch wird anhand des Kriterienkatalogs jeweils eine Einzelfallentscheidung zu treffen sein; auch die EnBW-Entscheidung wurde – zu Recht kritisch – als solche bezeichnet.[941] Bleibende Unschärfen bei Prüfung des Beeinflussungsvorsatzes sollten vom erkennenden Gericht aber nicht, den strafrechtlichen Prinzipien widersprechend, als weiter Entscheidungsspielraum

935 Vgl dazu III. C. 2.4.

936 *Hauss/Komenda* in SbgK § 306 Rz 34; vgl dazu auch *Kuhlen*, JR 2010, 153; *Kuhlen* in NK-StGB[5] § 331 Rz 87.

937 *Kuhlen*, JR 2010, 153.

938 Dies bildet nach der Rsp auch im Rahmen des § 304 StGB ein Indiz für das Vorliegen eines Konnexes zur konkreten Amtsführung, vgl RIS-Justiz RS0095962; OGH 24.11.1988, 13 Os 140/88; OGH 3.9.1984, 11 Os 103/84; OGH 22.3.1983, 9 Os 16/83; *Mayerhofer*, StGB[6] § 304 Rz 3a-4.

939 Anders *Reindl-Krauskopf*, JSt 2009, 54 „Daher wäre jedenfalls von einem Anfüttern […] auszugehen.“.

940 *Rosenau* in SSW-StGB[3] § 331 Rz 30.

941 *Greeve*, BGH: Vorwurf der Vorteilsgewährung wegen Versendung von WM-Tickets an politische Funktionäre, CCZ 2009, 76 (78) (Anmerkung zu BGH 14. 10. 2008, BGH 1 StR 260/08).

aufgefasst werden;[942] vielmehr sollte die Gesamtbetrachtung zu einer restriktiven Anwendung des Anfütterungstatbestands verhelfen.

5. Sponsoring im Anwendungsbereich des § 309 StGB

Während Sponsoringvereinbarungen zwischen der öffentlichen Verwaltung und der privaten Wirtschaft vielfach den Verdacht unzulässiger Beeinflussung behördlicher Tätigkeit nahelegen, werfen rein im privaten Sektor gelegene Fallkonstellationen eher untreuestrafrechtliche Problemstellungen auf. Im Folgenden sollen aber auch in diesem Bereich korruptionsstrafrechtliche Problemfelder untersucht und der Frage nachgegangen werden, inwieweit Sponsoringaktivitäten in den Anwendungsbereich des § 309 StGB fallen können.

Die Fallbeispiele sind vielgestaltig: Wird dem Mitarbeiter eines Unternehmens von einem Dritten etwa eine Geldleistung dafür geboten, dass er entgegen interner Richtlinien eine Sponsoringvereinbarung mit einem Sportverein abschließt (*Fall 1*), so könnte dies als Bestechung eines Bediensteten strafbar sein; dies könnte womöglich auch dann gelten, wenn der Mitarbeiter die Leistung gar nicht für sich behalten, sondern seinem Geschäftsherrn zuwenden möchte (*Variante*). Ebenso ist zu prüfen, ob ein nach § 309 StGB strafbares Verhalten vorliegt, wenn beispielsweise der Geschäftsführer einer Gesellschaft einem Geschäftspartner einen großen Auftrag unter der Bedingung in Aussicht stellt, dass der Geschäftspartner zusätzlich das Sponsoring einer unternehmensinternen Veranstaltung übernimmt (*Fall 2*). Schließlich ist auch auf einen Fall zu verweisen, der sich im Jahr 2010 in Deutschland ereignete und zu einem Ermittlungsverfahren wegen Bestechung im geschäftlichen Verkehr gemäß § 299 dStGB gegen Mitarbeiter der Deutschen Telekom AG sowie der Volkswagen AG führte. Es ging dabei im Wesentlichen um die Vergabe eines hoch dotierten Auftrages von VW an die Telekom gekoppelt mit der Verlängerung des Sponsoringvertrags der Telekom zugunsten des – im Alleineigentum von VW stehenden – Fußballvereins VfL Wolfsburg (*Fall 3*).[943] Das Strafverfahren wurde 2014 gegen die Zahlung von Geldauflagen eingestellt.[944]

942 Vgl dagegen aus deutscher Perspektive etwa *Hettinger*, Entscheidungsanmerkung zu BGH 1 StR 260/08, JZ 2009, 370 (372), „Man kann jederzeit zupacken, aber man muss nicht müssen".

943 Zur Strafwürdigkeit dieses Falles krit *Voigtel* in *Momsen/Grützner* 1123 f; siehe auch das Beispiel von *Ignor* in FS Schiller 329.

944 Vgl etwa *Fritsch*, Korruptionsgeschäfte – im Fußballsponsoring üblich http://www.zeit.de/sport/2011-10/korruption-volkswagen-wolfsburg-telekom (abgefragt am 23.12.2018).

Im Folgenden ist besonderer Fokus auf die Tatbestandsmerkmale des Vorteils sowie der pflichtwidrigen Rechtshandlung zu legen. Zunächst ist aber kurz festzuhalten, wer *Tatsubjekt* des § 309 StGB sein kann. Die Bestimmung ist auf passiver Seite (Abs 1) als Sonderdelikt ausgestaltet und verlangt als Täter einen Bediensteten oder Beauftragten eines Unternehmens. Das aktive Bestechungsdelikt (Abs 2) kann hingegen von jedermann begangen werden. Bedienstete sind nach hM weisungsgebundene Arbeitnehmer und angestellte Organmitglieder;[945] als Beauftragter kommt jede Person in Frage, die berechtigt ist, geschäftlich für ein Unternehmen zu handeln oder zumindest in der Lage ist, Einfluss auf betriebliche Entscheidungen zu nehmen.[946] Der Geschäftsführer aus dem vorangestellten *Fall 2* ist beispielsweise zweifelsfrei Beauftragter und damit potentieller Täter der privaten Korruption.

Der Bedienstete oder Beauftragte muss überdies einem Unternehmen iSd § 309 StGB zuzurechnen sein. Nach hM handelt es sich dabei um eine auf Dauer angelegte Organisation selbständiger wirtschaftlicher Tätigkeit, mag sie auch nicht auf Gewinn gerichtet sein.[947] Dazu wird wahlweise auf die Definition in § 1 Abs

---

945 *Thiele* in SbgK § 309 Rz 27; *Marek/Jerabek*, Korruption[11] § 309 Rz 2; *Eder-Rieder*, Wirtschaftsstrafrecht[4] 189; *Eder-Rieder*, ZIS 2014, 82; *Hinterhofer/Rosbaud*, BT II[6] § 309 Rz 7; *Bertel/Schwaighofer*, BT II[13] § 309 Rz 2; *Messner* in PK-StGB § 309 Rz 2; *Reindl-Krauskopf/Huber*, Korruptionsstrafrecht 37; *Huber/Löff* in *Kert/Kodek* Rz 10.55; *Schmitt* in *Preuschl/Wess*, Wirtschaftsstrafrecht § 309 Rz 6; *Brandstetter/Rauch/Wegscheider*, JSt 2008, 157; *Plöckinger*, ÖJZ 2009, 208; *Koukol/Machan*, Niedergelassene Vertragsärzte als Täter von Korruptionsdelikten? Die Rechtslage nach dem Korruptionsstrafrechtsänderungsgesetz 2012, RdM 2013, 124 (128); *Höcher/Krauskopf*, Zur strafrechtlichen Relevanz von Provisionszahlungen an Vertragsärzte: Korruption im Gesundheitssektor, RdM 2012, 164 (168); *Brandstetter/Rauch* in JB Strafrecht BT 2009, 23.

946 ErläutRV 285 BlgNR XXIII. GP 9; *Kirchbacher/Presslauer* in WK[2] StGB § 168c Rz 12; *Messner* in PK-StGB § 309 Rz 2; *Duursma* in *Gumpoldsberger/Baumann* UWG § 10 Rz 2; *Eder-Rieder*, Wirtschaftsstrafrecht[4] 189; *Eder-Rieder*, ZIS 2014, 82; *Höcher/Krauskopf*, RdM 2012, 168; *Brandstetter/Rauch* in JB Strafrecht BT 2009, 24; *Huber/Löff* in *Kert/Kodek* Rz 10.55; *Rauch*, *Schmitt* in *Preuschl/Wess*, Wirtschaftsstrafrecht § 309 Rz 6; *Schuschnigg*, Korruptionsstrafrecht Rz 243; *Marek/Jerabek*, Korruption[11] § 309 Rz 2; *Plöckinger*, ÖJZ 2009, 209; *Reindl-Krauskopf/Huber*, Korruptionsstrafrecht 37; *Jarolim/Gogl*, RFG 2008, 104; *Hinterhofer/Rosbaud*, BT II[6] § 309 Rz 7; *Brandstetter/Rauch/Weg-scheider*, JSt 2008, 157; aA *Bertel/Schwaighofer*, BT II[13] § 309 Rz 2 nach denen bloßer Einfluss nicht genügt.

947 *Straube* in *Straube/Ratka/Rauter*, UGB[4] § 1 Rz 42 ff; *Krejci* in *Rummel* ABGB[3] § 1 KSchG Rz 14; dem folgend *Kirchbacher/Presslauer* in WK[2] StGB § 168c Rz 13; *Rauch*, Korruptionsstrafrecht 106; *Schuschnigg*, Korruptionsstrafrecht Rz 244; *Hinterhofer/Rosbaud*, BT II[6] § 309 Rz 6; *Thiele* in SbgK § 309 Rz 32; *Marek/Jerabek*,

2 KSchG[948], § 1 Abs 2 UGB[949] sowie beide Rechtgrundlagen[950] verwiesen, ohne auf die unterschiedliche Zweckrichtung dieser Gesetze Rücksicht zu nehmen. Während nach dem UGB unternehmerische Tätigkeit erfasst werden soll,[951] knüpft das KSchG an Ungleichgewichtslagen zwischen Vertragsparteien an, die typischerweise bei Verbrauchergeschäften bestehen.[952] Abweichungen zeigen sich unter anderem mit Blick auf juristische Personen des öffentlichen Rechts;[953] sind diese nach § 1 Abs 2 Satz 2 KSchG immer Unternehmer, gilt dies nach der Definition des UGB hingegen nur für den Fall der Entfaltung einer unternehmerischen Tätigkeit.[954]

5.1. Vorteil iSd § 309 StGB

Der Vorteilsbegriff ist entsprechend den §§ 304 ff StGB auszulegen und umfasst somit materielle wie immaterielle Zuwendungen, die den Empfänger wirtschaftlich, rechtlich oder sozial besserstellen.[955] Besteht im Rahmen eines Gegenseitigkeitsverhältnisses ein rechtlicher Anspruch auf die Zuwendung, hat sie keinen Vorteilscharakter.[956] Korrespondierend zur Korruption im öffentlichen Sektor ist demnach auf ein mögliches Vertragsverhältnis abzustellen: Wird ein Sponso-

---

Korruption[11] § 309 Rz 2; *Koukol/Machan*, RdM 2013, 131; *Höcher/Krauskopf*, RdM 2012, 168.

948 *Marek/Jerabek*, Korruption[11] § 309 Rz 2.

949 *Kirchbacher/Presslauer* in WK[2] StGB § 168c Rz 13; *Höcher/Krauskopf*, RdM 2012, 168; *Thiele* in SbgK § 309 Rz 32.

950 *Rauch*, Korruptionsstrafrecht 106; *Koukol/Machan*, RdM 2013, 131; *Hinterhofer/Rosbaud*, BT II[6] § 309 Rz 6.

951 *Straube* in *Straube/Ratka/Rauter*, UGB[4] § 1 Rz 1.

952 *Krejci* in *Rummel* ABGB[3] § 1 KSchG Rz 1.

953 Insbesondere mit Blick auf die Doppelerfassung durch Korruptionsdelikte im öffentlichen Sektor ist fraglich, ob juristische Personen des öffentlichen Rechts überhaupt Unternehmen iSd § 309 StGB darstellen.

954 *Straube* in *Straube/Ratka/Rauter*, UGB[4] § 1 Rz 9; *Krejci/Haberer* in *Zib/Dellinger*, UGB § 1 Rz 39; *Thiele* in SbgK § 309 Rz 32; *Kirchbacher/Presslauer* in WK[2] StGB § 168c Rz 13; *Rauch*, Korruptionsstrafrecht 106; *Schuschnigg*, Korruptionsstrafrecht Rz 244; aA *Hinterhofer/Rosbaud*, BT II[6] § 309 Rz 6, die Körperschaften öffentlichen Rechts ohne Differenzierung nach unternehmerischer Tätigkeit als Unternehmer qualifizieren.

955 *Kirchbacher/Presslauer* in WK[2] StGB § 168c Rz 23; *Rauch*, Korruptionsstrafrecht 141; *Thiele* in SbgK § 309 Rz 40; *Marek/Jerabek*, Korruption[11] § 309 Rz 3; *Reindl-Krauskopf/Huber*, Korruptionsstrafrecht 37; *Hinterhofer/Rosbaud*, BT II[6] § 309 Rz 8; *Huber/Löff* in *Kert/Kodek* Rz 10.56.

956 *Rauch*, Korruptionsstrafrecht 141; vgl dazu III. C. 2.3.

ringvertrag abgeschlossen, in dem eine Sponsoringleistung und -gegenleistung vereinbart werden, so ist dies – auch bei vertraglicher Koppelung mit einer anderen Leistung (gemischtes Geschäft) – korruptionsstrafrechtlich unbedenklich.

Auch im privaten Sektor ist die Tatbildlichkeit einer Leistung zu beurteilen, die vermittelt über den Bediensteten oder Beauftragten dessen Unternehmen zugewendet wird. Ein solcher Vorteil für einen Dritten („Drittvorteil") liegt auch in der eingangs genannten *Variante*, *Fall 2* und *Fall 3* vor; die Sponsoringleistung kommt gerade dem Unternehmen zugute, das vom jeweiligen Mitarbeiter bzw Geschäftsführer vertreten wird.

Legt man neben dem Vorteilsbegriff auch dieses Tatbildmerkmal parallel zu den öffentlichen Korruptionsdelikten aus, so ist der Drittvorteil strafrechtlich relevant. Ein Bediensteter wäre entsprechend unabhängig davon strafbar, ob er eine Zuwendung eigennützig oder für sein Anstellungsunternehmen annimmt. Dies hätte allerdings ein widersprüchliches Ergebnis zur Folge: So ist unstrittig und auch dem Gesetzeswortlaut eindeutig zu entnehmen, dass der Geschäftsherr selbst kein mögliches Tatsubjekt ist.[957] Nach dem Willen des Gesetzgebers wird das geschützte Rechtsgut bei einer Geschenkannahme durch den Geschäftsherrn nicht beeinträchtigt, oder soll eine mögliche Beeinträchtigung nicht strafbar sein.[958] Nimmt folglich der Geschäftsherr eine Zuwendung an, fällt dies – ungeachtet der Frage ihrer Vorteilsqualität – nicht in den Anwendungsbereich des § 309 StGB. Erfolgt die Annahme dagegen durch einen Bediensteten oder Beauftragten für den Geschäftsherrn, so käme Strafbarkeit in Betracht.

Dieser – auch unter verfassungsrechtlichen Gesichtspunkten diskussionswürdige – innertatbestandliche Widerspruch lässt sich vermeiden, indem man die gesetzgeberische Wertung hinsichtlich des Tatsubjekts im Sinne einer teleologischen Reduktion überträgt: Ist der Geschäftsherr kein möglicher Täter des § 309 StGB, so kann er ebenso kein „Dritter" iSd Norm sein.[959] Bedienstete bzw Beauftragte eines Unternehmens, die eine Zuwendung für ihren Geschäftsherrn annehmen, sind vom Anwendungsbereich der Norm nicht erfasst, kurz: Darf der Geschäftsherr einen Vorteil annehmen, so gilt dies ebenso, wenn die Zuwendung vermittelt über seine Bediensteten bzw Beauftragten an ihn gewährt wird.[960] In

---

957 *Thiele* in SbgK § 309 Rz 30; *Kirchbacher/Presslauer* in WK^2 StGB § 168c Rz 9; *Rauch*, Korruptionsstrafrecht 108; *Schmitt* in *Preuschl/Wess*, Wirtschaftsstrafrecht § 309 Rz 6; *Soyer*, JBl 2012, 332 (335); *Brandstetter/Rauch/Wegscheider*, JSt 2008, 157; vgl auch *Höltkemeier*, Sponsoring 169 ff.

958 *Plöckinger*, ÖJZ 2009, 208; *Zierl*, Korruption 30; vgl schon III. B. 2.2.

959 *Thiele* in SbgK § 309 Rz 30.

960 *Soyer*, JBl 2012, 334; *Zierl*, Korruption 31.

Konsequenz ist ein Vorteil, der an die Anstellungsbehörde, das Anstellungsunternehmen bzw den Geschäftsinhaber erfolgt, im öffentlichen und privaten Sektor unterschiedlich zu werten; diese Differenzierung ist aber wohl mit Blick auf die verschiedenartigen Stellungen der jeweiligen Täter legitim.[961]

Ähnliche Fragestellungen werden im Übrigen auch in Deutschland diskutiert. Der deutsche Tatbestand des § 299 dStGB sieht als Tatsubjekte ebenso nur Angestellte oder Beauftragte und nicht den Geschäftsinhaber selbst vor.[962] Der Drittvorteil wird hier allerdings grundsätzlich anerkannt, eine Strafbarkeit kommt daher auch dann in Frage, wenn die Zuwendung vermittelt dem Anstellungsbetrieb gewährt wird.[963] Die unterschiedliche Handhabung bei dem Betriebsinhaber zugutekommenden Vorteilen je nach Person des Annehmenden wurde im Gesetzgebungsprozess thematisiert, der Gesetzgeber entschied sich allerdings bewusst gegen die Einbeziehung des Geschäftsinhabers.[964] Die Differenzierung wird im Schrifttum bisweilen im Hinblick auf das geschützte Rechtsgut des freien lauteren Wettbewerbs kritisch diskutiert und zum Teil eine Erfassung des Betriebsinhabers de lege ferenda erwogen.[965] Dieser Forderung kam die erst im November 2015 erfolgte Novellierung des § 299 dStGB allerdings nicht nach.[966]

5.2. Pflichtwidrige Rechtshandlung

Die Strafbarkeit nach § 309 StGB erfordert neben dem Vorliegen eines Vorteils außerdem seine Verbindung zu einer pflichtwidrigen Rechtshandlung. Darunter fallen jegliche Handlungen von rechtsgeschäftlichem oder prozessualem Charak-

---

961 Vgl dazu für Deutschland *Ignor* in FS Schiller 336.

962 *Krick* in MüKoStGB[3] § 299 Rz 20; *Höltkemeier*, Sponsoring 169; *Heine/Eisele* in *Schönke/Schröder*, StGB[29] § 299 Rz 7a; *Heger* in *Lackner/Kühl*, StGB[29] § 299 Rz 2; *Rosenau* in SSW-StGB[3] § 299 Rz 10; *Momsen/Laudien* in BeckOK StGB § 299 Rz 17.1.

963 *Krick* in MüKoStGB[3] § 299 Rz 60; *Dannecker* in NK-StGB[5] § 299 Rz 61; *Bürger*, § 299 StGB – eine Straftat gegen den Wettbewerb? wistra 2003, 130 (131); krit *Rosenau* in SSW-StGB[3] § 299 Rz 21; *Nepomuck/Groß*, wistra 2012, 135; *Ignor* in FS Schiller 335.

964 Vgl zur Entstehungsgeschichte *Krick* in MüKoStGB[3] § 299 Rz 20.

965 Vgl ua *Dannecker* in NK-StGB[5] § 299 Rz 45; *Erb*, Ungereimtheiten bei der Anwendung von § 299 StGB, in *Geisler/Kraatz/Kretschmer/Schneider/Sowada* (Hrsg), Festschrift für Klaus Geppert zum 70. Geburtstag am 10. März 2011 (2011) 97 (105 ff); *Volk* in GS Zipf 427; *Rönnau* in *Achenbach/Ransiek/Rönnau* 3/2/106.

966 Gesetz zur Bekämpfung der Korruption, dBGBl I 2015, 2025.

ter,[967] so etwa auch der Abschluss eines Sponsoringvertrags. Faktische Tätigkeiten sind dagegen nicht erfasst.[968]

Während die §§ 168c, 168d StGB aF im Ministerialentwurf noch auf unlauteres Verhalten abstellten, wurde im Begutachtungsverfahren der Begriff der Pflichtwidrigkeit vorgezogen; dies entspricht der Terminologie der §§ 304 ff StGB.[969] Damit sollte insbesondere eine Parallele zum Rahmenbeschluss[970] gezogen werden, der ebenso auf eine Pflichtverletzung Bezug nimmt, die nach den Begriffsbestimmungen in Art 1 nach einzelstaatlichem Recht auszulegen ist.[971]

Den Materialien zum StRÄG 2008 zufolge ist der Pflichtwidrigkeitsbegriff im privaten Sektor restriktiv zu verstehen; das Amtsträger treffende Sachlichkeitsgebot ist nicht gleichermaßen anzuwenden.[972] Genauere Ausführungen zur Begriffsauslegung finden sich in den Materialien allerdings nicht. Im Schrifttum wird die Pflichtwidrigkeit allgemein als Zuwiderhandeln gegen ein gesetzliches Ge- oder Verbot definiert.[973] In weiterer Differenzierung beziehen manche Autoren nur solche Pflichten ein, die dem zwischen Bediensteten bzw Beauftragten und dem Geschäftsherren bestehenden Innenverhältnis entspringen.[974] Die Pflichtwidrigkeit orientiert sich demnach an einem objektiven Verstoß gegen den Willen des Geschäftsherrn. Das soll selbst dann gelten, wenn der Täter zwar

967 *Thiele* in SbgK § 309 Rz 48; *Marek/Jerabek*, Korruption[11] § 309 Rz 3; *Aichinger* in *Leukauf/Steininger*[4] § 309 Rz 9; *Fabrizy*, StGB[13] § 309 Rz 3; *Hinterhofer/Rosbaud*, BT II[6] § 309 Rz 12; *Bertel/Schwaighofer*, BT II[13] § 309 Rz 4.

968 *Thiele* in SbgK § 309 Rz 48; *Marek/Jerabek*, Korruption[11] § 309 Rz 3; *Aichinger* in *Leukauf/Steininger*[4] § 309 Rz 9; *Fabrizy*, StGB[13] § 309 Rz 3; *Hinterhofer/Rosbaud*, BT II[6] § 309 Rz 12; *Bertel/Schwaighofer*, BT II[13] § 309 Rz 4; *Kindl*, Aufsichtsrataktuell 2012, 17; *Huber/Löff* in *Kert/Kodek* Rz 10.57.

969 ErläutRV 285 BlgNR XXIII. GP 10.

970 EU-RB 2003/568/JI.

971 Vgl III. B. 2.1.

972 ErläutRV 285 BlgNR XXIII. GP 10; so auch *Aichinger* in *Leukauf/Steininger*[4] § 309 Rz 12.

973 *Kirchbacher/Presslauer* in WK[2] StGB § 168c Rz 19; *Beck/Dohr*, ecolex 2013, 328; *Aichinger* in *Leukauf/Steininger*[4] § 309 Rz 12; *Huber/Löff* in *Kert/Kodek* Rz 10.57; *Marek/Jerabek*, Korruption[11] § 309 Rz 3; *Reindl-Krauskopf/Huber*, Korruptionsstrafrecht 38; *Schmitt* in *Preuschl/Wess*, Wirtschaftsstrafrecht § 309 Rz 13; *Messner* in PK-StGB § 304 Rz 15; *Hinterhofer/Rosbaud*, BT II[6] § 309 Rz 11; *Bertel/Schwaighofer*, BT II[13] § 309 Rz 4.

974 *Rauch*, Korruptionsstrafrecht 134; *Brandstetter/Rauch* in JB Strafrecht BT 2009, 22, allerdings unter Annahme des fremden Vermögens als geschütztes Rechtsgut.

entgegen einer Weisung, aber zum Wohl des Unternehmens handelt.[975] Irrelevant sei dagegen die Verletzung von Pflichten aus dem Außenverhältnis. Dabei werden speziell wettbewerbsrechtliche Vorschriften als unbeachtlich eingestuft. Diese würden nur den Geschäftsherren selbst im Verhältnis zu seinen Mitbewerbern, nicht aber den Bediensteten bzw Beauftragten treffen.[976] Demgegenüber sind nach anderer Ansicht auch wettbewerbsrechtliche Pflichten zu berücksichtigen. Dies ergebe sich aus § 18 UWG, der eine umfassende Haftung des Geschäftsherrn für seine Gehilfen vorsieht.[977]

Beschränkt sich die Pflichtwidrigkeit nur auf eine Pflichtenbindung im Innenverhältnis, so wird damit die Prinzipal-Agent-Beziehung in den Vordergrund gestellt und der Geschäftsherr vor Pflichtenverletzungen seiner Bediensteten bzw Beauftragten geschützt. Letztlich ist aber auch der Pflichtwidrigkeitsbegriff unter Berücksichtigung schutzzweckbezogener Überlegungen auszulegen und idS jene wettbewerbsbezogene Außenpflichten als beachtlich anzusehen, die auch auf die Interessen des Geschäftsherrn ausgerichtet sind.

Vor diesem Hintergrund zeigt sich für die eingangs erwähnten Fallbeispiele folgendes Ergebnis: In *Fall 1* ist von einer Strafbarkeit des Leistenden nach § 309 StGB auszugehen; er hat dem Bediensteten eines Unternehmens einen Vorteil dafür angeboten, dass dieser entgegen seinen Pflichten aus dem Innenverhältnis eine Rechtshandlung vornimmt. Demgegenüber sind die Beteiligten in der *Variante*, *Fall 2* und (aus österreichischer Perspektive) in *Fall 3* nicht nach § 309 StGB strafbar. Die Zuwendung wird jeweils für den Geschäftsherrn angenommen und bildet in den beiden Fällen überdies ausdrücklich einen Teil des vertraglichen Austauschverhältnisses.

6. Anwendungsfall: Pharmasponsoring

Sponsoring, speziell seitens der pharmazeutischen Industrie, ist im Gesundheitswesen durchaus üblich und angesichts der zunehmenden Ressourcenknappheit immer öfter auch notwendig. Zugleich werden Zuwendungen der Wirtschaft in diesem sensiblen Bereich wiederkehrend unter dem Stichwort der Ärztekorruption diskutiert – befürchtet werden Interessenskonflikte der die von der Industrie erbrachten Zahlungen annehmenden Ärzteschaft.[978] So heißt es etwa in einer

975 *Rauch*, Korruptionsstrafrecht 136; *Thiele* in SbgK § 309 Rz 52.

976 *Rauch*, Korruptionsstrafrecht 134; *Soyer*, JBl 2012, 334.

977 *Thiele* in SbgK § 309 Rz 52.

978 Vgl *Petsche/Larcher*, Von Geschenken und anderen die Freundschaft erhaltenden Vorteilen: Korruptionsprävention im Gesundheitswesen, JMG 2016, 40; sowie die zahlreichen Medienberichten, etwa *Gartner*, Pharma-Zahlungen: Ärzte sollen weiter schweigen dürfen https://derstandard.at/2000048536767/Pharma-Zahlungen-Aerzte-

bereits länger zurückliegenden Entscheidung des LG Wuppertal zur Strafbarkeit eines Geschäftsführers eines Medizinprodukteunternehmens: „In der Branche der Medizinproduktehersteller war es seit Jahrzehnten üblich, durch Zuwendungen aller Art, insbesondere Finanzierung von Kongressreisen, Studien, Zahlungen auf Drittmittelkonten und Übernahme von Investitionskosten für medizinische Geräte, Einfluss auf [...] Ärzte [...] zu nehmen [...]“.[979]

Das Thema Ärztekorruption betrifft sowohl den öffentlichen, als auch den privaten Sektor. Letzterer stand in jüngerer Zeit besonders aufgrund des Gesetzes zur Bekämpfung der Korruption im Gesundheitswesen[980] im medialen Fokus, das in Deutschland mit 4. Juni 2016 in Kraft trat und bestehende Strafbarkeitslücken im vertragsärztlichen Bereich schließen sollte. Die Novelle ist Resultat einer lang geführten Diskussion zur Ärztestrafbarkeit, die speziell durch einen im März 2012 ergangenen Beschluss des Großen Senats für Strafsachen am BGH[981] ausgelöst wurde, in dem niedergelassene Vertragsärzte als mögliche Täter der Korruptionsdelikte de lege lata ausgeschlossen wurden.[982] Doch auch in Österreich bestehen Bedenken hinsichtlich der Leistungen, die aus der Wirtschaft an Ärzte zufließen. Infolge der Vorwürfe legten Pharmaunternehmen jüngst ihre Zuwendungen offen, auch zahlreiche Ärzte stimmten freiwillig der Veröffentlichung ihrer Daten zu, die in einer eigenen öffentlich einsehbaren Datenbank erfasst wurden.[983]

---

sollen-weiter-schweigen-duerfen (abgefragt am 26.10.2018); *Gartner/Hametner*, Pharma-Honorare: So verdienen Ärzte mit intransparenten Geldspritzen, Der Standard 2017/07/12.

979 LG Wuppertal 21 Kls 24 a Js 131/97 – 11/98 I; vgl zum Zitat *Taschke* in FS Lüderssen 663.

980 dBGBl I 2016, 1254.

981 BGH 29.3.2012, GSSt 2/11.

982 Vgl zur Entwicklung insb *Geiger*, High Noon im Gesundheitswesen: Niedergelassene Vertragsärzte sind keine tauglichen Täter der Korruptionsdelikte – Besprechung des Beschlusses des Großen Senats für Strafsachen am BGH vom 29. 3. 2012 – GSSt 2/11, CCZ 2012, 172 (172-173).

983 *Höller*, Pharma legt Zahlungen an Ärzte offen, Die Presse 2016/06/23; *Staudacher*, Pharmafirmen legen Zahlungen an Ärzte offen https://kurier.at/wirtschaft/pharma firmen-legen-zahlungen-an-aerzte-offen/187.872.762 (abgefragt am 4.11.2018); *Gartner/Hametner*, Datenbank: Hat Ihr Arzt Zahlungen der Pharmaindustrie erhalten? https://derstandard.at/2000048465 643/Datenbank-Hat-Ihr-Arzt-Zahlungen-der-Pharmaindustrie-erhalten (abgefragt am 26.10.2018); *Gartner/Hametner*, 81 Prozent nicht nachvollziehbar: Wille zur Transparenz bei Pharmageldern mangelhaft, Der Standard 2017/07/12.

Pharmasponsoring ist kein scharfer Begriff, sondern erfasst im Grunde Zuwendungen jeglicher Art im medizinischen Bereich, die teilweise mit einer Gegenleistung gekoppelt sind und an Krankenhäuser, Ärzte und andere Angehörige der Gesundheitsberufe gewährt werden. Die Gegenleistung kann unterschiedlicher Natur sein; so kann die Sponsoringvereinbarung etwa finanzielle Zuwendungen für einen Ärztekongresses umfassen, auf dem das Unternehmen sich selbst und seine Arzneimittel und Medizinprodukte präsentieren darf.[984] Als Pharmasponsoring werden aber ebenso Konstellationen erfasst, in denen keine kommunikative Gegenleistung vorgesehen ist und die daher keine Fälle des klassischen Sponsoring sind.[985] Darunter fallen Förderungen diverser klinischer Studien und Anwendungsbeobachtungen, Leihverträge über medizinische Geräte ebenso wie ganz allgemein die drittmittelfinanzierte Forschung im medizinischen Bereich. Auch Zuwendungen anlässlich von Beschaffungsentscheidungen über Medizinprodukte (Prämiensysteme) sowie die Finanzierung der Teilnahme von Fortbildungsveranstaltungen durch Ärzte sind möglich und praxisrelevant.[986]

Im Folgenden werden praktisch bedeutsame Fallkonstellationen strafrechtlich beurteilt, wobei auch solche einzubeziehen sind, die zwar kein klassisches Sponsoringverhältnis beinhalten, aber dennoch unter dem Überbegriff des Pharmasponsoring diskutiert werden. Zunächst ist darzulegen, ob und inwieweit Ärzte generell als Tatsubjekte der Korruptionsdelikte in Frage kommen.

6.1. Ärzte als Täter der Korruptionstatbestände

Um potentiell Täter der Korruptionsdelikte im öffentlichen Sektor zu sein, müssen Ärzte den *Amtsträgerbegriff* des § 74 Abs 1 Z 4a StGB erfüllen. Dabei ist insbesondere § 74 Abs 1 Z 4a lit b StGB relevant; darunter fallen Personen, die als Organ oder Dienstnehmer für den Bund, ein Land, einen Gemeindeverband, eine Gemeinde oder eine andere Person des öffentlichen Rechts ausgenommen Kirchen und Religionsgemeinschaften, für einen anderen Staat oder für eine internationale Organisation Aufgaben der Gesetzgebung, Verwaltung oder Justiz wahrnehmen. Der Amtsträgerbegriff nach lit b ist organisatorisch auszulegen; dabei ist nicht von Bedeutung, ob es sich um Privatwirtschafts- oder Hoheits-

984 *Steiner*, RdM 2005, 132.

985 *Voigtel* in *Momsen/Grützner* 1117; vgl *Satzger*, ZStW 2003, 490, „Sponsoring im weiteren Sinne".

986 Vgl zu den Fallkonstellationen *Höltkemeier*, Sponsoring 205 ff; *Steiner*, RdM 2005, 132; *Vollmöller*, Juristische Problemstellungen und aktuelle Rechtsprechung bei der Kooperation von Industrie und Leistungserbringern im Gesundheitswesen, Vortrag an der Universität Bayreuth 06.12.2001.

verwaltung handelt.[987] Als *Organ* werden jene Personen bezeichnet, die den Rechtsträger aufgrund organschaftlicher Vertretungsmacht nach außen vertreten, *Dienstnehmer* sind gegen Entgelt beschäftigt und strukturell eingebunden. Unter den Amtsträgerbegriff nach lit b fallen darüber hinaus Personen, die in besonderer staatlicher Funktion tätig werden, wie etwa Bundesminister oder der Bundespräsident.[988]

Im medizinischen Bereich sind Organe und Dienstnehmer von Krankenanstalten erfasst, wenn der Krankenanstaltenträger eine Gebietskörperschaft oder eine juristische Person des öffentlichen Rechts ist.[989] Ärzte an Universitätskliniken, wie beispielsweise am AKH Wien tätige Ärzte und Mitarbeiter der MedUni Wien, haben eine Sonderstellung: Sie sind zum einen Teil der öffentlichen Krankenanstalten, zum anderen im universitären Bereich von Forschung und Lehre tätig. Da medizinische Universitäten in den Anwendungsbereich des UG 2002 (§ 6 Abs 1 UG 2002) fallen und nach § 4 UG 2002 als juristische Personen des öffentlichen Rechts ausgestaltet sind, ist der Amtsträgerbegriff nach lit b auch unter diesem Aspekt erfüllt.[990]

Ärzte ausgegliederter Krankenanstalten – gemeint sind Krankenanstalten, die in der Rechtsträgerschaft einer juristischen Person des öffentlichen Rechts oder einer im Eigentum einer Gebietskörperschaft befindlichen GmbH stehen – sind als Amtsträger iSd § 74 Abs 1 Z 4a lit d StGB zu qualifizieren. Diese Kategorie umfasst Organe und Bedienstete von Unternehmen, die auf rechtlicher Grundlage staatlich beherrscht und beeinflusst werden;[991] die Rechtsform des Rechtsträgers ist dabei nicht von Bedeutung.[992] Damit gelten sachgerecht dieselben Regeln für alle Ärzte, die in einer gebietskörperschaftseigenen Krankenanstalt beschäftigt sind, ohne Rücksicht auf die Rechtsform und die unmittelbare oder

---

987 *Jerabek/Reindl-Krauskopf/Ropper/Schroll* in WK² StGB § 74 Rz 19/2; *Tipold* in *Leukauf/Steininger*⁴ § 74 Rz 20b; *Marek/Jerabek*, Korruption¹¹ §§ 304-306 Rz 4; *Hinterhofer/Rosbaud*, BT II⁶ § 304 Rz 5; *Bertel/Schwaighofer*, BT II¹³ § 304 Rz 5.

988 *Jerabek/Reindl-Krauskopf/Ropper/Schroll* in WK² StGB § 74 Rz 19/2; *Marek/Jerabek*, Korruption¹¹ §§ 304-306 Rz 4; *Hinterhofer/Rosbaud*, BT II⁶ § 304 Rz 8.

989 *Grimm*, Korruption im stationären Bereich. Gestaltungsmöglichkeiten im Spannungsfeld von Klinik, Forschung, Pharmasponsoring und Korruptionsstrafrecht, in *Pfeil/Prantner* (Hrsg), Sozialbetrug und Korruption im Gesundheitswesen (2013) 87 (104).

990 *Grimm* in *Pfeil/Prantner* 104 f.

991 *Jerabek/Reindl-Krauskopf/Ropper/Schroll* in WK² StGB § 74 Rz 19/4; *Marek/Jerabek*, Korruption¹¹ §§ 304-306 Rz 7; *Hinterhofer/Rosbaud*, BT II⁶ § 304 Rz 13; *Bertel/Schwaighofer*, BT II¹³ § 304 Rz 7; vgl auch *Birklbauer*, RdM 2013, 224.

992 *Grimm* in *Pfeil/Prantner* 105.

mittelbare Führung über eine privatrechtliche Gesellschaft.[993] Medizinische Universitäten, die gemäß § 15 Abs 6 UG 2002 der Rechnungshofkontrolle unterliegen, werden auch von lit d und damit kategorienübergreifend erfasst.[994]

Davon abweichend sind an privaten Krankenhäusern und Privatuniversitäten beschäftigte Ärzte nur dann in § 74 Abs 1 Z 4a StGB einzubeziehen, wenn deren Rechtsträger unmittelbar oder mittelbar von einer Gebietskörperschaft beherrscht wird oder der Rechnungshofkontrolle unterliegt.[995] Als Sonderfall sind zudem Krankenanstalten mit *kirchlichem Rechtsträger* herauszugreifen, denen ein nicht unbedeutender Anteil an Spitälern in Österreich zukommt.[996] Sie fallen unter die Ausnahme des lit b, nach der Kirchen und Religionsgemeinschaften nicht vom Amtsträgerbegriff umfasst sind.[997]

Während die genannten Kategorien des § 74 Abs 1 Z 4a StGB weitgehend den Spitalsbereich abdecken, gilt dies nicht gleichermaßen für niedergelassene Vertragsärzte: Weder vertreten sie eine Gebietskörperschaft, eine juristische Person des öffentlichen Rechts oder ein staatsnahes Unternehmen als Organ nach außen; noch sind sie in eine entsprechende Organisationsstruktur eingebunden, gegen Entgelt beschäftigt, wirtschaftlich und persönlich abhängig und somit Dienstnehmer[998] iSd Amtsträgerbegriffs.[999]

Denkbar wäre, Vertragsärzte als Tatsubjekte des § 309 StGB aufzufassen. Dazu müssen sie als Bedienstete oder Beauftragte eines Unternehmens qualifiziert werden. Infolge des Beschlusses des BGH[1000] aus 2012, nach dem Vertragsärzte nicht in den Anwendungsbereich der korrespondierenden deutschen Bestimmung des § 299 dStGB fallen, wurde ihre strafrechtliche Erfassung auch im österreichischen Schrifttum diskutiert und dabei speziell auf den der deutschen Entscheidung zugrundeliegenden Sachverhalt der provisionsgebundenen Heilmittel-

993 *Schmoller*, Rechtlicher Rahmen von Korruption. Neue Rechtslage ab 1. 1. 2013, in *Pfeil/Prantner* (Hrsg), Sozialbetrug und Korruption im Gesundheitswesen (2013) 51 (61).

994 *Grimm* in *Pfeil/Prantner* 105.

995 *Grimm* in *Pfeil/Prantner* 105; vgl aber in Bezug auf Privatuniversitäten *Schmoller* in *Pfeil/Prantner* 59.

996 Vgl weiterführend *Barta*, Krankenanstalten in kirchlicher Trägerschaft (1998) 17 ff.

997 *Hinterhofer/Rosbaud*, BT II[6] § 304 Rz 10.

998 Die Formulierung „Bediensteter" in § 74 Abs 1 Z 4a lit d weist dabei keinen anderen Sinngehalt auf, *Schmoller* in *Pfeil/Prantner* 60.

999 *Birklbauer*, RdM 2013, 224; *Koukol/Machan*, RdM 2013, 127; *Schmoller* in *Pfeil/Prantner* 60.

1000 BGH 29.3.2012, GSSt 2/1.

verordnung Bezug genommen. Während eine Qualifizierung des freiberuflich und im eigenen Namen tätigen Vertragsarztes als Bediensteter ausscheidet, wurde er bisweilen aufgrund seiner Rechtsbeziehungen zum Krankenversicherungsträger sowie dessen rechtlicher Verbindung zum Apotheker als Beauftragter iSd § 309 StGB angesehen.[1001] Diese Auslegung erscheint insbesondere im Hinblick auf die Qualifikation des Krankenversicherungsträgers als Unternehmen sowie der Konzeption der freiberuflichen, eigenverantwortlichen und fachlich unabhängigen vertragsärztlichen Tätigkeit nicht zwingend.[1002]

6.2. Fallgruppen

Im Folgenden werden einige praktisch relevante Fallgruppen des Pharmasponsoring korruptionsstrafrechtlich beurteilt.

6.2.1. Bezugsentscheidungen

Eine der zentralen Fragestellungen im Rahmen von Pharmasponsoring ist die Zulässigkeit der Koppelung krankenhausinterner Bezugsentscheidungen mit Zuwendungen an das Krankenhaus. Dies ist nicht zuletzt im Hinblick auf kostenintensive Forschungsvorhaben von Bedeutung, die ohne externe Finanzierung zunehmend nicht zu ermöglichen sind. Konkret geht es um Fallkonstellationen, in denen Ärzte intern mit Entscheidungen über den Erwerb von Medizinprodukten oder Arzneimitteln betraut sind und dabei mit den Herstellerunternehmen Rückvergütungen vereinbaren, die wiederum dem Krankenhaus als Drittmittel zufließen.

Diskutiert wurden derartige Sachverhalte vor allem im Zuge des deutschen *Herzklappenskandals* der 1990er Jahre, in dem es zu einer Vielzahl an entsprechenden Verfahren kam, die großteils mit Einstellungen, mitunter aber auch mit Verurteilungen endeten.[1003] Als Beispiel dient der sog *Heidelberger Fall*, der in eine Grundsatzentscheidung des BGH[1004] mündete: Der Angeklagte war ordentlicher Professor an der Universität Heidelberg und Ärztlicher Direktor der Abteilung

---

1001 *Höcher/Krauskopf*, RdM 2012, 170; *Birklbauer*, RdM 2013, 233; *Koukol/Machan*, RdM 2013, 131; aA *Bertel/Schwaighofer*, BT II[13] § 309 Rz 2; *Ifsits*, Zur Strafbarkeit niedergelassener Vertragsärzte nach § 309 StGB. Überlegungen aus rechtsvergleichender Sicht (II), RdM 2018, 55 (55 ff).

1002 Vgl ausführlich *Ifsits*, RdM 2018, 55 ff.

1003 Vgl die Darstellung in *Höltkemeier*, Sponsoring 197 ff; *Bannenberg* in *Dölling/Duttge/König/Rössner*, HK-GS[4] § 331 Rz 37 ff; *Kuhlen* in NK-StGB[5] 331 Rz 88 ff.

1004 BGH 23.5.2002, 1 StR 372/01; dazu *Mansdörfer*, Strafrechtliche Haftung für Drittmitteleinwerbung an staatlichen Hochschulen, wistra 2003, 211; vgl bestätigend auch BGH 23.10.2002, 1 StR 541/01.

Herzchirurgie des Universitätsklinikums, wo er unter anderem mit der Drittmitteleinwerbung betraut war. Um finanzielle Mittel für Forschungsvorhaben zu lukrieren, schloss er mit einer Medizintechnikfirma eine Vereinbarung über die Gewährung von umsatzabhängigen Boni in Höhe von 5 %. Die Mittel flossen auf ein eigens eröffnetes Konto des Vereins „Freunde und Förderer der Herzchirurgie Heidelberg"; sie wurden ausschließlich entsprechend dem Vereinszweck für die krankenhausinterne Forschung verwendet.

Der Angeklagte wurde unter anderem wegen Vorteilsannahme angeklagt und durch das Landgericht Heidelberg schuldig gesprochen. Der BGH bestätigte in weiterer Folge den Schuldspruch wegen Vorteilsannahme gemäß § 331 dStGB; er qualifizierte die Zuwendungen der Medizintechnikfirma als Vorteil und sah auch die Unrechtsvereinbarung als gegeben an. Zwar bestand ein augenscheinliches Spannungsverhältnis zur Dienstpflicht des Arztes, nach dem baden-württembergischen Universitätsgesetz (wie auch anderen Gesetzen) Drittmittel für Forschung und Lehre einzuwerben. Der BGH löste dieses aber auf Tatbestandsebene auf und stellte fest, dass die Unrechtsvereinbarung nur dann ausgeschlossen werde, wenn es sich bei den Mitteln der Sache nach um Fördermittel handele und außerdem das im Drittmittelrecht vorgeschriebene Verfahren eingehalten werde. Da der Angeklagte im gegenständlichen Fall gerade nicht entsprechend den hochschulrechtlichen Vorschriften gehandelt hatte, sei der Schuldspruch nicht zu beanstanden. Die Entscheidung fand in Deutschland viel Beachtung und führte zur Entwicklung verschiedener Ansätze zur Hintanhaltung korruptionsstrafrechtlicher Berührungspunkte bei der Drittmitteleinwerbung.[1005]

Im Folgenden interessiert die Beurteilung entsprechender Fallkonstellationen nach den österreichischen Korruptionstatbeständen der §§ 304 ff StGB.[1006] Außer Betracht bleibt dabei eine mögliche Untreuestrafbarkeit des Arztes, etwa wenn bezogene Medizinprodukte über den Krankenversicherungsträger finanziert werden, dem die eingeworbenen Drittmittel nicht zufließen. Eine Strafbarkeit nach § 153a StGB kommt im Übrigen nicht in Betracht: Der Arzt nutzt die Mittel gerade für die krankenhausinterne Forschung und führt sie somit ab.[1007]

Zur Drittmitteleinwerbung im Gesundheitsbereich findet sich keine übergreifende bundesgesetzliche Regelung im KAKuG, lediglich einige Ausführungsgesetze der Länder sehen Bestimmungen zur Verwendung und Offenlegung von Dritt-

1005 Vgl insb *Höltkemeier*, Sponsoring 210 ff; *Lüderssen*, Zusammenarbeit 38 f.

1006 Zu bedenken sind überdies bestehende außerstrafrechtliche Regelungen, vgl etwa §§ 55a, 84 Abs 1 Z 20 AMG sowie § 108 MPG.

1007 Vgl zu dieser Bestimmung *Steiner*, RdM 2005, 133.

mitteln vor.[1008] Unabhängig von der lückenhaften gesetzlichen Verankerung ist die allgemeine Beschaffung der Mittel aus korruptionsstrafrechtlicher Sicht unbedenklich: Schließt ein Arzt für das Krankenhaus einen Drittmittelvertrag etwa mit einem Pharmaunternehmen, so steht den finanziellen Zuwendungen vertraglich vereinbart das Forschungsvorhaben gegenüber; aufgrund des rechtlichen Anspruchs aus dem Austauschverhältnis liegt kein Vorteil iSd Korruptionsstrafrechts vor.[1009] Davon abweichend wird die Anwendung der Korruptionsbestimmungen bei Drittmittelvereinbarungen mitunter in Ermangelung eines zwischen Vorteil und Amtsgeschäft bestehenden Konnexes ausgeschlossen. So würden die finanziellen Mittel nicht *für* das Forschungsvorhaben gewährt, sondern zur Ermöglichung eines solchen.[1010] Dieser vor allem in Deutschland vertretene Ansatz bietet aber speziell in den Fällen keine Lösung, in denen die Drittmittel die Durchführung einer spezifischen Forschungsarbeit als Werklohn abgelten; er ist folglich abzulehnen und die Strafbarkeit auf Ebene des Vorteilsbegriffs auszuschließen.[1011]

Zu beurteilen bleiben Sachverhaltskonstellationen, in denen Ärzte über Unternehmen nicht lediglich finanzielle Mittel für das Krankenhaus einwerben, sondern mit diesen Drittmittelvereinbarungen überdies Verträge über den Bezug der unternehmenseigenen Produkte koppeln. Während der BGH die Vorteilsqualität der Zuwendungen im Heidelberger Fall zweifelsfrei bejahte, erscheint dies im Lichte der §§ 304 ff StGB fraglich: Handelt ein Arzt im Rahmen der Privatwirtschaftsverwaltung mit einer Medizinproduktefirma den Bezug von bestimmten Produkten auf Basis eines Prämiensystems aus, aufgrund dessen umsatzabhängige Prämien an das Krankenhaus zurückfließen, so ist dies ein Teil der vertraglichen Vereinbarung. Dem Kaufpreis stehen somit die Produkte sowie die Rück-

1008 § 28 Wr KAG; § 35c NÖ KAG; § 54a StKAG.

1009 *Reindl-Krauskopf* in FS Fuchs 420; *Birklbauer*, RdM 2013, 226; anders *Bundesministerium für Justiz*, Fibel 38, hier werden Drittmittel aufgrund von § 26 UG 2002 als gesetzlich erlaubt iSd § 305 Abs 4 Z 1 Fall 1 angesehen, die grundsätzliche Vorteilsqualität aber nicht diskutiert; so auch *Messner* in 41. Ottensteiner Fortbildungsseminar 92; vgl auch *Hinterhofer*, ÖJZ 2009, 253-254; eine gesetzliche Erlaubnis ergäbe sich überdies etwa aus § 28 Wr KAG, § 35c NÖ KAG, § 54a StKAG.

1010 *Kindhäuser/Goy*, Zur Strafbarkeit ungenehmigter Drittmitteleinwerbung – Zugleich eine Besprechung von BGH – 1 StR 372/01 und BGH – 1 StR 541/01, NStZ 2003, 291 (293); *Heine/Eisele* in *Schönke/Schröder*, StGB[29] § 331 Rz 42; *Korte* in MüKoStGB[3] § 331 Rz 142; *Kuhlen*, JR 2003, 234; für Österreich vor dem StRÄG 2008 *Korn/Lagodny*, Drittmitteleinwerbung – strafbare Dienstpflicht auch in Österreich? in *Tag/Tröger/Taupitz* (Hrsg), Drittmitteleinwerbung – Strafbare Dienstpflicht? (2004) 123 (141).

1011 *Reindl-Krauskopf* in FS Fuchs 418.

vergütungen gegenüber, das vereinbarte Entgelt ist damit insgesamt geringer.[1012] Ein korruptionsstrafrechtlich relevanter Vorteil ist dagegen dann zweifelsfrei gegeben, wenn die Rückvergütungen nicht dem Krankenhaus selbst zukommen, sondern vom Arzt zu seinem persönlichen Vorteil außerhalb des Vertrages verwendet werden oder nach dem wahren Parteiwillen der Vornahme oder Unterlassung eines anderen vertragsfremden Amtsgeschäfts abzielen.

Problematisch sind Fälle, in denen die Rückvergütung nicht Teil der vertraglichen Bezugsvereinbarung bildet und damit nicht in das tatbestandsausschließende Austauschverhältnis einbezogen werden kann. Steht die Zuwendung außerhalb des Synallagmas, so bleibt zu klären, ob womöglich eine andere taugliche Rechtsgrundlage besteht; der OGH nannte in seine Schulfoto-Entscheidung[1013] exemplarisch Anspruchsgrundlagen des Bereicherungsrechts. Besteht weder ein zivilrechtlicher Vertrag über die Leistung, noch eine sonstige rechtliche Grundlage, so ist sie als Vorteil zu qualifizieren. Anders wäre dies dann, wenn die finanziellen Mittel keine Gegenleistung aus dem Beschaffungsvertrag, sondern Teil des Austauschverhältnisses einer unmittelbaren Drittmittelvereinbarung sind: Soll die Zuwendung vereinbarungsgemäß ein bestimmtes Forschungsvorhaben abgelten, so schließt dies die Vorteilsqualität aus. Dieser Ansatz bietet nicht nur einen Weg aus einer möglichen Strafbarkeit nach den Korruptionsdelikten, entsprechende Vereinbarungen sind auch praxisnah. So bestand etwa die Medizintechnikfirma im Heidelberger Fall darauf, dass die Gelder der Forschung der Universität oder einer zugehörigen Institution zukommen, nach ihrem Verwendungszweck handelte es sich damit klar um Drittmittel.

Allerdings ist für derartige Fallkonstellationen gerade charakteristisch, dass die finanzielle Zuwendung mit der Bezugsvereinbarung – wenn auch nicht rechtlich – gekoppelt wird. Letztlich ist das Ziel aus Unternehmensperspektive nicht primär die Förderung der Forschung, sondern das einer Bekanntheits- und Umsatzsteigerung. Demnach ist ein Vorteil iSd §§ 304 ff StGB gegeben: Die Zuwendung dient (auch) einem vertragsfremden Zweck, nämlich der Beschaffungsentscheidung des Amtsträgers. Die Entscheidung fällt idR in den Kreis der dem jeweiligen Arzt übertragenen Kompetenzen und somit in seinen amtsspezifischen Aufgabenbereich, sie ist daher ein Amtsgeschäft.[1014] Das Amtsgeschäft

---

1012 AA *Steiner*, RdM 2005, 138, nach dem Drittmittel nicht bestell- oder umsatzabhängig gewährt werden dürfen.

1013 OGH 6.6.2016, 17 Os 8/16d.

1014 Siehe zum Begriff des Amtsgeschäfts *Nordmeyer/Stricker* in WK^2 StGB § 304 Rz 12 ff; *Marek/Jerabek*, Korruption^{11} §§ 304-306 Rz 17; *Hauss/Komenda* in SbgK § 304 Rz 94 ff; *Hinterhofer/Rosbaud*, BT II^6 § 304 Rz 24; *Bertel/Schwaighofer*, BT II^{13} § 304 Rz 11.

ist als pflichtgemäß zu qualifizieren: Im öffentlichen Sektor gilt das Sachlichkeitsgebot, womit jede Parteilichkeit, in der nicht ausschließlich sachliche und rechtliche Gründe für eine Entscheidung herangezogen werden, die Pflichtwidrigkeit begründet.[1015] Auch Ermessensentscheidungen sind nach hM pflichtwidrig, wenn dem Vorteil Einfluss auf die Entscheidungsfindung eingeräumt wird.[1016] Im konkreten Fall ist der Vorteil zwar für die Ausübung des Ermessens von Bedeutung und idR sogar ausschlaggebend. Allerdings lässt sich der Arzt ausschließlich von wirtschaftlichen Kriterien zugunsten des Krankenhauses leiten, indem er das entsprechend günstigste Geschäft abschließt, aus dem zusätzlich Drittmittel lukriert werden können. In ähnlicher Weise stellte auch der OGH fest, dass das Ziel, der Anstellungsbehörde möglichst hohe Sponsoringeinnahmen zu verschaffen, nicht unsachlich ist. Letztlich kann ein Vertragsabschluss, der im Rahmen der Privatwirtschaftsverwaltung nicht mit dem Bestbietenden erfolgt, dem Amtsträger sogar als Untreue angelastet werden.[1017]

Für Bezugsentscheidungen kommt in Ermangelung der Pflichtwidrigkeit Strafbarkeit nach § 305 StGB in Frage, auf Seite des finanzierenden Unternehmens der spiegelbildliche § 307a StGB; neben den Tatbildelementen muss freilich auch die subjektive Tatseite erfüllt sein. Eine wichtige Eingrenzung kann sich, je nach Lagerung des konkreten Falles, aus dem Vorliegen eines nicht ungebührlichen Vorteils iSd § 305 Abs 4 Z 2 StGB ergeben.[1018] Werden die zugewendeten Mittel für die Realisierung eines Forschungsvorhabens verwendet, so kann dies als Förderung der Wissenschaft bzw der Gesundheitspflege iSd § 35 Abs 2 BAO und somit als gemeinnütziger Zweck gewertet werden. Ein Arzt, der sich die Zuwendung versprechen lässt bzw diese annimmt, ist ebenso wie das sponsernde Unternehmen straflos, das die Leistung anbietet, verspricht oder gewährt.

Letztlich zeigt sich ein dem deutschen BGH-Urteil im Heidelberger Fall im weiteren Sinne vergleichbares Ergebnis: Zwar ist nach österreichischer Rechtslage grundsätzlich keine verwaltungsrechtsakzessorische Auslegung vorzunehmen. Es kommt für die Strafbarkeit auch nicht darauf an, ob gegebenenfalls

---

1015 *Hauss/Komenda* in SbgK § 304 Rz 110; *Birklbauer*, RdM 2013, 229; ErläutRV 285 BlgNR XXIII. GP 12; *Marek/Jerabek*, Korruption[11] §§ 304-306 Rz 34; *Hinterhofer/Rosbaud,* BT II[6] § 304 Rz 28a; *Aichinger* in *Leukauf/Steininger*[4] § 304 Rz 8; *Reindl-Krauskopf/Huber*, Korruptionsstrafrecht 19.

1016 *Hauss/Komenda* in SbgK § 304 Rz 115; *Birklbauer*, RdM 2013, 229; *Hinterhofer/Rosbaud*, BT II[6] § 304 Rz 28a; *Reindl-Krauskopf/Huber*, Korruptionsstrafrecht 21; *Aichinger* in *Leukauf/Steininger*[4] § 304 Rz 8; *Marek/Jerabek*, Korruption[11] §§ 304-306 Rz 35; kritisch *Bertel/Schwaighofer*, BT II[13] § 304 Rz 12.

1017 *Schmitt*, ZWF 2016, 207.

1018 Vgl eingehend III. C. 2.8.

bestehende Vorschriften zur Drittmitteleinwerbung eingehalten werden. Das Vorliegen eines Vorteils knüpft nach dem herrschenden normativ geprägten Vorteilsbegriff aber an das Bestehen eines rechtlichen Anspruchs und damit idR an das Austauschverhältnis an. Schließt der Arzt einen zulässigen Vertrag über den Bezug bestimmter Produkte, so ist auch die damit vertraglich verbundene Einwerbung von Drittmitteln in Form von Rückvergütungen korruptionsstrafrechtlich nicht zu beanstanden. Wird eine Zuwendung hingegen nicht in das Austauschverhältnis einbezogen und besteht auch sonst keine taugliche Rechtsgrundlage, so ist sie – wenn sie nicht als nicht ungebührlich iSd § 305 Abs 4 StGB qualifiziert werden kann – korruptionsstrafrechtlich relevant.

6.2.2. Klinische Studien

Ein weiterer wichtiger Bereich von Pharmasponsoring betrifft klinische Studien, die von Ärzten für Arzneimittelhersteller durchgeführt werden. Klinische Studien sind Voraussetzung für die Zulassung von Arzneimitteln. Sie erfolgen, wenn relevante physikalische und chemische Daten oder biologische Eigenschaften sowie aussagekräftige Ergebnisse nichtklinischer Studien bereits vorliegen (§ 28 Abs 1 AMG),[1019] mit dem Ziel Wirkungen, Nebenwirkungen und dergleichen zu untersuchen (§ 2a Abs 1 AMG).[1020] Industrie und Ärzteschaft sind bei der Entwicklung neuer Arzneimittel auf eine Kooperation angewiesen: Da Herstellungsunternehmen oftmals selbst nicht die Möglichkeit haben, ihre entwickelten Arzneimittel klinisch zu prüfen, werden Ärzte damit beauftragt, die Studien vorzunehmen. Die Unternehmen stellen die finanziellen Mittel zur Verfügung und fungieren damit als „Sponsoren" iSd § 2a Abs 16 AMG. Die Vornahme klinischer Prüfungen ist auch im Krankenanstaltenrecht grundsätzlich anerkannt (§§ 8c Abs 1 Z 1, 26 Abs 1 Z 6 KAKuG).[1021] Es bleibt zu beurteilen, inwieweit derartige Zuwendungen korruptionsstrafrechtlich relevant sein können.

Klinische Studien werden je nach Adressatenkreis und Zielsetzung in unterschiedliche *Phasen* eingeteilt. So wird das Präparat in Phase I grundsätzlich an gesunden Personen angewendet, um Erkenntnisse über Wirkung und Nebenwirkung am menschlichen Organismus zu gewinnen. Phase II betrifft einschlägig Erkrankte, denen das Arzneimittel zum Nachweis der Wirksamkeit zugeführt wird; in Phase III soll die Wirksamkeit durch Anwendung an einer großen An-

---

1019 *Koenigshofer*, Arzneimittelrecht, in *Resch/Wallner* (Hrsg), Handbuch Medizinrecht[2] (2015) Rz 124.

1020 *Koenigshofer* in *Resch/Wallner* Rz 123.

1021 *Steiner*, RdM 2005, 137; vgl auch die Ausführungsgesetze der Länder (etwa § 15a Abs 1 Z 1 Wr KAG 1987).

zahl an Patienten bestätigt werden.[1022] Auch nach erfolgter Zulassung werden weitere Studien durchgeführt. Sog Phase IV-Studien untersuchen die Sicherheit des Präparats über einen längeren Zeitraum;[1023] neben klinischen Studien gibt es außerdem nicht-interventionelle Prüfungen („Anwendungsbeobachtungen"), im Rahmen derer Ärzte entgeltlich über ihre Erfahrungen mit bestimmten Arzneimitteln berichten. Dadurch sollen weitere Informationen gewonnen werden, etwa in Bezug auf Verschreibungsgewohnheiten oder unerwünschte Arzneimittelwirkungen.[1024] Gerade nicht-interventionelle Studien stehen oft im Verdacht, lediglich der Verdeckung einer reinen Prämienzahlung an Ärzte zu dienen.[1025]

Vordringliche Frage der korruptionsstrafrechtlichen Prüfung klinischer Studien ist die Qualifizierung des Entgelts als Vorteil iSd Korruptionsdelikte. Dazu kann auf die allgemeinen Ausführungen zum Vorteilsbegriff verwiesen werden: Soll mit der Zuwendung lediglich die vertraglich vereinbarte Leistung im Sinne eines Honorars des jeweiligen Arztes abgegolten werden, so schließt dies die Vorteilsqualität aus.[1026] In welcher Höhe die Studie vergütet wird, bestimmen die Vertragsparteien privatautonom, die Adäquanz der Leistungen hat bei der Beurteilung außer Betracht zu bleiben.[1027]

Studien über bereits zugelassene Präparate (insbesondere nicht-interventionelle Studien) dienen oftmals nicht der Gewinnung neuer wissenschaftlicher und praktischer Erkenntnisse, sondern verfolgen vordergründig eine andere Zielrichtung. Da – anders als bei sonstigen Studien – die Arzneimittel nicht vom Herstellungsunternehmen zur Verfügung gestellt, sondern von den Krankenhäusern erworben werden müssen, kommt es einerseits zu einer Verkaufssteigerung. Andererseits erlangen die Arzneimittel durch ihren Einsatz einen weiteren Bekanntheitsgrad; die Studien werden daher (auch) zu Marketingzwecken genutzt.[1028]

Letztlich handelt es sich bei derartigen Zuwendungen der Sache nach idR um Rückvergütungen – somit Preisminderungen – der entgeltlich erworbenen Arzneimittel, die allerdings nicht Teil der vertraglichen Vereinbarung bilden. Dient

---

1022 *Koenigshofer* in *Resch/Wallner* Rz 128.

1023 *Koenigshofer* in *Resch/Wallner* Rz 129.

1024 *Koenigshofer* in *Resch/Wallner* Rz 130; *Höltkemeier*, Sponsoring 206.

1025 *Steiner*, RdM 2005, 138.

1026 *Birklbauer*, RdM 2013, 226, der vor der Schulfoto-Entscheidung allerdings auf die Adäquanz abstellt; *Birklbauer* in *Resch/Wallner* Rz 184; *Birklbauer*, JMG 2016, 7; vgl für Deutschland *Satzger*, ZStW 2003, 492, der die Strafbarkeit in Ermangelung einer unsachlichen Verknüpfung zur Dienstausübung ausschließt.

1027 Vgl III. C. 2.4.2.

1028 So *Höltkemeier*, Sponsoring 206.

das Entgelt entsprechend nicht der Abgeltung der Studie, steht es als Zuwendung außerhalb eines Austauschverhältnisses und ist daher als Vorteil zu qualifizieren. Behält sich der Arzt den Betrag nicht selbst, sondern führt ihn an das Krankenhaus ab, so liegt ein Drittvorteil vor.[1029]

Für eine Anwendung der Korruptionsdelikte bleibt die Verbindung zu einem Amtsgeschäft zu prüfen. Dies ist mit der Entscheidung und dem Erwerb der Arzneimittel gerade dieses Herstellerunternehmens gegeben. Da sich der Amtsträger bei seiner Entscheidung aber gerade aus sachlichen Gründen zugunsten des Krankenhauses leiten lässt, liegt ein pflichtgemäßes Amtsgeschäft vor und Strafbarkeit nach § 305 StGB kommt in Betracht.[1030] Auch hier muss geprüft werden, ob ein nicht ungebührlicher Vorteil iSd § 305 Abs 4 Z 2 StGB gegeben ist, weil die finanziellen Mittel etwa wissenschaftlichen Zwecken zugeführt werden sollen. Steht die Zuwendung in keinem Konnex zum Abschluss des konkreten Kaufvertrags mit dem Herstellerunternehmen, so kommt gegebenenfalls Strafbarkeit nach § 306 StGB in Betracht; wiederum ist zu beachten, ob es sich um einen nicht ungebührlichen Vorteil handelt.

Anzumerken ist, dass auch Beratungstätigkeiten von Ärzten für Pharmafirmen grundsätzlich korruptionsstrafrechtlich unbedenklich sind, wenn die Zuwendungen als Honorar und somit der vertraglich vereinbarten Leistungsabgeltung dienen.[1031]

6.2.3. Symposien, Kongresse, Fortbildungsveranstaltungen

Laufende Weiterbildung, etwa durch die Teilnahme an Fortbildungsprogrammen, ist im medizinischen Bereich von erheblicher Bedeutung. Sie gehört zu den Berufspflichten des Arztes und wurde mit der 2. ÄrzteG-Novelle[1032] in § 49 ÄrzteG ausdrücklich gesetzlich verankert. Den finanziellen Aufwand der typischerweise kostenintensiven Fortbildungen übernehmen oftmals Pharmafirmen, die ein klares Interesse an guter Zusammenarbeit mit der Ärzteschaft haben. Die Unterstützung beschränkt sich dabei häufig nicht einzig auf die Teilnahmegebühr, sondern beinhaltet Reisekosten, Unterkunft, Verpflegung und dergleichen. Die Pharmaunternehmen verfolgen damit verschiedene Zwecke. Wird am Kongress ein bestimmtes von ihnen hergestelltes Arzneimittel oder Medizinprodukt vorgestellt, so können die positiven Wirkungen und Vorteile des Präparates

1029 Im Anschluss an die Schulfoto-Entscheidung *Birklbauer*, JMG 2016, 6.

1030 Voraussetzung ist selbstredend auch das Vorliegen der subjektiven Tatbestandselemente.

1031 *Grimm* in *Pfeil/Prantner* 111.

1032 BGBl I 2001/110.

verbreitet sowie der Bekanntheitsgrad unter der Ärzteschaft gesteigert werden. Zugleich liegt die Befürchtung nahe, dass die teilnehmenden Ärzte in der Folge durch die Begünstigungen beeinflusst und womöglich dazu bewogen werden könnten, primär Produkte jener Firmen zu beziehen, die als Sponsoren der Fortbildungsveranstaltungen auftreten.

Aus korruptionsstrafrechtlicher Perspektive stellen derartige Einladungen grundsätzlich einen Vorteil dar:[1033] Sie erfolgen nicht im Rahmen eines Austauschverhältnisses, der Empfänger hat keinen rechtlichen Anspruch auf die Leistung und wird somit bessergestellt.[1034] Anders ist dies lediglich dann, wenn etwa der teilnehmende Arzt auf der Tagung selbst einen Vortrag hält oder eine andere Leistung erbringt, die von der Pharmafirma in Form eines Honorars abgegolten wird; das vertragliche Austauschverhältnis schließt die Vorteilsqualität aus.[1035]

Liegt ein Vorteil vor, ergibt sich auch in dieser Fallkonstellation eine wichtige Einschränkung der Strafbarkeit aus dessen Qualifizierung als *nicht ungebührlicher* Vorteil iSd § 305 Abs 4 StGB. Zu beachten ist schon Z 1 des Absatzes, die Vorteile betrifft, deren Annahme *gesetzlich erlaubt* ist. Im Zusammenhang mit der Einladung zu Fortbildungsveranstaltungen ist § 55a Abs 3 AMG einschlägig, der die Zulässigkeit der Übernahme von angemessenen Reise- und Aufenthaltskosten sowie Teilnahmegebühren gesetzlich anerkennt, wenn es sich um berufsbezogene wissenschaftliche Veranstaltungen handelt. Von der Bestimmung sind aber nur die zur Verschreibung oder Abgabe berechtigten Personen erfasst und die Zuwendungen auf den Hauptzweck der Veranstaltung begrenzt.[1036]

IdR dient die Teilnahme an Fortbildungsveranstaltungen wissenschaftlichen Zwecken und ist somit sachlich motiviert, sie ist folglich als nicht ungebührlicher Vorteil iSd § 305 Abs 4 Z 1 2. Fall StGB zu werten.[1037] Dies wird ins-

---

1033 AA *Birklbauer*, JMG 2016, 6 im Fall von Tagungen, die „in der Freizeit ohne dienstliche Verpflichtung" erfolgen; allerdings wird auch in einem solchen Fall idR ein Bezug zur dienstlichen Tätigkeit des Arztes und somit ein Vorteil gegeben sein.

1034 So auch *Grimm* in *Pfeil/Prantner* 108; vgl dazu III. C. 2.3, III. C. 2.4.

1035 *Grimm* in *Pfeil/Prantner* 109-110; *Hinterhofer*, ÖJZ 2009, 252.

1036 *Hinterhofer*, ÖJZ 2009, 253.

1037 *Birklbauer* in *Resch/Wallner* Rz 186; *Birklbauer*, RdM 2013, 227; *Aichinger* in *Leukauf/Steininger*[4] § 305 Rz 15; vgl auch *Marek/Jerabek*, Korruption[11] §§ 304-306 Rz 43b; *Jerabek*, SIAK-Journal 2013, 39; *Reindl-Krauskopf/Huber*, Korruptionsstrafrecht 25; *Schuschnigg*, Korruptionsstrafrecht Rz 154; mit Blick auf Universitäten *Reindl-Krauskopf/Birklbauer*, Leitlinien 8.

besondere durch Kenntnis und Einverständnis des Vorgesetzten indiziert;[1038] denkbar ist sogar eine Weisung hinsichtlich der Teilnahme an der Veranstaltung.[1039] Aber auch sonst ist zu prüfen, ob sich daraus ein Fortbildungswert ergibt, der in einem sachlichen Zusammenhang zur Tätigkeit des Arztes steht. Liegen die entsprechenden Voraussetzungen vor,[1040] so macht sich der Arzt nicht strafbar, wenn er sich einen solchen Vorteil versprechen lässt oder annimmt.

Zu beachten ist, ob auch das oftmals von Fortbildungsveranstaltungen beinhaltete Rahmenprogramm als nicht ungebührlich iSd § 305 Abs 4 Z 1 2. Fall StGB zu werten ist, insbesondere auch im Hinblick auf etwaige davon profitierende Familienangehörige und sonstige Begleitpersonen.[1041] Die Beurteilung ist einzelfallbezogen vorzunehmen; in den meisten Fällen wird es aber am gerechtfertigten Interesse für die Kostenübernahme fehlen: Anders als bei hohen politischen Repräsentanten, bei denen die Einladung auch von Begleitpersonen zu einem Staatsbankett zulässig ist, besteht an der Teilnahme von Angehörigen des Arztes am Begleitprogramm einer Fortbildungsveranstaltung wohl zumeist kein sachliches Interesse.[1042] Die Zulässigkeit des Rahmenprogramms ist nach hM allgemein auch daran zu bemessen, ob sich sein Umfang innerhalb der üblichen Bandbreite derartiger Zuwendungen befindet.[1043]

Liegt ein (ungebührlicher) Vorteil vor, knüpfen sich daran noch keine korruptionsstrafrechtlichen Konsequenzen. Erforderlich ist vielmehr ein Konnex zu einem pflichtgemäßen oder pflichtwidrigen Amtsgeschäft oder das Bestehen des Beeinflussungsvorsatzes iSd §§ 306, 307b StGB. Dies gilt selbst dann, wenn neben dem Arzt auch Familienmitglieder eingeladen werden oder die Einladung offenkundig Freizeitaktivitäten dient.[1044] Eine entsprechende Verbindung wäre

---

1038 *Hauss/Komenda* in SbgK § 305 Rz 57; *Reindl-Krauskopf/Birklbauer*, Leitlinien 8; *Bundesministerium für Justiz*, Fibel 41; *Marek/Jerabek*, Korruption[11] §§ 304-306 Rz 43b; *Marek/Jerabek/G.Marek*, Korruption 26; *Lewisch* in FS Raschauer 349.

1039 *Hauss/Komenda* in SbgK § 305 Rz 57; *Reindl-Krauskopf/Birklbauer*, Leitlinien 8.

1040 Vgl dazu III. C. 2.8.

1041 Vgl dazu III. C. 2.8.

1042 Vgl *Hauss/Komenda* in SbgK § 305 Rz 65; *Marek/Jerabek*, Korruption[11] §§ 304-306 Rz 43b; *Reindl-Krauskopf/Huber*, Korruptionsstrafrecht 24; *Birklbauer*, RdM 2013, 227, der letztlich auf die Geringfügigkeit abstellt; vgl auch *Birklbauer*, JMG 2016, 6, der die Übernahme von Aufenthaltskosten für den Partner im Fall von „in der Freizeit" erfolgten Tagungen nicht als Vorteil wertet.

1043 *Hauss/Komenda* in SbgK § 305 Rz 60; *Birklbauer*, RdM 2013, 227.

1044 Anders *Grimm* in *Pfeil/Prantner* 109: „Die großzügige Einladung der gesamten Familie zu Kost und Logis im Rahmen eines Kongresses ist daher ebenso verpönt wie die Einladung zu einem Segeltörn, auch wenn dieser im Anschluss an einen Koninsbesondere dann gegeben, wenn der betroffene Arzt Entscheidungen über den Bezug von Arzneimitteln oder Medizinprodukten zu treffen hat und sich in seinem Ermessen aufgrund der Zuwendungen zu Gunsten der sponsernden Pharmafirma leiten lässt.[1045]

Ist die Einladung zu einer Fortbildungsveranstaltung iSd Wissenschaft und Forschung erwünscht, so ist es zweckmäßig, sie nicht unmittelbar an den Arzt, sondern vielmehr an die übergeordnete Abteilung oder die Klinik zu richten.[1046] So kann eine Verbindung zur dienstlichen Tätigkeit des jeweiligen Arztes und damit die Anwendung der Korruptionsdelikte möglichst vermieden werden. Zu bedenken sind überdies die unabhängig von den korruptionsstrafrechtlichen Regelungen bestehenden außerstrafrechtlichen Verhaltensbestimmungen, die den Umgang mit Einladungen zur Teilnahme an Fortbildungsveranstaltungen und derartigen finanziellen Zuwendungen seitens der pharmazeutischen Industrie eigens regeln.[1047]

Schließlich bleibt darauf hinzuweisen, dass die korruptionsstrafrechtliche Beurteilung selbstredend nicht auf Einladungen zu Fortbildungsveranstaltungen beschränkt ist. Die gleichen Grundsätze gelten für jeglichen Zuwendungen seitens der pharmazeutischen Industrie, so etwa für Essenseinladungen, Werbegeschenke und dergleichen.[1048] Höflichkeitsgeschenke sowie Reklame, die von Unternehmen an die Ärzteschaft gewährt werden, sind vor allem auch auf ihre Ortsüblichkeit iSd § 305 Abs 4 Z 2 StGB zu prüfen. Selbst bei Vorteilsqualität sind sie wohl in den meisten Fällen als sozial üblich zu qualifizieren und nicht geeignet, den Anfütterungstatbestand zu erfüllen.[1049]

---

gress erfolgt. Die Annahme von derartigen Einladungen durch Klinikmitarbeiter würde jedenfalls zur Erfüllung der strafrechtlichen Korruptionstatbestände führen".

1045 Vgl *Bertel* in WK[2] StGB § 305 Rz 5, der gerade diesen Zusammenhang verneint und die Fortbildungsveranstaltung als Werbemittel der Pharmafirmen qualifiziert.

1046 *Grimm* in *Pfeil/Prantner* 108; dahingehend auch *Kind*, Ärzte zwischen Sponsoring und Korruption, RdM 2003, 15.

1047 Vgl etwa § 3 des Ärztlichen Verhaltenskodex der Österreichischen Ärztekammer bei der Zusammenarbeit mit der Pharma- und MedizinprodukteIndustrie sowie Artikel 7 des Pharmig-Verhaltenskodex in Kraft per 1.7.2007, letzte Änderung per 1.7.2015 in Kraft.

1048 *Grimm* in *Pfeil/Prantner* 112-113.

1049 *Grimm* in *Pfeil/Prantner* 113; *Hinterhofer*, ÖJZ 2009, 252; *Brandstetter/Glaser/Höcher/Singer*, ecolex 2009, 8; vgl *Reindl-Krauskopf*, JSt 2009, 53, welche derartige Geschenke als sozial-adäquat ansieht.

7. Anwendungsfall: Parteiensponsoring

Der Einsatzbereich von Sponsoring ist breit gefächert und hat neben klassischen Bereichen wie Sport, Kunst und Kultur längst auch die Politik erreicht. Für politische Parteien ist diese Entwicklung von Vorteil, eröffnet sich ihnen damit schließlich eine weitere Finanzierungsquelle. Zugleich wirft Parteiensponsoring eine Fülle an rechtlichen Fragen auf, dies insbesondere aus parteien-, verfassungs-, steuer- und strafrechtlicher Sicht, wobei allein im letztgenannten Bereich verschiedene Problemfelder denkbar sind. Im österreichischen Schrifttum blieben diese bisher – soweit ersichtlich – weitestgehend unbehandelt. Im Folgenden soll der Fokus auf die Erfüllung der Korruptionstatbestände beschränkt werden. Davor werden der Begriff des Sponsoring im Kontext der politischen Parteien sowie die dazu bestehenden parteienrechtlichen Grundlagen im Überblick näher beleuchtet.

7.1. Begriff

Finanzielle Zuwendungen, die Parteien von der Wirtschaft unter dem Titel des Parteiensponsoring gewährt werden, stehen oft von vornherein unter Korruptionsverdacht. Tatsächlich werden unter dem Begriff im allgemeinen Sprachgebrauch verschiedenste Sachverhalte verstanden, die zumeist kaum Berührungspunkte mit tatsächlichen Sponsoringvereinbarungen aufweisen und teilweise schlicht Parteispenden beinhalten.[1050] Medial wurden in der Vergangenheit insbesondere Fälle fälschlich als Parteiensponsoring bezeichnet, in denen es lediglich um die Zahlung hoher Geldbeträge an politische Parteien ohne relevante Gegenleistung ging, wobei das finanzierende Unternehmen darüber hinaus etwa Bewerber um ein Bauprojekt war, oder vergleichbare verpönte Zusammenhänge nahelagen.[1051]

Von solchen Konstellationen sind Zuwendungen zu unterscheiden, die zwar an politische Parteien erfolgen, tatsächlich aber als Sponsoring intendiert sind. Dies betrifft insbesondere Zahlungen seitens der Wirtschaft im Rahmen von Parteiveranstaltungen wie Parteitagen oder Kongressen. Dabei erhalten Unternehmen gegen Entgelt die Möglichkeit, bei einer solchen Veranstaltung an einem Stand mit ihren Produkten zu werben oder erbringen unentgeltlich unternehmenstypi-

---

1050 *Roßner*, Politiksponsoring in der Bundesrepublik, in *Morlok/Alemann/Streit* (Hrsg), Sponsoring – ein neuer Königsweg der Parteienfinanzierung? (2006) 69 (70).

1051 Vgl Haselsteiner: Strabag ging mit Partei-Anfragen „locker" um http://derstandard.at/1363709724204/Haselsteiner-Strabag-ging-mit-Partei-Anfragen-locker-um (abgefragt am 26.10.2018); auch die sog „part of the game"-Affäre wurde fälschlich als Parteiensponsoring bezeichnet Kärnten: Aus für russisches Hotelprojekt? Die Presse 2010/05/18.

sche Leistungen, etwa die Versorgung mit Speisen oder Getränken.[1052] Auch die kostenlose Nutzung unternehmenseigener Räumlichkeiten durch Parteien ist als Form des Parteiensponsoring denkbar, dies schließt wiederum die Präsentation der Firma und ihrer Produkte mit ein.[1053] Die finanzielle Zuwendung wird jedenfalls mit dem Ziel gewährt, dadurch Werbe- und Imageeffekte für das Unternehmen zu erreichen. Denkbar sind auch andere Verwertungsmöglichkeiten, beispielsweise ein vereinbarter Hinweis auf das Engagement durch die gesponserte Partei selbst. Sponsoren können durch derartige Vereinbarungen verschiedene Adressatenkreise ansprechen. Neben den politischen Funktionären kommen je nach Veranstaltungsart Journalisten und sonstige Berichterstatter sowie durch Medienberichte die breite Öffentlichkeit in Betracht.[1054] Außer diesen Fällen klassischen Parteisponsorings wurden in Deutschland überdies Fälle öffentlich kritisch diskutiert, in denen Sponsoren hohe Beträge für Einzelgespräche mit Spitzenpolitikern zahlten (vgl die „Rent-a-Sozi"-Affäre).[1055]

Die hier zugrunde gelegte Definition von Parteiensponsoring wird zum Teil nicht anerkannt, insbesondere in Deutschland bestehen abweichende Ansätze. Grundüberlegung ist dabei, dass sich von Sponsoringaktivitäten erhoffte Imageeffekte bei der Förderung politischer Parteien gar nicht einstellen könnten. So hätten Parteien in der Gesellschaft im Allgemeinen kein positives Ansehen, das sich Unternehmen zu Nutze machen könnten.[1056] Die Teilnehmer von Parteiveranstaltungen seien zudem eine inhomogene Gruppe und folglich als Adressaten einer Sponsoringbotschaft ungeeignet.[1057] Unternehmen würden mit ihren Zuwendungen – speziell im Rahmen gesponserter *fund raising dinners* – vielmehr eine

1052 *Heinig*, Sponsoring von Parteiveranstaltungen, JZ 2010, 485 (486); *Morlok*, Sponsoring – ein neuer Königsweg der Parteienfinanzierung? – Einführung in die Thematik, in *Morlok/Alemann/Streit* (Hrsg), Sponsoring – ein neuer Königsweg der Parteienfinanzierung? (2006) 9 (9); *Roßner* in *Morlok/Alemann/Streit* 75.

1053 *Morlok* in *Morlok/Alemann/Streit* 9; *Zögernitz/Lenzhofer*, Politische Parteien. Recht und Finanzierung (2013) § 2 PartG Rz 40.

1054 *Heinig*, JZ 2010, 486; vgl auch den Diskussionsbeitrag von CDU-Politiker *Winter* in *Morlok/Alemann/Streit* 128 f, der den Öffentlichkeitswert von Sponsoring betont.

1055 „Rent-a-Sozi" SPD arbeitet an Gesetz zum Partei-Sponsoring http://www.berliner-zeitung.de/politik/-rent-a-sozi--spd-arbeitet-an-gesetz-zum-partei-sponsoring-25198182 (abgefragt am 26.12.2018); *Fischer/Medick/Wittrock*, Rent-a-Rüttgers. Im Schattenreich des Sponsoring http://www.spiegel.de/politik/deutschland/rent-a-ruettgers-im-schattenreich-des-sponsoring-a-679865.html (abgefragt am 26.10.2018); vgl dazu III. C. 7.3.2.

1056 *Roßner* in *Morlok/Alemann/Streit* 73, mit Verweis auf eine Studie von TNS Infratest aus Jänner 2005.

1057 *Betzinger*, Sponsoring 141.

andere Zielsetzung verfolgen, nämlich eine Gelegenheit, mit hochrangigen Politikern und Amtsträgern in Kontakt zu treten – Parteiensponsoring sei schlicht das Erkaufen politischen Gehörs.[1058]

In ähnlicher Weise wird Parteiensponsoring zum Teil ganz grundsätzlich nicht als eigene Marketingstrategie anerkannt und Zuwendungen unter dieser Bezeichnung schlicht als Parteispende angesehen. So würden Parteien nicht gemeinnützigen Zwecken dienen, sondern rein nach Macht streben, sie seien somit als eigennützig einzustufen. Damit könne auch ihre finanzielle Unterstützung nicht mit dem Sponsoring von etwa Kunst und Kultur gleichgesetzt werden.[1059] Die Identifizierung eines Unternehmens mit einer politischen Partei würde letztlich nur dazu führen, Bevölkerungsgruppen auszuschließen, die sich ideologisch nicht mit dieser politischen Richtung verbunden fühlen. Letztlich sei mit Parteiensponsoring nur der finanzielle Vorteil der Partei gesichert. Es handele sich schlicht um eine Spende, die auch sonst (steuer-)rechtlich so zu qualifizieren sei.[1060]

Diese Ansätze blieben in Deutschland nicht unbestritten. Die Grundüberlegung, politische Parteien hätten eine prinzipiell negative Konnotation, wird mit Verweis auf ihre normative Wertschätzung abgelehnt, die sich aus Art 21 GG ergibt. Demgemäß könne sich durch politisches Engagement und die damit einhergehende Unterstützung des politischen Gemeinwesens sehr wohl ein Imagegewinn für Unternehmen ergeben.[1061] Darüber hinaus wird es als positiv und zielführend erachtet, dass die Öffentlichkeitswirkung bei Sponsoring von Parteienveranstaltungen auf die dort Anwesenden und damit auf die Sympathisanten der Partei beschränkt ist. Parteiensponsoring erlaubt folglich eine zielgerichtete Ansprache bestimmter Adressatenkreise in einer überwiegend nicht kommerziell übersättigten Umgebung.[1062]

Auch aus österreichischer Perspektive ist den diese Sponsoringform ablehnenden Ansätzen nicht zu folgen. Die Anerkennung von Parteiensponsoring ergibt sich schon bei Blick auf das PartG, welches den Begriff in § 2 neben Spenden und

1058 *Roßner* in *Morlok/Alemann/Streit* 74; so auch *Betzinger*, Sponsoring 143 ff, der Sponsoring als ein Mittel zur Teilnahme am politischen Prozess ansieht.

1059 *Ipsen*, Parteiensponsoring als Spende? in *Morlok/Alemann/Streit* (Hrsg), Sponsoring – ein neuer Königsweg der Parteienfinanzierung? (2006) 93 (97).

1060 *Ipsen* in *Morlok/Alemann/Streit* 98 f; abl *Heinig*, JZ 2010, 491 mwN; krit *Betzinger*, Sponsoring 158.

1061 *Heinig*, JZ 2010, 491.

1062 *Morlok* in *Morlok/Alemann/Streit* 14; dagegen krit gerade bzgl des Adressatenkreises *Betzinger*, Sponsoring 141.

Inseraten sogar gesetzlich aufnimmt. Die Bestimmungen über Sponsoring (und Inserate) wurden 2012 geschaffen. Sie waren nicht Teil der Regierungsvorlage zum PartG, sondern fanden erst im Zuge politischer Debatten im Nationalrat Eingang in das Gesetz,[1063] weshalb sich dazu auch keine entsprechenden Ausführungen in den Gesetzesmaterialien finden.[1064] Parteiensponsoring war aber – nicht nur in Österreich – bereits vor der gesetzlichen Verankerung als Finanzierungsquelle bekannt. Insbesondere in Deutschland wurden Fragen der Zulässigkeit und Einordnung im System des Parteiengesetzes rechtlich aufgearbeitet und diskutiert.[1065] Im Gegensatz zum deutschen Parteiengesetz, das bis heute keine gesetzliche Regelung bezüglich der Einnahmen aus Sponsoring vorsieht,[1066] haben sich derartige Fragestellungen in Österreich mit der Novellierung des PartG 2012 erübrigt.[1067]

Während Spenden nach ihrer Definition (§ 2 Z 5 PartG) ohne eine entsprechende Gegenleistung gewährt werden, umfasst der Begriff des Sponsoring Zahlungen, Sachleistungen oder lebende Subventionen von natürlichen oder juristischen Personen, die mit dem Ziel zugewendet werden, ihren Namen, ihr Erscheinungsbild, ihre Tätigkeiten oder ihre Leistungen zu fördern. Das PartG enthält eine exemplarische Aufzählung der Ausgestaltungsmöglichkeiten von Parteiensponsoring.[1068] Die wirtschaftliche Förderung des Unternehmens kann etwa dadurch erfolgen, dass „insbesondere bei Veranstaltungen Stände angemietet oder sonst das Logo oder der Firmenname, insbesondere auf Einladungskarten, Veranstaltungshinweisen oder im Rahmen von Veranstaltungen verwendet wird“. Veröffentlichungen in den Medien gelten indes nicht als Sponsoring (§ 2 Z 6 PartG). Das PartG folgt damit dem klassischen Sponsoringbegriff[1069] und erfasst Parteiensponsoring als eine strategische Möglichkeit für Unternehmen, ihre Leistungen einem breiten Adressatenkreis zu präsentieren und so ihren Bekanntheits-

1063 Vgl das stenographische Protokoll der 163. Sitzung S. 22 ff.

1064 *Eisner/Kogler/Ulrich*, Recht der politischen Parteien (2012) § 2 Rz 19.

1065 Vgl *Heinig*, JZ 2010, 485 ff.

1066 Eine Gesetzesänderung wird allerdings erwogen, vgl Deutscher Bundestag, Ds 18/10476; Grüne wollen das Parteiensponsoring regeln https://www.bundestag.de/dokumente/textarchiv/2016/ kw48-de-parteiensponsoring/482776 (abgefragt am 26.10.2018).

1067 Vgl *Lenzhofer*, Die Parteienfinanzierung in Österreich (2010) 7, der Parteiensponsoring vor der Novelle 2012 noch unter dem Begriff der Parteispende erwähnte.

1068 *Eisner/Kogler/Ulrich*, Recht der politischen Parteien § 2 Rz 19.; *Zögernitz/Lenzhofer*, § 2 PartG Rz 39.

1069 Vgl dazu Punkt I. B. 1.

grad zu steigern sowie kommunikative Effekte herbeizuführen, die letztlich ihr wirtschaftliches Fortkommen begünstigen sollen.[1070]

Jedenfalls erfordert Parteiensponsoring eine rechtsgeschäftliche Verbindung zwischen dem Sponsor und der Partei. Unterstützt ein Unternehmen zwar eine Partei direkt oder indirekt durch eine Bezugnahme auf parteipolitische Inhalte im Rahmen von Werbe- und Marketingmaßnahmen, ohne aber darüber eine rechtliche Vereinbarung getroffen zu haben, so fällt dies nicht unter den Begriff des Parteiensponsoring, wie er im Folgenden verwendet wird.[1071] Dies muss schon deshalb gelten, weil politische Parteien wohl nicht dazu veranlasst werden können, jedwede vereinbarungslose Unterstützung zu erfassen und anzuerkennen. Diese Auslegung entspricht auch der gesetzgeberischen Wertung, beziehen sich die in § 7 PartG geregelten Offenlegungspflichten betreffend Sponsoringeinnahmen doch ausdrücklich nach dem Gesetz nur auf *Vereinbarungen*, die nach dem 1. Juli 2012 geschlossen wurden (Vor § 7 PartG sowie § 16 Abs 2 leg cit).[1072]

Speziell in Deutschland findet sich in Ermangelung einer parteienrechtlichen Regelung von Sponsoring die Bestrebung, derartige Tätigkeiten deutlich von Parteispenden abzugrenzen. Dabei soll nicht schon ausreichen, wenn – wie für Sponsoring charakteristisch – zwei Leistungen mit Gegenseitigkeitscharakter vereinbart werden. Vielmehr ist selbst bei Bestehen eines Austauschverhältnisses zu prüfen, ob Leistung und Gegenleistung in einem offensichtlichen Missverhältnis zueinander stehen. Demgemäß ist die *Marktüblichkeit* der Leistungsbeziehung ausschlaggebend dafür, ob im jeweiligen Fall tatsächlich „echtes Sponsoring" vorliegt. Führt die Beurteilung zu einem negativen Ergebnis, ist der überschießende Teil der Zuwendung als Spende zu behandeln und folglich die dazu bestehenden Regelungen bezüglich der Transparenz, Spendenverboten und dergleichen anzuwenden.[1073]

Auch in Österreich wird aufgrund des befürchteten Missbrauchspotentials von Sponsoring mitunter gefordert, Zuwendungen auf das Vorliegen eines entspre-

---

1070 *Eisner/Kogler/Ulrich*, Recht der politischen Parteien § 2 Rz 19.; *Zögernitz/Lenzhofer*, § 2 PartG Rz 39.

1071 *Ipsen* in *Morlok/Alemann/Streit* 94.

1072 Zu dieser Frist krit *Gruber*, Parteienfinanzierung. Wie weit reichen Transparenz und Kontrolle in der österreichischen Rechtsordnung? (2015) 44.

1073 *Heinig*, JZ 2010, 490; Präsident des Deutschen Bundestages, DS 16/14140 S. 42; *Roßner*, in *Morlok/Alemann/Streit* 81 insofern widersprüchlich, als er ein „deutliches Mißverhältnis zwischen vertraglich vereinbarter Leistung und Gegenleistung" als Kennzeichen der Sponsoringfälle anführt.

chenden Äquivalenzverhältnisses kritisch zu prüfen.[1074] Sind Leistungen nicht betrieblich veranlasst und stehen sie zur Gegenleistung der Partei in keinem angemessenen Verhältnis, seien sie nicht als Sponsoringleistungen zu qualifizieren.[1075] Der Anteil der Zuwendung an die Partei, welcher den Wert der Gegenleistung übersteigt, sei als Spende zu qualifizieren.[1076]

Ob die Angemessenheit tatsächlich ein zweckdienliches materielles Kriterium für die Qualifikation einer Zahlung als Sponsoring darstellt, ist durchaus fraglich: Noch ohne auf die Schwierigkeiten der Feststellung einer marktüblichen Bandbreite des Wertes von Sponsoringvereinbarungen einzugehen,[1077] ist der Ansatz schon mit Blick auf den Wortlaut des PartG zu kritisieren. So stellt die Sponsoringdefinition in § 2 Z 6 PartG keineswegs auf ein „angemessenes Äquivalenzverhältnis" von Leistung und Gegenleistung ab. Ziel eines Angemessenheitskriteriums ist wohl außerdem nicht die Verhinderung hoher Sponsoringausgaben, sondern von Scheinkonstruktionen zur Umgehung der gesetzlichen Offenlegungspflichten von Spenden. Es sollte daher letztlich auf die wahre Intention hinter der Zuwendung ankommen, wobei ein krasses Missverhältnis zwischen Leistung und Gegenleistung sowie das Fehlen eines betriebswirtschaftlich durchdachten und strategisch geplanten Sponsoringkonzepts durchaus als Indizien dienen können. Liegt im Ergebnis eine Spende vor, knüpfen sich daran die entsprechenden rechtlichen Konsequenzen. Freilich ist auch eine solche Beurteilung im Grunde mit Unsicherheiten behaftet. Zweckmäßiger wäre daher eine Angleichung der Transparenzvorschriften de lege ferenda und insbesondere des Grenzbetrags von Sponsoring, Spenden und Inseraten sowie der Übernahme gewisser Sponsoringverbote.

Im Folgenden werden die parteienrechtlichen Grundlagen von Parteiensponsoring untersucht. Dabei soll keine eingehende Darstellung der Parteienfinanzie-

---

1074 *Sickinger* in *Bundesministerium für Inneres/Bundesamt zur Korruptionsprävention und Korruptionsbekämpfung* 40; *Sickinger*, Neue Regeln für Parteispenden von Unternehmen, Compliance-Praxis 3/2012, 26 (28); *Sickinger*, Neue Regeln für die Parteienfinanzierung, in *Khol/Ofner/Karner/Halper*, Österreichisches Jahrbuch für Politik 2012 (2013) 273 (282); differenzierend *Morlok* in *Morlok/Alemann/Streit* 20 f.

1075 *Sickinger* in *Karlhofer/Jeschke/Pallaver* 272; *Sickinger* in *Bundesministerium für Inneres/Bundesamt zur Korruptionsprävention und Korruptionsbekämpfung* 40; *Sickinger*, Compliance-Praxis 3/2012, 28; *Suppan/Pultar*, Praxishandbuch Parteiengesetz (2012) 21, die von einem „wertmäßig nachvollvollziehbaren Verhältnis" ausgehen.

1076 *Zögernitz/Lenzhofer*, Politische Parteien § 2 PartG Rz 37.

1077 Siehe dazu im Zusammenhang mit der Schadensberechnung nach § 153 StGB, II. B. 3.2.

rung in Österreich und ihren verfassungsrechtlichen Implikationen erfolgen. Vielmehr ist kurz auf die rechtliche Verankerung von Sponsoring als Finanzierungsquelle politischer Parteien auch im Zusammenhang mit den entsprechenden Regelungen der Parteispende einzugehen. Im Anschluss ist Parteiensponsoring auf seine korruptionsstrafrechtliche Relevanz zu prüfen.

7.2. Sponsoring im System der Parteienfinanzierung

Die Parteienfinanzierung erfolgt sowohl auf staatlicher, als auch privater Ebene. Auf staatlicher Seite ist § 3 PartG als Rechtsgrundlage der Förderung politischer Parteien für ihre Tätigkeit bei der Mitwirkung an der politischen Willensbildung hervorzuheben, der die Gebietskörperschaften zur Parteienförderung ermächtigt.[1078] Der letzte Satz der Bestimmung beinhaltet die Aufgabe des Bundesgesetzgebers, ein eigenes Bundesgesetz betreffend Fördermittel des Bundes für politische Parteien zu erlassen.[1079] Dies erfolgte mit dem Parteienförderungsgesetz 2012[1080] (PartFörG). Die Verfassungsbestimmung des § 3 PartG sieht einen Förderungsrahmen („Korridor“) für die Förderung politischer Parteien vor, die in einem allgemeinen Vertretungskörper vertreten sind.[1081] Allerdings bezieht sich die Regelung zum einen nur auf die Tätigkeit bei der politischen Willensbildung; eine anderweitige Mittelvergabe, wie Projektförderungen oder Förderungen im Rahmen der sozialen Arbeit, der Jugendarbeit, für Frauen, Seniorenarbeit oder einzelne Berufsgruppen, werden davon nicht erfasst.[1082] Zum anderen ist § 3 PartG auf die Förderung innerhalb der jeweiligen Gebietskörperschaft beschränkt. Die Länder haben in den von ihnen erlassenen Parteienförderungsgesetzen entsprechend einen weiteren Förderungsrahmen, der sich neben dem Land selbst auch auf die Mitwirkung der Parteien auf Bezirks- und Gemeindeebene bezieht.[1083] Auch Förderungen im Rahmen der Klubfinanzierung sind in die Obergrenze des § 3 PartG nicht einzurechnen.[1084]

Die staatliche Parteienfinanzierung ist begrenzt – eine Vollfinanzierung würde in die Unabhängigkeit der Parteien eingreifen und wäre nach verfassungsrechtlichen Prinzipien, insbesondere in Verbindung mit Art 1 B-VG sowie dem

1078 *Zögernitz/Lenzhofer*, § 3 PartG Rz 1.

1079 *Zögernitz/Lenzhofer*, § 3 PartG Rz 7.

1080 BGBl I 2012/57.

1081 Vgl für die Parteienförderung auf Bundesebene für nicht im Nationalrat vertretene Parteien § 1 Abs 3 PartFörG.

1082 ErläutRV 1782 BlgNR XXIV. GP 4.

1083 ErläutRV 1782 BlgNR XXIV. GP 4.

1084 *Eisner/Kogler/Ulrich*, Recht der politischen Parteien § 3 Rz 5.

Grundsatz des freien Mandats (Art 56 B-VG) unvereinbar.[1085] Als alternative Finanzierungsquelle sind daher private Zuwendungen erforderlich; dieser private Bereich erfasst neben Mitgliedsbeiträgen, parteieigenen wirtschaftlichen Tätigkeiten auch Spenden und insbesondere *Sponsoringeinnahmen*.[1086] Vor Schaffung der staatlichen Parteienförderung wurde im Übrigen rein auf private Mittel zurückgegriffen.[1087] Die private Parteienfinanzierung ist folglich seit jeher anerkannt und grundsätzlich nicht zu beanstanden, zeugen derartige Zuwendungen doch von der Bereitschaft zur politischen Mitbestimmung und demonstrieren die Verankerung politischer Parteien innerhalb der gesellschaftlichen Struktur.[1088] Zugleich birgt die private Parteienfinanzierung aber gewisse Gefahren in sich. So besteht die Befürchtung, dass die Zuwendung großer Geldbeträge aus der Wirtschaft an Parteien zur Einflussnahme auf die politische Willensbildung führen könnte und im Wesentlichen einem Machtkauf gleicht. In Konsequenz könnten sich Abhängigkeiten der staatlichen Akteure ergeben, wenn die Zuwendenden nicht (nur) ideologische Zielsetzungen verfolgen, sondern womöglich konkrete Vorteile aus ihrer Großzügigkeit erwarten.[1089]

Lange Zeit bestanden in Österreich keine ausreichenden parteienrechtlichen Vorschriften zum Ausgleich dieser Gefahrenlage.[1090] Erst das PartG 2012 brachte infolge langjährigen politischen und internationalen Drucks[1091] als Teil eines

1085 *Mantl*, Staatliche Parteifinanzierung und Bundesverfassung, ÖJZ 1969, 421 (427); *Wieser* in *Korinek/Holoubek*, ParteienG § 1 Rz 81; für Deutschland *Heinig*, JZ 2010, 487; vgl auch *Thienel*, Die Finanzierung politischer Parteien in Österreich, in *Manssen* (Hrsg), Die Finanzierung von politischen Parteien in Europa (2008) 49 (53).

1086 *Heindl*, Parteispenden: Transparenz versus Parteienfreiheit. Finanzkontrollbestimmungen für politische Parteien aus verfassungsrechtlicher und parteienrechtlicher Sicht, ZfV 2000, 370 (370); *Zögernitz/Lenzhofer*, Politische Parteien Rz 14; *Thienel* in *Manssen* 49; siehe auch *Lenzhofer*, Parteienfinanzierung 6 ff.

1087 *Lenzhofer*, Parteienfinanzierung 6.

1088 *Heindl*, ZfV 2000, 370.

1089 *Heindl*, ZfV 2000, 370.

1090 Zur Entwicklung siehe *Sickinger*, Reform der Parteienfinanzierung doch keine „mission impossible", in *Karlhofer/Jeschke/Pallaver* (Hrsg), Medienzentrierte Demokratien: Befunde, Trends, Perspektiven (2013) 261 (262 ff).

1091 Vgl GRECO, Dritte Evaluierungsrunde. Evaluierungsbericht Österreich. Strafbarkeit (SEV Nr. 173 und 191, Leitlinie 2). Angenommen von GRECO bei der 53. Vollversammlung (Straßburg, 5.-9. Dezember 2011); ErläutRV 1782 BlgNR XXIV. GP 2.

„Transparenzpakets“[1092] strengere Offenlegungspflichten, die neben Spenden und Inseraten insbesondere auch Einnahmen aus Sponsoring betreffen.[1093] Auf diese Weise sollte die Umgehung der Transparenzbestimmungen durch die Ausweisung einer Zahlung als Sponsoring verhindert werden.[1094] Politische Parteien – sowie in Verbindung mit § 13 PartG auch wahlwerbende Parteien – haben Art und Höhe ihrer Einnahmen und Ausgaben in einem jährlichen Rechenschaftsbericht offenzulegen (§ 5 PartG). Dies betrifft Parteien in all ihren Gliederungen selbst dann, wenn diese keine eigene Rechtspersönlichkeit besitzen.[1095] § 5 Abs 1 PartG gibt eine Struktur vor, welcher im Rechenschaftsbericht zu folgen ist. Der Bericht ist nach Abs 2 der Bestimmung von zwei unabhängigen Wirtschaftsprüfern zu prüfen.

§ 5 Abs 4 PartG enthält eine Aufzählung der Einnahmen- und Ertragsarten, die Parteien *zumindest* auszuweisen haben. Die Liste orientiert sich an international üblichen Offenlegungsbestimmungen, insbesondere finden sich zum deutschen Parteiengesetz Parallelen, das in § 24 Abs 4 und Abs 5 einen ähnlichen Katalog enthält, wobei der Begriff des Parteiensponsoring in Deutschland nicht ausdrücklich gesetzlich verankert ist.[1096] Nach § 5 Abs 4 Z 10 PartG sind die Einnahmen aus Sponsoring (und Inseraten) eigens anzugeben. Überdies ist dem Rechenschaftsbericht nach § 7 Abs 1 PartG in einer Anlage eine Liste beizufügen, die Auskunft über Name und Adresse von Sponsoren gibt, deren Zuwendungen in ihrer Gesamtheit 12.000 Euro übersteigen.

Zwar bezieht sich der Wortlaut des Gesetzes auf „Einnahmen“ aus Sponsoring, es ist aber davon auszugehen, dass neben direkten Zahlungen auch andere Sponsoringwerte umfasst sind. So sind Sachleistungen ebenso nach ihrem Marktwert zu bewerten, in die Gesamtsumme einzurechnen und bei Überschreitung des

---

1092 Dies beinhaltete überdies ein neues Lobbying- und Interessensvertretungs-Transparenz-Gesetz (LobbyG, BGBl I 64/2012), das Bundesgesetz, mit dem das Bezügebegrenzungs-BVG und das Unvereinbarkeitsgesetz geändert wurden (BGBl I 59/2012), das Medienkooperations- und –förderungs-Transparenzgesetz (MedKF-TG, BGBl I 125/2011) sowie das KorrStrÄG 2012 (BGBl 61/2012).

1093 *Eisner/Kogler/Ulrich*, Recht der politischen Parteien § 5 Rz 1; *Bußjäger*, Rechtsfragen zum neuen Parteienrecht, ÖJZ 2013, 643 (647).

1094 *Zögernitz/Lenzhofer*, § 7 PartG Rz 1; *Sickinger* in *Khol/Ofner/Karner/Halper*, Österreichisches Jahrbuch für Politik 2012 279.

1095 *Eisner/Kogler/Ulrich*, Recht der politischen Parteien § 5 Rz 3.

1096 *Eisner/Kogler/Ulrich*, Recht der politischen Parteien § 2 Rz 8; vgl auch das stenographische Protokoll der 163. Sitzung S. 22.

Grenzbetrags anzugeben.[1097] Dies gilt etwa im Fall von Speisen und Getränken, die im Rahmen einer Sponsoringbeziehung unentgeltlich zur Verfügung gestellt werden; kann kein Marktwert ermittelt werden, so ist ein Schätzwert anzunehmen.[1098] Sponsoringleistungen an Bund-, Landes- und Bezirksorganisationen sind zusammenzurechnen, Gemeindeorganisationen werden in der Bestimmung dagegen nicht genannt (§ 7 Abs 1 PartG). Die Offenlegungspflicht betrifft nach § 7 Abs 3 PartG nicht nur politische Parteien, sondern auch ihr Umfeld, wie etwa Abgeordnete, Wahlwerber und nahestehende Organisationen; letzterer Begriff wird in § 2 Z 3 PartG eigens definiert. Die Verpflichtung bezieht sich wohl nur auf Gliederungen, die eine eigene Rechtspersönlichkeit haben. Besteht keine eigene Rechtspersönlichkeit und somit keine Möglichkeit der Vertretung nach außen, ist die Partei selbst angehalten, der Offenlegungspflicht nachzukommen.[1099]

Die Bestimmungen zur Offenlegung von Spenden und Sponsoring unterscheiden sich augenscheinlich in ihrem Grenzbetrag, dessen Überschreitung die Transparenzpflicht begründet. Während Einnahmen aus Sponsoring erst ab 12.000 Euro offenzulegen sind, gilt dies im Fall von Spenden und Inseraten schon ab 3.500 Euro (§§ 6 Abs 4, 7 Abs 2 PartG). Die unterschiedliche Behandlung hinsichtlich der Wertgrenzen von Spenden und Sponsoring wird in den Materialien nicht näher begründet und ist Anlass für Kritik. Wurde Sponsoring gerade zur Hintanhaltung der Umgehung der Offenlegungsvorschriften eigens parteienrechtlich geregelt, scheint die höhere Wertgrenze wiederum ein Einfallstor zu sein und einen Anreiz dafür zu schaffen, Zuwendungen gleich ihres Wesens als Sponsoring auszuweisen.[1100]

In der Kritik an den Offenlegungsverpflichtungen ist die verschiedenartige Grundkonzeption von Sponsoring zu berücksichtigen, die – anders als im Fall von Spenden – eine Gegenleistung der Partei erfordert und ökonomischen Zielsetzungen folgt, wodurch im Grunde eine andere Ausgangslage besteht. Entschärfend könnte zusätzlich eingebracht werden, dass Sponsoring iSd PartG ja gerade darauf abzielt, den Namen und das Erscheinungsbild des Leistenden (teil-)öffentlich hervorzuheben, indem auf ihn als Sponsor hingewiesen wird. Da folglich für die Einordnung einer Zuwendung als Sponsoring per definitionem

1097 *Eisner/Kogler/Ulrich*, Recht der politischen Parteien § 7 Rz 2; *Zögernitz/Lenzhofer*, § 7 PartG Rz 4.

1098 *Zögernitz/Lenzhofer*, § 7 PartG Rz 4.

1099 *Eisner/Kogler/Ulrich*, Recht der politischen Parteien § 7 Rz 4.

1100 Krit *Gruber*, Parteienfinanzierung 92; siehe auch *Eisner/Kogler/Ulrich*, Recht der politischen Parteien § 7 Rz 1, die von einer „Zahlenmystik" der Wertgrenzen sprechen.

ein hohes Maß der Offenlegung konstitutiv ist, könnte die im Verhältnis zu Spenden höhere Wertgrenze als unproblematisch anzusehen sein.[1101] Freilich vermögen diese Hinweise auf das Sponsoringengagement die Transparenz nur sehr eingeschränkt zu wahren. Zum einen entscheiden die Vertragsparteien individuell darüber, ob und in welcher Form das Sponsoring publik gemacht wird. Zum anderen gibt ein solcher Hinweis weder Auskunft über Namen und Anschrift des Sponsors, noch über die Höhe seiner Zuwendungen. Darüber hinaus ist die Publizität des Parteiensponsoring oftmals auf Sympathisanten der Partei beschränkt, womit die Kontrolle nicht gewährleistet wird.[1102] In Konsequenz ist der Kritik bezüglich des im Vergleich zur Parteispende höheren Grenzbetrags beizupflichten. Dieser soll schließlich nicht dazu verleiten, Zahlungen, die ökonomisch als Spenden einzuordnen sind, unter dem Vorwand des Sponsoring zu gewähren.[1103]

Neben den Offenlegungspflichten sind außerdem die in § 6 Abs 6 PartG enthaltenen Spendenverbote zu beachten. Darunter fallen neben Spenden von parlamentarischen Klubs und Landtagsklubs unter anderem solche von öffentlich-rechtlichen Körperschaften und öffentlichen Unternehmen[1104] (§ 6 Abs 6 Z 3 und Z 5 PartG). Die Regelung bezieht sich zwar auf Spenden; es könnte aber überlegt werden, ob derartige Verbote analog auch auf Sponsoring anzuwenden sind und Sponsoringvereinbarungen folglich etwa mit öffentlichen Unternehmen iSd PartG nicht abgeschlossen werden dürfen. Da das PartG aber trotz der grundsätzlichen Regelung des Parteiensponsorings diesbezüglich gerade keine den Spendenverboten vergleichbare Bestimmung vorsieht, ist davon auszugehen, dass Sponsoringvereinbarungen auch mit denjenigen Personen und Organisationen abgeschlossen werden dürfen, von denen eine Spende gesetzlich nicht angenommen werden darf.[1105]

Angesichts des breiten Horizonts an Gestaltungsmöglichkeiten, der allgemein bei Sponsoringtätigkeiten und auch bei Parteiensponsoring besteht, ist das Fehlen von Sponsoringverboten im PartG wohl nicht unbedenklich. Im Grunde bestehen die Gefahren, denen durch die Spendenverbote entgegengewirkt werden soll, ebenso bei entsprechenden Sponsoringengagements. So zielt das Spenden-

---

1101 Vgl *Heinig*, JZ 2010, 488; *Morlok* in *Morlok/Alemann/Streit* 19.

1102 *Morlok* in *Morlok/Alemann/Streit* 19.

1103 Vgl *Heinig*, JZ 2010, 488.

1104 Gemeint sind Unternehmen, an denen die öffentliche Hand mit mindestens 25 % beteiligt ist.

1105 *Suppan/Pultar*, Praxishandbuch 47; in Bezug auf Inserate *Bußjäger*, ÖJZ 2013, 648; für Deutschland dagegen differenzierend *Heinig*, JZ 2010, 494; *Morlok* in *Morlok/Alemann/Streit* 19.

verbot im Zusammenhang mit Zuwendungen öffentlich-rechtlicher Körperschaften und staatlich beherrschter Unternehmen auch darauf ab, Umgehungen der staatlichen Parteienfinanzierung entgegenzuwirken.[1106] Überdies sind die finanziellen Mittel, die diesen Institutionen und Organisationen staatlich zugewendet werden, zweckgewidmet und sollen nicht zur Parteienförderung aufgewendet werden.[1107] Nicht zuletzt ergibt sich ein Spannungsverhältnis zur Konzeption der *freien politischen Partei*, die wesentlicher Bestandteil der politischen Ordnung und des freien, demokratischen Staates bildet; gerade diese verfassungsrechtlich verankerte Unabhängigkeit könnte folglich als gefährdet angesehen werden.[1108] Derartige Gefahren können sich aber auch bei groß angelegten Sponsoringengagements durch öffentlich-rechtliche Körperschaften und staatlich beherrschte Unternehmen ergeben. Erkennt man – trotz der prinzipiellen Zulässigkeit von Parteiensponsoring – das oftmals damit einhergehende Missbrauchspotential an,[1109] so wäre es zweckmäßig, auch die betreffenden Regelungen diesbezüglich auszubauen.

7.3. Korruptionsstrafrechtliche Beurteilung von Parteiensponsoring

Nimmt eine politische Partei finanzielle Mittel von Personen oder Organisationen entgegen den Bestimmungen des PartG an, so sind zunächst die dort geregelten außerstrafrechtlichen Sanktionen anzuwenden, die rechtliche Konsequenzen und insbesondere hohe Geldbußen vorsehen (§§ 10 ff PartG). Darüber hinaus bleibt zu prüfen, ob das Verhalten von strafrechtlicher Relevanz ist. Der Durchgriff des Strafrechts im Bereich der Parteienfinanzierung ist auch deshalb von Bedeutung, weil davon – anders als die Sanktionen des PartG – nicht nur der Empfänger, sondern auch der Zuwendende erfasst wird.[1110] Strafbarkeit ergibt sich selbstredend nicht automatisch aus dem Zuwiderhandeln gegen parteirechtliche Vorschriften, sondern bedarf einer eigenen Prüfung. Verbotene Parteienfinanzierung begründet folglich keinen eigenen Tatbestand, vermag aber bei

1106 *Eisner/Kogler/Ulrich*, Recht der politischen Parteien § 6 Rz 11; *Zögernitz/Lenzhofer*, § 6 PartG Rz 25, 27.

1107 *Morlok* in *Morlok/Alemann/Streit* 17.

1108 Vgl für Deutschland *Heinig*, JZ 2010, 494.

1109 *Sickinger*, Neue Regeln für die Politikfinanzierung, in *Bundesministerium für Inneres/Bundesamt zur Korruptionsprävention und Korruptionsbekämpfung* (Hrsg), Lobbying & Sponsoring (2012) 34 (36).

1110 *Gruber*, Parteienfinanzierung 132.

Vorliegen der jeweiligen Voraussetzungen allgemeine Straftatbestände zu erfüllen.[1111]

Liegt der Verdacht nahe, dass eine Zuwendung nicht als gewöhnliche Parteiförderung, sondern mit dem Ziel gewährt wurde, den Amtsträger im Hinblick auf ein bestimmtes Amtsgeschäft oder die zukünftige Zusammenarbeit gewogen zu stimmen, so kommt vor allem die Anwendung der Korruptionstatbestände in Betracht. Dabei interessiert speziell, unter welchen Voraussetzungen ein Vorteil iSd §§ 304-307b StGB vorliegt und wo folglich die Grenze zwischen zulässiger Parteienfinanzierung und strafbarer Einflussnahme auf politische Entscheidungsträger zu treffen ist (7.3.1.).[1112] Darüber hinaus ist die besondere Fallkonstellation des Abschlusses von Sponsoringverträgen über Gespräche mit hochrangigen Politikern korruptionsstrafrechtlich zu untersuchen (7.3.2.).

7.3.1. Parteiensponsoring als Vorteil iSd §§ 304 ff StGB

Mit dem KorrStrÄG 2012 wurden inländische Abgeordnete in vollem Umfang in den Amtsträgerbegriff einbezogen;[1113] sie sind damit Tatsubjekte der passiven sowie Tatobjekte der aktiven Korruptionsdelikte im öffentlichen Sektor. Weitere wesentliche Bedingung einer möglichen Strafbarkeit von Parteiensponsoring ist die Qualifizierung der Zuwendungen als Vorteil iSd §§ 304-307b StGB. Ein solcher liegt gemäß den allgemeinen Grundsätzen bei Konstellationen des klassischen Parteiensponsoring nicht vor, so etwa beim Sponsoring von Parteiveranstaltungen, bei dem im Gegenzug für die finanzielle Unterstützung die Möglichkeit gewährt wird, unternehmenstypische Produkte zu präsentieren. Die Sponsoringleistung erfolgt aufgrund einer vertraglichen Sponsoringvereinbarung im Hinblick auf eine Gegenleistung der Partei. Der rechtliche Anspruch und das Austauschverhältnis schließen die Vorteilsqualität aus. Ist die Leistung hingegen (auch) auf ein vertragsfremdes Amtsgeschäft gerichtet, so begründet sie einen korruptionsstrafrechtlich relevanten Vorteil.[1114]

Aus strafrechtlicher Perspektive kommt es im Rahmen des Austauschverhältnisses nicht auf ein adäquates Verhältnis zwischen Leistung und Gegenleistung an;[1115] dies muss auch für die strafrechtliche Beurteilung von Parteiensponsoring

1111 *Ulrich*, Von Parteien, ihrer Finanzierung und der Grenze zwischen moralisch Anstößigem und strafrechtlich Relevantem, RZ 2012, 49 (49); strafrechtliche Sanktionen für Umgehungen der Rechenschaftspflicht aber fordernd *Sickinger* in *Khol/Ofner/Karner/Halper*, Österreichisches Jahrbuch für Politik 2012 (2013) 273 (287).

1112 *Ulrich*, RZ 2012, 49.

1113 JAB 1833 BlgNR XXIV. GP 3.

1114 Vgl dazu allgemein III. C. 2.2.

1115 Vgl dazu III. C. 2.2.

gelten. Stellt man für die parteienrechtliche Qualifizierung von Sponsoring allerdings auf ein angemessenes Werteverhältnis ab,[1116] so könnte im Ergebnis eine Zuwendung nach dem PartG als Spende zu werten sein, während die Gegenleistung der Partei strafrechtlich hingegen sehr wohl zu berücksichtigen und die Vertragsbeziehung als Sponsoring zu qualifizieren wäre. Zu überlegen ist, ob die parteien- bzw strafrechtlich unterschiedliche Beurteilung derselben Zuwendung – auch mit Blick auf die Einheit der Rechtsordnung – geboten ist oder unter Berücksichtigung der strafrechtlichen Wertung auf die Prüfung der Marktüblichkeit der Sponsoringleistung übergreifend verzichtet werden kann.

Wird kein Sponsoringvertrag abgeschlossen und eine Zuwendung nicht im Hinblick auf Marketing- und Imageziele gewährt, sondern etwa lediglich als Sponsoring ausgewiesen, um die Transparenzvorschriften für Parteispenden zu umgehen, so liegt ökonomisch betrachtet eine Spende und ein korruptionsstrafrechtlich relevanter Vorteil vor. Ein solcher Vorteil könnte aber, so er auf der Grundlage des PartG ausdrücklich erlaubt ist, nicht ungebührlich iSd § 305 Abs 4 Z 1 1. Fall StGB sein. Ist dies zu bejahen, so liegt keine Strafbarkeit vor, wenn der Amtsträger den Vorteil – trotz Zusammenhangs mit einem pflichtgemäßen Amtsgeschäft (§ 305 StGB) oder vorliegenden Beeinflussungsvorsatzes (§ 306 StGB) – annimmt oder sich versprechen lässt. Der Sponsor selbst ist für das aktive Versprechen, Gewähren oder Anbieten korruptionsstrafrechtlich nicht zu belangen.

Sowohl Parteispenden als auch –sponsoring sind nach dem PartG ausdrücklich erlaubt. Ist eine Zahlung als Spende intendiert, wird sie zur Umgehung der Offenlegungspflichten aber unter dem Titel des Sponsoring gewährt, entspricht dies aber gerade nicht den parteienrechtlichen Grundlagen, die folglich keine taugliche Grundlage einer gesetzlichen Erlaubnis iSd § 305 Abs 4 Z 1 1. Fall StGB bieten: Erfolgt die Zuwendung nur einseitig, kann sie nicht als Parteiensponsoring nach § 2 Z 6 PartG qualifiziert werden, für das die Vereinbarung einer Gegenleistung konstitutiv ist. Demgegenüber könnte an die Regelungen zur Parteispende angeknüpft werden, die per definitionem einseitig sind (§ 2 Z 5 PartG) und zu deren Annahme Parteien nach § 6 Abs 1 PartG grundsätzlich ermächtigt sind.[1117] Allerdings könnte aus dem Wortlaut des § 6 Abs 1 PartG eine Einschränkung dieser Ermächtigung abgeleitet werden.[1118] So stellt die Regelung auf die Annahme von Spenden *nach Maßgabe* der folgenden Bestimmungen ab,

1116 *Sickinger* in *Karlhofer/Jeschke/Pallaver* 272; *Sickinger* in *Bundesministerium für Inneres/Bundesamt zur Korruptionsprävention und Korruptionsbekämpfung* 40; *Sickinger*, Compliance-Praxis 3/2012, 28.

1117 JAB 1844 BlgNR XXIV. GP 5.

1118 *Eisner/Kogler/Ulrich*, Recht der politischen Parteien § 6 Rz 2.

dazu zählen speziell die Offenlegungsverpflichtungen. Sieht man die Einhaltung der Transparenzbestimmungen als Bedingung für die Zulässigkeit der Spendenannahme, so liegt bei Zuwiderhandeln ein ungebührlicher Vorteil vor. Davon abweichend könnte die Formulierung des § 6 Abs 1 PartG aber ebenso als nachfolgende Verpflichtung ausgelegt und in Konsequenz auch eine nicht offengelegte Spende als parteiengesetzlich erlaubt angesehen werden.

Vor diesem Hintergrund interessiert weiterführend, ob eine ordnungsgemäß offengelegte Spende parteienrechtlich erlaubt und daher nicht ungebührlich iSd § 305 Abs 4 Z 1 1. Fall StGB ist, selbst wenn sie auf die Vornahme oder Unterlassung eines Amtsgeschäfts oder die sonstige zukünftige Beeinflussung der Amtsführung des Empfängers gerichtet ist. In diesem Zusammenhang ist eine Widersprüchlichkeit im PartG aufzuzeigen: Nach § 6 Z 10 PartG ist es verboten, Spenden von natürlichen oder juristischen Personen anzunehmen, die erkennbar in Erwartung oder als Gegenleistung eines bestimmten wirtschaftlichen oder rechtlichen Vorteils gewährt werden. Demgegenüber definiert § 2 Z 5 PartG eine Spende als Zahlung, Sachleistung oder lebende Subvention, die der Partei „ohne entsprechende Gegenleistung" zugewendet wird. In Konsequenz kann eine Leistung, die nicht einseitig, sondern im Hinblick auf einen bestimmten wirtschaftlichen oder rechtlichen Vorteil erfolgt, schon begrifflich keine Spende sein, womit auch das Spendenverbot des § 6 Z 10 PartG gegenstandslos zu sein scheint.

Zur Auflösung dieser Diskrepanz wird das Spendenverbot zum Teil als verschärfende Klarstellung darüber ausgelegt, dass derartige Zuwendungen nicht unter den Spendenbegriff fallen und jedenfalls unzulässig sind.[1119] Eine andere Ansicht knüpft an den Wortlaut der Spendendefinition in § 2 Z 5 PartG an, in dem auf das Fehlen einer „entsprechenden" Gegenleistung abgestellt wird. Damit würde folglich nicht jedwede im Austausch für eine Spende gewährte Leistung ausgeschlossen und das Spendenverbot nach § 6 Z 10 PartG demnach diejenigen Spenden erfassen, die in Erwartung eines *die Spende unangemessen übersteigenden* wirtschaftlichen oder rechtlichen Vorteil zugewendet würden.[1120] Für die korruptionsstrafrechtliche Beurteilung macht es letztlich keinen Unterschied, ob eine Zuwendung, die im Hinblick auf ein bestimmtes Amtsgeschäft oder die zukünftige Amtstätigkeit erfolgt, begrifflich keine Spende iSd PartG darstellt oder unter ein einschlägiges Spendenverbot fällt. In beiden Fällen besteht keine ausdrückliche gesetzliche Erlaubnis iSd § 305 Abs 4 Z 1 1. Fall StGB, der Vorteil ist jedenfalls ungebührlich.

1119 *Eisner/Kogler/Ulrich*, Recht der politischen Parteien § 6 Rz 17.

1120 *Gruber*, Parteienfinanzierung 8.

Neben dem Vorliegen eines Vorteils sowie den jeweiligen subjektiven Tatbestandsmerkmalen erfordert die Strafbarkeit nach einem Korruptionsdelikt einen Konnex zu einem konkreten pflichtgemäßen oder pflichtwidrigen Amtsgeschäft oder Beeinflussungsvorsatz iSd § 306 StGB. Dabei reicht es nicht aus, dass der Zuwendende die Partei in ihrer politischen Ausrichtung unterstützen möchte, sei es allgemein aufgrund der Parteiideologie, der investorenfreundlichen Politik oder ähnlichen Motiven.[1121] Derartige Gründe werden selbst bei der Nutzung von Parteiensponsoring als Kommunikationsinstrument oftmals neben wirtschaftlichen Zielsetzungen – etwa bei der Auswahl der zu sponsernden Partei – von Bedeutung sein; dies führt grundsätzlich noch nicht zum Vorliegen eines unzulässigen Konnexes. Schließlich soll mit den Korruptionstatbeständen nicht die demokratiepolitische Teilhabe hintangehalten werden, sondern die unerwünschte Einflussnahme im Sinne einer Bevorzugung von Individualinteressen.

Im Ergebnis schließt Parteiensponsoring iSd PartG das Vorliegen eines korruptionsstrafrechtlich relevanten Vorteils aus. Dies gilt unabhängig davon, ob die jeweiligen Offenlegungsverpflichtungen konkret eingehalten wurden. Demgegenüber erfüllen Parteispenden zwar prinzipiell den Vorteilsbegriff, die Strafbarkeit ist aber schon aufgrund der Qualifizierung als nicht ungebührlicher Vorteil iSd § 305 Abs 4 StGB, darüber hinaus auch in Ermangelung eines Konnexes zu einem Amtsgeschäft bzw des Beeinflussungsvorsatzes auszuschließen. Ist ein solcher Zusammenhang im konkreten Fall gegeben, so ist das Verhalten nicht nur strafrechtlich relevant, sondern im Übrigen auch mit Blick auf das Spendenverbot des § 6 Z 10 PartG unzulässig.

7.3.2. Sponsoringverträge über Gespräche mit Parteifunktionären

In Deutschland wurden in der Vergangenheit vermehrt Fälle medial aufbereitet, in denen Unternehmen unter dem Titel des Parteiensponsoring hohe Geldbeträge für Einzelgespräche mit Spitzenpolitikern und Regierungsmitgliedern zahlten („Rent-a-Sozi", „Rent-a-Rüttgers"-Affäre) – Korruptionsverdacht lag nahe.[1122] Auch infolge dieser Fälle wird seitens der politischen Parteien über eine gesetz-

1121 Vgl die Erwägungen des BGH in der Kremendahl-Entscheidung BGH 28.8.2007, 3 StR 212/07.

1122 Vgl „Rent-a-Sozi" SPD arbeitet an Gesetz zum Partei-Sponsoring http://www.berliner-zeitung.de/politik/-rent-a-sozi--spd-arbeitet-an-gesetz-zum-partei-sponsoring-25198182 (abgefragt am 9.1.2017); *Fischer/Medick/Wittrock*, Rent-a-Rüttgers. Im Schattenreich des Sponsoring http://www.spiegel.de/politik/deutschland/rent-a-ruettgers-im-schattenreich-des-sponsoring-a-679865.html (abgefragt am 9.1.2017).

liche Regelung diskutiert, die den Anwendungsbereich der für Parteispenden geltenden Transparenzvorschriften auf Parteiensponsoring erweitert.[1123]

Ohne die beim „Erkaufen" von Gesprächen mit Politikern bestehenden verfassungsrechtlichen Bedenken – speziell mit Blick auf die Konzeption der freien politischen Partei als Bestandteil der demokratischen Republik (§ 1 PartG, Art 1 B-VG) – zu erwägen,[1124] sind derartige Vereinbarungen schon in Anwendung der einfachgesetzlichen Bestimmungen des PartG problematisch. Zunächst stellt sich ganz grundsätzlich die einzelfallbezogen zu klärende Frage des konkreten Inhalts der Vereinbarung. Wird tatsächlich lediglich eine Gesprächsmöglichkeit „verkauft", so liegt kein Sponsoring iSd § 2 Z 6 PartG vor. Vergütet wird schließlich nicht der bloße Rundgang eines Parteifunktionärs auf einer gesponserten Veranstaltung und die mit seiner Anwesenheit verbundene Werbewirkung oder eine sonstige vergleichbare kommunikative Gegenleistung.

Die Vergütung der Möglichkeit zum Einzelgespräch begründet also kein Sponsoring, aufgrund des Gegenseitigkeitscharakters aber auch keine Spende iSd PartG. Selbst wenn die Geldleistung als Spende zu qualifizieren wäre, müsste das Spendenverbot des § 6 Abs 6 Z 10 PartG bedacht werden, das Spenden betrifft, die erkennbar in Erwartung oder als Gegenleistung eines bestimmten wirtschaftlichen oder rechtlichen Vorteils gewährt werden und das somit gerade die Beeinflussung des politischen Willens durch Zuwendungen hintanhalten soll.[1125] Freilich müsste jeweils konkret geprüft werden, ob das erkaufte Einzelgespräch auf die politische Einflussnahme abzielt. Darüber hinaus bezieht sich das genannte Spendenverbot nur auf *bestimmte* wirtschaftliche und rechtliche Vorteile und nicht schlicht auf politisches Wohlwollen.

Aus korruptionsstrafrechtlicher Perspektive liegt daher idR ein Vorteil vor: Steht der Zahlung eine Gesprächsmöglichkeit mit dem Ziel konkreter politischer Einflussnahme gegenüber, liegt kein tatbestandsausschließendes Parteiensponsoring iSd PartG vor. Auch eine solcherart zielgerichtete Parteispende ist nach § 6 Abs 6 Z 10 PartG unzulässig. Darüber hinaus liegt auch Beeinflussungsvorsatz iSd § 306 StGB bzw ein Konnex zu einem Amtsgeschäft nahe. Im Ergebnis sind Vereinbarungen über Einzelgespräche mit politischen Repräsentanten daher als korruptionsstrafrechtlich bedenklich zu qualifizieren. Ob tatsächlich nur das Gespräch vergütet werden soll oder etwa mit der Anwesenheit eines Parteifunk-

1123 Deutscher Bundestag, Ds 18/10476; *Rosenfelder*, Heute für Sie im Angebot: Politiker http://www.faz.net/aktuell/politik/inland/spd-plant-gesetzentwurf-zum-parteien sponsoring-14557850.html (abgefragt am 26.12.2018).

1124 Vgl dazu für Deutschland *Heinig*, JZ 2010, 492.

1125 *Zögernitz/Lenzhofer*, § 6 PartG Rz 28.

tionärs im Rahmen eines übergreifenden Sponsoringengagements eine höhere Werbewirkung erzielt werden soll, bliebt aber einzelfallbezogen zu prüfen.

8. Ergebnis

Korruptionsstrafrechtliche Risiken von Sponsoringtätigkeiten betreffen vor allem *Verwaltungssponsoring*, das sich begrifflich dadurch charakterisiert, dass entweder Sponsor oder Gesponserter dem staatlichen Sektor zuzurechnen sind (1.1.). Verwaltungssponsoring ist Teil der Privatwirtschaftsverwaltung; Sponsoringvereinbarungen zwischen Privaten und der öffentlichen Verwaltung sind grundsätzlich auch dann zulässig, wenn das jeweilige Materiengesetz keine entsprechende Regelung enthält (1.2.). Einschränkungen bestehen dann, wenn die staatliche Aufgabenerfüllung beeinträchtigt wird sowie im Fall von Sponsoringmaßnahmen, die in einem Spannungsverhältnis zur Unparteilichkeit, Objektivität und Sachlichkeit des Verwaltungshandelns stehen (1.2.3.).

Eine Sponsoringleistung ist dem normativ geprägten Vorteilsbegriff zufolge kein Vorteil, wenn der Empfänger einen aus einem Sponsoringvertrag resultierenden (rechtlichen) Anspruch auf die Leistung hat (2.3.). Dabei kommt es nicht auf ein adäquates Werteverhältnis der Leistungsbeziehung an: Ein Vorteil ist vielmehr dann gegeben, wenn die Zuwendung sachlich nicht (nur) auf die Vertragserfüllung, sondern (auch) auf einen vertragsfremden Zweck gerichtet ist. Zielt die Sponsoringleistung demnach nicht nur auf die Erlangung der Gegenleistung aus dem Vertrag ab, sondern auch auf ein Amtsgeschäft, das nicht Gegenstand des Vertrags ist, begründet dies einen Vorteil (2.4.). Auch der Vertragsabschluss als solcher kann ein Vorteil sein, wenn er zu einer Besserstellung des Empfängers führt (2.5.). Die Anstellungsbehörde des Amtsträgers ist als Dritter iSd Korruptionsdelikte zu qualifizieren. Ein Vorteil liegt demgemäß auch dann vor, wenn die Zuwendung vermittelt über den Amtsträger an die Behörde abfließt (2.7.).

Ein Vorteil ist in bestimmten Ausnahmefällen als *nicht ungebührlich* iSd § 305 Abs 4 StGB zu qualifizieren (2.8.). Dies gilt nach Z 1 zum einen in Fällen einer gesetzlichen Erlaubnis zur Annahme von Sponsoringleistungen sowie bei Vergabe von aus Sponsoringbeziehungen resultierenden Freikarten für Veranstaltungen, an deren Teilnahme der Amtsträger ein amtlich oder sachlich gerechtfertigtes Interesse hat. Z 2 erfasst außerdem Fälle des Kultur- und Soziosponsoring, in denen die Sponsoringleistungen einem gemeinnützigen Zweck iSd § 35 BAO zukommen und der Amtsträger auf die Verwendung keinen bestimmenden Einfluss ausübt. Lässt sich der Amtsträger einen nicht ungebührlichen Vorteil versprechen oder nimmt er ihn an, so scheidet eine Strafbarkeit nach §§ 305, 306 StGB selbst bei Verbindung zu einem pflichtgemäßen Amtsgeschäft bzw bestehendem Beeinflussungsvorsatz aus; entsprechendes gilt auch auf Seite des Leistenden.

Neben dem Vorliegen eines (ungebührlichen) Vorteils erfordert die Strafbarkeit nach einem Korruptionstatbestand außerdem einen Konnex zu einem pflichtgemäßen oder pflichtwidrigen (3.) Amtsgeschäft, im Fall der Anfütterung den Beeinflussungsvorsatz.

Vergibt ein Unternehmen aus einem Sponsoringvertrag resultierende Eintrittskarten zu einer Veranstaltung an Amtsträger, so ist im Rahmen der *Anfütterungstatbestände* (§§ 306, 307b StGB) – neben der Vorteilsqualität – der Beeinflussungsvorsatz zu prüfen. Dies erfolgt durch eine Gesamtbetrachtung aller relevanten Umstände; dazu zählen insbesondere die Kriterien der Plausibilität einer anderen Zielsetzung, die Stellung des Amtsträgers, die Berührungspunkte zu seiner dienstlichen Tätigkeit, die Transparenz der Vorgangsweise ebenso wie Art, Wert und Zahl der Vorteile (4.).

Im privaten Sektor können Sponsoringtätigkeiten § 309 StGB erfüllen (5.). Dazu ist – neben dem Tatsubjekt des Bediensteten oder Beauftragten eines Unternehmens – wiederum ein Vorteil erforderlich, der in Konnex zu einer pflichtwidrigen Rechtshandlung steht. Die Pflichtwidrigkeit orientiert sich am Innenverhältnis sowie an jenen wettbewerbsrechtlichen Außenpflichten, die auch auf die Interessen des Geschäftsherrn ausgerichtet sind. Der Vorteilsbegriff ist grundsätzlich gleich den Korruptionstatbeständen im öffentlichen Sektor auszulegen. Da der Geschäftsherr aber selbst kein Täter des § 309 StGB sein kann, ist er auch nicht als „Dritter" iSd Norm zu qualifizieren und ein ihm zugewendeter Vorteil nicht tatbestandsmäßig.

Im Fall von *Pharmasponsoring* ist in erster Linie zu prüfen, ob der betreffende Arzt Amtsträger iSd § 74 Abs 1 Z 4a StGB ist (6.1.). In vielen Fallkonstellationen begründet Pharmasponsoring keinen Vorteil: Koppelt ein Arzt eine Bezugsentscheidung vertraglich mit einer Vereinbarung über Drittmittel (6.2.1.), führt er gegen Entgelt eine klinische Studie durch (6.2.2.) oder erhält er für einen Vortrag im Rahmen eines medizinischen Kongresses ein Honorar (6.2.3.), so steht der synallagmatische vertragliche Anspruch jeweils einem korruptionsstrafrechtlich relevanten Vorteil entgegen. Liegt ein Vorteil iSd §§ 304 ff StGB vor, ergeben sich weitere Einschränkungen aus § 305 Abs 4 Z 1 2. Fall StGB.

Parteiensponsoring ist eine zulässige Form der Parteienfinanzierung. Die in § 2 Z 6 PartG aufgenommene Sponsoringdefinition schließt inhaltlich an den allgemeinen Sponsoringbegriff an und umfasst Zahlungen, Sachleistungen oder lebende Subventionen natürlicher oder juristischer Personen, die mit dem Ziel zugewendet werden, ihren Namen, ihr Erscheinungsbild, ihre Tätigkeiten oder Leistungen zu fördern; auf ein angemessenes Austauschverhältnis kommt es dabei nicht an (7.1.). Nach § 7 PartG gelten für 12.000 Euro übersteigendes Parteiensponsoring Offenlegungspflichten; es bestehen keine den Regelungen betreffend Spenden (§ 6 Abs 6 PartG) vergleichbare Sponsoringverbote (7.2.). Parteiensponsoring, beispielsweise im Rahmen von Parteitagen oder sonstigen Veranstaltungen, erfüllt nicht den korruptionsstrafrechtlichen Vorteilsbegriff (7.3.1.). Die Vergütung von Einzelgesprächen mit Politikern fällt nicht unter den Sponsoringbegriff und begründet einen Vorteil. Einzelfallbezogen bleibt zu prüfen, ob eine Verbindung zu einem Amtsgeschäft respektive Beeinflussungsvorsatz besteht (7.3.2.).

IV. Verbandsverantwortlichkeit

Beurteilt man den Sachverhalt der Sponsoring-Entscheidung des OGH nach heutiger Rechtslage und wäre der angeklagte Obmann des Sportvereins „U.-Basketball“ aufgrund des Vorliegens eines Vermögensschadens wegen Beteiligung an der Untreue strafbar, so stellt sich die Frage, ob nicht darüber hinaus der Sportverein als solcher strafrechtlich zu belangen wäre. Ähnliches könnte auch in anderen Beispielen zu untreuerelevanten Sponsoringvereinbarungen überlegt werden: Verleitet etwa der Präsident eines in Verruf geratenen Fußballvereins den Machthaber eines Unternehmens zu einem missbräuchlichen Sponsoring, kommt neben der individuellen Strafbarkeit auch eine Verantwortlichkeit des Verbandes in Betracht.

Auch im Zusammenhang mit der Verwirklichung der Korruptionstatbestände durch Sponsoring ist zu erwägen, ob nicht ebenso ein hinter dem Täter stehender Verband für das strafbare Verhalten einstehen muss. So beispielsweise im Hinblick auf ein Unternehmen, dessen Entscheidungsträger aus Sponsoringtätigkeiten stammende Eintrittskarten zu einer Sportveranstaltung zum Anfüttern von Amtsträgern verwendet oder auch auf die öffentliche Verwaltung, wenn sich ein Amtsträger einen überschießenden Geldbetrag aus einem Sponsoringvertrag als Gegenleistung für die Vornahme eines pflichtwidrigen Amtsgeschäfts versprechen lässt (§ 304 StGB). Schließlich könnte womöglich auch ein Krankenhaus strafrechtlich zur Verantwortung gezogen werden, wenn sich eine bedienstete Ärztin im Rahmen von Pharmasponsoring persönliche Vorteile einbehält und im Gegenzug Beschaffungsentscheidungen zugunsten der leistenden Firma fällt.

Vor diesem Hintergrund ist sowohl bei der Untreue durch Sponsoringtätigkeiten (A.) als auch bei der Erfüllung eines Korruptionstatbestandes (B.) neben der Strafbarkeit des individuellen Täters zusätzlich die Verantwortlichkeit eines Verbandes nach dem Verbandsverantwortlichkeitsgesetzes[1126] (fortan: VbVG) zu prüfen, dem die Straftat womöglich zugerechnet werden kann.

A. Verbandsverantwortlichkeit bei untreuerelevanten Sponsoringtätigkeiten

Die Verbandsverantwortlichkeit bei Untreue durch Sponsoringtätigkeiten betrifft nicht die juristische Person, welcher der Machthaber zugehörig ist: So verlangt § 3 VbVG als Zurechnungskriterium, dass die Tat zu Gunsten des Verbandes

---

1126 Bundesgesetz über die Verantwortlichkeit von Verbänden für Straftaten BGBl I 2005/151.

C. Ifsits, *Strafrechtliche Risiken des Sponsoring*, Juridicum – Schriftenreihe zum Strafrecht, https://doi.org/10.1007/978-3-658-25665-4_4

begangen wurde oder dabei Pflichten verletzt wurden, die den Verband treffen. Zwar können im Rahmen des § 153 StGB den Verband treffende Pflichten verletzt werden. Da sich die Untreue des Machthabers aber gegen die Interessen seines Verbandes (des Machtgebers) richtet, kann dieser entsprechend nicht zur Verantwortung zu ziehen sein.[1127] § 3 VbVG soll idS (auch) dazu dienen, die Verbandsverantwortlichkeit für Taten auszuschließen, die von einem Entscheidungsträger zwar mit Bezug zu seiner Tätigkeit im Verband begangen werden, im Rahmen derer der Verband allerdings als Opfer zu qualifizieren ist (Opferkriterium).[1128]

Ist an der Untreue des Machthabers auch ein Vertreter des Sponsoringobjekts beteiligt und somit nach §§ 12, 153 StGB zu belangen, ist eine Verbandsverantwortlichkeit der ihm zugehörigen juristischen Person möglich. Das – freilich erst 2006 und somit geraume Zeit später in Kraft getretene – VbVG wäre daher auch im Rahmen der Sponsoring-Entscheidung des OGH zu beachten gewesen, die schließlich die Strafbarkeit des Vereinsobmannes als Beteiligter an der Untreue betraf. Ein (Sport-) Verein ist als juristische Person des Privatrechts ein Verband iSd § 1 Abs 2 VbVG.[1129] Ist der an der Untreue Beteiligte im Verein leitend tätig, so ist er entweder als Teil des Vereinsvorstandes ein Vorstandsmitglied iSd § 2 Abs 1 Z 1 VbVG oder verfügt über eine vergleichbare Vertretungsbefugnis. Somit ist er jedenfalls *Entscheidungsträger* iSd VbVG.[1130]

Wesentliche Voraussetzung der Verbandsverantwortlichkeit ist die Zurechnung der individuellen Straftat zum Verband. Dazu bestehen nach § 3 Abs 1 VbVG zwei alternative Möglichkeiten, von denen bereits eine als Bezug ausreicht.[1131] Nach § 3 Abs 1 Z 1 VbVG ist der Verband für Taten verantwortlich, die zu seinen Gunsten begangen werden; die Z 2 stellt hingegen darauf ab, ob durch die Tat verbandsbezogene Pflichten verletzt wurden. Mit dem Abschluss des Spon-

---

1127 ErläutRV 994 BlgNR XXII. GP 22; *Hilf/Zeder* in WK² VbVG § 3 Rz 19; *Boller*, Die strafrechtliche Verantwortlichkeit von Verbänden nach dem VbVG (2007) 158; *Hinterhofer*, Die strafrechtliche Verantwortlichkeit von Gemeindeverbänden nach dem VbVG, RFG 2007, 178 (180).

1128 ErläutRV 994 BlgNR XXII. GP 22; *Hilf/Zeder* in WK² VbVG § 3 Rz 19; *Steininger*, Verbandsverantwortlichkeitsgesetz² (2018) 5/23; *Boller*, Verantwortlichkeit 158.

1129 *Hilf/Zeder* in WK² VbVG § 1 Rz 9; *Boller*, Verantwortlichkeit 104; *Steininger*, Verbandsverantwortlichkeitsgesetz² 2/5.

1130 *Hilf/Zeder* in WK² VbVG § 2 Rz 6, 10; *Steininger*, Verbandsverantwortlichkeitsgesetz² 3/6 f; *Boller*, Verantwortlichkeit 132.

1131 *Hilf/Zeder* in WK² VbVG § 3 Rz 6-7; *Steininger*, Verbandsverantwortlichkeitsgesetz² 5/2.

soringvertrags bzw der Zuführung der Sponsoringleistung an den Verein, kommt diesem ein wirtschaftlicher Vorteil zu.[1132] Die Tat wurde folglich aufgrund der Bereicherung des Verbandes zu seinen Gunsten begangen und kann diesem im Rahmen des VbVG zugerechnet werden.

Der Verband ist nach § 3 Abs 2 VbVG nur für Straftaten eines Entscheidungsträgers verantwortlich, die von diesem rechtswidrig und schuldhaft begangen wurden. Auf die Täterschaftsform (§ 12 StGB) kommt es dabei ebenso wenig an, wie auf die Deliktsvollendung (§ 15 StGB).[1133] Der Täter muss bei der Tat in seiner leitenden Funktion als Entscheidungsträger handeln („als solcher");[1134] dies wird im Fall von Sponsoring idR gegeben sein. Liegen die Voraussetzungen vor, leitet sich die Verantwortlichkeit des Verbandes unmittelbar aus der Straftat des Entscheidungsträgers ab, sie ist idS akzessorisch.[1135] Eine weitere Sorgfaltswidrigkeit des Verbandes selbst – etwa ein Auswahlverschulden oder fehlende Überwachungsmaßnahmen – wird hingegen nicht verlangt; es wird vielmehr unwiderleglich angenommen, dass der Verband seine Sorgfaltspflichten verletzt hat.[1136]

Sind die Elemente einer Verbandsverantwortlichkeit gegeben, so ist eine Verbandsgeldbuße zu verhängen (§ 4 VbVG). Die Verantwortlichkeit des Verbandes tritt neben die strafrechtliche Haftung des individuellen Entscheidungsträgers.[1137]

1132 *Hilf/Zeder* in WK² VbVG § 3 Rz 8; *Tipold* in Berufssportrecht VII 69; *Boller*, Verantwortlichkeit 159; *Kert/Komenda* in *Kalss/Kunz* Rz 39; *Steininger*, Verbandsverantwortlichkeitsgesetz² 5/3.

1133 ErläutRV 994 BlgNR XXII. GP 21; *Hilf/Zeder* in WK² VbVG § 3 Rz 24; *Boller*, Verantwortlichkeit 165; aA betr das Erfordernis der Deliktsvollendung *Steininger*, Verbandsverantwortlichkeitsgesetz² 5/39.

1134 ErläutRV 994 BlgNR XXII. GP 22; *Hilf/Zeder* in WK² VbVG § 3 Rz 29; *Boller*, Verantwortlichkeit 166 f; *Steininger*, Verbandsverantwortlichkeitsgesetz² 5/28.

1135 ErläutRV 994 BlgNR XXII. GP 22; *Hilf/Zeder* in WK² VbVG § 3 Rz 31; *Tipold* in Berufssportrecht VII 69; *Boller*, Verantwortlichkeit 164.

1136 ErläutRV 994 BlgNR XXII. GP 22; *Hilf/Zeder* in WK² VbVG § 3 Rz 31; *Tipold* in Berufssportrecht VII 69; *Tipold*, Zurechnung fremden Verhaltens – Vertrauensgrundsatz, Compliance und Verbandsverantwortlichkeit, in *Reindl-Krauskopf/Zerbes/Brandstetter/Lewisch/Tipold* (Hrsg), Festschrift für Helmut Fuchs (2014) 595 (603); *Tipold*, Compliance als Schutz vor Verbandsverantwortlichkeit? ALJ 2016, 90 (93).

1137 ErläutRV 994 BlgNR XXII. GP 23; *Hilf/Zeder* in WK² VbVG § 3 Rz 51; *Tipold*, ALJ 2016, 92; *Hinterhofer*, RFG 2007, 178.

B. Verbandsverantwortlichkeit bei korruptionsstrafrechtlich relevanten Sponsoringtätigkeiten

Die Verbandsverantwortlichkeit kann an jede mit gerichtlicher Strafe bedrohte Handlung anknüpfen (§ 1 Abs 1 VbVG), der Bereich der Straftatbestände ist uneingeschränkt.[1138] Eine Verantwortlichkeit kommt daher auch im Zusammenhang mit einem Korruptionsdelikt in Betracht; dies gilt sowohl auf aktiver, als auch auf passiver Seite, im öffentlichen, wie auch im privaten Sektor. Leistet etwa ein Entscheidungsträger eines Verbands iSd VbVG unter dem Vorwand des Verwaltungssponsoring Bestechungsgelder an einen Amtsträger, um diesen zu einem für den Verband vorteilhaften aber pflichtwidrigen Amtsgeschäft zu bewegen (§ 307 StGB), so begeht er die Straftat zu dessen Gunsten.[1139] Der Verband ist folglich für die rechtswidrig und schuldhaft begangene Tat verantwortlich.

Für die Verantwortlichkeit nach dem VbVG auf Nehmerseite der Korruption im öffentlichen Sektor ist vordergründig relevant, ob es sich bei der juristischen Person, welcher der empfangende Täter zugehörig ist, um einen Verband iSd VbVG handelt. Für den öffentlichen Sektor ist daher zu klären, ob der *Staat* für die Bestechlichkeit seiner Amtsträger entsprechend einstehen muss. Während im Ministerialentwurf zum VbVG vorgesehen war, dass Bund, Länder und Gemeinden zur Gänze aus dem Anwendungsbereich ausgenommen sein sollen,[1140] wurde diesem Ansatz letztlich nicht gefolgt. Nach § 1 Abs 3 Z 2 VbVG sind Bund, Länder und sonstige juristische Personen nur dann nicht als Verbände anzusehen, wenn sie in Vollziehung der Gesetze und somit *hoheitlich* handeln. Dies gilt für jede hoheitlich tätige juristische Person, somit auch für beliehene privatwirtschaftliche Unternehmen.[1141] Folglich fällt das Handeln einer Verwaltungsbehörde, soweit sie im Bereich der Privatwirtschaftsverwaltung in einer Sponsoringbeziehung steht, in den Anwendungsbereich des VbVG. Dies gilt ebenso für Gebietskörperschaften, die als Träger von Krankenanstalten fungieren.[1142] Kommt es daher im Zusammenhang mit Pharmasponsoring zu einer

---

1138 ErläutRV 994 BlgNR XXII. GP 16; *Hilf/Zeder* in WK^2 VbVG § 1 Rz 3; *Hinterhofer*, RFG 2007, 179; *Steininger*, Verbandsverantwortlichkeitsgesetz^2 4/1.

1139 *Tipold* in Berufssportrecht VII 77.

1140 ErläutRV 994 BlgNR XXII. GP 17; *Boller*, Verantwortlichkeit 118.

1141 *Steininger*, Verbandsverantwortlichkeitsgesetz^2 2/13; *Hilf/Zeder* in WK^2 VbVG § 1 Rz 23-25; *Boller*, Verantwortlichkeit 118; vgl auch *Hinterhofer*, RFG 2007, 179.

1142 Ausgenommen sind hoheitliche Tätigkeiten der Krankenanstalt; *Hinterhofer*, RFG 2007, 179; *Pilz*, Zur strafrechtlichen Verantwortung von Krankenanstalten nach dem neuen Unternehmensstrafrecht, RdM 2006, 102.

Strafbarkeit nach einem Korruptionsdelikt, ist auch hier die Verbandsverantwortlichkeit zu prüfen.

Neben der Qualifikation des Amtsträgers als Entscheidungsträger oder Mitarbeiter nach § 2 VbVG ist speziell das allgemeine Zurechnungskriterium der Tat zum Verband zu untersuchen. Wendet der Täter den empfangenen Vorteil seiner Anstellungsbehörde zu und liegt somit ein Drittvorteil[1143] vor, so kommt der Verwaltungseinheit ein wirtschaftlicher Vermögenswert zu. Die Straftat wird daher nach § 3 Abs 1 Z 1 VbVG zu ihren Gunsten begangen und die Verbandsverantwortlichkeit ist somit möglich. Handelt es sich um die Tat eines Entscheidungsträgers, muss diese lediglich rechtswidrig und schuldhaft begangen worden sein. Ist der Täter hingegen als Mitarbeiter der Behörde zu qualifizieren (§ 2 Abs 2 VbVG), ist neben dem tatbildentsprechenden rechtswidrigen Handeln[1144] zudem ein Organisationsverschulden eines Entscheidungsträgers erforderlich,[1145] das die Tatbegehung ermöglicht oder wesentlich erleichtert hat. In dieser Variante kommt es folglich darauf an, ob Entscheidungsträger die nach den Umständen gebotene und zumutbare Sorgfalt nicht eingehalten haben. Das Gesetz bezieht sich dabei ausdrücklich auf die Unterlassung wesentlicher technischer, organisatorischer und personeller Maßnahmen zur Tatverhinderung, dazu zählen beispielsweise Richtlinien, Schulungen und Überwachungsmaßnahmen.[1146]

Führt der Amtsträger den Vorteil nicht an seine Anstellungsbehörde ab, so kann die Straftat nicht nach § 3 Abs 1 Z 1 VbVG zugerechnet werden. Als zweites Zurechnungskriterium kommt die Verletzung von Verbandspflichten nach § 3 Abs 1 Z 2 VbVG in Betracht. Dabei gilt allerdings, dass keine generelle Pflicht des Verbandes besteht, Straftaten von Entscheidungsträgern und Mitarbeitern zu verhindern.[1147] Es wird daher bei einem passiven Korruptionsdelikt, das nicht im Interesse des Verbandes begangen wird, idR an einer verbandsbezogenen Pflicht mangeln, an die im Rahmen der Verbandsverantwortlichkeit angeknüpft werden kann. Letztlich begeht der Amtsträger die Straftat ausschließlich aus seinem

1143 Vgl III. C. 2.7.

1144 Vgl *Boller*, Verantwortlichkeit 169 ff; *Steininger*, Verbandsverantwortlichkeitsgesetz^2 5/39.

1145 Vgl *Boller*, Verantwortlichkeit 177 ff; *Tipold* in FS Fuchs 604; *Steininger*, Verbandsverantwortlichkeitsgesetz^2 5/42 ff.

1146 *Hilf/Zeder* in WK^2 VbVG § 3 Rz 41.

1147 ErläutRV 994 BlgNR XXII. GP 22; *Hilf/Zeder* in WK^2 VbVG § 3 Rz 16; *Kert/Komenda* in *Kalss/Kunz* Rz 40.

Privatinteresse an der Erlangung des Vorteils. Eine Verantwortlichkeit für derartige Exzesstaten ist nach dem VbVG aber nicht vorgesehen.[1148]

1148 *Hilf/Zeder* in WK^2 VbVG § 3 Rz 21.

V. Zusammenfassung der Ergebnisse

A. Strafbarkeit des Sponsors nach § 153 StGB

Verstößt der Machthaber eines Unternehmens bei einer Sponsoringentscheidung gegen eine interne Sponsoringrichtlinie, Handlungsanordnungen oder hält er vorgeschriebene Verfahrensschritte nicht ein, so ist der Rechtsakt unvertretbar iSd § 153 Abs 2 StGB. Betrifft der Pflichtenverstoß eine Regel, die dem Vermögensschutz des wirtschaftlich Berechtigten dient, und handelt der Machthaber entsprechend wissentlich, so begründet dies einen untreuerelevanten *Missbrauch* (II. A. 1.2.).

Bestehen keine konkreten Vorgaben und kommt dem Vertreter bei der Sponsoringentscheidung ein Handlungsspielraum zu, ist zunächst aus Perspektive des Zivil- bzw Gesellschaftsrechts zu beurteilen, ob eine Pflichtverletzung gegeben ist, an die der Befugnismissbrauch nach § 153 StGB akzessorisch anknüpft.

Sponsoring dient den langfristigen ökonomischen Interessen eines Unternehmens und ist somit nach seiner Grundcharakteristik mit dem Unternehmenswohl vereinbar (II. A. 2.1.2.). Für einen Pflichtenverstoß ist in einem ersten Schritt zu prüfen, ob die Erfordernisse der *Business Judgement Rule* (§ 25 Abs 1a GmbHG, § 84 Abs 1a AktG) eingehalten wurden. Ist dies der Fall, so ist die Entscheidung jedenfalls pflichtgemäß (II. A. 1.1.2.). Hat der Vertreter die Kriterien nicht eingehalten, ist seine Entscheidung anhand des allgemeinen Sorgfaltsmaßstabs zu beurteilen. Als Anhaltspunkte der sachlichen Ermessensgrenzen dienen dabei vor allem die Zielsetzungen des Sponsoring und die Relation zwischen der Höhe der eingesetzten Mittel und dem erwarteten Nutzen unter Berücksichtigung der finanziellen Lage des Unternehmens (II. A. 2.2.). Erst ein *unvertretbarer* Gebrauch von Rechtsmacht iSd § 153 Abs 2 StGB ist Anknüpfungspunkt der Untreue (II. A. 1.2.). Der Missbrauch erfordert zudem einen Verstoß gegen eine Regel, die auf den Vermögensschutz des wirtschaftlich Berechtigten gerichtet ist, sowie als subjektives Element die Wissentlichkeit (§ 5 Abs 3 StGB) des Machthabers bezogen auf den Missbrauch (II. A. 1.3.).

Sponsoringausgaben begründen nicht als solche einen *Vermögensschaden* des Unternehmens. Vielmehr ist eine Gesamtsaldierung des Vermögensabflusses mit dem Wert des Sponsoringvertrags im Zeitpunkt seines Abschlusses vorzunehmen. Dabei sind insbesondere auch individuelle Schadensfaktoren zu berücksichtigen (II. B. 3.2.3.).

Im Fall von Untreue durch Sponsoring kommt eine *Verbandsverantwortlichkeit* nach dem VbVG nur für den Verband in Betracht, dem die Sponsoringleistung

C. Ifsits, *Strafrechtliche Risiken des Sponsoring*, Juridicum – Schriftenreihe zum Strafrecht, https://doi.org/10.1007/978-3-658-25665-4_5

zugeflossen ist und dessen Vertreter eine Beteiligung an der Untreue angelastet werden kann (IV. A.).

B. Korruptionsstrafrechtliche Risiken des Gesponserten

Verwaltungssponsoring ist als privatwirtschaftliche Tätigkeit grundsätzlich auch ohne besondere gesetzliche Regelung erlaubt (III. C. 1.2.), kann aber im Einzelfall abhängig vom Verwaltungsbereich und der konkreten geplanten Ausgestaltung der Sponsoringbeziehung unzulässig sein, wenn die staatliche Aufgabenerfüllung beeinträchtigt oder die Unparteilichkeit, Objektivität und Sachlichkeit der Verwaltung nicht mehr gewährleistet wird (III. C. 1.2.3.).

Wird ein gültiger Sponsoringvertrag abgeschlossen und im Hinblick auf dessen Erfüllung eine Leistung gewährt, auf die der Empfänger folglich einen rechtlichen Anspruch hat, so liegt grundsätzlich kein korruptionsstrafrechtlich relevanter Vorteil vor. Dies gilt ungeachtet dessen, ob der Vertrag ein nach marktüblichen Kriterien adäquates Austauschverhältnis begründet oder der Gesponserte eine idS überhöhte Leistung erhält. Anders ist dies in letzterem Fall allerdings dann, wenn die Sponsoringleistung nicht (nur) auf das Austauschverhältnis, sondern (zumindest auch) auf einen vertragsfremden Zweck – so ein *anderes* als das vertraglich vereinbarte Amtsgeschäft – gerichtet ist; in einer solchen Konstellation ist ein Vorteil iSd §§ 304 ff StGB gegeben (III. C. 2.4.2.). Ein objektiv unausgewogenes Vertragsverhältnis bildet neben sonstigen Umständen ein Indiz dafür, dass die Parteien den Vertrag zum Schein abschließen, respektive ein anderes Geschäft verbergen wollten oder ein vertragsfremder Zweck besteht (III. C. 2.4.2.).

Schon der *Vertragsabschluss* als solcher kann einen korruptionsstrafrechtlich relevanten Vorteil begründen, wenn er mit einer Besserstellung des Amtsträgers verbunden ist (III. C. 2.5.).

Die Anstellungsbehörde des Amtsträgers ist möglicher „Dritter" iSd Korruptionstatbestände. Ein an die Behörde fließender Vorteil ist demnach tatbildlich (III. C. 2.7.).

Werden aus einem Sponsoringengagement resultierende Freikarten für Veranstaltungen an Amtsträger vergeben und begründen die Freikarten einen Vorteil, bleibt vor allem zu prüfen, ob an der Teilnahme ein amtlich oder sachlich gerechtfertigtes Interesse besteht und der Vorteil folglich *nicht ungebührlich* iSd § 305 Abs 4 Z 1 2. Fall StGB ist. Ist das der Fall, so darf der Amtsträger den Vorteil annehmen oder sich versprechen lassen, selbst wenn ein Konnex zu einem pflichtgemäßen Amtsgeschäft besteht oder er den Vorsatz hat, sich dadurch in seiner Tätigkeit beeinflussen zu lassen (III. C. 2.8.). Sind die Freikarten hingegen ungebührlich, bleibt mit Blick auf den *Anfütterungstatbestand* (§ 306 StGB) der Beeinflussungsvorsatz zu prüfen. Dabei ist eine Gesamtbetrachtung aller relevanten Umstände vorzunehmen (III. C. 4.2.).

Bei Kultur- und Soziosponsoring ist – neben der Vorteilsqualität – zu beurteilen, ob die Sponsoringleistung als ein Vorteil für einen gemeinnützigen Zweck iSd § 35 BAO gewertet werden kann. Ist dies der Fall, so ist der Vorteil unter der weiteren Voraussetzung nicht ungebührlich, dass der Amtsträger auf die Verwendung keinen bestimmenden Einfluss hat (§ 305 Abs 4 Z 2 StGB) (III. C. 2.8.). Schließlich ist ein aus Sponsoring resultierender Vorteil dann nicht ungebührlich, wenn eine diesbezügliche gesetzliche Erlaubnis iSd § 305 Abs 4 Z 1 1. Fall StGB besteht (III. C. 2.8.).

Liegt ein ungebührlicher Vorteil vor, bleibt für die Strafbarkeit nach §§ 304, 305 bzw §§ 307, 307a StGB zu klären, ob ein *Konnex* zu einem Amtsgeschäft besteht. Diese Verbindung ist vor allem bei Sponsoringmaßnahmen nicht gegeben, die zwar anlässlich einer, aber nicht im Austausch für eine (schlicht) hoheitliche Tätigkeit gesetzt werden (III. C. 2.8.).

Bei Sponsoring im *privaten Sektor* ist für den Anwendungsbereich des § 309 StGB zu beachten, dass der Geschäftsherr weder Täter noch „Dritter" iSd Norm ist. Kommt der Vorteil aus dem Sponsoring folglich dem Geschäftsinhaber zu, ist er nicht tatbildlich (III. C. 5.1.). Die Pflichtwidrigkeit der Rechtshandlung ist anhand des Innenverhältnisses und der auf die Interessen des Geschäftsherrn ausgerichteten gesetzlichen Bestimmungen zu beurteilen (III. C. 5.2.).

Pharmasponsoring kann nur dann korruptionsstrafrechtlich relevant sein, wenn der betreffende Arzt den Amtsträgerbegriff erfüllt (III. C. 6.1.). Im Übrigen ist das Vorliegen eines Vorteils zu untersuchen: Werden Bezugsentscheidungen des Krankenhauses mit einer Sponsoring- oder Drittmittelvereinbarung rechtlich gekoppelt, bildet die Sponsoringleistung einen Teil des Austauschverhältnisses, das einem Vorteil entgegensteht (III. C. 6.2.1.). Auch bei der Vergütung klinischer Studien (III. C. 6.2.2.) oder eines Vortrags im Rahmen eines medizinischen Kongresses (III. C. 6.2.3.) besteht ein Rechtsanspruch auf die Zuwendung, der einen Vorteil iSd §§ 304 ff StGB ausschließt. Schließlich bleibt zu beurteilen, ob ein etwaiger Vorteil nicht ungebührlich iSd § 305 Abs 4 StGB ist.

Parteiensponsoring begründet schon nach allgemeinen Grundsätzen und ungeachtet der Einhaltung der parteienrechtlichen Offenlegungspflichten keinen korruptionsstrafrechtlich relevanten Vorteil (III. C. 7.3.1.). Die Vergütung von Einzelgesprächen mit Politikern ist kein Sponsoring iSd PartG und erfüllt idR den Vorteilsbegriff. Es bleibt im konkreten Fall zu prüfen, ob eine Verbindung zu einem Amtsgeschäft respektive Beeinflussungsvorsatz besteht (III. C. 7.3.2.).

Da das VbVG im Bereich der Privatwirtschaftsverwaltung anwendbar ist, kommt bei Strafbarkeit von Entscheidungsträgern oder Mitarbeitern nach einem Korruptionstatbestand im Rahmen von Verwaltungssponsoring ebenso eine entsprechende *Verbandsverantwortlichkeit* in Betracht. Dies gilt speziell dann, wenn der Vorteil der Anstellungsbehörde als Dritter iSd §§ 304 ff StGB zukommt, die Tat folglich zu Gunsten des Verbandes begangen wird und diesem nach dem VbVG zugerechnet werden kann (IV. B.).

Literaturverzeichnis

Ahlert/Woisetschläger/Vogel, Ist Sponsoring der Zaubertrank einer starken Marke? in *Ahlert/Woisetschläger/Vogel* (Hrsg), Exzellentes Sponsoring[2] (2007) 14.

Aigner/Aigner/Bitter/Fath-Gottinger/Straka, Sponsoring. Wirtschaftliche, rechtliche, steuerliche und kommunikative Aspekte (2012).

Altenburg, Unternehmerische (Fehl-)Entscheidungen als Untreue?: Eine gefährliche (Fehl-)Entwicklung! BB 2015, 323.

Antoniolli/Koja, Allgemeines Verwaltungsrecht[3] (1996).

Arnold, Geschäftsführerhaftung – gesellschaftsrechtliche Grundlagen, GesRZ 2014, 122.

Artmann, Wirtschaftskriminalität und Gesellschaftsrecht, *in Studiengesellschaft für Wirtschaft und Recht* (Hrsg), Wirtschaftsstrafrecht (2008) 233.

Bachmann, Zehn Thesen zur deutschen Business Judgement Rule, WM 2015, 105.

Barta, Krankenanstalten in kirchlicher Trägerschaft (1998).

Baur/Holle, Untreue und unternehmerische Entscheidung, ZIP 2017, 555.

Beck/Dohr, Korruptionsstrafrechtsänderungsgesetz oder „Nichts geht mehr!" ecolex 2013, 328.

Beckemper, Untreue durch Zuwendungen aus dem Vermögen einer Aktiengesellschaft zur Förderung von Kunst, Wissenschaft, Sozialwesen und Sport, NStZ 2002, 322.

Becker, Unternehmen zwischen Sponsoring und Mäzenatentum (1994).

Beier, Hochschul-Sponsoring (2003).

Berka/Hinterhofer, Zum Befugnismissbrauch (§ 153 StGB) im Rahmen der öffentlichen Finanzwirtschaft, ÖJZ 2018, 154.

Berndt, Einführung in das Sponsoring, Werbeforschung & Praxis 1991, 13.

Bertel/Schwaighofer/Venier, Österreichisches Strafrecht Besonderer Teil I[14] (2018).

Bertel/Schwaighofer, Österreichisches Strafrecht Besonderer Teil II[13] (2018).

Betzinger, Sponsoring im öffentlichen Raum (2011).

C. Ifsits, *Strafrechtliche Risiken des Sponsoring*, Juridicum – Schriftenreihe zum Strafrecht, https://doi.org/10.1007/978-3-658-25665-4

Birklbauer, Die Anwendbarkeit der Korruptionsbestimmungen auf Ärzte. Ausgewählte Aspekte des Korruptionsstrafrechtsänderungsgesetzes 2012, RdM 2013, 223.

Birklbauer, Universitätslehrerinnen im Kriminal – Strafrechtliche Risiken universitärer Tätigkeit, zfhr 2014, 39.

Birklbauer, Wirtschaftliches Handeln zwischen verantwortungsvollem Risikomanagement und strafbarer Untreue – Änderungen durch die Strafrechtsreform 2015, VR 2015 H 10, 30.

Birklbauer, Strafrechtliche Haftung der Gesundheitsberufe, in *Resch/Wallner* (Hrsg), Handbuch Medizinrecht^2 (2015) 341.

Birklbauer, Nicht alles ist Korruption. Schlussfolgerungen aus OGH 17 Os 8/16d für den Gesundheitsbereich, JMG 2016, 6.

Birklbauer, Schulfotografen und Korruption, JBl 2016, 672.

Birklbauer/Hilf/Konopatsch/Messner/Schwaighofer/Seiler/Tipold, StGB Praxiskommentar (2018). (zit: *Bearbeiter* in PK-StGB)

Birklbauer/Hilf/Tipold, Strafrecht Besonderer Teil I^4 (2017).

Bollenberger/Wess, Libro-Straferkenntnis: Untreue und Gesellschaftsrecht, RdW 2014, 247.

Boller, Die strafrechtliche Verantwortlichkeit von Verbänden nach dem VbVG (2007).

Brammsen, Vorstandsuntreue, wistra 2009, 85.

Brandstetter, Korruptionsstrafrecht – Neu. Struktur und Eckpunkte des KorrStrÄG 2009, JSt 2009, 151.

Brandstetter/Glaser/Höcher/Singer, Anmerkungen zum neuen Korruptionsstrafrecht, ecolex 2009, 4.

Brandstetter/Mitgutsch, Korruptionsstrafrecht Neu^2 – Struktur und Eckpunkte des KorrStRÄG 2009, in *Mitgutsch/Wessely* (Hrsg), Jahrbuch Strafrecht Besonderer Teil 2010, 11.

Brandstetter/Rauch, Korruptionsbekämpfung im privaten Bereich – Problemfelder und Wechselwirkungen, in *Mitgutsch/Wessely* (Hrsg), Jahrbuch Strafrecht Besonderer Teil (2009) 11.

Brandstetter/Rauch/Wegscheider, Korruptionsstrafrecht NEU – der „private Bereich“ Struktur und Grundzüge der relevanten Tatbestände, JSt 2008, 155.

Brandstetter/Singer, Gedanken zum KorrStrÄG 2012 – aller guten Dinge sind drei, JSt 2012, 209.

Briem, Zustimmungspflichtige Geschäfte, in *Kalss/Kunz* (Hrsg), Handbuch für den Aufsichtsrat[2] (2016).

Bruhn, Rechtliche Gestaltung des Sponsoring I[2] (1995).

Bruhn, Sponsoring. Systematische Planung und integrativer Einsatz[6] (2018).

Bürger, § 299 StGB – eine Straftat gegen den Wettbewerb? wistra 2003, 130.

Bundesministerium für Justiz, Korruptionsstrafrecht Neu, Fibel zum Korruptionsstrafrechtsänderungsgesetz 2012 (2013).

Burgi/Hampe/Friedrichsmeier, Der Rechtsrahmen des Verwaltungssponsoring: Regelungsbedarf, Verfassungsvorgaben, empirische und rechtsvergleichende Erkenntnisse, in *Burgi* (Hrsg), Sponsoring der öffentlichen Hand (2010) 71.

Bußjäger, Rechtsfragen zum neuen Parteienrecht, ÖJZ 2013, 643.

Castan, Erfolgskontrolle von Events und Sponsoring: Instrumente für die Evaluation ihrer Werbewirkung (2011).

Cordes, Sponsoring, in *Geyer/Manschwetus* (Hrsg), Kulturmarketing (2008) 404.

Corsten, Erfüllt die Zahlung von Bestechungsgeldern den Tatbestand der Untreue? HRRS 2011, 247.

Cramer, Zum Vorteilsbegriff bei den Bestechungsdelikten, in *Schünemann/Achenbach/Bottke/Haffke/Rudolphi* (Hrsg), Festschrift für Claus Roxin zum 70. Geburtstag am 15. Mai (2012) 945.

Deiters, Organuntreue durch Spenden und prospektiv kompensationslose Anerkennung, ZIS 2006, 152.

Dölling, Gutachten C zum 61. Deutschen Juristentag (1996).

Dölling/Duttge//König/Rössner, Handkommentar Gesamtes Strafrecht[4] (2017). (zit: Bearbeiter in *Dölling/Duttge/Rössner*, HK-GS[4])

Doralt/Novotny/Kalss, Kommentar zum Aktiengesetz[2] (2012). (zit: *Bearbeiter* in *Doralt/Nowotny/Kalss*, AktG[2])

Drees, Sportsponsoring (1989).

Drees, Bedeutung und Erscheinungsformen des Sportsponsoring, in *Hermanns/Riedmüller* (Hrsg), Sponsoring und Events im Sport (2003) 47.

Duursma/Duursma-Kepplinger/Roth, Handbuch zum Gesellschaftsrecht (2007).

Eberhard, Der verwaltungsrechtliche Vertrag – Kritische Überlegungen zu einem rechtlichen Phänomen, JAP 2002/2003, 205.

Eckert/Spani/Wess, Neuregelung des § 153 StGB und Auswirkungen auf die Praxis – Teil I, ZWF 2015, 258.

Eckert/Tipold, Strafbare Dividenden, GES 2013, 59.

Eder-Rieder, Strafrechtliche und strafprozessuale Aspekte der neuen Korruptionsbestimmungen im österreichischen Strafrecht, ZIS 2014, 71.

Eder-Rieder, Einführung in das Wirtschaftsstrafrecht[4] (2016).

Eisenberg, Corporate Conduct that does not maximise shareholder gain: legal conduct, ethical conduct, the penumbra effect, reciprocity, the prisoner's dilemma, sheep's clothing, social conduct and disclosure, Stetson Law Review 1998, 1.

Eisner/Kogler/Ulrich, Recht der politischen Parteien (2012).

Erb, Ungereimtheiten bei der Anwendung von § 299 StGB, in *Geisler/Kraatz/Kretschmer/Schneider/Sowada* (Hrsg), Festschrift für Klaus Geppert zum 70. Geburtstag am 10. März 2011 (2011) 97.

Fabrizy, StGB und ausgewählte Nebengesetze[13] (2018). (zit: *Fabrizy*, StGB[13])

Fasching/Konecny, Kommentar zu den Zivilprozessgesetzen[3] II/1 (2015). (zit: *Bearbeiter* in *Fasching/Konecny*[3]).

Felber, Verfassungen und Gemeinwohl. Werte, Ziele, Mittel und Erfolgs- messung in der Gemeinwohl-Ökonomie und was demokratische Verfassungen dazu sagen, in *Pfeil/Urnik* (Hrsg), Gesellschaftliche Verantwortung und Gemeinwohl als Unternehmensziele (2015) 15.

Feltl, Die Zielvorgabe des § 70 Abs 1 AktG, ecolex 2011, 533.

Feyl, Gedanken zur Business Judgment Rule, GesRZ 2007, 89.

Fleischer, Unternehmensspenden und Leitungsermessen des Vorstands im Aktienrecht, AG 2001, 171.

Fleischer, Sorgfaltspflicht der Vorstandsmitglieder, in *Fleischer* (Hrsg) Handbuch des Vorstandsrechts (2006) 3. Teil § 7.

Francuski, Der Geschäftsherr als Drittvorteilsempfänger im Rahmen des § 299 StGB, Bucerius Law Journal 2009/1, 3.

Fuchs, Spezielle Probleme von Untreue und Korruption, in *Lewisch* (Hrsg), Jahrbuch Wirtschaftsstrafrecht und Organverantwortlichkeit 2013, 35.

Fuchs, Das Libro-Urteil des OGH: Analyse und Implikationen, in *Lewisch* (Hrsg), Jahrbuch Wirtschaftsstrafrecht und Organverantwortlichkeit 2014, 9.

Fuchs, Die Reform der Untreue durch das StRÄG 2015, in *Lewisch* (Hrsg), Jahrbuch Wirtschaftsstrafrecht und Organverantwortlichkeit 2015, 345.

Fuchs, Untreue, die unendliche Geschichte; Selbstbindung der Unternehmen als gefährlicher Fallstrick, in *Jarolim* (Hrsg), Herausforderung Compliance. Von der Regelungsflut zur Untreue? (2015).

Fuchs/Reindl-Krauskopf, Strafrecht Besonderer Teil I^6 (2018).

Fuchs/Reindl-Krauskopf, Strafrecht Besonderer Teil I^5 (2015).

Fuchs/Zerbes, Strafrecht Allgemeiner Teil I^{10} (2018).

Gehrlein, Strafbarkeit von Vorständen wegen leichtfertiger Vergabe von Unternehmensspenden, NZG 2002, 436.

Geiger, High Noon im Gesundheitswesen: Niedergelassene Vertragsärzte sind keine tauglichen Täter der Korruptionsdelikte – Besprechung des Beschlusses des Großen Senats für Strafsachen am BGH vom 29. 3. 2012 – GSSt 2/11, CCZ 2012, 172 (172-173).

Geyer, Korruption und ihre Bekämpfung, in BMJ (Hrsg), 37. Ottensteiner Fortbildungsseminar aus Strafrecht und Kriminologie (2010) 31.

Ginthör/Brodey, Der AG-/SE-Vorstand (2008).

Glaser, Der neue Amtsträgerbegriff im österreichischen Strafrecht, JBl 2009, 225.

Glaser, Ist ein Vertragsabschluss (k)ein Vorteil im Sinne des österreichischen Korruptionsstrafrechts? ZWF 2016, 208.

Goette/Habersack/Kalss, Münchener Kommentar zum Aktiengesetz II^5 (2019). (zit: *Bearbeiter* in $MüKoAktG^5$).

Gogl-Hassanin, Untreue im Zusammenhang mit Risikogeschäften, *in Hinterhofer* (Hrsg), Praxishandbuch Untreue (2015) 173.

Gößler, Wie aus Schuldirektoren plötzlich Unternehmer wurden, ZWF 2017, 75.

Grass, Business Judgment Rule. Schranken der richterlichen Überprüfbarkeit von Management-Entscheidungen in aktienrechtlichen Verantwortlichkeitsprozessen (1998).

Greeve, BGH: Vorwurf der Vorteilsgewährung wegen Versendung von WM-Tickets an politische Funktionäre, CCZ 2009, 76 (Anmerkung zu BGH 14. 10. 2008, BGH 1 StR 260/08).

Griehser, Business Judgement Rule und Entscheidungen des Aufsichtsrats? RdW 2009, 10.

Grimm, Korruption im stationären Bereich. Gestaltungsmöglichkeiten im Spannungsfeld von Klinik, Forschung, Pharmasponsoring und Korruptionsstrafrecht, in *Pfeil/Prantner* (Hrsg), Sozialbetrug und Korruption im Gesundheitswesen (2013) 87.

Gruber, Parteienfinanzierung. Wie weit reichen Transparenz und Kontrolle in der österreichischen Rechtsordnung? (2015).

Gruber/Harrer, GmbHG[2] (2018). (zit: *Bearbeiter* in *Gruber/Harrer*, GmbHG[2])

Gumpoldsberger/Baumann, UWG: Bundesgesetz gegen den unlauteren Wettbewerb (2006). (zit: *Bearbeiter* in *Gumpoldsberger/Baumann* UWG)

Gündel, Unternehmerisches Ermessen und Untreue (§ 266 StGB) bei Vorständen und Geschäftsführern, CG 2015, 397.

Harreiter, Probleme des „Befugnismissbrauchs" bei Ermessensentscheidungen, in *Hinterhofer* (Hrsg), Praxishandbuch Untreue (2015) 3.

Harrer, Kritisches über die gesetzliche Verankerung einer Business Judgement Rule, wbl 2016, 709.

Hecht/Pekar, Der städtebauliche Vertrag nach der BO für Wien in der Praxis, immolex 2016, 74.

Heid, Geltungsbereich des Bundesvergabegesetzes, in *Heid Schiefer Rechtsanwälte/Preslmayr Rechtsanwälte* (Hrsg), Handbuch Vergaberecht[4] (2015) 2. Kapitel.

Heidinger, Aufgaben und Verantwortlichkeit von Aufsichtsrat und Beirat der GmbH (1988).

Heindl, Parteispenden: Transparenz versus Parteienfreiheit. Finanzkontrollbestimmungen für politische Parteien aus verfassungsrechtlicher und parteienrechtlicher Sicht, ZfV 2000, 370.

Heinig, Sponsoring von Parteiveranstaltungen, JZ 2010, 485.

Heinrich, Rechtsprechungsübersicht zu den Bestechungsdelikten (§§ 331-335 StGB) (1998-2003) – 2. Teil, NStZ 2005, 256.

Hermanns, Zur Problematik der Sponsoring-Kontrolle, Werbeforschung & Praxis 1991, 29.

Hermanns/Suckrow, Wissenschafts-Sponsoring (1995).

Herzer/Strobl, Der Vorstand, in *Hausmaninger/Gratzl/Justich*, Handbuch zur Aktiengesellschaft[2] (2017) 6. Kapitel.

Hettinger, Entscheidungsanmerkung zu BGH 1 StR 260/08, JZ 2009, 370.

Hinterhofer, Die strafrechtliche Verantwortlichkeit von Gemeindeverbänden nach dem VbVG, RFG 2007, 178.

Hinterhofer, Zur Strafbarkeit des „Anfütterns" von Amtsträgern – Versuch einer einschränkenden Auslegung, ÖJZ 2009, 250.

Hinterhofer, Eingeschränktes Korruptionsstrafrecht für Abgeordnete österreichischer Vertretungskörper. Demokratiepolitische Notwendigkeit oder legistischer Missgriff? ecolex 2009, 736.

Hinterhofer, Vorteilsbegriff und äquivalente Gegenleistung im Korruptionsstrafrecht – eine Präzisierung, ecolex 2015, 770.

Hinterhofer/Rosbaud, Strafrecht Besonderer Teil II[6] (2016).

Höcher, Korruption im öffentlichen und privaten Sektor – eine strafrechtliche Gegenüberstellung, ecolex 2013, 785.

Höcher/Komenda, Spezialfragen des KorrStrÄG 2012, ecolex 2012, 688.

Höcher/Krauskopf, Zur strafrechtlichen Relevanz von Provisionszahlungen an Vertragsärzte: Korruption im Gesundheitssektor, RdM 2012, 164.

Höcher/Singer, Kaffee, Kuchen, Korruptionsstrafrecht, ecolex 2014, 234.

Hölters, Aktiengesetz: AktG[3] (2017). (zit: *Bearbeiter* in *Hölters*, AktG[3])

Höltkemeier, Sponsoring als Straftat (2005).

Höpfel/Ratz, Wiener Kommentar zum Strafgesetzbuch[2] (Stand 1.12.2018). (zit: *Bearbeiter* in WK[2] StGB)

Huber, Die Organuntreue zu Lasten von Kapitalgesellschaften (2012).

Huber, Ausgewählte Fragen der Untreuebestimmung, in *Kert/Kodek* (Hrsg), Das große Handbuch Wirtschaftsstrafrecht (2016) 4. Kapitel.

Huber/Löff, Korruptionsstrafrecht, in *Kert/Kodek* (Hrsg), Das große Handbuch Wirtschaftsstrafrecht (2016) 10. Kapitel.

Huber, Zivilrechtliche Fahrlässigkeit, in *Forsthoff/Weber/Wieacker* (Hrsg), Festschrift für Ernst Rudolf Huber (1973) 253.

Hüffer/Koch, Aktiengesetz: AktG[13] (2018). (zit: *Bearbeiter* in *Hüffer/Koch*, AktG[13])

Ifsits, Zur Strafbarkeit niedergelassener Vertragsärzte nach § 309 StGB. Überlegungen aus rechtsvergleichender Sicht (II), RdM 2018, 55.

Ignor, Sponsoring und Korruption im geschäftlichen Verkehr, in *Lüderssen/Volk/Wahle* (Hsrg), Festschrift für Wolf Schiller (2014) 329.

Ipsen, Parteiensponsoring als Spende? in *Morlok/Alemann/Streit* (Hrsg), Sponsoring – ein neuer Königsweg der Parteienfinanzierung? (2006) 93.

Isola/Seidl/Sprajc, Strafbarkeit wirtschaftlich unvertretbarer Kreditvergabe, GesRZ 2014, 172.

Jabornegg/Strasser, Kommentar zum Aktiengesetz[5] (2011). (zit: *Bearbeiter* in *Jabornegg/Strasser*, AktG[5]).

Jarolim/Gogl, Kampf der Korruption. Neue Straftatbestände zur Bekämpfung von Bestechung im privaten und öffentlichen Sektor, RFG 2008, 103.

Jerabek, Neuerungen im Korruptionsstrafrecht – KorrStrÄG 2012, SIAK-Journal 2013, 36.

Joecks/Miebach, Münchener Kommentar zum StGB[3] V (2019). (zit: *Bearbeiter* in MüKoStGB[3])

Jolls/Sunstein/Thaler, A Behavioural Approach to Law and Economics, Stanford Law Review 1998, 1471.

Kahl/Stücklberger, Zur Zulässigkeit von Parteispenden aus wirtschaftsstrafrechtlicher Sicht, ZWF 2017, 108.

Kalss, Organhaftung in Österreich – einige rechtspolitische Anmerkungen, GesRZ 2014, 159.

Kalss, Gesellschaftsrechtliche Anmerkungen zur Libro-Entscheidung, ecolex 2014, 496.

Kalss, Aktiengesellschaft, in *Kalss/Nowotny/Schauer*, Österreichisches Gesellschaftsrecht[2] (2017) 3. Kapitel.

Kamin/Rachlinski, Ex Post ≠ Ex Ante: Determining Liability in Hindsight, Law and Human Behaviour 1995, 89.

Kapsch/Grama, Business Judgment Rule: Pflichtwidrige oder bloß unglückliche Geschäftsentscheidung? ecolex 2003, 524.

Kapsch/Kier, Untreuestrafbarkeit zu Lasten einer Aktiengesellschaft, JBl 2014, 599.

Karollus, Zur Anwendung der Business Judgement Rule auf Vorstandsmitglieder einer Privatstiftung, ZFS 2016, 58.

Karsch, Verkäuferprämien, Der Unternehmer 1975/8.

Kert/Komenda, Untreue neu nach dem Strafrechtsänderungsgesetz 2015,

ÖZW 2015, 141.

Kert/Komenda, Strafrechtliche Risiken für den Aufsichtsrat, in *Kalss/Kunz* (Hrsg), Handbuch für den Aufsichtsrat[2] (2016) 46. Kapitel.

Kessel, Belastung mit einer Verbindlichkeit als Betrugsschaden? JBl 1999, 12.

Kienapfel/Höpfel/Kert, Strafrecht Allgemeiner Teil I[15] (2016).

Kienapfel/Schmoller, Studienbuch Strafrecht Besonderer Teil II[2] (2017).

Kienapfel/Schmoller, Studienbuch Strafrecht Besonderer Teil II (2003).

Kienapfel/Schmoller, Strafrecht Besonderer Teil III[2] (2009).

Kiethe, Die Grenzen der strafrechtlichen Verantwortlichkeit von Bürgermeistern – Zugleich Besprechung von BGH, Urteil v. 9. 12. 2004 – 4 StR 294/04, NStZ 2005, 529.

Kind, Darf der Vorstand einer AG Spenden an politische Parteien vergeben? NZG 2000, 567.

Kind, Ärzte zwischen Sponsoring und Korruption, RdM 2003, 10.

Kindhäuser/Goy, Zur Strafbarkeit ungenehmigter Drittmitteleinwerbung – Zugleich eine Besprechung von BGH – 1StR 372/01 und BGH – 1 StR 541/01, NStZ 2003, 291.

Kindhäuser/Neumann/Paeffgen, Strafgesetzbuch[5] (2017). (zit: *Bearbeiter* in NK-StGB[5])

Kindl, Das neue Anti-Korruptionsstrafrecht, Aufsichtsrataktuell 2012, 16.

Kirchbacher, Untreue in der Rechtsprechung, in *Jarolim* (Hrsg), § 153 StGB/ Untreue. Eine Herausforderung für die Unternehmensführung? (2014) 24.

Kleewein, Vertragsraumordnung. Zugleich ein Beitrag zum Einsatz privat-rechtlicher Verträge im Verwaltungsrecht (2003).

Kletečka/Schauer, ABGB-ON – Kommentar zum Allgemeinen Bürgerlichen Gesetzbuch (Stand: 1.7.2018). (zit: *Bearbeiter* in *Kletečka/Schauer*, ABGB-ON)

Kneihs/Lienbacher, Rill-Schäffer-Kommentar Bundesverfassungsrecht (2018). (zit: *Bearbeiter* in *Kneihs/Lienbacher*)

Koblizek, Compliance im Bundesministerium für Inneres und Dienstrecht, SIAK-Journal 2014, 65.

Koblizek, Verwaltungssponsoring, in *Wiesenthaler* (Hrsg), Korruptionsprävention in Theorie und Praxis (2015) 57.

Koenigshofer, Arzneimittelrecht, in *Resch/Wallner* (Hrsg), Handbuch Medizinrecht² (2015) 1085.

Kolarz-Lakenbacher/Reichlin-Meldegg, Sponsoring (1995).

Koppensteiner, Wettbewerbsrecht: Kartellrecht und unlauterer Wettbewerb (1981).

Korinek/Holoubek, Grundlagen staatlicher Privatwirtschaftsverwaltung (1993).

Korinek/Holoubek, Österreichisches Bundesverfassungsrecht (2018). (zit: *Bearbeiter* in *Korinek/Holoubek*)

Korn/Lagodny, Drittmitteleinwerbung – strafbare Dienstpflicht auch in Österreich? in *Tag/Tröger/Taupitz* (Hrsg), Drittmitteleinwerbung – Strafbare Dienstpflicht? (2004) 123.

Korte, Korruptionsprävention im öffentlichen Bereich, in *Dölling* (Hrsg), Handbuch der Korruptionsprävention (2007) 292.

Kössner, Marketingfaktor Kunstsponsoring (1999).

Koukol, Das neue Korruptionsstrafrecht, JAP 2012/2013, 145.

Koukol/Machan, Niedergelassene Vertragsärzte als Täter von Korruptionsdelikten? Die Rechtslage nach dem Korruptionsstrafrechtsänderungsgesetz 2012, RdM 2013, 124.

Kraatz, Zur „limitierten Akzessorietät" der strafbaren Untreue – Überlegungen zur Strafrechtsrelevanz gesellschaftsrechtlicher Pflichtverletzungen im Rahmen des § 366 StGB anhand von Beispielen zur „GmbH-Untreue", ZStW 2011, 447.

Krejci, Die Kapitalgesellschaft als Spender und Förderer (I), GesRZ 1984, 146.

Krejci, Die Kapitalgesellschaft als Spender und Förderer (II), GesRZ 1984, 199.

Kubiciel, Gesellschaftsrechtliche Pflichtwidrigkeit und Untreuestrafbarkeit, NStZ 2005, 353.

Kucsko-Stadlmayer, Das Disziplinarrecht der Beamten[4] (2010).

Kuhlen, Untreue, Vorteilsannahme und Bestechlichkeit bei Einwerbung universitärer Drittmittel, JR 2003, 231.

Kunz, Würde die Übernahme des § 93 Abs 1 dAktG in das österreichische Aktienrecht zu mehr Rechtssicherheit in Bezug auf nützliche Gesetzesverletzungen führen? GesRZ 2007, 91.

Kutzner, Einfache gesellschaftsrechtliche Pflichtverletzungen als Untreue – Die Kinowelt-Entscheidung des BGH, NJW 2006, 3541.

Lackner/Kühl, StGB[29] (2018). (zit: *Bearbeiter* in *Lackner/Kühl*, StGB[29])

Lange, Gesellschaftsrecht: Zu den gesellschaftsrechtlichen Grenzen des

Handlungsspielraums eines Vorstandsmitglieds, DStR 2002, 1102.

Laub, Grenzen der Spendenkompetenz des Vorstands, AG 2002, 308.

Laufhütte/Rissing-van Saan/Tiedemann, Leipziger Kommentar Strafgesetzbuch: StGB[12] IX/1 (2012). (zit: *Bearbeiter* in LK[12])

Leisner, Werbefernsehen und Öffentliches Recht (1967).

Lendl, Die Reform der „fahrlässigen Krida" – eine erste Analyse, RZ 2001, 30.

Lenzhofer, Die Parteienfinanzierung in Österreich (2010).

Leukauf/Steininger, StGB[4] (2017). (zit: *Bearbeiter* in *Leukauf/Steininger*[4])

Leukauf/Steininger, StGB[3] (1992).

Leupold/Ramharter, Nützliche Gesetzesverletzungen – Innenhaftung der Geschäftsleiter wegen Verletzung der Legalitätspflicht? GesRZ 2009, 253.

Lewisch, Strafrecht Besonderer Teil[2] (1999).

Lewisch, Aktuelle wirtschaftsstrafrechtliche Praxisfragen, in *Lewisch* (Hrsg), Jahrbuch Wirtschaftsstrafrecht und Organverantwortlichkeit 2011, 15.

Lewisch, Strafrecht und Compliance, in *Lewisch* (Hrsg), Zauberwort Compliance? Grundlagen und aktuelle Anwendungsfragen (2012) 71.

Lewisch, Untreue als Vermögensgefährdungsdelikt? AnwBl 2012, 141.

Lewisch, Korruption und Compliance, in *Lewisch* (Hrsg), Jahrbuch Wirtschaftsstrafrecht und Organverantwortlichkeit 2013, 43.

Lewisch, Aktuelle Fragen des Wirtschaftsstrafrechts im Spannungsfeld von Untreue und Korruption, in *Ennöckl/Raschauer/Schulev-Steindl/Wessely* (Hrsg), Festschrift für Bernhard Raschauer zum 65. Geburtstag (2013) 335.

Lewisch, Gesellschaftsrecht und Strafrecht nach „Libro“, in *Lewisch* (Hrsg), Jahrbuch Wirtschaftsstrafrecht und Organverantwortlichkeit 2014, 19.

Lewisch, Altes und Neues zum Korruptionsstrafrecht, in *Lewisch* (Hrsg), Jahrbuch Wirtschaftsstrafrecht und Organverantwortlichkeit 2015, 383.

Lewisch/Huber, Untreue zulasten einer Kapitalgesellschaft trotz Gesellschafterzustimmung? Anmerkungen zu OGH 30. 1. 2014, 12 Os 117/12s (12 Os 118/12p), „Libro“, RdW 2014, 467.

Liebenwein/Dörfler-Langsteger, Das Korruptionsstrafrechtsänderungsgesetz 2012, RdM-ÖH 2013, 14.

Lösing, Die Kompensation des Vermögensnachteils durch nicht exakt quantifizierbare, vermögenswirksame Effekte (2010).

Lüderssen, Antikorruptions-Gesetze und Drittmittelforschung, JZ 1997, 112.

Lüderssen, Die Zusammenarbeit von Medizinprodukte-Industrie, Krankenhäusern und Ärzten – strafbare Kollusion oder sinnvolle Kooperation? (1998).

Lüderssen, „Nützliche Aufwendungen“ und strafrechtliche Untreue, in *Britz/Jung/Koriath/Müller* (Hrsg), Festschrift für Heinz Müller-Dietz (2001) 467.

Lüderssen, Gesellschaftsrechtliche Grenzen der strafrechtlichen Haftung des Aufsichtsrats, in *Dölling* (Hrsg), Festschrift für Ernst-Joachim Lampe zum 70. Geburtstag (2003) 727.

Lutter, Die Business Judgment Rule in Deutschland und Österreich, GesRZ 2007, 79.

Mansdörfer, Strafrechtliche Haftung für Drittmitteleinwerbung an staatlichen Hochschulen, wistra 2003, 211.

Mantl, Staatliche Parteifinanzierung und Bundesverfassung, ÖJZ 1969, 421.

Marek/Jerabek, Korruption und Amtsmissbrauch. Grundlagen Definitionen und Beispiele zu den §§ 302, 304 bis 311 StGB sowie weitere praxisrelevante Tatbestände im Korruptionsbereich[8] (2015).

Marek/Jerabek, Korruption und Amtsmissbrauch. Grundlagen Definitionen und Beispiele zu den §§ 302, 304 bis 311 StGB sowie weitere praxisrelevante Tatbestände im Korruptionsbereich[11] (2018).

Marek/Jerabek/G.Marek, Korruption hat im Sport keinen Platz! (2014).

Marsch, Neue Besen kehren besser – Untreue idF Strafrechtsänderungsgesetz 2015, JSt 2015, 459.

Marwitz, Kontrolle des Sponsoring (2006).

Marwitz, Kontrolle des Sponsoring: Theoretische Grundlagen, „State of the Art" und Umsetzung in der Praxis, in *Bagusat/Marwitz/Vogl* (Hrsg), Handbuch Sponsoring (2008) 69.

Mansdörfer, Zur Theorie des Wirtschaftsstrafrechts (2011).

Matt, Missverständnisse zur Untreue – Eine Betrachtung auch zum Verhältnis von (Straf-)Recht und Moral, NJW 2005, 389.

Mayer/Kucsko-Stadlmayer/Stöger, Grundriss des österreichischen Bundesverfassungsrechts[11] (2015).

Mayerhofer, Das österreichische Strafrecht. Erster Teil: StGB[6] (2009). (zit: *Mayerhofer*, StGB[6])

McAllister, Untreue bei Kreditvergaben und Spekulationsgeschäften? ÖJZ 2014, 13.

Medigovic, Das neue Delikt der grob fahrlässigen Beeinträchtigung von Gläubigerinteressen gemäß § 159 StGB, ÖJZ 2003, 161.

Medigovic, Was vom Korruptionsstrafrecht übrig bleibt. Zum Korruptionsstrafrechtsänderungsgesetz 2009, ÖJZ 2010, 251.

Medigovic, Das neue Korruptionsstrafrecht (KorrStrÄG 2009), RdW 2010, 263.

Medigovic, Konkurrenzverhältnis zwischen Amtsmissbrauch und Bestechlichkeit, JBl 2013, 604.

Meininger, Möglichkeiten, Grenzen und Praxis des Sponsoring der öffentlichen Verwaltung (2000).

Merkt, US-amerikanisches Gesellschaftsrecht: Handbuch[3] (2013).

Mertens, Der Vorstand darf zahlen, AG 2000, 157.

Messner, Gebührliche und geringfügige Vorteile nach dem KorrStrÄG 2012, in BMJ (Hrsg), 41. Ottensteiner Fortbildungsseminar aus Strafrecht und Kriminologie (2014) 85.

Messner, Zuwendungen an Schulen und Lehrer – eine korruptionsstrafrechtliche Gratwanderung, JSt 2015, 7.

Mitgutsch, Die neuen Korruptionsdelikte für den öffentlichen Sektor und ihre internationalen Vorgaben, in *Mitgutsch/Wessely* (Hrsg), Jahrbuch Strafrecht Besonderer Teil 2009, 39.

Möhrenschlager, Der strafrechtliche Schutz gegen Korruption, in *Dölling* (Hrsg), Handbuch der Korruptionsprävention (2007) 387.

Morlok, Sponsoring – ein neuer Königsweg der Parteienfinanzierung? – Einführung in die Thematik, in *Morlok/Alemann/Streit* (Hrsg), Sponsoring – ein neuer Königsweg der Parteienfinanzierung? (2006) 9.

Mosiek, Risikosteuerung im Unternehmen und Untreue, wistra 2003, 370.

Nepomuck/Groß, Zuwendungen an den Anstellungsbetrieb als Drittvorteile im Sinne des § 299 StGB? wistra 2012, 132.

Nowotny, Zur Spendenverantwortung des Vorstands, RdW 2002, 258.

Nowotny/Fida, Kapitalgesellschaftsrecht, Umgründungsrecht, Übernahmerecht (2013).

Nuß, Untreue durch Marketingkommunikation (2006).

Öhlinger, Der Anwendungsbereich des Amtshaftungsgesetzes, in *Aicher* (Hrsg), Die Haftung für staatliche Fehlleistungen im Wirtschaftsleben (1988) 121.

Öhlinger/Eberhard, Verfassungsrecht[11] (2016).

Otto, Untreue der Vertretungsorgane von Kapitalgesellschaften durch Vergabe von Spenden, in *Hirsch/Wolter/Brauns* (Hrsg), Festschrift für Günter Kohlmann zum 70. Geburtstag (2003) 187.

Paulitsch, Reformversuch 2015 zur Präzisierung der Untreue, ecolex 2015, 561.

Paster/Sättele, Alles, was das Leben verschönern kann – Eine Anmerkung zum Sponsoring-Urteil des LG Karlsruhe vom 28. 11. 2007, NStZ 2008, 407.

Pelz, Sponsoring – zwischen Marketing und Korruption, LMuR 2009, 50.

Pelz, Korruption als strafbare Untreue, in *Lewisch* (Hrsg), Jahrbuch Wirtschaftsstrafrecht und Organverantwortlichkeit 2011, 101.

Petsche/Larcher, Von Geschenken und anderen die Freundschaft erhaltenden Vorteilen: Korruptionsprävention im Gesundheitswesen, JMG 2016, 40.

Philipp, Darf der Vorstand zahlen? Die Zwangsarbeiter und das Aktienrecht, AG 2002, 62.

Pilnacek, Korruptionsstrafrechtsänderungsgesetz 2012, BGBl I 2012/61, ÖJZ 2012, 741.

Pilz, Zur strafrechtlichen Verantwortung von Krankenanstalten nach dem neuen Unternehmensstrafrecht, RdM 2006, 75.

Plöckinger, Bestechungs-, Provisions- und Schmiergeldzahlungen im geschäftlichen Bereich. Umfang und Reichweite des neuen Antikorruptionstatbestandes des § 168d StGB, ÖJZ 2009, 207.

Plöckinger, Die Business Judgement Rule – Eine Möglichkeit zu einer schärferen Konturierung des Befugnismissbrauchs im Rahmen des § 153 StGB? GES 2013, 343.

Preuschl/Wess, Wirtschaftsstrafrecht Praktikerkommentar (2018). (zit: *Bearbeiter* in *Preuschl/Wess*, Wirtschaftsstrafrecht)

Ransiek, Strafrecht und Korruption. Zum Gutachten C für den 61. Deutschen Juristentag, StV 1996, 446.

Ransiek, Risiko, Pflichtwidrigkeit und Vermögensnachteil bei der Untreue, ZStW 2004, 635.

Raschauer, Allgemeines Verwaltungsrecht[5] (2017).

Rauch, Korruptionsstrafrecht. Vorteilsannahme und Bestechung im geschäftlichen Verkehr (2012).

Raupach, Zivilrechtliche und steuerliche Frage des Sponsoring, Non Profit Yearbook 2001, 169.

Rauter, Geschäftsführerhaftung bei gewünschten Gesetzesverletzungen Oder: Ist die Gesellschaft zwingend „gut"? ecolex 2012, 944.

Rebisant, Korruptionsstrafrecht und Gemeinden, in *Lewisch* (Hrsg), Jahrbuch Wirtschaftsstrafrecht und Organverantwortlichkeit 2012, 61.

Reich-Rohrwig/Zimmermann, Strafrechtsänderungsgesetz 2015 setzt die Business Judgment Rule um, ecolex 2015, 677.

Reich-Rohrwig, Gesellschaftsrechtliche Pflichtverletzung und Untreuevorwurf (Entscheidungsanmerkung zu BGH 12. 10. 2016, 5 StR 134/15), ecolex 2017, 539.

Reindl-Krauskopf, Korruptionsstrafrecht in Österreich – Überzogen oder zahnlos? JSt 2009, 49.

Reindl-Krauskopf, Korruptionsstrafrecht neu – ein Überblick, ecolex 2009, 732.

Reindl-Krauskopf, Neues Antikorruptionsstrafrecht: Alles neu – alles gut? in *Jabloner/Kucsko-Stadlmayer/Muzak/Perthold-Stoitzner/Stöger* (Hrsg), Vom praktischen Wert der Methode, Festschrift für Heinz Mayer zum 65. Geburtstag (2011) 613.

Reindl-Krauskopf, Verwaltungssponsoring aus strafrechtlicher Sicht, in *Bundesministerium für Inneres/Bundesamt zur Korruptionsprävention und Korruptionsbekämpfung* (Hrsg), Lobbying & Sponsoring (2012) 9.

Reindl-Krauskopf/Birklbauer, Leitlinien im Umgang mit allfälligen Korruptionssachverhalten an Universitäten (2013).

Reindl-Krauskopf/Huber, Korruptionsstrafrecht in Fällen (2014).

Renner, Wann das Sponsoring zur Betriebsausgabe wird, Causa Sport 2016, 80.

Rieder/Huemer, Gesellschaftsrecht[4] (2016).

Riss, Doppelorganschaft, Kollision von Treuepflichten und Business Judg- ment Rule, ecolex 2010, 156.

Rittner, Zur Verantwortung des Vorstands nach § 76 Abs. 1 AktG 1965, AG 1973, 113.

Rönnau, Untreue als Wirtschaftsdelikt, ZStW 2007, 888.

Rönnau, Wirtschaftskorruption, in *Achenbach/Ransiek/Rönnau* (Hrsg), Handbuch Wirtschaftsstrafrecht[4] (2015) 3. Teil, 2. Kapitel.

Rönnau/Hohn, Die Festsetzung (zu) hoher Vorstandsvergütungen durch den Aufsichtsrat – ein Fall für den Staatsanwalt? NStZ 2004, 113.

Roßner, Politiksponsoring in der Bundesrepublik, in *Morlok/Alemann/Streit* (Hrsg), Sponsoring – ein neuer Königsweg der Parteienfinanzierung? (2006) 69.

Rüffler, Business Judgement Rule und Untreue, GES 2015, 261.

Rummel/Lukas, Kommentar zum Allgemeinen bürgerlichen Gesetzbuch[4]

(Stand 1.5.2018). (zit: *Bearbeiter* in *Rummel/Lukas*, ABGB[4])

Säcker, Gesetzliche und satzungsmäßige Grenzen für Spenden und Sponsoringmaßnahmen in der Kapitalgesellschaft, BB 2009, 282.

Saliger, Gibt es eine Untreuemode? Die neuere Untreuedebatte und Möglichkeiten einer restriktiven Auslegung, HRRS 2006/1, 10.

Samson, Untreue durch Unternehmensspenden? in *Walz/Kötz/Rawert/Schmidt* (Hrsg), Non Profit Law Yearbook 2004, 233.

Satzger, Bestechungsdelikte nd Sponsoring, ZStW 2003, 469.

Satzger/Schluckebier/Widmaier, StGB[3] (2017). (zit: *Bearbeiter* in SSW-StGB[3])

Sauer, Untreue durch Sponsoring, wistra 2002, 465.

Schauer, Zivilrechtliche Verantwortlichkeit des Aufsichtsrats, in *Kalss/Kunz* (Hrsg), Handbuch für den Aufsichtsrat (2010) 34. Kapitel.

Schauer, Zivilrechtliche Verantwortlichkeit des Aufsichtsrats, in *Kalss/Kunz* (Hrsg), Handbuch für den Aufsichtsrat[2] (2016) 45. Kapitel.

Schima, Vorzeitiges Ausscheiden von Vorstandsmitgliedern und Aufsichtsratssorgfalt, RdW 1990, 448.

Schima, Business Judgement Rule und Verankerung im österreichischen Recht, GesRZ 2007, 93.

Schima, Reform des Untreue-Tatbestandes und gesetzliche Verankerung der Business Judgment Rule im Gesellschaftsrecht, RdW 2015, 288.

Schima, Reform des Untreuetatbestands und Business Judgment Rule im Aktien- und GmbH-Recht. Die Bedeutung der neuen Regelung, GesRZ 2015, 286.

Schima, Einlagenrückgewähr und Untreue bei Aktionärszustimmung, RdW 2015, 344.

Schlösser/Dörfler, Strafrechtliche Folgen eines Verstoßes gegen den Deutschen Corporate Governance Kodex, wistra 2007, 326.

Schmitt, Schul- und Kindergartenfotografen: Keine Korruption bei Zuwendung von Geld- und Sachleistungen an Schulen und Kindergärten, ZWF 2016, 204.

Schmoller, Anforderungen an ein künftiges Korruptionsstrafrecht. Stellungnahme zum GRECO-Evaluierungsbericht 2011, in *Hafner/Matscher/Schmalenbach*, Völkerrecht und die Dynamik der Menschenrechte. Liber Amicorum Wolfram Karl (2012) 505.

Schmoller, Rechtlicher Rahmen von Korruption. Neue Rechtslage ab 1. 1. 2013, in *Pfeil/Prantner* (Hrsg), Sozialbetrug und Korruption im Gesundheitswesen (2013) 51.

Scholz, Die Haftung bei Verstößen gegen die Business Judgement Rule, AG 2015, 222.

Schönke/Schröder, Strafgesetzbuch[29] (2014). (zit: *Bearbeiter* in *Schönke/Schröder*, StGB[29])

Schramm, Untreue, § 266 StGB, in *Momsen/Grützner* (Hrsg) Wirtschaftsstrafrecht (2013) 504.

Schrank/Kollar, Business Judgment Rule – der (neue) Sorgfaltsmaßstab auch für Aufsichtsratsmitglieder, Aufsichtsrataktuell 2016 H 6, 5.

Schröder, Sponsoring – Verwaltungsvorschrift des Bundes – in *Tag/ Tröger/ Taupitz* (Hrsg), Drittmitteleinwerbung – Strafbare Dienstpflicht? (2004) 277.

Schröder, Sponsoring in der Bundesverwaltung, NJW 2004, 1353.

Schubert/Regge (Hrsg), Quellen zur Reform des Straf- und Strafprozeßrechts (1995).

Schünemann, Die „gravierende Pflichtverletzung" bei der Untreue: dogmatischer Zauberhut oder taube Nuss? NStZ 2005, 473.

Schünemann, Der Bundesgerichtshof im Gestrüpp des Untreuetatbestandes, NStZ 2006, 196.

Schuschnigg, Anmerkungen zu: Korruptionsstrafrechtsänderungsgesetz oder „Nichts geht mehr!", ecolex 2013, 523.

Schuschnigg, Korruptionsstrafrecht (2015).

Seier, Untreue, in *Achenbach/Ransiek/Rönnau* (Hrsg), Handbuch Wirtschaftsstrafrecht^4 (2015) 5. Teil, 2. Kapitel.

Sickinger, Neue Regeln für die Politikfinanzierung, in *Bundesministerium für Inneres/Bundesamt zur Korruptionsprävention und Korruptionsbekämpfung* (Hrsg), Lobbying & Sponsoring (2012) 34.

Sickinger, Neue Regeln für Parteispenden von Unternehmen, Compliance-Praxis 3/2012, 26.

Sickinger, Reform der Parteienfinanzierung doch keine „mission impossible", in *Karlhofer/Jeschke/Pallaver* (Hrsg), Medienzentrierte Demokratien: Befunde, Trends, Perspektiven (2013) 261.

Sickinger, Neue Regeln für die Parteienfinanzierung, in *Khol/Ofner/Karner/ Halper*, Österreichisches Jahrbuch für Politik 2012 (2013) 273.

Simkins, Sponsorship, in Economist Intelligence Unit (Hrsg), Special Report No. 41 (1977) 4.

Soyer, Private Korruption im Wirtschaftsleben. Zentrale Fragen zu §§ 168c und 168d StGB anhand typischer Fallgestaltungen, JBl 2012, 332.

Spindler, Corporate Social Responsibility in der AG – Mythos oder Realität? in Festschrift für Peter Hommelhoff zum 70. Geburtstag (2012), 1133.

Spindler/Stilz, Kommentar zum Aktiengesetz³ I (2015). (zit: *Bearbeiter* in *Spindler/Stilz*, AktG³)

Steiner, Drittmitteleinwerbung im Krankenhaus. Ein Überblick zur aktuellen Rechtslage, RdM 2005, 132.

Steininger, Typische Erscheinungsformen der Wirtschaftskriminalität und ihre Bekämpfung, ÖJZ 1982, 589.

Steininger, Verbandsverantwortlichkeitsgesetz² (2018).

Stolzlechner/Wimmer, Rechtsstaatsprinzip und verwaltungsrechtlicher Vertrag, in *Bammer/Holzinger/Vogl/Wenda* (Hrsg), Rechtsschutz gestern – heute – morgen, Festschrift zum 80. Geburtstag von Rudolf Machacek und Franz Matscher (2008) 443.

Strasser, Die Leitung der Aktiengesellschaft durch den Vorstand (1. Teil), JBl 1990, 477.

Straube/Ratka/Rauter, Wiener Kommentar zum GmbH-Gesetz (Stand 1.11.2018). (zit: *Bearbeiter* in *Straube/Ratka/Rauter*, WK GmbHG)

Straube/Ratka/Rauter, Wiener Kommentar zum Unternehmensgesetzbuch⁴ I (Stand 1.7.2018). (zit: *Bearbeiter* in *Straube/Ratka/Rauter*, UGB⁴)

Stricker, Aktive Untreue als Korruption, in *Lewisch* (Hrsg), Jahrbuch Wirtschaftsstrafrecht und Organverantwortlichkeit 2016, 51.

Stuefer, Sponsoring – eine Analyse aus strafrechtlicher Sicht, JSt 2012, 35.

Suppan/Pultar, Praxishandbuch Parteiengesetz (2012).

Taschke, Straftaten im Interesse von Unternehmen – auch strafbar wegen Untreue? in *Prittwitz/Baurmann/Günther/Kuhlen/Merkel/Nestler/Sch-ulz* (Hrsg), Festschrift für Klaus Lüderssen (2002) 663.

Thiele, Sponsoring im österreichischen Recht, ecolex-Script 1999/6.

Thiele, Sponsoring (2000).

Thiele, Update Sponsoring – Naming-Rights bei Kultur- und Sportstätten, ecolex 2005, 773.

Thienel, Die Finanzierung politischer Parteien in Österreich, in *Manssen* (Hrsg), Die Finanzierung von politischen Parteien in Europa (2008) 49.

Tiedemann, Handhabung und Kritik des neuen Wirtschaftsstrafrechts – Versuch einer Zwischenbilanz, in *Hanack/Rieß/Wendisch* (Hrsg), Festschrift für Hanns Dünnebier zum 75. Geburtstag am 12. Juni 1982 (1982) 519.

Tiedemann, Der Untreuetatbestand – Ein Mittel zur Begrenzung von Managerbezügen? in *Heinrich/Hilgendorf/Mitsch/Sternberg-Lieben* (Hrsg), Festschrift für Ulrich Weber (2004) 319.

Tipold, Zurechnung fremden Verhaltens – Vertrauensgrundsatz, Compliance und Verbandsverantwortlichkeit, in *Reindl-Krauskopf/Zerbes/Brandstetter/Lewisch/Tipold* (Hrsg), Festschrift für Helmut Fuchs (2014) 595.

Tipold, Strafrechtliche Dimensionen des Sportsponsorings, in *Grundei/Karollus* (Hrsg), Berufssportrecht VII (2015) 55.

Tipold, Compliance als Schutz vor Verbandsverantwortlichkeit? ALJ 2016, 90.

Told, Business Judgement Rule und ihre Anwendbarkeit in Österreich, GES 2015, 60.

Torggler, Business Judgment Rule und unternehmerische Ermessensentscheidungen. Zugleich eine Besprechung von Grass, Business Judgment Rule, ZfRV 2002, 133.

Torggler, Von Schnellschüssen, nützlichen Gesetzesverletzungen und spendablen Aktiengesellschaften. Zum Ermessensspielraum bei der gesellschaftsrechtlichen Organhaftung, wbl 2009, 168.

Torggler, Gesellschaftsrecht. AT und Personengesellschaften (2013).

Torggler, GmbHG (Stand: 1.8.2014). (zit: *Bearbeiter* in *Torggler*, GmbHG)

Triffterer/Rosbaud/Hinterhofer, Salzburger Kommentar zum Strafgesetzbuch (Stand Juni 2018). (zit: *Bearbeiter* in SbgK)

Triffterer, Österreichisches Strafrecht Allgemeiner Teil² (1994).

Trüg, Vorteilsgewährung durch Übersendung von WM-Gutscheinen – Schützt Sponsoring vor Strafe? NJW 2009, 196.

Ulmer/Habersack/Löbbe, GmbHG Großkommentar² II (2014). (zit: *Bearbeiter* in *Ulmer/Habersack/Löbbe*, GmbHG²)

Ulrich, Von Parteien, ihrer Finanzierung und der Grenze zwischen moralisch Anstößigem und strafrechtlich Relevantem, RZ 2012, 49.

Voigtel, Sponsoring und Strafrecht – Ein Überblick anhand von Beispielen, in *Momsen/Grützner* (Hrsg), Wirtschaftsstrafrecht (2013) 1112.

Volk, Merkmale der Korruption und Fehler bei ihrer Bekämpfung, in *Gössel/Triffterer* (Hrsg), Gedächtnisschrift für Heinz Zipf (1999) 419.

von Heintschel-Heinegg, Beck'scher Online Kommentar StGB[40] (Stand 1.11.2018). (zit: *von Heintschel-Heinegg* in BeckOK StGB)

Vorderwülbecke, Die Spendenkompetenz der Geschäftsführung, BB 1989, 505.

Wellhöfer/Peltzer/Müller, Die Haftung von Vorstand, Aufsichtsrat, Wirtschaftsprüfer: mit GmbH-Geschäftsführer (2008). (zit: *Beabeiter* in *Wellhöfer/Peltzer/Müller*)

Wess, Entwicklung des Untreuestraftatbestands in Österreich, CFO aktuell 2015, 224.

Wessing, Entscheidungsanmerkung zu BGH 1 StR 215/01, EWiR 2002, 305.

Westermann, Gesellschaftliche Verantwortung des Unternehmens als Gesellschaftsrechtsproblem, ZIP 1990, 771.

Wiebe/Kodek, UWG[2] ((Stand 1.5.2018). (zit: *Bearbeiter* in *Wiebe/Kodek*, UWG[2])

Wiederin, Gemeinwohl, Effizienzprinzip und Rechtspersönlichkeit der Bundesländer, wbl 2015, 669.

Wiesner, Organpflichten des Vorstands, in *Hoffmann-Becking* (Hrsg), Münchener Handbuch des Gesellschaftsrechts IV: Aktiengesellschaft[4] (2015) 5. Kapitel § 25.

Wilhelm, Von abgeordneten Korruptionstätern, ecolex 2009, 1.

Witt, Kunstsponsoring. Gestaltungsdimensionen, Wirkungsweise und Wirkungsmessungen (2000).

Wünsch, Möglichkeiten und Grenzen der Event-Evaluation, in *Wünsch/Thuy* (Hrsg), Handbuch Event-Kommunikation (2007) 73.

Würdinger, Aktien- und Konzernrecht (1966).

Zib/Dellinger, UGB Unternehmensgesetzbuch: Großkommentar I/1 (2010). (zit: *Bearbeiter* in *Zib/Dellinger*, UGB)

Ziemons, Haftung der Geschäftsführer, in *Oppenländer/Trölitzsch* (Hrsg),

Praxishandbuch der GmbH-Geschäftsführung[2] (2011) 8. Kapitel § 22.

Zierl, Die strafrechtliche Sanktionierung von Korruption in der Privatwirtschaft durch die §§ 168c – 168e StGB (2011).

Zierl, Korruptionsstrafrechtsänderungsgesetz 2012: Änderungen bei der strafrechtlichen Sanktionierung von Korruption in der Privatwirtschaft, JSt 2012, 144.

Zieschang, Strafrechtliche Strafrechtliche Aspekte des Verwaltungssponsoring, in *Burgi* (Hrsg), Sponsoring der öffentlichen Hand (2010) 335.

Zögernitz/Lenzhofer, Politische Parteien. Recht und Finanzierung (2013).

Weitere Quellen

Aus für russisches Hotelprojekt? Die Presse 2010/05/18.

Branch, A Sponsor Climbs Down, The New York Times 2014/11/16.

Bundeskammer für Arbeiter und Angestellte, Stellungnahme vom 27. 4. 2015, 167/SN-98/ME.

Bundesministerium für Inneres (Hrsg), 1. Compliance-Tätigkeitsbericht 2013/ 2014, https://bmi.gv.at/bmi_documents/1614.pdf (abgerufen am 26.10.2018).

Fischer/Medick/Wittrock, Rent-a-Rüttgers. Im Schattenreich des Sponsoring http://www.spiegel.de/politik/deutschland/rent-a-ruettgers-im-sch attenreich-des-sponsoring-a-679865.html (abgefragt am 26.10.2018).

Fritsch, Korruptionsgeschäfte – im Fußballsponsoring üblich http://www. zeit. de/sport/2011-10/korruption-volkswagen-wolfsburg-telekom (abgefragt am 23.12.2018).

Gartner, Pharma-Zahlungen: Ärzte sollen weiter schweigen dürfen https:// derstandard.at/2000048536767/Pharma-Zahlungen-Aerzte-sollen-weiter-schweigen-duerfen (abgefragt am 26.10.2018).

Gartner/Hametner, Pharma-Honorare: So verdienen Ärzte mit intransparenten Geldspritzen, Der Standard 2017/07/12.

Gartner/Hametner, Datenbank: Hat Ihr Arzt Zahlungen der Pharmaindustrie erhalten? https://derstandard.at/2000048465643/Datenbank-Hat-Ihr-Arzt-Zahlungen-der-Pharmaindustrie-erhalten (abgefragt am 26.10.2018).

Gartner/Hametner, 81 Prozent nicht nachvollziehbar: Wille zur Transparenz bei Pharmageldern mangelhaft, Der Standard 2017/07/12.

GRECO, Dritte Evaluierungsrunde. Evaluierungsbericht Österreich. Strafbarkeit (SEV Nr. 173 und 191, Leitlinie 2). Angenommen von GRECO bei der 53. Vollversammlung (Straßburg, 5.-9. Dezember 2011).

Grüne wollen das Parteiensponsoring regeln https://www.bundestag.de/dokumen te/textarchiv/2016/kw48-de-parteiensponsoring/482776 (abgefragt am 26.10.2018).

Haselsteiner: Strabag ging mit Partei-Anfragen „locker“ um https://derstandard.at/1363709724204/Haselsteiner-Strabag-ging-mit-Partei-Anfragen-locker-um (abgefragt am 26.10.2018).

Hoepke, Compliance: “Firmen bekommen kalte Füße“ https://kurier.at/wirtschaft/compliance-firmen-bekommen-kalte-fuesse/22.915.0 85 (abgefragt am 4.11.2018).

Höller, Pharma legt Zahlungen an Ärzte offen, Die Presse 2016/06/23.

Komische Oper: Daimler-Chrysler stoppt Förderung, FAZ 2004/06/23.

Mayer, Anfüttern verboten! Was ist mit der Politik? Die Presse 2008/ 08/04.

Mortsiefer, Konzerne stützen Hoeneß https://www.tagesspiegel.de/wirtschaft/fc-bayern-konzerne-stuetzen-hoeness/8500824.html (abgefragt am 4.11.2018).

Plöckinger, Untreue: Neue Begriffe sind zu unklar, Die Presse 2015/17/04.

Plöckinger, Neue Regeln gegen Korruption – eine Mogelpackung? Die Presse 2009/36/01.

Red Bull & Co.: Die Profiteure des Stratos-Sprungs http://diepresse. com/home/wirtschaft/economist/1301778/Red-Bull-Co_Die-Profiteure-des-Stratos- Sprungs (abgefragt am 4.11.2018).

Reich-Rohrwig, Damoklesschwert über jedem Manager, Der Standard 2013/10/09.

„Rent-a-Sozi“ SPD arbeitet an Gesetz zum Partei-Sponsoring https://www.berliner-zeitung.de/politik/-rent-a-sozi--spd-arbeitet-an-gesetz-zum-partei-spon soring-25198182 (abgefragt am 26.12.2018).

Rosenfelder, Heute für Sie im Angebot: Politiker http://www.faz.net/aktuell/politik/inland/spd-plant-gesetzentwurf-zum-parteiensponsoring-14557850.html (abgefragt am 26.12.2018).

Rundschreiben der Bundesministerin für Bildung Nr 14/2016 vom 10. Oktober 2016, BMB-10.010/0147-Präs.6/2016.

Schnauder, Kleine Geschenke, Der Standard 2008/07/15.

Staudacher, Pharmafirmen legen Zahlungen an Ärzte offen https://kurier.at/wirtschaft/pharmafirmen-legen-zahlungen-an-aerzte-offen/187. 872.762 (abgefragt am 4.11.2018).

Stellungnahme des Obersten Gerichtshofs vom 12. 5. 2015, 1 Präs. 1613-1748/15t.

Stellungnahme des Österreichischen Gewerkschaftsbundes (ÖGB) vom 24.4.2015, 136/SN-98/ME.

Stellungnahme des Österreichischen Rechtsanwaltskammertages (ÖRAK) vom 24. 4. 2015, ZI 13/ 15/46.

Stellungnahme der Wirtschaftsuniversität Wien vom 24. 4. 2015, 141/SN-98/ME.

Vollmöller, Juristische Problemstellungen und aktuelle Rechtsprechung bei der Kooperation von Industrie und Leistungserbringern im Gesundheitswesen, Vortrag an der Universität Bayreuth 06.12.2001.

Weiterer Nackenschlag für Tiger Woods https://www.nzz.ch/urnnewsml wwwsda-atsch20100101brz006-1.4412724 (abgefragt am 4.11.2018).

Kolibri 360 GmbH
Ferdinand-Jühlke-Straße 7
99095 Erfurt, Deutschland
produktsicherheit@kolibri360.de